立人天地

大师馆

爱丽丝梦游仙境的创造者：

刘易斯·卡罗尔传

LEWIS CARROLL:
The Man and His Circle

【英】爱德华·韦克林 著
Edward Wakeling / 许若青 译

黑龙江出版集团
黑龙江教育出版社

版权登记号：08-2016-044

图书在版编目（CIP）数据

爱丽丝梦游仙境的创造者：刘易斯·卡罗尔传 /
(英) 韦克林 (Wakeling,E.) 著；许若青译. -- 哈尔滨:
黑龙江教育出版社, 2016.5
ISBN 978-7-5316-8721-4

Ⅰ.①爱… Ⅱ.①韦… ②许… Ⅲ.①卡罗尔，L.
（1832～1898）－传记 Ⅳ.①K856.156

中国版本图书馆CIP数据核字(2016)第102399号

爱丽丝梦游仙境的创造者：刘易斯·卡罗尔传
AILISI MENGYOU XIANJING DE CHUANGZAOZHE: LIUYISI KALUOER ZHUAN

丛书策划 宋舒白
作　　者 【英】爱德华·韦克林（Edward Wakeling）著
译　　者 许若青 译
选题策划 吴 迪
责任编辑 宋舒白 吴 迪
装帧设计 冯军辉
责任校对 周维继

出版发行 黑龙江教育出版社（哈尔滨市南岗区花园街158号）
印　　刷 山东临沂新华印刷物流集团有限公司
新浪微博 http://weibo.com/longjiaoshe
公众微信 heilongjiangjiaoyu
天 猫 店 https://hljjycbsts.tmall.com
E－mail heilongjiangjiaoyu@126.com
电　　话 010—64187564

开　　本 700×1000 1/16
印　　张 37
字　　数 450千
版　　次 2016年6月第1版 2016年6月第1次印刷
书　　号 ISBN 978-7-5316-8721-4
定　　价 72.00元

目录

Contents

序言

Lewis Carroll

在过去的一个世纪，关于刘易斯·卡罗尔（查尔斯·勒特维奇·道奇森）的传记已经够多了，再写一本好像有些多余了。然而，关于这位世界闻名的作家，还有很多内容有待发掘，尤其是他身边的人以及他和他们的关系。此外，我们还有大量的一手资料可以利用。很多以前未公开过的信件被公布于众；他的相册——跨度二十五年时光——被修复和公开；他留存下来的日记被加注释出版；散布于世界各地档案室的罕见手稿也浮现于世。更多新的研究成果允许我们讲述一个更新鲜、更详尽、更精确的故事。

我已经仔细地研究这些资料将近四十年了，曾编辑道奇森的日记（很多日记都是未曾公开过的）进行出版，还汇编他遗留下来的通信以及摄影作品（通过修复和重新整理登记他的照片）。我认为现在正是表达我对刘易斯·卡罗尔的见解的时候。而且，我选择通过围绕他生活的小圈子，即他和家庭的关系，和朋友的关系，以及和泛泛之交的关系，来展现我对他的看法。这将填补以前其他传记的缺失，尤其是他作为数学家的角色。虽然他的事业发展于数学领域，而且是他生活的中心内容，但是这一方面却出乎意料地被潦草处理。鲜有传记涉及他开创性的精神——他不断为自己的出版物寻求新的市场，要求他的经纪人把出版所得利润投资于汽船和铁路公司。也鲜有传记将道奇森视作皇室的忠心臣民——他和皇室成员均有私交，是王子和王妃的朋友。

多年来，我已经写过很多论文，广泛涉及有关刘易斯·卡罗尔的生活和作品的相关话题，而且我从自己的论文中提取和整合出现阶段有关维多利亚时代里他自己个人的世界的研究。我谨遵事实，对于他品行的评价也基于几十年的调查研究，这些调查研究比仅仅阅读一本过去的传记作品赋予我更加全面的视角。编辑他的日记历经十五年有余，这段经历赋予我一种判断力，我能判断出这个人会做什么，不会做什么，他相信什么，不相信什么。大多数人都被家庭、朋友和周围其他的人所影响，甚至塑造，所以我融入了关于他生命中一些关键人物的研究——他敬仰和珍惜——视作密友和宝贵导师的人们。

在本书中，我尝试分析多年来关于他和他的生活方式的错误理解，比如说人们认为他吸毒，以及他和孩子的友谊问题。现代的眼光使我们难以接纳维多利亚时代的思维方式，但是我们仍然需要了解这个人生活的时代背景，这对于我们理解和评析他的生活方式很重要。道德标准和立场都有所改变：维多利亚时代被世人接受和视为正常的，在当今不一定能被轻易认可。你不能谴责和批评一个局限于他那个年代的人。在他所处的年代，他是优秀的人：虔诚的基督徒；与家庭和朋友亲密；忠于国家和君主；坚定地支持自己的大学且遵循其传统，却又保持创新的思维方式和写作风格，常有独出心裁的想法；作为诗人、小说家和儿童文学作家，他极受欢迎。这本书将——我希望——以最大程度证明，物以类聚，人以群分。

前言

Lewis Carroll

刘易斯·卡罗尔集多样功能于一身：双关语、笔名、一道屏障，保护一个活生生的人免受恼人的好奇心之叨扰。查尔斯·道奇森，作为原名，则源源不断地散发魅力，让人着迷。到底是谁创造了《爱丽丝梦游仙境》和《爱丽丝镜中世界奇遇记》？究竟是谁写出了《蛇鲨之猎》中华丽的废话？他是什么样的人？当他以前数学课上的学生知道刘易斯·卡罗尔就是查尔斯·道奇森时，他们都大吃一惊。其中一名学生，里兹戴尔勋爵说，他永远也猜不到那个“上课超级无味、马马虎虎”、毫无魅力的老师，竟然“从他的脑子里孵化出如爱丽丝在仙境漫游这样充满幻想、乐趣的神奇故事”。

查尔斯·道奇森本人集多重角色于一身。他是小说作家、诙谐诗人、词作者、数学家、逻辑学家和摄影艺术家。他是孝顺的儿子，是十个兄弟姐妹的开心果，照顾未婚的姐妹生活温饱的兄弟。在长达47年之久的时间里，他都是牛津大学基督堂学院的一员，他来到基督堂学院时才18岁，当时是本科生；他去世时已经65岁，是基督堂学院理事机构的一员。他小心翼翼地记录着自己多姿多彩的生活，但这些记录并非自省日志。然而，后世人迷恋该名字背后的这个人，他们从这些记录里窥视他的生活，对他的作品做出了见仁见智的诠释。有些人发表了关于道奇森研究的作品，却把不符合时代特点的思维模式和世界观强加给他和他的世界。

在爱德华·韦克林的这本书中，我们有了新的研究方向。韦克林曾经编辑了道奇森的十卷日记，他将把我们带进有血有肉的刘易斯·卡罗尔的生活圈子，或者——用一个精确的形象表示——他的世界中各个不同的小世界。这些小世界包括他的家庭、学术伙伴、出版商、摄影师、专业人士和朋友。韦克林拥有详尽的第一手资料，其中还包括很多之前未被发现的资料和未公开过的信件。他展示了丰富的背景材料，这些背景材料鲜为人知却经过了悉心仔细的调查，这些材料将为我们勾画出道奇森和他各方面活生生的世界。韦克林所说的一切都基于对他手头资料认真的评估。有的章节，文字活泼生动；有的章节，清楚地描述了深深吸引着道奇森的数学和逻辑问题。然而，在有的章节，韦克林静静地爆料那些被某些无知的投机作者散播的谜题。总体来说，他向我们介绍了刘易斯·卡罗尔的家庭、朋友、伙伴和身边人。我们听他们说话，通过他们和刘易斯·卡罗尔的对话，能够了解道奇森先生，且将对他本人着迷。

罗娜·刘易斯
院长，基督堂学院，牛津大学

第一章
道奇森家族

家庭背景

1832年，在柴郡，靠近达斯伯里村一处清净甚至有些与世隔绝的所在，一个婴儿出世了，他注定要影响后世无数儿童的生活。他是查尔斯和弗兰西斯·道奇森的长子，遵循家族历史悠久的传统，他被赋予了父亲的名字和母亲的中间名，于是，他就叫作查尔斯·勒特维奇·道奇森——世人更多地只知道他叫“刘易斯·卡罗尔”（本书中将称呼他为道奇森）。他已经有了两个姐姐，弗兰西斯和伊丽莎白，在今后的几年里，还有两个妹妹出生，卡洛琳和玛丽。他的人生中一直都有女孩子陪伴。最终，道奇森家一共有十一个孩子——其他的兄弟姐妹还有斯凯芬顿、威尔弗雷德、路易莎、玛格丽特、亨丽埃塔和埃德温。

道奇森家族并非达斯伯里本地人，该家族和英格兰北部渊源颇深。道奇森的曾曾祖父，克里斯托弗·道奇森（1696—1750），在约克郡的许多教区做过牧师。克里斯托弗·道奇森的长子，查尔斯·道奇森（1722—1796），起初在坎伯兰郡的斯坦尼科斯做教员，但是后来追随父亲的脚步，成为埃尔斯登的教区长，最终在1775年做到艾尔芬的主教。他于1768年和玛丽·弗兰西斯·史密斯结婚，养育了四个孩子。他们的长子查尔斯参军并成为第四近卫龙骑兵统帅。该长子于1799年与露西·休姆结婚，但不幸于1803年在爱尔兰的一次伏击中牺牲。整个伏击过程中，查尔斯表现出巨大的勇气。奇尔沃顿勋爵的谋杀者声称，若道奇森统帅敢单独前来应战，他便愿意自首伏法。道奇森统帅根据约定来到见面地点，却被人背信弃义地从窗户开枪射死。他的遗孀露西当时正怀着儿子哈萨德，而他们已经有了一个儿子查尔斯（1800—1868），这个查尔斯将会和弗兰西斯·简·勒特维奇结婚，成为道奇森的父亲。

勒特维奇家族是坎伯兰郡的贵族，拥有大片土地。家族的宅邸位于霍尔姆鲁克庄园，由查尔斯·勒特维奇（1722—1784）于1759年购置，他是来自怀特黑文的托马斯·勒特维奇的儿子，查尔斯终身未婚。托马斯和露西·德·霍顿（1694—1780）结婚，露西的父亲是查尔斯·德·霍顿（1643—1710），第四世准男爵，查尔斯的父亲是理查德·德·霍顿爵士，这个家族最早可以追溯到苏格兰的詹姆士一世。

查尔斯·勒特维奇去世后，霍尔姆鲁克庄园由他的弟弟亨利·勒特维奇（1724—1798）继承。之后，庄园被亨利的长子继承，该长子也叫查尔斯·勒特维奇（1768—1848），他和伊丽莎白·安妮·道奇森结婚，伊丽莎白是查尔斯·道奇森（1722—1796）和妻子玛丽的女儿。查尔斯·勒特维奇在赫尔定居，把霍尔姆鲁克庄园卖给了他叔叔斯凯芬顿·勒特维奇（1737—1814），斯凯芬顿是英国皇家海军上将，是霍雷肖·纳尔逊上将钦点的第一批船长之一。查尔斯和伊丽莎白育有九个孩子。他们的二女儿弗兰西斯·简·勒特维奇（1803—1851）和她的表哥查尔斯·道奇森结婚。他们俩就是道奇森的父母。[1]

道奇森的父母

道奇森的父亲是一位才华横溢的数学家和古典文学教师。他11岁以国王学者的身份就读于伦敦的威斯敏斯特学校，1814年被选为学生首领（也就是学生代表）。1818年被牛津大学基督堂学院录取。1821年，他取得了数学和古典文学的双学位，成绩卓著，获得了基督堂公费研究生的资格，还可以领取少量的薪水。在牛津大学的其他学院，这相当于得到了奖学金，然而在基督堂学院，圣职和学院职位合二为一，担任职位的教士也要承担学院工作，这一部分工作和其他学院的学生所承担的相应工作相同。这份奖学金可以终身领取，只要满足任职的要求——领取奖学金的年限之内要履行圣职，且保持独身。查尔斯·道奇森因这份奖学金得以留在基督堂学院。他履行圣职，于1823年被授予执事一职，1824年被授予牧师职位。然而，当他和表妹弗兰西斯·简·勒特维奇相爱并于1827结婚后，他放弃了他的终身奖学金，并且因此必须离开基督堂学院。院长和主教堂全体神职人员让他作为牧师在达斯伯里为基督堂学院工作，但这在经济上远远不够（每年收入只相当于200英镑），对于这样一个相当有才华的人来说，这份工作也并无学术方面的挑战。这很有可能是当时基督堂学院能够提供给他的唯一一份工作了。然而，他别无他选。为了增加收入，他接受本地的学者付费来学习，在他的牧师宅邸开设了课堂。

道奇森与父亲很亲热，同时也很尊敬父亲，正如典型的维多利亚时代的孩子一样，他必须表现出有责任感和勤奋上进。他另外还肩负着作为长子的责任。有证据显示，道奇森的幽默感来自他的父亲，正如下面这封信所表现的。道奇森爸爸离家去了里彭，给他七岁的儿子写下这封信件：

我最亲爱的查尔斯：

很抱歉我之前没有时间回复你，你的信写得相当好。你想不到我收到你亲笔写来的信有多开心，当然，你用信件提醒我不要忘记你交给我的任务。我一到利兹就会站在大街中央尖叫：五金店老板，五金店老板。600个人会立刻从他们的店铺里冲出来——飞出来，飞出来，从四面八方飞来——打响铃铛，呼喊巡逻员，在镇子里放把火。我将得到一把锉刀、一把改锥和一枚戒指，如果这些东西没有直接拿来给我，在40秒内，我在城里便不留活口，在整个利兹城里只留下一只猫，因为我怕没有时间杀死它。接着是可怕的大哭大叫和撕扯头发！猪和小孩儿、骆驼和蝴蝶一起在排水沟里翻滚——年纪大的妇女顺着烟囱往上爬，奶牛紧随其后——鸭子们窝在咖啡杯里，肥鹅想方设法挤进铅笔盒里。最后，利兹的市长被发现躲在汤盘里，身上还盖着一层蛋奶糊，蛋奶糊里满是杏仁，他把自己装扮得像一块海绵蛋糕，只是为了从利兹城可怕的毁灭中逃走。噢，他太太哪儿去了？她躲在自己的针垫里安全得很，针垫上面还覆盖着有黏性的灰土，好掩盖她的驼背，她所有的宝贝孩子，78个无助的小婴儿挤在她的嘴里，藏在她的双生牙后面。这时，一个躲在茶壶里的人来了，他吼着："噢，我把我的驴弄掉了。我把它放在鼻孔里，它从茶壶的喷嘴里掉到一个老太太的顶针里去了，她戴上顶针的时候会把它挤死的。"

最终，他们拿来了我要的东西，我放过了这座城，乘50辆马车，在一万名士兵的保护下离开了。一把锉刀、一把改锥和一枚戒指被送给查尔斯·勒特维奇·道奇森，来自爱他的爸爸。[2]

道奇森荒诞杂乱的想象和这封早年间来自他父亲的信件十分吻合。父子二人另外一项共同的天赋就是数学——两人均在大学期间于该学科上获得了相当高的荣誉。

在适当的年龄，道奇森接受来自父母的早期教育。妈妈教他阅读和写字，并且教学内容都以文稿形式呈现。爸爸教他数学，晚点开始教他古典语言，如拉丁语和希腊语。家族的档案中有关于这段家庭早期教育的证据。一本标注着1839年的日记本显示，道奇森7岁时学习了各种宗教文献，包括《圣经故事》《青少年主日学校图书馆》《插画圣约》。他每天必读的内容包括《艾琪沃斯早期课程》《天路历程》，以及名为《父母的内阁》的六卷图书（其主题涵盖地理、自然历史以及欧洲历史，等等）。他母亲还制作了一系列卡片作为灌输道德观念之用，比如主题14："若我们诚意忏悔，则应坦诚和抛弃罪过和邪恶。"主题27："真的基督教徒应向自己的兄弟姊妹施以关爱。"这些卡片还含有道奇森应该学习的圣经词句。妈妈的课程通常都是以早晨祷告开始的，留存下来的许多笔记本里记录了相关事例，以下是写在他妈妈手掌上的一段祈祷语：

无所不能、永恒存在的神，慈悲地保佑我健康、平和、安全，直至第二天的到来，我为此感谢您及您的其他恩赐。我很感激，我享受到诸多庇佑，却还常常犯下罪过，您却给予我许多宽恕……我本不值得这些庇佑和宽恕，我为此感到悲哀。[3]

他母亲对他的早期教导影响了道奇森的一生，在他的个人日记中出现的一系列祈祷词以及出现的恳求进步的言辞，都展现出幼年时母亲的教导所带来的影响。道奇森对他的基督教家教虔诚笃信。幼年时他就展现出在学术方面的天赋，尤其是数学。关于道奇森的第一本传记里收录了一则家族逸事。他还是小孩的时候，在爸爸的书架上发现了一本《对数》，他找到爸爸恳求说："请给我讲讲。"他爸爸说他还太小了，无法理解，但他坚持说："可是，拜托，给我讲讲吧。"我们可以猜到，他的坚持得到了回报，道奇森从爸爸那里学到了对数的概念。[4]

1840年，道奇森的妈妈去赫尔探望她的父亲，查尔斯·勒特维奇，他已经病了很久。她给自己的一群孩子写信，并委托大儿子读信：

我最亲爱的查理①：

我没有更早给你回信，让你受折磨了，但是我知道你会原谅我的，因为你外公非常喜欢我在身边陪伴，我无法一边和他说话一边轻松地给你写信。你所有的信件都让我开心，我的宝贝孩子，你给我写信证明你们还没有忘却我。我一直都思念你们，期待再次回到你们身边，这种期待真是难以用言语表达。上帝保佑，礼拜五晚上看到你们时，你们都健康快乐。我很高

① 查理（Charlie），查尔斯（Charles）的昵称。——译者注（本书脚注均为译者注。）

兴地告诉你，你最亲爱的外公还很健康——虽然咳嗽让他难受，但并无大碍……[5]

信中继续写道："我亲爱的查理，听说你的拉丁语学得不错，我特别高兴，你的练习题里很少有错误。"这表示，早在8岁，道奇森就开始学古典语言拉丁语了，甚至可能还学习了希腊语。道奇森小心翼翼地保管着这封母亲写来的信，他在信的背面写上："任何人不许碰这封信，它属于C. L. D"，后面还补充写道："信上有黏沥青，会粘手。"因为这句带着玩笑的警示，这封信被完好保留下来。

道奇森的生活可并不完全是学习。他的生活里还有玩耍，他还要陪正在成长的弟弟妹妹们玩。他擅长魔术，也在讲故事和作诗方面展现出早期天赋。他们全家去安格尔西岛①度长假,参观博马里斯城堡②，到博马里斯城堡需要坐马车过门纳伊桥。显然，这段经历给他留下了深刻的印象，多年之后，他在一首名为《孤独荒原上》（1856）的诗中提到了这座桥，这首诗被改编之后成为《爱丽丝镜中世界奇遇记》里白骑士的伤感情歌。[6]他是这样写的：

我听到他走来，
我刚好完成一项设计
防止铁锈把门纳伊桥燃烧成深红色

① 安格尔西岛(英语：Isle of Anglesey，威尔士语：YnysMŏn)，英国威尔士西北部一岛屿，隔梅奈海峡与大不列颠岛相邻。

② 博马里斯城堡（Beaumaris Castle），位于英国威尔士西北部安格尔西岛上港口城市博马里斯的一座中世纪城堡。

在达斯伯里居住了16年之后，一项更好的职务有了空缺——约克郡和达拉谟边境上，邻近达灵顿的克罗夫特—昂—蒂斯教区的公诉人职位，其任者詹姆斯·道尔顿（1764—1843）去世了，职位便空了出来。许多朋友，包括里彭的主教查尔斯·托马斯·郎利，都鼓动首相罗伯特·皮尔（1788—1850）把这个更赚钱的职位授予道奇森的父亲。大家的请愿成功了，道奇森的父亲被授予克罗夫特教区长的职务。1843年，全家搬到克罗夫特—昂—蒂斯，里士满学校就在家门口，于是道奇森就在那里开始了他的正规学校教育，11岁那年，他成为一名住校生。接下来一年半的学习为他在拉格比学校①的学习打下基础，1846年2月，他开始在拉格比学校上学。他再一次在数学方面表现突出，而且精通圣经、拉丁语和希腊文。因此，可以预见，他将追随父亲的脚步，被基督堂学院录取。他于1851年1月在牛津大学开始本科学习，但是他刚刚上学两天，他的母亲便毫无征兆地突然辞世，他从学校赶回家参加葬礼。

他母亲在他尚年轻的时候去世，很可能影响了他今后对于生活的看法，使他认为道德准则无时不在。无论从哪方面说，她都是一位慈爱温柔的母亲，把自己的一切都投入家庭中。她的性格反映在她的大儿子身上。道奇森关爱其他人的安康，从小就担起应尽的责任，成为兄弟姐妹中的领袖。母亲离世时，道奇森19岁。这个有着十一个孩子的家庭陷入困境，急需一个人来替代母亲的位置——一个能照顾家庭中幼小孩子的人。他妈妈的未婚妹妹——露西·勒特维奇——担任起这个角色，并且终身和这家人生活在一起。

---

① 拉格比学校(Rugby School)，位于英格兰西北部Warwickshire 郡的Rugby市，是英国历史最悠久及最有名望的贵族学府之一。

露西·勒特维奇：代理母亲

露西·勒特维奇是查尔斯·勒特维奇和伊丽莎白·安妮·道奇森的第三个女儿。她于1805年出生于米德尔塞克斯郡的肯宁顿，比道奇森的母亲弗兰西斯·简（简称范尼）小两岁。姐妹俩一直关系密切，范尼和查尔斯·道奇森结婚之后，她们仍一直保持着坚实的友谊。道奇森家保留了几封姐妹俩的通信。从这些信件里，我们可以看到，露西终身未嫁，总是给姐姐那个日益壮大的家庭寄去礼物以支持她的婚姻生活，对孩子们以及他们的健康也极其关心。她和姐夫也保持着良好的关系，经常去他们家里拜访。幸运的是，就像家族里其他人那样，她也具有"收藏家"的个性，她保留了自己收到的信件，以及日后收到的照片。

查尔斯和伊丽莎白·勒特维奇从1805年之后就定居赫尔。查尔斯为赫尔皇家海关做收税员长达三十五年，他是一个受过良好教育（剑桥大学詹姆斯学院的文科硕士）且兴趣广泛的人。他积极从事社会活动，是赫尔的林奈街上植物园的创始人之一，还是赫尔文学和哲学协会的主席。露西在中上层社会家庭长大，这意味着她从不需要为钱操心，她和姐妹们还有可能是在家接受教育的。她的大姐伊丽莎白·弗朗西斯（1798—1883），于1825年和托马斯·雷克斯结婚。她的三个妹妹——夏洛特·美尼拉（1807—1857）、玛格丽特·安妮（1809—1869）和亨丽埃塔（1811—1872），也都终身未嫁。她的长兄斯凯芬顿，似乎幼年夭折——1799年或者1801年去世，所以，她并不知道他。存活下来的长兄查尔斯·亨利（1800—1843），和托马斯·雷克斯的妹妹安妮·路易莎，于1831年结婚。

剩下的一个哥哥罗伯特·威尔弗雷德·斯凯芬顿（1802—1873）一生未娶，是道奇森最喜爱的舅舅。

留存下来的露西和范尼之间的通信中，有一封是1828年3月18日的，是范尼1827年4月5日在赫尔的基督教堂结婚一年之后的通信。信是范尼写的，收件人是“勒特维奇小姐，赫尔”来自“幸福的三口之家”。范尼和查尔斯·勒特维奇的第一个孩子是女儿，生于1828年2月5日，给她取用了妈妈的名字，叫作弗兰西斯·简。从这封信里可以看出，露西陪伴姐姐生产，之后回了家，回家之后她收到关于小婴儿的最新消息。范尼写道：

> 噢，如果你看到我们可爱的宝贝儿——我敢肯定你会认为她在各个方面都奇迹般地越长越好了，好了很多很多……就像三个月大的孩子比一个半月大的孩子要强。[7]

信里继续规划露西夏天的再次访问，这样她就可以看到“那个完美的小家伙，眼睛明亮聪慧，小脚丫可爱芬芳，脖子和胳膊上有些斑点，笑起来美丽大方，等等”。范尼还在信里写了一些八卦，结尾处说她将给妈妈也写一封信，告诉她宝宝的近况；也很快会给那个“不可爱的保姆”写信；签名处落款是“对你们全部的爱，我最亲爱的露西，相信我是最爱你的姐姐，F. J. 道奇森”。范尼所有未婚的妹妹一起收集送给道奇森家的物件，比如衣服、帽子、衣料、图书和孩子的玩具，再把东西凑到一起打包寄给他们家。她们充分理解道奇森家并不富裕。查尔斯·道奇森是达斯伯里的终身牧师，但这是基督堂学院赐予的清贫职位。我们已经知道，为了增加收入，他还接收学生。然而，生活不易。勒特维奇姐妹们保证道奇森家能时不时地收到这些包裹。

另外一封查尔斯·道奇森写给露西的信是1830年5月22日的。他汇报了第二个女儿的出生，伊丽莎白·露丝，她于1830年5月7日出生：

……她们好得不能再好了——她们俩都是——连续很多个晚上，吃得好睡得好，一个胃口大好，另一个睡觉和喂奶交替，两人这样轮流，妈妈和宝宝都达到了最好状态。[8]

他接着说：

小范尼精力旺盛、招人喜爱——她现在管小宝宝叫“润唇膏”，她最喜欢的游戏是假装在她身上捉虱子。这是她发明的游戏，是个不错的想法。范尼要我代她谢你送给她的长外衣。[9]

这封信里还附有一封来自她未婚的表妹美尼拉·休姆（1805—1896）的短笺，美尼拉当时住在道奇森家照顾范尼。这封信显示，露西这一次也陪伴了生产，信的结尾说：“查尔斯说，当他看到自己亲爱的妻子和两个甜美的女儿，他感到非常快乐——确实，他获得了诸多护佑。”

到了1832年，道奇森家已经有三个孩子了。范尼于1832年7月26日给露西写信：

我最亲爱的露西：

包裹都到了，里面的东西也都完好——每一件都很完美，我们都非常喜欢。又到了最困难的环节了——我实在难以找到合适的言辞表达我的感情——你们都太体贴了，非常体谅我们，已经超出了慷慨的范围。我只是希望我们有能力给你们一些什么，而不仅仅是谢谢两个字，来回馈你们最慷慨、最实用和最可心的礼物，你们为我们费了很多心思，尤其是你，我最亲爱的露西。你受到我们最诚挚的感激，感谢你的礼物，感谢你跟身边人分享这么多东西，请接收我们的感谢……别忘了韦德尔小姐，我为她祈祷。告诉她女孩子们爱极了洋娃娃，还有，她非常慈爱，给我们的小珍宝（小查尔斯·勒特维奇·道奇森）做的两顶帽子也非常合适。我应该见见她，让她看看我们的宝宝们。……今天是洗衣日，所有的孩子都归我和美尼拉照看，我只能抽出一点点时间给你写封短信，告诉你我十分感激你如此贴心且优雅地照顾我的孩子和我——真的，我最亲爱的露西，一想到你上次生病的原因，即使不是完全，也部分地，因为有太多事情要操心和安排，我就不安心，听到你生病我们都很难过。你把所有事情都处理得妥妥帖帖。帽子非常漂亮——就是我想要的那种——长外衣、孩子的连衣裙、外套、帽子、鞋、袜子都是我喜欢的式样，也非常实用。包裹昨晚才到。我还没时间试穿长外衣、连衣裙，等等。小帽子非常可爱，很适合最甜美的查尔斯·勒特维奇——小鞋子也是。……最亲爱的查尔斯意识到自己不像一个大哥，他会给你写信表达感谢，还要给爸爸妈妈写信感谢他们送的书，但是他今天早上要去布道俱乐部布道，晚上还要备课，他只好稍后给你们写信了。[10]

信里接着讨论范尼想着如何回馈露西慷慨地寄给他们五箱子衣服、书和其他礼物。然而，鉴于道奇森家的经济状况，这只能是希望，而无法成为现实。显然，礼物中有许多是露西做的，她是一位勤奋且卓越的裁缝、编织者，极其擅长缝纫活儿。她的小外甥以后给露西照了很多照片，其中一张就是她手持针线的留影。露西的礼物里有的还是送给道奇森家仆人的。信件证明，范尼的丈夫收到了仿丝绸长袜，女孩子们收到了给洋娃娃安（有人推测安的头之前被弄坏了）的一颗新头。最后，范尼告诉露西一些有关邻居的消息，显然，露西认识这些邻居，还汇报说达斯伯里没有霍乱，但是从沃灵顿（几英里远的地方）传来的消息却不乐观。

我们知道，这个家庭不断扩大，直到第十一个孩子出世，最后一个孩子出生于他们在克罗夫特—昂—蒂斯的新家。1843年，查尔斯·道奇森成为克罗夫特的教区长，他们家搬到了约克郡。这使得道奇森家有能力送他们的大儿子去上学——先是里士满学校，然后是1846年上拉格比学校。小查尔斯学习用功，获得了许多奖项，他妈妈非常自豪，无怪乎她一直向自己的妹妹汇报他在学校取得的成功。1847年6月25日，范尼“非常着急地”写信告诉她：

> ……最亲爱的查尔斯昨天安全到家，他带回来两本精美的图书，都是他的奖品！一本是去年圣诞节得的，阿诺德的《现代历史》；另一本是蒂里的《罗马人的征服》，这是在半学期年级评比中获的奖，是作文方面（拉丁语和英文诗歌以及散文）的奖项。他的总分排名第二——他们年级一共53个孩子，他们每天的功课都要被计分，每到半学期结束，要加出一个总

> 分数。查尔斯获得了一个总分第二的奖项，因为他们不能同时拿两个一等奖，而查尔斯选择作文拿一等奖。他回到学校以后就要升一年级了。最亲爱的查尔斯比以前瘦了，但是看起来很健康，而且精神昂扬：非常开心自己在学校取得了好成绩。[11]

在学校获得的一些奖品被留存下来。托马斯·阿诺德的《现代历史入门教程》（1845）上题写着“十年级。查尔斯·勒特维奇·道奇森。来自拉格比学校校长。考试，1846年圣诞节。”[12]《教皇历史，他们的教堂和国家》（1847），利奥波特·兰克著，三卷，书上题写着：“查尔斯·勒特维奇·道奇森。来自拉格比学校的校长。1847年圣诞节。”[13]《英格兰宪法史》，亨利·哈勒姆著，第五版两卷（1846），书上题写：“查尔斯·勒特维奇·道奇森。来自拉格比学校校长。数学二等奖。1849年9月。”[14]

道奇森在拉格比上学期间，他妈妈有理由经常给露西写信，她要告诉露西他的进步。在一封日期为11月11日（年份基本可以确定是1847年）的信件中，她写道：

> 至于最亲爱的查尔斯，我希望今天能收到他的来信，但是我没收到。礼拜二收到他的信说腮腺炎已经消退，可他的耳朵还是听不见——我们相信这就是他一直小病不断的原因了，但耳朵听不见的现象可能要比腮腺肿大的现象持续久一些。查尔斯已经给泰特医生写信告知查理的病情和病因（小儿发热）了，要求他尽快给予治疗意见，而且马上通知我们。[15]

耳聋的症状持续贯穿道奇森的一生，尤其是右耳。

2月15日（很有可能是1848年），范尼再次给露西写信，告诉她“最亲爱的查理”在拉格比学校升入了更高一年级，现在他升入“高中”，她补充说，另“他和他们全家都非常开心。我今天收到了他的信。”3月24日，她写信给露西：

我敢肯定，听说最亲爱的查尔斯得了百日咳，你一定很吃惊，整个暑假里他都很健康，还一直坚持陪伴和照顾确诊得了百日咳的弟弟妹妹们。我不由自主地为他感到担忧和不安，但是现在是一年中气候温和之时，我相信这场小病不会持续长久，在大家悉心照顾下，他一定能像其他的宝宝那样挺过来的。从他的信里可以看出他精神不错，显然，身体感觉还好——为此，我心怀感激。[16]

这场百日咳似乎持续了相当一段时间，道奇森在痊愈之前回到了克罗夫特的家。范尼6月5日又一次给妹妹写信：

我想我现在可以说最亲爱的查理的咳嗽基本已经好了——他几乎不咳了，也不再喘了，所以上礼拜天开始又去做礼拜了——他很健康很强壮——他的胃口和精神从来没有消退过。在玩孩子们都喜欢的铁道游戏时，他坚忍地尝试展示自己有多强壮，埃德温无论得到多少张票都特别开心——你送的玩具马在这个游戏里可派上大用场了。[17]

显然，露丝送给孩子们一匹玩具木马。

露西很了解道奇森创刊的一本道奇森家庭内部杂志：教区长宅邸杂志（1848—1850），她甚至还为一期杂志供过稿。她的供稿是一则开玩笑的女仆招聘广告，广告里列举出女仆的许多职责。露西本人非常活跃，忙于各种创意性的工作；做衣服、帽子还有蕾丝；织帽子、手套、袜子，以及家居所需的任何物件。虽然广告语气诙谐幽默，但诠释出在道奇森这样不断壮大的家庭里必须要做的家务，也反映出当时家里家务活的真实情况，然而，为了达到滑稽好笑的效果，广告内容有些许夸张。广告标题是“即刻征召”，内文如下：

> 全能女仆，工作地点是安静的大家庭，家里饲养奶牛、猪和家禽等。她必须会做奶油、熏火腿和培根，偶尔要做奶酪。她要全权照顾五个孩子，且要负责七个孩子所有的针线活。她必须能够照料刚满月的双胞胎，可以双手同时抱着两个孩子出门，因为家里没有其他仆人。她应按照要求早晨9点把早餐送上，午餐12点，主餐下午3点（她要在餐桌旁伺候），茶点下午6点，晚餐晚上9点。要在家烘焙、洗衣，冬天要酿酒。没有额外奖金，没有准假不得外出。一切休闲时间均应用于园艺。必须乐于服从分配，愿意遵守规则。每年薪水3镑3先令0便士；能否获得茶和糖，取决于其令主人满意的程度。[18]
>
> 有意者请致信友好山欢乐林R. Z.收，邮资已付。

从这则广告中，我们可以发现露西真正的幽默感；而且她对道奇森家的内务十分了解，热情地愿意参与其中；而当时，她还没意识到，不久之后她将永远地担当起这个角色。

以上信件只是姐妹俩之间通信的一些例子。道奇森家里的一切细节都被传递给了露西。令人难过的是，她的回信似乎一封也没保存下来。友好的信件往来一直持续着，露西对整个道奇森家族都表现出极大的兴趣。然而在1851年1月，我们已经知道，意想不到的事情发生了：范尼染病突然离世。道奇森，马上就19岁了，刚刚开始在基督堂学院的学习生活，不得不在开学两天之后回家。死亡证明上显示死因为“脑炎”，信息量很小。她去世时，埃德温，她第十一个也是最小的孩子，才四岁半大。美尼拉·休姆表妹在范尼·道奇森去世后，又一次立即来帮助这个家庭；然而，是露西·勒特维奇维持了这个家庭的完整。她无私地放弃了自己在赫尔的生活，搬来和道奇森家的孩子一起住，操持这个家庭，以保证查尔斯·道奇森可以继续他作为克罗夫特教区长的工作。

露西很适合掌管这个家。她了解所有人，而且大家也都喜欢与她为伴。她擅长管理内务，疼爱孩子们，了解所有仆从，和姐夫的关系也很融洽。查尔斯·道奇森的姑妈玛丽·斯梅德利在1852年2月13日给他的信件中写道：

> 露西是你的巨大财富——那个善良优秀的人儿，她的全部心思都投入照顾你和你的孩子——范尼·简那么优秀、那么通情达理，简直是露西完美的助手，合适的时候可以接替露西的工作；伊丽莎白·露西稳步成长，总是那么体贴得力；想到这些，真是让人心生安慰。看到你这一大家子里没有一个人有一丁点脾气乖张，也是上天赐福。这一点尤其让美尼拉（她的女儿）吃惊。[19]

就这样，在这个经受了悲伤打击、拥有十一个孩子的家庭里，露丝·道奇森继续扮演母亲的角色。最大的孩子范尼·简23岁，但还有五个孩子不到12岁。她的姐夫下一年就要在里彭的大教堂任教士，两年以后他就要成为里士满的执事长了——必须有一个管家帮他照顾家，组织仆人工作，他才可能胜任这些职位。露西姨妈似乎是全心全意、怀揣热情地接受了她人生中这个新的角色。

露西继续给这家人送礼物。1853年，查尔斯21岁时，她送他许多书作为生日礼物。这些书包括亨利·哈勒姆的《欧洲文学介绍》，第三版3卷（1847）和亨利·哈勒姆的《欧洲状况之看法》第十版3卷（1853）。两本书上题词相似："查尔斯·勒特维奇。来自最爱他的姨妈露西·勒特维奇。生日礼物。1853年1月27日。"[20]从他的日记中，我们了解到，露西姨妈寄给他一块沙发罩作为他23岁生日礼物。[21]作为回报，她的外甥于1855年3月28日在里彭，让海勒姆·克朗普顿·布斯给他照了一张相，送给她夹在她的新影集里。[22]

很多道奇森写给他姨妈的信件都被保留了下来。他让她了解他生活里的大事小情，就好像他母亲还健在时那样。写这封信的时间是1866年4月2日：

我亲爱的姨妈：

在整理一大批旧信件时，无意中发现属于您的两个物件，今随信附上。还有埃德温的一些东西，我想您可能也想保留，作为正字的范本也很好的。没有太多说的。自表现记录结束（期末考试和报告）以来，我一直在整理装满图书和文件等的盒子，其实，就是做了很多学期内没有时间做的事情。明天，我出去游玩几天。

我打算先去斯莱特先生家（J. 斯莱特神父，雷丁的斯特雷特里），周四再进城：但是我在城里的酒店还没定，在我给您更新的消息之前，您最好先寄信到斯特雷特里。您收到帕金斯&戈托的店里给您寄去的相册了吗？如果您没收到，我若恰好到他们附近，我会去问问。

我的宿敌，神经痛，从脖子转移到脸上了，好几天来，我都疼得厉害，我认为，一半是因为天气，一半是因为蛀牙。然而，夏天到了，牙也不疼了，目前神经痛也止住了，我非常开心地告诉您。我很感兴趣，在百科全书里寻找这个病症的确切名称，我相信应该是“眶下神经痛”。

昨天，我去教堂工作了，很长时间以来，这是第一次在教堂工作这么久。早上八点，在圣玛丽·抹大利教堂（蒂里特先生的教堂）的圣餐仪式上做助理；下午，在该教堂布道。我认为这个教堂的扩音效果应该不太好，因为教堂由五列平行的排座组成，五列排座被拱门和柱子分开，然而，他认为信众们都听到了我的布道。这是我准备时间最短的一次，上午的圣餐仪式结束之后才要求我下午布道。早上的圣餐仪式以前我有半小时准备时间，仪式之后有2小时时间。

您可以告诉玛丽《门廊上的美妙一夜》是我钟爱已久的诗歌。“欧文·梅瑞蒂斯”其实是爱德华·布尔渥·利顿，准男爵的儿子。

对于副牧师的职位，他没有特别的看法，除非张伯伦先生推荐一位“有学识”、想要副牧师职位和头衔的人，这人应该经济贫穷却素质高上，他说：“可能没有这样的人。”

永远爱您的外甥

C. L. 道奇森[23]

那本相册是送给露西姨妈的，她收藏的照片日渐增多。明信片式的照片在当时风靡一时，露西紧紧跟随潮流，用精美的相册收藏并展示这些照片。七月份，道奇森在一封信中汇报了进展，信件日期是6月27日，他已经取消了在帕金斯&戈托店的订单，因为他们没有及时发货，他找到了另外一本相册：

> 一本非常漂亮的相册，能装120张照片，每页放4张（……），价格才1英镑——但它不是线装的，所以有可能散架。同样尺寸线装的价格是2英镑。如果您告诉我预算的话，我可以帮您买到预算范围内最好的相册。[24]

他还向露西汇报了她最感兴趣的内容：她27岁的外甥威尔弗雷德爱上了爱丽丝·唐金。他写道：

> 我和威尔弗雷德好好谈了一番，这家代理公司没有雇用他，他似乎一点儿也不失望——其实，据我所知，即使被雇用也不算好事：每年600英镑的收入，却没有升职机会，然而，以他现在的职位，他很快就能得到这样的年收入，而且前程不可限量。他这周动身去豪登，去那里待上一个月。他现在似乎已经把对爱丽丝的想念放在一边，准备两三年后再续前缘，而他也不确定那时两人是否还都保持着现在的想法，中间可能发生许多事情。

道奇森还在1866年夏天提议带一些家人去惠特比，他在同一封信中跟露西交代说："去多少人？都谁去？这些问题我完全交由姐妹们自己去决定，我要您（我希望您能来）和埃德温还有姐妹们一起来。"

道奇森和舅舅斯凯芬顿·勒特维奇讨论了威尔弗雷德的未来，并且在1866年10月17日的日记里记录了他们的探讨：

> 周六，斯凯芬顿舅舅请我吃饭；周日，我请斯凯芬顿舅舅在伦道夫用餐，两次用餐期间，我们都深入地探讨了威尔弗雷德和A. L. ——这是个令人焦心的话题。[25]

很多年以来，这段话让人困惑疑虑。我们都知道，威尔弗雷德大概四年之后和爱丽丝·唐金结婚了，这个问题自然也就不成问题了。然而，谁是A. L.? 在他的日记中，家族人员的名字都用首字母表示，这样说来，此人跟两位关系都很亲密：斯凯芬顿舅舅的妹妹，也就是道奇森的露西姨妈（A. L.①）。有推论称A. L.是指爱丽丝·利德尔②，这种可能性极小——这不是道奇森写日记的风格——而且，这种推论完全没有根据。但是，露西姨妈确实令人担忧——她的视力越来越差，最后可能失明。此时，还没找到即刻解决的办法。

1868年，道奇森执事长去世后，他们全家搬到了吉尔福德的切斯特纳兹别墅，露西姨妈也随他们一起迁居。此时，露西姨妈已经

---

① A.L.可能是Aunt Lucy的首字母缩写。
② 爱丽丝·利德尔的英文是Alice Lindell。

63岁，最大的孩子范尼·简，精明强干，已经可以辅助她了，而经济重担还是由长子挑了起来。道奇森在吉尔福德市找到了这处房产，租下来供姨妈还有兄弟姐妹居住，他还掌管着父亲建立起来供养女儿们生活的信托基金——此时，女孩子们都还待字闺中。

露西姨妈过于专注缝纫、编织以及其他需要好视力的活动，其后果开始显现。正如我们已经提到的，她的视力开始下降，这对她的生活方式和快乐都是很大的威胁。道奇森意识到必须采取措施。1871年7月20日的日记里记录道："进城，带着露西姨妈（范尼一起）去拜访克里切特先生（原文如此），眼科医生，在滑铁卢车站送她们上了火车。"[26]乔治·克里切特（1817—1882）是伦敦医院一位医术卓著的外科医生，引进了很多治疗溃烂的新方法。1846年，他被分配到穆尔菲尔兹的皇家伦敦眼科医院，成为最棒的眼科手术医生。他改进了眼睛手术中非常重要的几个环节。1870年，他被选举为外科医生学院理事会成员。向这位医生问诊，表明露西正向白内障方向恶化，若不接受手术的话，最终将丧失视力。1871年10月，她两只眼睛的手术都成功了，几乎可以肯定，手术是在伦敦做的，由乔治·克里切特操刀。之后，她待在哥哥家里，伦敦市翁斯洛广场101号，她在那里恢复，由外甥女玛格丽特·道奇森照顾。

道奇森的姨妈，亨利埃塔·玛丽·勒特维奇，于1872年10月9日在黑斯廷斯的家中离世。他妈妈的五个姐妹中，只有两位还活着：露西姨妈和伊丽莎白·弗朗西斯·莱基斯·勒特维奇姨妈。《黑斯廷斯和圣莱纳兹报》（1872年10月16日）报道说，亨利埃塔·勒特维奇和她的姐妹们对当地慈善事业给予了莫大支持，她们去主日学校做老师、为教堂做传教使者、还收留失足妇女，使整个社区都获益匪浅。葬礼于12月12日举行，斯凯芬顿舅舅作为丧主参加葬礼，她的外甥们——道奇森、弗莱彻·勒特维奇、斯凯芬顿·休姆·道奇森——连同哈萨德·道奇森叔叔一道都参加了葬礼。按照当时的规矩，道奇森的露西姨妈和妹妹玛格丽特到了黑斯廷斯，但不能去葬礼现场。威灵顿广场2号的房产留给了露西，她继续使用这栋房子，经常带着道奇森的姐妹们来这里小住，算是从吉尔福德出来休假，道奇森也时常去探望她们。

露西姨妈75岁之后，健康情况每况愈下，这让道奇森一家非常关注，他们这么多年来都十分依赖她。1880年4月5日道奇森的日记：

> 再次进城（伦敦）。去怀特霍尔街19号拜访威尔克斯先生，谈论了露西姨妈的问题，她的表达能力迅速消失。他认为没什么可做的，脑部的脏器持续变化，这是一般的脑部消亡的信号。[27]

詹姆斯·威尔克斯（1811—1894）是一位外科医生，也是道奇森家的好朋友；他是露西的哥哥斯凯芬顿·勒特维奇的同事，他们俩都是精神科方面的专家。显然，没有什么希望了，道奇森的姐妹们照顾着她们的姨妈，因为她的记忆力已经开始衰退，但是这种衰退也持续了好多个月。1880年9月3日，范尼给道奇森发了一封电报，告知他露西姨妈病危。他即刻向伦敦进发，在那里住了一晚，第二天一大早回到了切斯特纳兹别墅。他写道：

乘早7点的火车去吉尔福德，8点半见到我亲爱的姨妈，她还足够清醒，认出了我。然而，她很快就陷入昏迷，下午4点半过世了，我们都围在她身边，还有她自己的贴身女仆沃茨（1843—？）。我念了颂扬祈祷词，她断气之后，我又读了《葬礼》中的感恩词。我很为自己当时在场感到欣慰，我也很乐意在这样的事情中帮助管理承办人员。[28]伊丽莎白姨妈在教堂。埃德温昨晚到了，但是身体欠安没来参加追悼会。[29]

葬礼于1880年9月8日，在吉尔福德的圣玛丽教堂举办。道奇森写道：

葬礼的第一部分在教堂内——然后我们走到墓地，棺材放在手推棺材架上，棺材架下有轮子。两辆快车载着五位女孩子、莉齐·威尔科克斯和沃茨。斯凯芬顿和我与哈利·威尔科克斯一起步行。露西姨妈被安葬在吉尔福德的公墓山上。

道奇森第二天便动身去伦敦，拜访家庭律师罗伯特·A. 温赖特，把露西姨妈的遗嘱交给律师。道奇森承担起处理姨妈财产的责任，这导致他写了许多信件。他和弟弟威尔弗雷德是露西姨妈遗嘱的执行人，她留给查尔斯100英镑、威尔弗雷德400英镑、埃德温400英镑、玛丽·科林伍德500英镑（道奇森的这个姐姐结婚了），还给她的侄女伊丽莎白·露西·劳瑟留下100英镑。剩下的就分给其他姐妹和斯凯芬顿，75英镑的养老金年金留给了她妹妹伊丽莎白·弗朗西斯·莱基斯。她把自己所有的个人财物以及她在黑斯廷斯的房子都留给了范尼·道奇森。[30]

总的说来，露西选择把自己的一生奉献给心爱的、但已去世的姐姐的家庭。她仁慈地尽全力支持这个家，尤其是对于家里的小孩子来说，她扮演了母亲的角色。她的责任感无边无际。她是一位智慧的女性，对科学很感兴趣，擅长家务活计和内务管理，阅读广泛；她不但是一位慈祥的母亲，还是受到外甥和外甥女们无比热爱的姨妈。

第二章
牛津大学的老师和同仁

詹姆斯·塔特和阿奇博尔德·泰特：班主任

道奇森数学很好。他在这方面很有天赋，自他的幼年时期就表现出来了，他的数学天赋受到父亲的培养，父亲也是他的老师，他长大些之后还经常向父亲讨教数学问题。他们家住在达斯伯里的时候，道奇森的父亲还负担不起学校的学费，但当他们搬到克罗夫特一昂一蒂斯后，父亲的职位收入较高，于是便把他送到约克郡的里士满附近的学校学习。道奇森住在班主任詹姆斯·塔特（1801—1863）家，为了这项特权，他父亲支付了额外的费用。塔特于1819年考入剑桥大学的三一学院。1833年，继承他父亲在约克郡的里士满学校的教师职位，并且在这个职位上服务直至离世。他与安·伊丽莎白·辛普森（1802—1864）结婚并育有六个孩子：艾伦·沃利斯（1833—1842）、查尔斯·格雷（1836—1900）、詹姆斯（1835—1897）、托马斯·哈钦森（1837—？）、约翰·塞缪尔（1839—1887）和露西·哈钦森（1842—1873）。

詹姆斯·塔特为人慈祥，对所有的学生皆予以鼓励。道奇森越来越依恋他的老师和塔特一家人，他离开里士满之后很久都还和他们保持联系。他在1844年8月5日写给两位姐姐的信里，描述了在里士满学校头几个月的生活：

……我觉得我最喜欢的男孩子是哈利·奥斯丁和塔特家的孩子，这样就是7个，不过塔特家还有一个小女孩第一天下来一起吃正餐，以后就再也没同桌吃过饭，我还喜欢埃德蒙德·特雷姆利特（原文如此）①，以及威廉姆和爱德华·斯怀尔。[1]

对于一个11岁大的孩子来说，很典型的，比起学校的生活和学习来说，他的注意力更多地集中在他的同学和他们的性格特点之上。然而，他在学校得了很多奖，其中一个留存下来：是一本书，名为《最早的古典地图，附希腊和罗马历史编年表》（伦敦，1845），詹姆斯·塔特著，书上写着："查尔斯·勒特维奇·道奇森。里士满学校约克郡。六。时间：11月，1845。"[2]

道奇森当时所上课的里士满学校的建筑已经被拆毁，择新址重建了，然而原始校区就在里士满教堂庭院的旁边。而且，很显然，教堂的庭院被用作学校的操场。在上面提到的写给他两个姐姐的这封信中，道奇森继续讲了学生们玩的两个游戏：

……他们首先提出玩"鞋匠之王"的游戏，还问我想不想当国王，我就同意了。然后，他们让我坐下，他们坐在（地上）我身边，围成一个圈，他们让我说"去工作"，我说了，接着，他们从四面八方踢我打我。他们要玩的下一个游戏是"彼得，真正的雄狮"，他们在一块墓碑上做了个记号

---

① 特雷姆利特的英文应该是Tremlett，但是原文写的是Tremlet。

（……）其中一个男孩闭上眼睛走路，同时伸出他的手指，试着碰触那个记号；然后，一个小男孩走上前来引领其他的孩子，很多人并排走到离记号很近的地方；终于该我了，他们告诉我把眼睛闭紧，下一分钟，我的手指就进了一个男孩的嘴里，他站在（……）墓碑前面，张着嘴。

道奇森很快就领悟到，接受和信任身边所有的人是不明智的，这几乎和他亲密的家庭氛围所引导他的所作所为正好相反。学校生活为他面对更残酷的真实生活做好了准备。

道奇森和里士满的奥特利一家结成朋友。劳伦斯·奥特利神父（1808—1861）是里士满的教区长，他和太太伊丽莎白育有十六个孩子，其中两个夭折于襁褓。道奇森很喜欢待在大家庭里，这是有原因的，这让他想起自己的家人。奥特利先生是里彭的教士和乡村教区司铎。道奇森的父亲于1836至1856年之间被任命为里彭第一主教查尔斯·郎利的一位牧师，某种程度上说，由于他们在里彭的交错关系，道奇森应该已经认识奥特利一家了。1852年，道奇森的父亲被任命为里彭的驻地教士，1854年成为里士满的执事长。劳伦斯·奥特利神父于1861年去世之时，奥特利家的两个孩子跟道奇森一家在克罗夫特待了两周，里士满教区长的职位空了出来。

道奇森于1844至1845年底在里士满学校学习。他的第一份学校表现报告由詹姆斯·塔特撰写，并于1844年12月27日送达他父亲手里：

我敬爱的先生：

我拥有足够多之机会详做观察，且据此对令郎之个性及能力予以评估，我毫不犹豫地表明我之观点，他智力超群，并负有更多天赋。与人交往文雅，令人欢愉；与人交谈幽默，思维敏捷；才学知识远多过该年龄所掌握，且推理思维清晰，不容出错，凡有不明之处，必然找出最确切之解答方案。他刚通过（原文如此）[①]一项数学测试，成绩优异，展示出对于精确推断之热爱于他实为天赋。然而，无法划分他的成绩等级，因为他和另外两位学生经过测试，实无其他擅长数学之学生可与其比较。

虽然优点甚多，但我必须指出其一两处必须尽快改正之错误，然则，我也知改正它们需要一段时间。您应该知晓，我们的这位年轻朋友，不容错误，但是却对小缺陷极为宽大，无论是大声朗诵或者韵诗写作，频繁无视维吉尔（Virgil）和奥维德（Ovid）的格律。他在名词和动词词根替代方面也太过迟钝，若非是非常类似之语法规则，便是自己随手之创造。此类错误在一定时间内必将消失，但此时却随手为之。因为，据我看来，此现象并非必然，此后，我将为您展现里士满学校里真实的查尔斯·勒特维奇·道奇森之形象。您尽可期待他拥有美好的职业。在结束之前，请允许我，提出一条建议，该建议出自经验之智慧以及真诚之善意。您切不可对令郎教育过多知识，否则他便会认为自己高于同龄人。使其自己逐步发现自身之天资。对于卓越之热爱生于对于超越之热爱，若他醉心于超越他人，无须我强调，他所掌握之知识之质量将大受破坏，他的性

① 这里“通过”作为动词，英文的正确文法应该是passed，而原文是介词past。

格也将染上污点。总体说来，我确信您和道奇森太太将非常满意我信中所述之情况。目测我似乎染上了学究的写作方式。请在半年学期结束之时原谅我这个教师。塔特太太和我一道祝福道奇森太太和您全家。

您忠实的，

詹姆斯·塔特

塔特很有远见，发现自己的这个学生在数学方面能力卓绝。

14岁那年，道奇森开始在拉格比学校上学。他曾经的同学都是男孩，而且学校环境也重视体育技能和学科能力，这些经历可能影响了他对于男孩子的态度。和粗野地摔来摔去的体育运动相比，道奇森更喜欢学科学习这样的优雅活动。当然，在今后的生活中，他似乎在女伴——女孩子和成年女性——的环境中更加放松，虽然他也有很多男性朋友——男孩子和成年男子都有。这一次同样地，他父亲安排他住在班主任家。阿奇博尔德·坎佩尔·泰特博士（1811—1882）从托马斯·阿诺德手中接管了拉格比学校，他为恢复学校名誉和推进当时教育水平现代化做出大量贡献。泰特博士因博学多才受到尊敬，他之后继续升任为伦敦的主教和坎特伯雷的大主教。公共学校并不是完全健康的，规则一般掌握在年纪大的男孩子手中，他们立下“成百上千的规矩”，谁触犯了就要被罚抄。寝室里情况也好不到哪儿去，年纪大的男孩总是欺负年纪小的。我们手中没有太多关于道奇森在拉格比生活的第一手资料，只有很多年后他在一则日记里对当时学校生活的回忆。他在1855年的日记里写道：

> 我想，我在学校期间各项学习技能都有进步，但没有一项技能的发展是凭着热情，而我也花了无数时间抄写强制令——我认为最后这一点是拉格比学校最大的过失。我在那儿也交了一些朋友（……）然而，我无法说，回首我在那所公共学校的生活是充满乐趣的，或者说任何可能的关怀能再次将我引导回那三年的时光。[4]

尽管如此，他在拉格比勤奋认真地学习，高频地往家里拿回所得的奖品。在数学方面，他继续取得高水平的成绩。他的数学老师，罗伯特·比克斯特斯·马约尔（1820—1898），写给道奇森的父亲："自我来拉格比之后，该年纪的孩子中没有一人如此前途无量。"[5]道奇森将要结束在拉格比的学习时，他的班主任于1849年12月18日给他父亲写信，总结了他的学习表现：

> 我亲爱的先生，
>
> 在我向您表达我对令郎的高度赞许之后，我才允许他离校。我赞同科顿先生对于他能力和正直行为的评价。对于他的年龄来说，其数学知识丰富，且我并不怀疑他将在古典文学方面取得成就。我相信我向您提过，他在神学考试获奖，这是我所见过最值得称赞的表现。
>
> 他在我家居住期间表现优秀。
>
> 请相信我。
>
> 您忠实的，
>
> A. C. 塔特[6]

基督堂学院的同事

1821年，在牛津大学基督堂学院，道奇森的父亲以优异的成绩获得了数学和古典文学双学位。因此，顺理成章地，他的儿子跟随了他的步伐。1850年5月23日，道奇森18岁那年，他去基督堂学院参加入学考试，经过院长托马斯·盖斯福德（1779—1855）和他同事的考验，道奇森展现了在基础学科方面的水平和对宗教问题的态度，他被接受为自费生（即缴纳学费的本科生）。然而，学校里并没有可供下学期学生居住的寝室，道奇森只好等有房间腾出来。奇怪的是，根据记录，他缴纳了1850年复活节学期的学院费用、大学费用、图书馆费用和学费——就是那一年的夏季学期[①]。此外，在基督堂学院的记录中，从1850年的复活节学期开始，他的大学导师奥斯本·戈登（1813—1883）用自己的名字与“C. L. 道奇森”的名字签了他每一学期的入学文件。然而，当时道奇森在家自学，为即将开始的大学学习做准备，时间一个月一个月地过去了，却还是没有宿舍空出来。他父亲动用了自己在基督堂学院的关系，最终，他得以安排儿子和自己的朋友雅克布·莱伊（1803—1881）一起居住，雅克布是基督堂学院的教师，在汤姆方庭有房间。道奇森于1851年1月24日开始了在基督堂的本科学习。

在“膳宿费”的记录中，第一次出现道奇森的名字是在1850年10月，但是没有写明费用的具体用处，一个月之后关于他的膳宿费

---

① 英国的学期不同于中国一年两个学期，英国学校一年分为三个学期，秋季(autumnterm或Michaelmasterm)，春季(springterm或Lentterm)及夏季(summerterm或EasterTerm)。可见夏季学期就是复活节学期。

记录又消失了，膳宿费是一种每日付费的费用体制。他的膳宿费记录于1851年1月25日再次出现，但是只记录了一天，之后直至1851年2月10日膳宿费记录都是空白。这是因为他的母亲突然离世，他不得不匆匆赶回克罗夫特。本科生的分类账目详细地记载了在学院期间的各项费用，账目表明其学费、图书馆费、学院费用和大学费用都已缴纳，然而1851年春季学期中没有住宿费的记录，因为他私下里住在雅克布·莱伊那里。

我们知道道奇森于1851年的复活节学期开始住校，因为在学院的宿舍租住记录里记录了他的名字，而且标明他的房间是派克沃特方庭的4层8号房。道奇森于1852年的复活节学期搬到走廊阶梯的4号房间，此前三个学期，他一直住在派克沃特方庭的那间宿舍。据我们所知，这套房有两间卧室，其中一间住着他的朋友乔治·格德尔斯通·伍德豪斯（1831—1897）。因为共处一室，他们发展出友情。也许因为这段友情，道奇森在1853年5月写出了诗歌《里格尼安德》，并把它献给伍德豪斯。诗歌的名称来自拉丁语“木头”（lignum）这个词，这个词和他朋友的姓还与板球拍子相关联[①]，很显然伍德豪斯喜欢玩板球。这个寝室安排持续了5个学期，直至1853年的秋季学期末。之后，他搬到隔壁的5号房间，学校寝室租住记录里记载这套房子里有一个大卧室和一个小卧室。道奇森独占两个卧室，这种情况持续了8年。

道奇森跟随罗伯特·戈弗雷·福塞特（1827—1908）学习，福赛特是基督堂学院的数学讲师，只比道奇森大5岁。每个学期期末，他的学业进展都通过考试以及我们所知的“表现记录”的成绩来衡

① 伍德豪斯英文是Woodhouse，直译就是木屋的意思。

量。道奇森的表现记录仍然被保存在基督堂的档案中，从这些档案中可以看出，道奇森的数学水平在三年的学习中一直进步很快。在1851年4月，第一个学期期末，他的数学成绩是“非常好①”，而那年12月底又是这个成绩。1850年，被称为“学士学位第一次考试”（简称“第一次考”）的新考试制度被采用，这是本科生期末考之前测试他们成绩的一项考试，这次考试通常放在第二学期。1852年年末，道奇森的古典文学成绩居第二等级，数学成绩居第一等级——基督堂学院只有他一个人得到这样的成绩。他的“表现记录”成绩是“优异”②。[7]

道奇森学习勤奋，学习方式是安静、低调且按部就班的，他遵循着基督堂古老的传统。他并没有效仿其他本科生疯狂不羁的可笑行为，很多本科生都来自尊贵的上层社会家庭，他们惯于花天酒地、追求享乐。相反，他稳稳地学习学术知识，在数学方面超越卓群，在古典文学方面的水平与大家平齐。他的朋友们都是基督堂里头脑清醒的人，包括他在达斯伯里认识的老朋友，托马斯·维尔·贝恩(1829—1908），他的父亲是渥林顿学校的校长。其他的朋友包括同样数学能力出众的人：莫顿学院的托马斯·富勒（1832—1904）、基督圣体学院的威廉姆·亨利·兰肯（1832—1920）和基督堂学院的塞缪尔·考托普·博桑基特（1832—1925）。

因为1852年道奇森在“学士学位第一次考试”中的优秀成绩，和他的父亲一样，他被提名得到“奖学金”，他是被父亲的朋友爱德华·蒲塞博士提名的。校长和教士们（即“全体教士成员”）

---

① 原文是拉丁语valde bene, 即“非常好”的意思。
② 原文是拉丁语optime，即“优异”的意思。

在每年圣诞前夜聚首，决定如何筛选出基督堂101个奖学金的获得者。1852年，作为教士，正好轮到蒲塞选择符合领取奖学金资格的本科生，道奇森就是这样被选中为其中一位。蒲塞对道奇森父亲言明，这个提名只是因为优秀的成绩，并非是作为朋友所给予的恩惠。前面提到过这个奖学金，每年都有薪俸，而且可以终身享有（道奇森就是这样），只要满足以下条件即可：在若干年内履行圣职，且保持独身。道奇森生活的这个方面——他对奖学金的义务——经常被传记作家和评论家所误解。20岁时，道奇森许下承诺，该承诺意味着他在基督堂学院期间都将保持单身。因为他决定在基督堂内任职，做一名讲师，他一生都履行了承诺。19世纪70年代末，关于独身的要求已经松懈，但是道奇森仍然遵守自己最初的承诺。

1854年6月（夏季学期期末），令道奇森十分失望，他的古典文学期末成绩只位列三等，他把这归咎于考前准备不充分。这既让他失望，又警示他，如果想要在秋季期末（1854年12月）的数学考试中取得好成绩，他就要更加努力学习。幸运的是，道奇森的一个机会来了，1854年的夏天，他去惠特比参加一个数学读书会，这个读书会由巴塞罗缪·普莱斯组织的，他刚刚被指定为自然哲学科目塞德利教授[①]，之后又被授予彭布洛克学院院长一职。

夏季参加的读书会加上整个秋季学期的努力学习，他终于取得成功。道奇森获得了数学的一等荣誉学位。他是本年级第一，所以，一点也不令人惊奇，学院请他担任讲师，这为他取得学士学位

① 牛津大学数学学院的一个席位，这个席位是由威廉姆·塞德利爵士设立的。

之后留在基督堂学院提供了一个机会。为了在经济上帮助他，教士们于1855年2月任命他为图书馆副馆长，这个职务一年有35镑的收入；5月份，他们还颁发了博斯托克奖学金给道奇森，这个奖学金一年有20镑；这几乎可以助他财务独立了。他只在日记中写下了“勇气”两个字。[8]

道奇森的事业雏形显现。他凭借自己的数学才能留在基督堂学院是完全可能的。然而，1855年，并非事事如愿。他参加争取高级数学奖学金的测试，但是发现为他能力所不及（他复习得不透彻）——他没有完成试卷，第二天把试卷要了回来。塞缪尔·博桑基特被判为优胜者，他也参加了在惠特比的学习。道奇森意识到，如果在学期之中他学习得更认真一些，他可以轻易地得到奖学金。这也反映出道奇森一生的普遍主题：一段勤奋刻苦的学习之后，跟着便是一段懒散怠慢的生活。即使他定下目标明年要得到奖学金，然而却世事难料。

1855年，基督堂的老院长托马斯·盖斯福德去世了。实际上，院长即是整个学院的首领，负责学院学术上的成绩和宗教方面的发展。新任院长是亨利·乔治·利德尔（1881—1898），此时他还是伦敦威斯敏斯特学校的校长，但他是基督堂学院的老校友了。盖斯福德年代的基督堂学院呈衰退之态，因为他在录取任用方面更倾向以社会阶层作为标准，而非以成绩来衡量，然而，该职位（女王的恩赐）一向被视作提高学术标准和推进简陋校园现代化的良机。利德尔以善于变革而著称。他在学术方面天资过人，实践证明他善于管理经营，与上层关系亲近。他曾经一度是亲王的牧师，维多利亚女王与他相熟，他来基督堂学院任职时已经结婚并有四个孩子——今后还将养育更多的孩子。

根据传统，基督堂内部选拔提升两个职位标志着新院长的选定：内部颁发的荣誉第一学位和荣誉硕士学位；道奇森被授予了后者。这位新的院长和全体教士为道奇森成为数学讲师铺平了道路。1855年8月，道奇森被授予该职位，这意味着他永远不用为了高级数学奖学金而费力了。他的能力得到了认可，未来的事业也得到保证。1856年1月，他正式任职，从此在此职位上工作了近二十六年，之后于1881年提前退休，专注于文学创作。

道奇森开始着手为自己在基督堂学院永久居住做准备。在1856年4月24日的日记里，他写道："买了一个新书架放在小卧室，我打算主要在小卧室里居住，把大房间用来上课。"[9]几周之后，5月10号，他写道："根据斯克托克的建议布置了我的小卧室，已经又加买了1个书柜、2个扶手沙发和1张写字台。"[10]威廉姆·斯克托克（1823—1886）是教师联谊厅的成员，显然，道奇森十分重视他的建议。斯克托克陪道奇森一起去圣阿尔戴斯的百德扩克家具店挑选壁纸，还帮他找人把屋顶洗白。

道奇森使用的走廊房间的具体位置仍不为人所知，然而，房产记录显示，他的房间离实际的大教堂南边的走廊非常之近。十七世纪时，走廊的南段和东段上方都加盖了房间。南段上方加盖的房间自1681年以来都被用作阿莱斯特里图书馆。从记载上看，东段加盖的房间用处不明。也许是用作宿舍，然而，更近代时，被教士们用作档案馆。根据宿舍租住记录，靠近走廊台阶的地方有6间房。现今，已经无法考据这些台阶的所在。道奇森居住的年代，走廊的东南角通向教士的方庭。1669年这个方庭的南部被烧毁，1672—1678年，在被烧毁的原址上建立了"菲尔楼"或者称"楼梯花园"。西部是沃尔斯利厨房，北部是老图书馆，所以，很有可能走廊楼梯是在方庭东部。教士方庭的东部和南部于1863年被拆毁，是为了给新建的梅多楼腾出空间。宿舍租住记录记载，走廊楼梯中的4号和6号房间在1863—1864年被拆毁。1865年以后，走廊台阶里的所有房间都不再用作寝室。几年之后，走廊上方顶盖的东部被加高，为的是露出教士屋子的诺曼式大门。为了达到这个目的，走廊这一部分上面的房间都被彻底改建了。一个巨型的长方形木质结构建造起来，从地面升起，盖住新的顶棚，中间所剩的空间已然容不下什么。至此，这些房间停止发挥它们以往的功能。

走廊东段上层改建和教士方庭某些部分的拆毁同时发生于1863—1865年，这导致我们很难找到走廊阶梯那些房间的具体位置。宿舍租住记录把“走廊台阶房间”“教士方庭”“楼梯花园”等条目分开记录，这就更让人困惑了。罗杰·兰斯林·格林在他编辑的那本道奇森日记集里称（第173页），道奇森住在教士方庭，1862年1月27日，因所住区域被拆毁而搬到老图书馆。他更进一步指出，老图书馆后来也被拆毁，为建设梅多楼让出空间。这些推断大部分是不准确的。道奇森在教士方庭从没有过自己的房间。他在老图书馆也从来没有过房间，而且，和格林的判断完全相反，老图书馆还存在，且自1775年改建之后，就一直作为学生宿舍使用。此时，派克沃特方庭南边的新图书馆已经建成，所有的书都转移到新图书馆了。1862年初道奇森搬到了其他的房间，这些房间在汤姆方庭的西北角，现在被学生交谊厅占用。

道奇森这个时期的讲师职责看来主要是私人辅导和小规模座谈，而这些工作量增长很快，他感到压力很大。他还讲了数学方面的公开课—对学院所有成员开放—根据讲课记录显示，这样的公开课一年两次：一次在秋季学期，一次在春季学期。

1856年5月14日，道奇森的两个弟弟斯凯芬顿和威尔弗雷德被基督堂学院录取，那年的10月10日开始住校。然而，学校里同时有三位姓道奇森的同学，确实引起了一些混乱，从1856年10月10日的日记里可以看出当时的情况：

> 斯凯芬顿和威尔弗雷德到达时正好赶上早餐，我们下午出发去牛津：三个人的行李箱放在汤姆方庭门前，箱子上都标着同一个姓，这引起了我在这里见过的最大规模的混乱，当我们发现还没给我的弟弟们分配房间时，他们当晚只好住在米特雷酒店。[11]

乱上添乱的是，另外一个姓道奇森的人——他们的堂兄弟，弗朗西斯·休姆·道奇森——1854年已经被基督堂学院录取，然而，前一个学期他好像考试没有及格。弗朗西斯·道奇森（1834—1917）是威斯敏斯特的学者，从1854年秋季学期到1856年的夏季学期都住在走廊阶梯的3号房间，但是这个信息除了在每学期的宿舍租住记录里能确认，其他的信息源都得不到确认。1856年秋季学期，道奇森暂时让伍德豪斯的弟弟，查尔斯·戈达德（1839—？），跟自己住，这样，弗朗西斯·潘趣·道奇森腾出来的房间才可以给他的两个弟弟使用。基督堂旧时的记录只用姓，这加大了细节确认的难度。最终，下一个学期，1857年春季学期，斯凯芬顿和威尔弗雷德搬到了派克沃特方庭，他们用的是道奇森读本科时住的房间（派克沃特4号阶梯8号房间）以及隔壁的派克沃特4号阶梯7号房间。两兄弟在这两间宿舍住了三个学期，一直住到1857年的秋季学期。

有些传记作者说道奇森直到1868年才搬到汤姆方庭。但情况并非如此，当走廊台阶房间逐渐停止使用——这一过程始于1862年，终于1865年——道奇森就搬到主方庭：汤姆方庭去了。据学院档案记载，1862年他搬到了汤姆方庭7号阶梯3号房间，几乎可以肯定，《爱丽丝梦游仙境》是在这里写就的，并非在别处。3号房在别特勋爵大人居住的房子楼下，从这里可以看到执事长的花园。道奇森1866年1月27日的日记证实了这一点：

今晚的经历奇特。上床之前去关橡木门，发现它已经被关紧了，而且（很显然）是从外面被关上的。我以为是恶作剧，而且不想像犯人一样被人从外面锁着睡觉，我就从窗户爬到克拉克博士的花园里，费了好大一番功夫才把别特勋爵弄醒，让他去门房找人帮忙。他下楼来，检查了门，发现并没有关死，而且证明真的没被锁死，门只是被卡在门框里了。[12]

“橡木门”是道奇森套房的主门，查尔斯·卡尔·克拉克是牛津大学的执事长。别特大人，约翰·帕特里克·克里奇顿—斯图尔特（1847—1900），是当时租住在基督堂学院的贵族之一。1867年，基督堂改革法案颁布，在教士和教师的支持下，利德尔院长发起了改革，此后，任何贵族，除非在基督堂学院攻读有效学位，否则不能住在基督堂。1868年的夏季学期也是法案颁布的学期，别特侯爵被迫退出汤姆方庭7号阶梯6号房，他曾经占用的豪华房子。根据宿舍租住记录，这些新退出来的房子也许是基督堂最好且租金最贵的房子了，即使是学院的导师们都没有资格免费住宿。房子根据位置和面积不同，租金在6~15畿尼①之间。1868年，道奇森有能力支付高额的房租了，因为在经历了一次挫折之后，《爱丽丝梦游仙境》现在回报丰厚。此时，他也已经是基督堂的资深成员，也可以预先申请他查看过并且喜欢的屋子了。他发现可以在屋顶建造一个摄影工作室，从房子里面就能直接进入工作室。他确保这间房子可被他私人使用，并且接下来的那个学期就搬了进去。这些房间成为他此后一生的家。他在1868年6月21日的日记中记录了这次计划好的搬家——这时，正值夏季学期即将结束，漫长的夏天就要开始：

> 我现在的任务就是，搬进去之前，在别特大人的房间里做些必要的改变，我已经决定要搬进去了。在房顶上建一个能从屋里直接进去的摄影棚好像不太可能，这确实太奢侈了，我现在的房租每年6英镑，我很快就能攒上一笔钱。[13]

就在那一天，他得到父亲去世的消息，日记便没有更多的条目了，直至8月份。然而，屋子还是改装了，摄影棚在房顶上建起来了，就在汤姆方庭的西北角，在他屋子的顶上，在塔楼和大烟囱之间。这里本来就有一段楼梯，他可以从自己的屋子里直接进入摄影棚。这段楼梯连着一个非常大的橱柜，道奇森把这个橱柜改成了他的暗室，用以冲洗照片。他的主卧、浴室和卫生间都在起居区域的楼上。卧室位于餐厅之上，但又低于大大的起居室屋顶。卧室只有一个天窗，也许房顶还很矮，以保持卧室低于那些包围着汤姆方庭

① 畿尼，英国旧金币，价值一镑一先令。

的大烟囱。道奇森去世之后，摄影工作室被搬走了，这里被用作牛津沃尔顿街上一家本地商店的储藏室。

道奇森于1868年10月30日搬进新居。两天之后，他在日记中记录道："我刚刚搬进我的新房子（之前是别特大人住的），周五是我在这儿睡的第一晚，我现在逐渐把东西收拾到位了。"[14]道奇森以前居所的照片已经找不到了，但是有他的新房子起居室的照片，也许是他去世之前，处理他财产的代理照的。这些照片在他的传记里和其他地方被无数次重印。斯图尔特·道奇森·科林伍德（道奇森的侄子，他的第一位传记的作者，1898年撰写了《刘易斯·卡罗尔的生活和信件》）重新冲印了大起居室的照片，称它为"刘易斯·卡罗尔在牛津基督堂学院的书房"。摄影角度正对壁炉，壁炉上可以看到威廉姆·德·摩根设计的瓷砖，所以这张照片一定是1887年之后照的，因为这些瓷砖是1887年买的。[15]在科林伍德的《刘易斯·卡罗尔画册》中还有一张壁炉的特写。[16]

伊萨·鲍曼在她的书《刘易斯·卡罗尔的故事》里复制了一张照片，照片的注解是"刘易斯·卡罗尔在牛津的房间，《爱丽丝梦游仙境》在这里写就"。[17]图中的房间不是别特大人套房的一角，而是楼下学生交谊厅的一部分，是汤姆方庭7号阶梯3号房，道奇森在1862和1868年间在此居住。

道奇森在汤姆方庭二层的这间套房里住了三十年，套房里有一个玄关、一个客厅、两个顶层的小房间、一间餐厅、一间厨房、两间卧室、一间浴室和摄影工作室（包括一间换衣间）以及处于隔层的一间暗室，他居住期间为屋子做了多次改造。他改建了屋内楼层结构，铺了新地板，更换了照明系统，增加了"通风用球形吊灯"，在所有主要房间安装了有防火布的壁炉，在主壁炉上贴了新瓷砖，还在墙上安装了书架。

在给朋友的信中，道奇森总是时不时骄傲地提起他的房子。在1882年5月24日写给弗兰西斯·哈德曼（1866—？）的信中，他邀请对方：

> 就是说——请尽快来。我开始期待在6点半左右见到你。这样我就可以消磨时间，消除我同时见到许多女士时产生的害羞心情，也可以带你看看我的“房子”（也许是牛津最大的学院住房了），你可以上房顶看风景，会让你印象深刻，但我并不会强迫你去屋顶看风景。[18]

1895年6月30写给女演员J. 马丁—哈维（1865—1949）的信里，他开始称自己的住所为“房子”，除了面积以外，还有可能证实了基督堂学院根据房间结构称呼其为“房子”。他在这封信里说他的“房子”有十间房间。[19]

作为讲师，道奇森写了很多数学方面的著作，主要是帮助和辅助他的本科学生准备在牛津的考试。他也写文学作品，包括散文和诗歌。他还作一些无厘头的诗，其中最著名的要数1876年创作的叙事诗《蛇鲨之猎》，这首诗讲述了十个船员跟踪一只神奇怪兽的航行故事，这一队船员每个人的名字都以字母B开头。这首诗无疑是有讽喻含义的，但是道奇森从来没有透露过其内涵。他晚年时描述这首诗是探索“爱”，然而这并不符合故事后来戏剧性的情节。我们知道他写这首诗的时候，他最喜爱的远亲兼教子查尔斯·哈萨德·威尔科克斯（1852—1874），那时还不到二十岁，正经受着使他衰弱的肺病（肺结核）折磨，并威胁到他的生命。道奇森帮助照顾查理·威尔科克斯，熬夜守在他的床边，偶尔也抽出时间独自散步穿过吉尔福德的萨利丘陵。就是在散步的时候，道奇森记下了他的诗句，“蛇鲨就是一个怪兽，你看”。当他走过丘陵的时候，这诗句就浮现在他的脑海里。[20]诗歌中的黑暗面也许反映了当时他内心的沮丧和忧伤，因为他年轻的亲人身患令人痛苦的疾病。其他的诗歌则轻松愉悦。他在1869年出版了《千变万化的风景和其他诗歌》，1883年出版了《韵歌？理智？》，这两本都是诗集（收录了之前已经出版的一些诗。）他生命的最后几年中一直在写一些更严肃的诗，编辑成集：《三场日落和其他诗歌》，这本诗集在他去世之后于1898年出版。

作为数学家，道奇森的独创性工作在《行列式基础论述》（1867）中达到顶峰，并且因此而闻名；他还因为发展了选举的理论而被大家记住，他的理论导致一系列关于国会代表选举的小册子和报纸文章的出现（《国会代表选举原则》，1884—1885）。他十分欣赏古典几何学者欧几里得，并且强烈反对有些人试图改变欧几里得的著作《几何原本》的逻辑结构。许多个世纪以来，这个逻辑结构在几何课程里被用于发展大学本科生的清晰思辨以及有效论辩。然而，世易时移，维多利亚时代一些有影响力的数学教育者正在制造欧几里得的替代品，他们修改定理和假设的顺序——实际上，这样便淡化了两者之间的前后顺序，在道奇森看来，这否定了发展逻辑规则的目的。为了回击，他写了一部戏剧，剧中一位大学导师支持欧几里得的《几何原本》。道奇森的这部戏剧于1879年发表，题名为《欧几里得和他的现代劲敌们》。剧本里有很多幽默的片段，每当一个“劲敌”被带上来审讯和剖析的时候，顺理成章地，那段对话都是紧张的争辩。

1881年，道奇森从基督堂数学讲师的岗位退休，据推测，因为他需要更多时间投入文学创作。结果，他被劝说同意担任荣誉交谊厅的管理者，这是一个相当耗费时间的职务，而且工作繁重。基督堂教师交谊厅的管理工作包括，管理内务、饭餐、报纸、家具和供暖系统，另外，还要将酒窖维持在一个良好的状态。只有一个男管家协助他的工作，但是道奇森十分认真地对待这份职责，并且几乎彻底重组了交谊厅的日常工作，他创立了新的财务系统、改进了会员制度；一旦有会议，或者调整价目表，他都要给同事们发备忘录；如果他代表同事们行事，则会给大家发汇报书。九年繁重沉闷的工作使得道奇森远离创造性的工作。他却也写出了两本有趣的短篇，都是关于他作为交谊厅管理员的故事，书名叫作《管理员努力尝试的一年》（1884）和《管理员被职务考验的三年》（1886）。他终于在1892年辞职了，作为分别礼物，他发表了《好奇的管理员》（1892），其中列出自交谊厅成立到文章写出之时一系列的决定，借此提醒同事们道奇森为他们努力争取了很多改进和发展。

这些年来，道奇森积攒了相当多的素材，他认为这些素材可以写出一本很棒的小说。他决定不以“爱丽丝”的风格创造这本小说。他想尝试新的写作风格——一部维多利亚式的情节剧，其中夹杂道德指导和范例、关于科学和数学的评论、幽默诗、他在晚宴聚会或者在和孩子们的对话中听到的逸闻趣事，还有他在给孩子们布道时的想法——所有这些内容都和一个神话故事相关联，而这个神话故事又和一个现实生活的主题并行不悖。这种超级复杂的叙事结构框架下产生了两本小说：《西尔维和布鲁诺》（1889）和《西尔维和布鲁诺完结篇》（1893），书中令人喜爱的插画是哈利·弗尼斯所作，他是《潘趣》杂志[①]大名鼎鼎的绘画家。在道奇森的时代，这两本书并不受欢迎，销量不好。故事曲折复杂，很难理解。故事发展线索之间的关联并不紧密。小说由许多线索和独立的叙述部分组成，所以形成这样的格局并不奇怪。如果道奇森遵循他成功的“爱丽丝”模式的话，他将会更加成功，但他似乎缺少相应的灵感写出这样一本书。这并不是说他没有新的小朋友刺激他写出好的故事。

虽然道奇森从讲师岗位退休了，但他仍然住在基督堂学院，而且作为学院管理机构的一员，他积极参与管理事务，学院的管理机构是1867年成立的。道奇森从一开始就是管理机构的成员，他三十年如一日地参与学期中的各种会议。然而，他却从大学的社交生活中淡出了，几乎不参加社交聚会和学院管理人以及大学官员组织的“家庭聚会”。他厌倦了社交聊天，觉得这些时间更应该用在准备写书上——他觉得有些书只有他才写得出来。他的主要工作是出版一部三卷的关于逻辑的论著，拓宽现有学科的界限，把逻辑学确立为分析论据有效性的工具。他离世之时，第一卷已经出版；第二卷基本完成，有一部分已经打印出小样；而其余的内容却留在了他的心里。

道奇森在基督堂学院被视作守旧者，他经常抵制变革，却总是支持这个历史悠久的学院自身的习俗和规则。他喜欢和同事们相处，尤其是在交谊厅里几近肉搏的唇枪舌剑，然而，他也乐于逃离这个男性占统治地位的环境，沉浸在伦敦或者别处的社交关系中。他的社会关系广泛，朋友遍布美术和音乐、戏剧、宗教、政治、科

① 英国的《潘趣》杂志英文名为Punch，1848年创刊，是每周发行的幽默杂志。该杂志于19世纪40~50年代期间影响渐大，这一时期该杂志赋予“卡通”现代的幽默插画的含义。

学和医学各界且不乏该领域内的大师，正如本书将要揭示的，他享受和朋友们谈天，乐于逗朋友家里的孩子开心。有人说他害羞且离群索居，那可真是大错特错。

巴塞罗缪·普莱斯：终身导师

巴塞罗缪·“巴特”·普莱斯（1818—1898）是彭布洛克学院的数学讲师。他在大学里是深受认可的人物——大家认为他睿智聪明，是牛津各项事务的权威。虽然行为处事严肃、爱指挥人，但他待人总是彬彬有礼，让人感到轻松自在——无论是紧张不安的本科生还是大学里的大人物。他为人耐心，关爱他人，如道奇森一样，有一点点口吃。因此，他的话不多，却句句在理；能够言简意赅、逻辑合理且清楚准确地解释回答问题。这种特质引起了道奇森的注意，因为他们性格相似。于是，两人之间产生了相互尊敬之意，普莱斯贡献出他的所学和专长，道奇森提供建议和慷慨的鼓励。

两人的早年生活也有很多相似之处。他俩都是牛津毕业生的孩子，他们的父亲都是教会牧师。道奇森父亲在基督堂学院取得了数学和古典文学的双学位，并且接受了学院提供的在柴郡达斯伯里的职位和住所。普莱斯的父亲，以前是彭布洛克学院的董事，后来在格罗斯特郡的科恩·圣丹尼斯担任教区长，巴罗塞缪就是1818年5月18日在那里出生的。他们俩都来自大家庭。巴罗塞缪家里有7个孩子，他排行第二。两个人都是早年丧母。普莱斯才9岁，他妈妈就去世了。两人都在很小的时候就表现出在学习方面的天赋，展现出好奇和充满创造力的特质，而这些特质伴随了他们一生。

还是小孩子的普莱斯就对科学产生了兴趣。他住在科恩·圣丹尼斯郊区时，教区教堂里的老钟坏了。他费了很大工夫学习老钟运转的机械模式，村里的铁匠根据普莱斯的设计铸造出钟的零部件，这些零部件让老钟恢复了正常运转。他的设计太成功了，老钟一直工作到1960年，直至无法修补，只好用电子钟替换它，电子钟为普莱斯的后代所捐赠。

普莱斯在诺思利奇文法学校上学，他学习勤奋，在功课上取得了很高的成绩。为了表彰他在学习方面的突出成绩，17岁那年，他被选为彭布洛克学院一项奖学金的候选申请者，这项奖学金由理查德·汤森德基金提供。他于1837年3月25日在学院大厅参加考试，通过考试被录取且取得了奖学金。1840年11月26日，他以数学和物理学的一等成绩以及古典文学的三等成绩获得了学士学位。1841年2月25日，他被授予约翰·贝内爵士基金提供的奖学金，奖学金于之后的一个学期生效。1842年12月19日，他被基督堂学院宗教堂的主教任命为执事。1841年，他获得了大学的数学奖学金。第二年，6月7日，取得硕士学位；1844年6月11日，被彭布洛克学院接收为董事，提前9天全面开始圣职工作。

普莱斯是学院的数学讲师，于1854年的一个夏季课程里开始跟道奇森有了个人接触。就在这段时期，普莱斯正在撰写他的广延性的数学著作：《微分学论著以及它在几何学中的运用》于1848年出版；《微分和积分、变分计算的专著以及它们在代数、几何和分析力学中的运用》在十年中分四卷出版。这部重要著作的第一卷于1852年问世，很快为普莱斯在数学界赢得了可观的声望。就在同年6月，他被选为皇家学会的成员。

1854年的学位期末考试越来越近了，道奇森在夏天加了古典文学考试，成绩为三等。这是我们现今一般所称的“叫醒钟”。如果道奇森想在数学期末考试中取得更好的成绩，他就要更加认真学习了。1854年8月至9月间，普莱斯在惠特比为来自不同学院的本科数学特长生提供夏季读书会。很多学生参加，包括道奇森和他的朋友们，托马斯·富勒和威廉姆·兰肯。读书会对道奇森产生了多重影响。他在家庭以外的讲故事的能力得到展现和发展。他以前给弟弟妹妹讲自己想象的故事，他早期文学作品出现在好几期他编辑的家庭杂志上。现在，他第一次为本地的报纸《惠特比公报》供稿，是一首诗和一个故事，都是轻松幽默的风格——《长柄勺夫人》和《威廉·冯·施密兹》采纳并出版。他用笔名“B. B.”来掩盖身份，因为他去惠特比的目的是学习数学，然而，毫无疑问，他的朋友们知道这些作品被发表了。笔名的内涵却无人知晓。同时，他的数学学习进展得很好，而且完全按照计划执行。1854年8月23日，他写信给妹妹玛丽：“我现在跟他（普莱斯）学习积分，进步很顺畅。”[21]

他的同伴托马斯·富勒记录在惠特比的另一件大事儿：道奇森即兴编故事哄孩子的能力。他写道：“道奇森总是坐在海边的岩石上，身边围着一群男孩女孩，他给他们讲故事。”[22]富勒暗示到，其中的一些情节在《爱丽丝梦游仙境》里又被用到了。我们知道，道奇森善用现实中的真人真事描述和构架他故事里的情境和情节。道奇森眼睛一眨，一位听众就可能成为他故事的中心人物。他用周围的环境刺激自己的想象。也许他最伟大的才能——或许比他数学方面的天赋更多的——是他用故事吸引小听众的能力，他的故事充满冒险和传奇经历，那些面庞年轻的听众都被迷住了。

在惠特比期间，普莱斯让他的学生们帮助组织一个三百个小学生的盛大户外聚会。道奇森写信给妹妹玛丽："我们刚到达会场时，能听见的只是小孩子们一致的尖叫声，但这很快被日常的噪声掩盖了。"[23]聚会上吃的是葡萄干面包，喝的是茶，这些都由普莱斯和一个本科生端上。一场意外的大雨浇湿了大家高涨的情绪，孩子们也浑身湿透了。为了帮助孩子们把身上弄干，也为了缓解他们的情绪，在道奇森的帮助下，一个本科生组织孩子们进行跑步比赛。奖品是半个便士铜板，据大家说，好多孩子都得到了奖品。我们很容易猜到，在他讲述《爱丽丝梦游仙境》时，在惠特比的这些经历重新浮现："葡萄干面包"变成"写着'吃我'"的面包，"暴风雨"让我们想到"眼泪池塘"，"提供奖品的赛跑"就像"无所谓的竞赛"，还有，"日常噪声中的小孩尖叫声"像极了"小猪和胡椒"那一章里公爵夫人的房子。这还不是全部。道奇森还记录了参观玛丽·安喷泉，他把瀑布的名字给记错了（其实叫作玛丽安喷泉）。兔子命令爱丽丝给他拿手套和帽子的时候，就把爱丽丝当作玛丽·安了。我们需要小心观察这些可能和道奇森今后主要文学作品有关的细节，然而，惠特比期间的经历，很明显，潜藏着很多想法，多年之后又被他想起来且运用到写作中。

1854年12月13日，道奇森再次给他妹妹玛丽写信，信中通报了他期末考试数学得了一等成绩的消息。他写道："我刚刚去了普莱斯先生那儿，看我的数学考试成绩，我想结果会让你满意。"[24]他尽量把记得的各项分数一一列举告知他妹妹。在五位获得一等成绩的学生中，有三位是和道奇森一起在惠特比学习过的。他名列第一——他的分数最高。他又说："他（普莱斯）还说，他从来不记得有这样优秀的一班学生。这让他感到非常满意。"[25]

大学里数学教学、审核和考试的大部分工作都掌管在普莱斯手中。他可以评定他的学生中数学成绩最好的有哪些人，他们后来都成为数学领域的杰出人才。二十四年中，他在大学里主考过十一次考试，在这个水平的数学教学方面有着很大的影响力。他还负责其他专业里基础数学课程的介绍引进，这表明他在大学事务中的权力，以及他对全体本科生应该学习数学的重要性的认识。1853年，他成为塞德利教授，同时，被选举为大学自然哲学教授，这样他就成为医学系的一员和自然科学系的一员，后来，他成为自然科学系的主席。他还成为“科学本科学位”初级资格审定委员会的委员。

随着时间推移，道奇森越来越有勇气向普莱斯寻求帮助和建议了。尤其是1855年，他发现普莱斯的数学著作里有一些瑕疵，他在1月16日的日记里记载：

> 今天，我认真读了普莱斯的《微分学》叉乘法那部分，发现3个分母相同，只要解出一个，其他的都解决了。我不知道他是否注意到这点。

他后来又写道：

> 我指出那个问题时，他承认要修正（1月22日），显然，他之前没有发现。（这种情况很少见，我要记录下来）[26]

很明显，这件事增加了他的信心。实际上，道奇森的尊敬之心更加深重，当他成为基督堂学院的数学讲师后，他经常向普莱斯寻求建议，从下面的日记中可见：

1855年4月29日，礼拜天：早上和普莱斯散步——愉快地走了很久——讨论我的新职务，等等。[27]

1856年1月25日：拜访普莱斯，征询他的意见，应该按照什么顺序复习准备学士学位第一次考试。他给我的清单完全相反。他教授欧几里得的方法是让学生写出来，我想试试这个计划。[28]

1856年11月12日：应该去向普莱斯寻求一些建议，应该怎么准备学士学位第一次考试和初级奖学金考试。[29]

很多时候，两个人在大学的数学考试上合作，决定谁批哪一套试卷，讨论参考者的成绩，在初级数学奖学金和高级数学奖学金的候选人方面互相提出建议直到达成共识。

1854年，一个委员会成立，旨在调查牛津大学各个学院的构成和管理，对机构改革和现代化提出建议方案，这给牛津大学带来了很多变化。1856年，普莱斯被选举为七日理事①会成员，这是牛津大学的统治机构，但是他的当选遭到了高教教会的强烈反对。威廉姆·菲什伯恩·唐金（1814—1869），萨维尔天文学教授②，辞了职，这个成员位置才空了出来。普莱斯在这个至关重要的理事会担任成员直至1898年10月他辞去教授职务。19世纪30年代和40年代，普莱斯在牛津大学体系里发展起来，他是现在为数不多的还和未改

① 七日理事会拥有至高无上的权力，统治牛津大学的所有学院。

② 萨维尔天文学教授，连同萨维尔几何学教授，这两个职位都是由数学家和古典学者亨利·萨维尔（Henry Savilian）所创立，他同时也是牛津大学墨顿学院院长和伊顿学院教务长。

革的牛津大学有关联的人。不管怎样，作为一个能力极强的数学家，他已经获得相应的名誉，同样的，他也是一位非常成功的数学老师，然而，他不仅准备在学校里获得学术方面的成绩。他很期望能够在正在发生的变革期扮演活跃的角色。他是精明的却也谨慎的生意人，很快七日理事会的其他成员就明显地看到了这一点，他很快成为向会众推荐新法令和教令的代言人、学校民主发展的得力助手，民主运动集合了各个学院的领袖和学院里至少具有硕士学位的成员。因此，开始了一系列长久的贯穿整个学校的对于委员会许诺的活动。大家找他寻求好的建议，他把自己和改革的影响力联系在一起，但是他并不卷入任何公开论战。普莱斯的立场就是这样，导致人们认为不同意普莱斯观点的人都是“不可靠的”或者“极端的”。据说，普莱斯几句朴实的话就能平息会中的许多争论。[30]

1857年，年近40的巴塞罗缪·普莱斯教授结婚了。学院放松了教授们独身状态的传统之后，他是大学里首批结婚的人之一。在其他学院，这个变化来得晚一些。他迎娶了艾米·埃丽莎·科尔（1835—1909），埃克斯茅斯的科尔家族威廉姆·科尔的女儿。他们的新家在牛津圣伊莱斯11号。普莱斯夫人特别喜爱艺术，尤其对拉斐尔前派运动很感兴趣。据说，她的客厅装修风格就是受到威廉姆·莫里斯①和爱德华·伯恩·琼斯②的影响，然而，普莱斯自己也是很有美学眼光的。他们创造了一个典型的维多利亚时代的家庭：5

① 威廉·莫里斯(William Morris,1834—1896)，19世纪英国设计师、诗人、早期社会主义活动家及自学成才的工匠。

② 爱德华·伯恩·琼斯爵士（Sir Edward Burne Jones，1833—1898年），英国画家、图书插画家、彩色玻璃和马赛克设计师。

个女儿和2个儿子。道奇森不可避免地成为他家的常客，享受夜晚的舞会和业余戏剧表演，他今后的日记里都有记录。普莱斯的7个孩子都被道奇森迷住了。他们得到他的作品的赠本，让他给他们照相，还让他带他们出去散步。道奇森在普莱斯家感到轻松自在。他经常去拜访普莱斯太太和孩子们，跟他们一起喝下午茶。普莱斯夫人做了一件希腊式外衣，为道奇森的服装道具又增添一件，这些服装都是给来拍照的孩子们穿的。有家人和朋友到牛津来探访道奇森时，普莱斯太太还为一些客人提供住处。

普莱斯家经常招待维多利亚时代的社会名流，而道奇森，作为他们家的特殊朋友，也经常被邀请来和这些名人见面。1866年5月3日，他被邀请来一起用午餐，见到了小说家夏洛特·玛丽·扬①（1823—1901）。道奇森很久以前就想见她了，而且在日记中记录说，她愉快轻松的风格给他留下了很深的印象。他邀请扬小姐和她妈妈第二天去他的摄影工作室，并且给她们拍了三张照片——一张是二人合照，两张是扬小姐的单人照。1873年11月2日，在普莱斯家的晚餐聚会上，他还见到了黛娜·玛利亚·克雷格②（本姓是马洛克）（1826—1887），《哈利法克斯》和《绅士》的作者。1879年3月15日，他被引荐给朱莉安娜·藿蕾西亚·尤因③（本姓是加蒂）（1841—1885），《粗汉纪事》的作者。作为回馈，他也经常请普莱斯一家去他在基督堂学院的学院住所参加晚餐聚会。

---

① 夏洛特·玛丽·扬（Charlotte Mary Yonge），英国小说家，1848年开始写作，一生创作了160部作品，绝大部分是小说。她的作品风靡19世纪。刘易斯·卡罗尔是她的众多崇拜者之一。

② 黛娜·玛利亚·克雷格（Dinah Maria Craik），英国小说家和诗人。

③ 朱莉安娜·藿蕾西亚·尤因（Juliana Horatia Ewing），英国儿童书作家。

道奇森更加喜欢传统的大学生活，讽刺正在发生的变化和改革。他的刀笔能量显现在他匿名的六本牛津小册子里，小册子风靡一时，后来集成《一个牛津青年的笔记》，于1865至1874年制作完成。在所有的改革举措中，他主要攻击的是七日理事会的选举和结构、公园被改作板球场、利德尔院长已经开展的对于基督堂学院结构性的变革。道奇森在他1864年撰写的讽刺诗《考试法令》中，将院长标签化为“咄咄逼人的改革者”。普莱斯好像从这些牛津讽刺文章中逃掉了。让人惊讶的是，普莱斯和利德尔院长关系非常好。当利德尔被邀请成为牛津大学的副理事时，他立刻写信给普莱斯，求他到利德尔在北威尔士兰迪德诺海岸的度假别墅，要在做决定之前跟他商量一下。普莱斯无法赴约，但是他写了一封回信，足以劝说利德尔接受这个职务。

1861年，普莱斯成为牛津大学出版社的代理人，那时这个出版社叫克拉伦登出版社。没人知道对这一任命会对牛津大学的出版社部分产生多大的影响。那时，出版社有一个圣经部，还有两个很小的学术出版部；查尔斯·华兹华斯的《希腊语语法》和利德尔与斯考特合著的《希腊语—英语词典》是学术图书书单上卖得最好的图书，这两本书也是出版社的支柱。新的成员——也包括利德尔，他是在普莱斯之后几个月被任命的——希望出版社基础稳健，印刷新书且合理获利。他们决定请一个在伦敦的代理作为他们的出版商和发行商，约翰·莫里拒绝他们之后，亚历山大·麦克米伦被选中。他们先从未装订的图书散页开始，这一大批图书散页积压多年卖不出去，很多还有损坏。他们还安排在伦敦装订图书。1863年5月，普莱斯提交了一份清单，其中是他建议出版社出版的教育类图书书目——这一系列图书就是克拉伦登出版社系列图书。有大量的准备工作要做，包括决定需要哪些学校用书、作者是谁、应支付的成本以及版税等。出版社的工作量越来越大，需要为代理人团体找一个秘书：乔治·基钦被选中了，他以前是基督堂学院的学监。1865年12月，这一系列的第一本书出来了，在接下来的四年中，涉猎广泛的五十种图书出版了——从英文和外语语法到历史教科书，以及科学基本专著。仔细谨慎的计划得到了回报，这套书非常成功。普莱斯的想法把出版社带到了盈利的正确轨道，在他作为出版社的代理人期间，出版社再也没走过回头路。

1866年，道奇森创造了一个公式，可以用来计算数学行列式。这是一个全新的过程，可以用来解方程式，这涉及把一堆数字浓缩成一个单一数值。他把自己的程序写下来，称其为“行列式浓缩”，拿去给普莱斯看，征询他的意见。普莱斯决定把这张纸传给另一个人，他的好朋友，威廉姆·斯波蒂斯伍德（1825—1883），他也是一个数学家，是行列式方面的专家，还发表过相关论文。斯波蒂斯伍德还是皇家学会的成员。那年3月25日的日记里，道奇森记录了结果：

> 收到斯波蒂斯伍德的信（普莱斯把我的问题，用算数的方法计算行列式的最短方法，发给了他），他说还不知道有更简短的方法，他很高兴将要收到我的信。[31]

得到鼓励的道奇森完善了算法，把自己的终稿拿给普莱斯，这次，普莱斯亲自把手稿呈交皇家学院。在皇家学院于1866年5月17日审阅手稿之前，普莱斯先读过一遍，那年晚些时候，算法在皇家学院的《论文集》发表了。1867年，麦克米伦公司作为牛津大学的代理，为道奇森出版了《行列式基础论述》，是包括了验算和举例的扩展版的算法。

之后，有件事让普莱斯很失望，1865年，道奇森让出版社出版《爱丽丝梦游仙境》。道奇森自费出版这本书，在克拉伦登印刷，由麦克米伦公司在伦敦装订和发行。首印的2000册中，约翰·坦尼尔的插画的印刷质量没有达到标准，除了一些赠送本被道奇森送给了朋友以外，整个版本都被撤回。普莱斯完全有理由指责亨利·莱瑟姆，指责他在经营印刷生意方面的粗心大意。莱瑟姆，是一个争议性的人物，他是圣经部的合作人，在托马斯·库姆手下工作，库姆是牛津大学的印刷商和出版社的主管。然而，道奇森的很多书都是在牛津大学的出版社印刷的，包括他大部分的数学著作。克拉伦登出版社负责印刷他绝大部分的牛津小册子，就是集成《一个牛津青年的笔记》，以及其他五花八门的东西，比如他发明的游戏和谜题。

1881年，普莱斯被权威的法国数学协会接收为会员。他作为重要的数学家，也很喜欢这门学科孩子气的一面。他很喜欢聪明人发明的数学智力题。道奇森就是一位这样的谜题发明者，他不断给普莱斯提供一系列智力题和逻辑问题，跟普莱斯的很多朋友和学生一样。这些谜题都在普莱斯遗留给后人的文件里，其中有的谜题是道奇森出的，它们以前从未被发表过。道奇森的一些谜题和他最爱的题目有关："时间"问题，以及如何丈量时间。普莱斯作为阿什莫林协会的创办成员，邀请道奇森于1860年11月为协会做个演讲，道奇森的题目是"一天从哪里开始？"，演讲关于一个悖论，即与地球同速运动，和赤道平行运动，却发现在绕地球一周后"一天的时间"就消失了。（这个演讲是在国际日期变更线确立之前的。）

道奇森在同事和朋友中间散播一个有趣的智力题，“猴子和重量问题”。一根无重量的完全柔韧的绳子挂在无重量无摩擦力的滑轮上，滑轮被固定在建筑物的屋顶。绳子的一端有一个重量，这个重量和绳子另一端的猴子的重量完全一样。问题是，当猴子开始从它所在的轮滑的这边顺着绳子向上爬，另一头的重量会发生什么变化。道奇森收到了完全相反的回复，被他记录在1893年12月21日的日记里：

> 收到了克里夫顿教授对于“猴子和重量”的回答。优秀的数学家们观点如此不同，真是很有意思。普莱斯说重量也会往上走，因为速率越来越快。克里夫顿（还有哈考特）说重量会往上走，且和猴子的速度一样。桑普森却说重量会向下运行！[32]

1893年12月19日，道奇森给普莱斯发了一封信，信上称呼他为彭布洛克学院院长，他评价了桑普森的验证，在附言中给出了自己对这个问题的答案：

> 亲爱的院长：
>
> 很感谢您对“猴子和重量”问题的回答。这和桑普森的方案相反。他宣称，他仍然坚持认为猴子向上走的话，重量一定会向下：他让我把他的验证转发给您看。您能不能再次给我指出其中的谬误呢？桑普森认为，猴子向上爬减少了绳子的拉力还有滑轮的拉力；我把我发给您的盒子给他看，用盒子检验，整个东西都悬挂在盒子里面，而盒子也同样地悬挂着，他说猴

子会减少盒子的重量。这应该是不可能的。

您最真诚的，

C. L. 道奇森

我自己倾向于相信重量既不上升也不下降！[33]

普莱斯于1892年成为彭布洛克的第14任院长，那是在他73岁的高龄。但他仍然非常活跃，思维敏捷。作为彭布洛克的院长，他被选为牛津大学的代表出席维多利亚女王的纪念日，在伦敦的圣保罗大教堂的庆典。1896年，马默杜克·弗劳尔画了一幅栩栩如生的院长肖像，至今仍挂在彭布洛克学院。1898年1月，道奇森去世时，普莱斯写道：

他离开我们，我感觉失去了一位好朋友和学生；自从在惠特比他跟我学习数学以来，我就对他产生了温暖的情谊，我想，那是1853年，44年前！44年未被打破的友情。（……）昨天在《时报》上看到言辞恳切的吊唁，我感到欣慰：非常公正真实，它就该这样，就像深邃的数学才华、引导他写出爱丽丝冒险故事的天赋，两者不寻常地结合在一起。[34]

虽然是精神旺盛的80岁老人，但是同年秋天，普莱斯突然病倒了，1898年12月29日在彭布洛克院长住所离世。参加他葬礼的人数众多，有牛津大学的重要人物，也有牛津大学以外的贵宾，既有宗教人士也有政界人士。

也许是为了向一个牛津大学的重要人物、个人的好朋友和导师致敬，道奇森在《爱丽丝梦游仙境》中有一个涉及巴塞罗缪·普莱斯教授的情节。在梦幻茶会上，疯帽子唱道：

> “一闪一闪，小蝙蝠！
> 我想知道你在看啥！
> 你高高飞在世界之上，
> 就像天上的一个茶盘。”

这是对一首闻名世界的儿童歌曲的无聊模仿，根本不像出自想法丰富的人。“蝙蝠”不直接，但很恰当地指向普莱斯，他在牛津大学的圈子里被亲切地称为“巴特”[①]，这是他的教名的简称，但是也形象地勾画出他对大学生活的积极参与，从委员会飞到会议，从课堂飞到辅导。他是杰出的数学家，对天文学感兴趣，他的有些学生可能有这样的印象：在给他们上课时，他似乎不切实际地位于另一个意识的星球上。

---

① Bat这个英文词本身可以是人名，音译为“巴特”；也有“蝙蝠”的意思。

第三章
出版商和印刷商

亚历山大·麦克米伦：主要出版商

克拉伦登出版社的各位代理人以及牛津大学的印刷商们把道奇森介绍给麦克米伦出版公司，那时，道奇森正在筹划出版《爱丽丝梦游仙境》。他在1863年10月19日的日记中写道："我们晚上去库姆家见那位叫麦克米伦的出版商。"[1]托马斯·库姆（1797—1872）是克拉伦登出版社的印刷商和理事，在牛津是个重要人物。他和妻子玛莎·豪厄尔·班尼特（本姓）（1806—1893）是拉斐尔前派兄弟会画作的热情的支持者和收藏者，他们允许访问者参观他们日渐庞大的绘画收藏——道奇森就是这些访客的其中一位。

道奇森那晚在库姆家会见了亚历山大·麦克米伦（1818—1896）。麦克米伦刚刚被选定为牛津大学的出版商，此举意在扩大克拉伦登出版社的图书销售和发行量。麦克米伦出版公司在伦敦（1843年起）和剑桥（1844年起）都有办公室，此时，他们正在牛津寻找机会站稳脚跟。麦克米伦已经在英国发展成为首要的学术类出版社，在学者和作者中都享有很高的声誉。起初，该出版社由丹尼尔·麦克米伦（1813—1857）和他弟弟亚历山大经营，但是两位都备受疾病困扰。丹尼尔患有肺病，44岁时因肺病离世；亚历山大则患有坐骨神经痛，他在后半生里时不时便遭受病痛折磨。之后，两人的儿子都在出版社里起到了积极的作用。

丹尼尔·麦克米伦和弗兰西斯·奥利奇（？—1867）于1850年结婚，养育了4个孩子：弗雷德里克·奥利奇（1851—1936）、莫里斯·克劳福德（1853—1936）、凯瑟琳·“卡蒂”·C（1855—？）和阿瑟·丹尼尔（1857—1877）。19世纪90年代，长子弗雷德雷克开始接手经营麦克米伦出版社，此时，他叔叔亚历山大也开始移交责权，虽然他从未正式退休。

亚历山大·麦克米伦于1851年和卡洛琳·布里姆利结婚。他们育有5个子女：马尔科姆·金斯利（1853—1889）、乔治·奥古斯丁（1855—1936）、玛格丽特·“麦吉”（1857—1935）、奥利弗（1858—1926）和威廉姆·亚历山大（1864—1867）。然而，1871年，他的第一任妻子患病几周之后去世，次年，他便再婚。第二任妻子是珍妮·巴克·艾玛（或者尤尼斯）·比格内特尔（1843—1896），他们育有2个孩子：玛丽（1875—？）和约翰·维克托（1877—1956）。

道奇森和麦克米伦出版社的关系被详细记录，但是他和亚历山大·麦克米伦以及他家庭的关系却鲜为人知。道奇森一生忠于他的出版商，尽管有时印刷和装帧达不到道奇森对自己著作的高要求和期待，偶尔也起起落落。亚历山大通常在这些纠纷中充当调解人——他富有魅力、诚实可靠，能够为道奇森提供中肯的劝告和实用的建议。在查尔斯·L. 格拉夫的《亚历山大·麦克米伦的人生和信件》（1910）一书中，这位传记作者是这样总结亚历山大的：

很难描述他的性格，其性格中融合宽宏大量、恻隐之心、慷慨大方、机灵敏锐，然而却一点也不骄傲。他尤其没有嫉妒心，无论是个人还是专业方面，克制自己对他人批评，也不鼓励别人批评旁人。若要问他最突出的三项特点，则是对家庭忠诚、对朋友信赖、对助手信任。[2]

在留存下来的麦克米伦和道奇森的通信中，可以明显地看出以上列举的特质。道奇森给自己的出版商的信件都收藏在费城的罗森巴赫博物馆和图书馆，很显然，这些通信中的一部分遗失了。麦克米伦和这位作者的通信都保存在公司的交易日记账里，如今保存在大英图书馆里，然而，同样的，其中一些信件遗失了，还有一些已经字迹不清。在他们的通信中——一些之前从未公开过的信中——从出版商的角度以及作者的角度，展现了这段工作关系中的个人特质。

和道奇森共事并不容易。他在图书出版方面的要求非常具体，而他的方式方法又很严格甚至可以说是学究式的。可是，当涉及向广泛的有鉴别力的公众成功推广图书这项业务时，他是十分信任麦克米伦的。麦克米伦关于印刷（类型、纸张和尺寸）、装帧（方式、材料和颜色）、印量（保证货源充足）、定价（以保证作者和出版商都获得合理的收益）以及发行（向全国书店供货）的建议无疑都是非常明智和成功的。留存下来的麦克米伦写给道奇森的第一封信日期为1864年9月19日，信中他对于《爱丽丝梦游仙境》的出版遇到的几个问题提出了建议：

亲爱的先生：

这些标题页的设计我都不喜欢。我会再找一种新的样式发给您。我想再增加一个字行，页面会更好看。然而，某种程度上说，一定要看您的书看起来是不是太薄。如果是的话，那就保持原样吧。

页眉应该用您的书名——这非常合适。童话可不能获得优秀小说的荣誉！看看我都写了些什么。制成电铸版节省了原始的木头字版。我不知道您对电铸版的印象是不是也很好。库姆先生和其他印刷商都很看好它。了解透彻之后，我还是倾向于接受坦尼尔先生的建议，即10月底或者11月初是最好的时候。我不喜欢标题页里有装饰性的文字。坦尼尔先生在这本书里的绘画不需要这种华而不实的衬托。

您真诚的，

A. 麦克米伦[3]

一开始，信写得很正式，然而很快，语气就变成“我亲爱的先生”、“亲爱的道奇森先生”甚至是“我亲爱的道奇森先生”。两人之间的业务交流都是通过信件，但是有时，道奇森也到科芬园贝德福德大街16号拜访麦克米伦。（出版社于1873年搬至贝德福德大街29—30号）。也有少数时候，两人在牛津见面。例如，1868年2月14日，麦克米伦写道：“我周二去牛津，且打算住上一夜留到周三。也许我能见你一面。”[4]1869年11月9日他又写道：“《镜中世界奇遇记》只在我们的杂志上宣布出版了。（……）这能很好地表现您是个活跃有生气的人，而并非少言寡语。我明天应该会去牛津见你。”[5]虽然道奇森喜欢通过信件商量，以方便自己回溯，但麦克米伦总是喜欢面对面讨论印刷的问题。然而，还有些讨论是更加私人的事情。道奇森父亲去世之后，给弟弟找工作的责任便落在道奇森身上。他于1870年1月初写信给麦克米伦（该信件遗失），并且于5日收到了回复：

> 此时没有适合您弟弟的差事，但若他有时间在伦敦停留且能来和我谈谈，也许我能想到一些什么。除了礼拜六，我们每天都在这儿，从早10点到晚5点，提前一到两天给我发信，我会保证腾出时间见他。如果能帮上忙，将是我的荣幸。[6]

道奇森可能是在为弟弟埃德温找见习职位。结果，麦克米伦没能帮他找到差事。

之后，在1870年，很显然，道奇森向麦克米伦提出建议，在所有《爱丽丝》书中都插入一条消息，让每一位读者小朋友给他发来一张照片，由麦克米伦公司代为转交。针对这个问题，麦克米伦在3月3日从苏格兰（他当时正在那里走亲访友）写了回信，信中他以诙谐幽默的方式处理了道奇森鲁莽轻率的想法：

> 亲爱的道奇森先生：
>
> 您洗过淋浴吗？或者您记得自己的第一次淋浴吗？向您的小读者征集他们的照片！如果您的淋浴房里落下的是砖头，而非水的话，那就是您追求的命运！但如果您一定要如此行事，也没办法，我们出于义务，将为您自我牺牲。一车一车的！我想到的是，真的，一车一车的照片。想想那些邮差吧。他们把办公室搬到北极和赤道，这样才能轻松下来。如果他们不帮您，请格兰特总统、中国的皇帝、印度的总督、墨尔本的“无论你叫他什么的人”来帮忙。

不过向你抗议也没用。我放弃了。我下周一从苏格兰返回。我将打起精神迎接这个糟糕的想法。

您永远的，

A. 麦克米伦[7]

这封真诚且警醒的回信使道奇森恢复理智，这个想法最终没能执行。

1871年《爱丽丝镜中世界奇遇记》出版发行，道奇森亲笔签名了赠送本，并且送给麦克米伦和出版社的其他朋友们。12月11日，麦克米伦的信表明这本书在他的孩子们中取得了成功：

亲爱的道奇森先生：

很感谢您在书上写下我们的名字。下次您来城里，我们将请求您的签名。

我已经写信给克莱（理查德·克莱，伦敦印刷商，为麦克米伦工作），如果您所说的纸张对版不准，我们就进行矫正。反向位印刷让我的眼睛发花，所以现在我还无法确定。我的孩子们前几天一直在踢多当和海象和木工之间摇摆不定。15号之前，我们将开始这本书的全面销售。我们有300包书发往全国，这些已经包装完毕，周四就能发出去，本市的周三发。

首都时间准点上市。

您真诚的，

A. 麦克米伦[8]

这为道奇森第一次访问麦克米伦家做出了铺垫，虽然他的这次拜访直到1873年才成行。麦克米伦1月2日写信安排。

> 您来我家拜访，我们都心怀喜悦地期待着。如果您可以安排在15号来的话就太好了，那天晚上我们家还会有别的客人。然而，从现在到15号之间或者15号当天或者15号之后的任何一天，您来拜访，我们都非常高兴与您相见。[9]

这次访问之后，麦克米伦的儿子马尔科姆给道奇森写信：

> 亲爱的道奇森先生：
>
> 我在这封信里附上了对于《马瑟韦尔》的描述，我们准备购买这个版本，如果您觉得适合的话。与您在我家看到的那个版本相比，藏书家不一定同样珍视这个版本，但是我想，从实用的角度考虑，这个版本适合您。
>
> 您真诚的，
>
> 马尔科姆·麦克米伦[10]

那时的马尔科姆·麦克米伦20岁，刚刚在家族出版社中开始发挥作用，显然，他非常希望在藏书方面帮助道奇森。道奇森想买的那本书很有可能是《威廉姆·马瑟韦尔诗集》（1847，经常被重印）。威廉姆·马瑟韦尔（1797—1835）是著名的苏格兰诗人。

亚历山大·麦克米伦和家人住在伦敦郊区的陶婷碧，他们的宅子叫作埃尔姆斯，后来依照麦克米伦家族在苏格兰阿盖尔郡地区的席位而更名为“纳普代尔”。宅子坐落在一个大花园之中，花园的特色就是许多茂盛的榆树。

第二年，圣诞节探访的邀请得到接受。麦克米伦于12月23日写道：

> 您圣诞假期来拜访时，咱们要谈谈这个问题，您将看到《幻梦中的人群》的样张（……）您可以完全肯定，您来探望我们会让奥利弗开心，也让我们全家很高兴。[11]

道奇森第二天回信道：

> 想到奥利弗现在应该长大了，我就挺害怕的。孩子们真是长大得太快了，让人惊慌。然而，我希望我能抽出一天过去拜访，和孩子们长聊，加深我们的友情。因为戏剧的事情，我将在城里待上2或3个晚上。[12]

从逗孩子开心这方面来说，道奇森是一位完美的客人。奥利弗·麦克米伦这时只有15岁。

麦克米伦对于道奇森极其保护，确保其他的出版商不能从他身上占便宜。例如，麦克米伦出版社的竞争对手——劳特利奇——想在一本儿童韵文诗集中收录几首《爱丽丝》里的诗作。1876年3月15日，麦克米伦给道奇森写信：“坚决回绝劳特利奇的建议。真是太过分了。”[13]他怕这样做会影响《爱丽丝》的销量。道奇森在出版方面得到了麦克米伦的指导，然而，他很可能也问了很多问题，也许他的问题太多了。麦克米伦并没有回避他们工作关系中的这一部分，可是有时，他必须极有耐心地回答道奇森无穷无尽的问题。这在他们的通信中偶尔会显现出来，例如，1876年3月22日，麦克米伦写道：

> 您的担忧绝对是没有必要的。我每次回信时，都把您的来信放置眼前。您提出的问题总是很有趣，有时让人迷惑，就像圣主杜恩德雷的问题“如果你有兄弟，他会喜欢奶酪吗？”[14]

麦克米伦非常微妙地回复说他的一些问题让人无法回答；然而，这些问题引起了他的注意和思考。

随着时间的推移，麦克米伦经常邀请道奇森到他家做客，但是伦敦的文学界不情愿把道奇森视作“刘易斯·卡罗尔”。他更喜欢拜访时只有麦克米伦和他的家人。1878年5月8日，一封典型的来自麦克米伦的信件：

> 我亲爱的道奇森先生：
>
> 我希望你哪天晚上能来拜访。若能来家里更好。
>
> 您真诚的，
>
> 埃里克斯·麦克米伦[15]

1880年2月28日，麦克米伦又写道：“您已经很久没来图丁看我们了。您在城里有空的时候，一定要来。小玛丽现在快6岁了，您来了能看到各个年龄段的孩子。”[16]

道奇森让自己的出版商不止发挥出版的作用。在即时通信发明以前，麦克米伦出版社在伦敦市中心的办公室成为一个提供附加服务的绝佳场所：买戏票、买书、查询地址、代修表，还有其他很多服务项目，道奇森都可以享受。从另一方面看，道奇森是位相当成功的作家，他的《爱丽丝》丛书保证了麦克米伦出版社几十年的财务稳定。

亚历山大·麦克米伦的侄子弗雷德雷克·麦克米伦，1878年以资深合作伙伴身份回到麦克米伦出版公司伦敦办公室，之前，他在麦克米伦纽约办公室工作。此时，亚历山大·麦克米伦60岁，他的坐骨神经痛时常发作，他不能在伦敦办公室继续发挥领袖作用了。逐渐地，弗雷德雷克接替了他的角色，后继发给道奇森的信件就出自他之手。第一封信写于1878年1月7日：

> 亲爱的先生：
>
> 您可能也了解，在美国盗版的《爱丽丝梦游仙境》已经售卖了很多年。这当然是大大扰乱了我们公司版本的销售，就在我去年离开美国之前，有个机会，我就买下了所有印版，我很高兴我这样做了，从那以后，我们就用这些印版印刷。除了扩大销售，该措施也保证我们可以为所有卖出的书向您交付版税，我们很高兴地支付您28英镑，这是最近的一笔版税，是半年的销售成绩。
>
> 我希望同样操作《爱丽丝镜中世界奇遇记》，如果您不反对，我们将复制一套印版，发到我们的纽约办公室，印制销售。
>
> 我希望您能同意此举，以我在美国工作的经验来看，这无疑是对您最有利的，可以确保咱们既能增加销量，又能防止盗版。我是
>
> 您忠诚的，
>
> 弗雷德雷克·麦克米伦[17]

那时，还没有国际版权公约，道奇森的《爱丽丝梦游仙境》在美国被盗版。弗雷德雷克·麦克米伦很可能注意到了美国出版商在19世纪70年代、80年代和90年代印刷出版的各种版本，全都没有经过授权允许，有的甚至抄袭了坦尼尔的插画。为了使盗版图书不那么引人注意，为正版夺回市场以保证为自己和道奇森赢得应有的收入和版税，麦克米伦出版公司在美国印制出版高质量的图书。

虽然弗雷德雷克·麦克米伦在出版社的经营事务方面发挥着更大的作用，但是亚历山大·麦克米伦仍然和道奇森保持联系，继续为他提供有用的建议。举例说明，道奇森信任他对一本新书的定价，这个定价既可以涵盖成本，又不至于太贵。以下是来自亚历山大·麦克米伦1879年2月28日的信件，这封信就体现了他在相关事务方面的有效建议：

亲爱的道奇森先生：

我眼前放着您征求我定价问题的信件，而且我十分同意您的观点，没有理由给这样一本书定价过低。然而，价格是咱们应该最后确定的事情，我们要看书是什么样子，外表和内里分别什么样，以及它已经耗费的成本是多少。如果您现在因为某些原因想要定价的话，我倾向于6先令——这样一本书应该是这个价格，但如果书中用了很多公式，或者表格的话，那么7先令6便士——实际上，第二个价格也并不是很高。然而，为什么咱们不把价格问题先放一放，先等咱们弄清楚书的样子和成本呢？

您非常真诚的，

埃里克斯·麦克米伦[18]

这里讨论的这本书是《欧几里得和他的现代劲敌们》，这本书以道奇森的本名出版，最初的印量很少，只有250本。最终定价是6先令。

当他们的父亲因为休假或者坐骨神经痛或者其他病痛而不能工作时，亚历山大·麦克米伦的最大的两个儿子，马尔科姆和乔治，担任起给道奇森写信的任务。乔治·麦克米伦写得最多，他18岁就开始在家里的公司工作。马尔科姆不喜欢家族出版工作，最终因为健康情况糟糕而出国。他在地中海地区旅行逾两年。他原计划在1889年7月返回英格兰，动身之前，他决定和一个朋友，去奥林匹斯山徒步旅行；这位朋友叫阿瑟·哈丁，是英国使馆的秘书。哈丁沿着通向最高峰的线路行走，而马尔科姆选取了更平缓的通向稍微矮一点的山顶的路线。就在邻近奥林匹斯山最高峰的最后一段路上，哈丁看到马尔科姆已经到达了稍矮一些的那座山峰。从此以后，就再也没有看到马尔科姆。搜寻员没有找到他的尸体或者物品，也没有迹象显示他坠崖身亡。他就不留痕迹地消失了，虽然人们费尽心思想要找到真相，但他的失踪仍然是个谜。

亚历山大·麦克米伦失去了长子，这对他具有毁灭性的打击，他看上去非常虚弱，不再理睬公司运作。他把管理大权都交给麦克米伦家的下一代了。他的侄子，弗雷德雷克·麦克米伦，接过经营出版社的主要任务，他回复了许多道奇森的信件。然而，他更喜欢用“麦克米伦公司”落款，这样人们就无法确认信件的作者。道奇森却喜欢针对一个人写信，1891年，他查询是谁给他回的信，他的回信又是写给哪个人的。1891年12月12日，他接到公司的回信：

如果您更愿意针对我们公司的某位具体人员来信，我们建议您写给弗雷德雷克·亚历山大，他经常回复您的信件。他不在期间，信件将由公司其他成员回复。[19]

道奇森接着收到一封信，是12月22号的：

亲爱的道奇森先生：

我附上关于《孰能无过》的读者报告。此内容作为我们的指导，本不应发给作者；报告中的观点是开诚布公的。

这份报告花费2个畿尼。我是

您真诚的，

弗雷德雷克·麦克米伦[20]

从此之后，弗雷德雷克·麦克米伦就以个人名义写信给道奇森。以上这封信反映出道奇森和他的出版商之间关系的另一面。他时不时让出版商审查某位朋友的手稿是否可能出版。以《孰能无过》为例，这部手稿来自一位首字母缩写为C. G. S的朋友。他的身份从未公开过。

亚历山大·麦克米伦的二儿子，乔治，给道奇森写过很多信件，也回过他很多信。以1876年2月29日的信件为例：

亲爱的道奇森先生：

我附上一封信，我们认为这一定是个笑话！这想法太可笑了，在没获得您的准许的情况下，他们做了自己没有权利做的事，却还要您给他们付钱。如果我们掌握版权的话，我们应该向他们索要500英镑左右的版税，他们才能把《爱丽丝》搬上舞台。这是对于他们的傲慢无礼的惩罚。请回信告知您的答复。

您非常真诚的，

乔治·A. 麦克米伦[21]

请求来自伦敦工艺专科学校。他们想要上演一部幻灯剧，剧中配乐由剑桥的学者威廉姆·博伊德特别编写。道奇森已经允许博伊德在幻灯剧中使用《爱丽丝》里的插画，然而，他并不愿意博伊德在舞台剧中使用小说中的文字，因为文字处于版权保护中。而且他也并不明白为什么自己要付出费用。最终，舞台剧得到了文字使用许可权，演出正常进行，道奇森也在1876年4月18日观看了演出。

1877年1月2日，乔治·麦克米伦给他写的另一封信：

亲爱的道奇森先生：

我拆开了您的信，家父重感冒，卧床不起。

所有《爱丽丝》都运到牛津了，有些是圣诞前一天到的，其余的是上周五到的。

我希望您能找到来纳普戴尔的路（别称为“埃尔姆斯”），我们的房子现在叫这个名字。您难道不能腾出一个晚上和我们聚餐吗？

祝新年万事顺意！

您非常真诚的，

乔治·A. 麦克米伦[22]

直至19世纪90年代，道奇森都时不时收到乔治·麦克米伦的信件。

少数信件来自莫里斯·C. 麦克米伦，他是亚历山大·麦克米伦的侄子、弗雷德雷克·麦克米伦的弟弟。举例来说，这是一封1892年1月12日的信：

> 亲爱的先生：
>
> 家兄在外，我来信告知您，我们收到加尔各答的E. T. 巴克先生的来信，来信已经附上，他申请再版一些《爱丽丝梦游仙境》书中的插画。我们也给您发去了一盒子样张。
>
> 请授意我您希望如何答复。我是
>
> 您非常真诚的，
>
> 莫里斯·麦克米伦[23]

终其一生，道奇森都采用麦克米伦出版公司作为他的出版商。所有“刘易斯·卡罗尔”名下的图书全部由其出版。而用他本名出版的大部分图书也是通过该出版公司发行。这样的合作实属互惠互利：道奇森成为成功的作家，而麦克米伦通过销售他的图书赚取了丰厚的利润。

亚历山大·麦克米伦和道奇森相处融洽，这并不意外。麦克米伦从小受到清教徒式的宗教教育，他已经发展成一位虔诚的宗教人士，是F. D. 莫里斯和查尔斯·金斯利的教义支持者。①道奇森本身的宗教信仰始于他父亲的高教派牛津运动，然而后来发展到严格遵循圣公会广教会派的观点。他也曾经一度对莫里斯着迷。麦克米伦

① F. D. 莫里斯（F. D. Maurice）和查尔斯·金斯利（Charles Kingsley）都主张基督教社会主义，又称为僧侣社会主义，即视基督教和社会主义两者互为联系。

对诗歌的热爱同样映衬着道奇森对诗歌的喜爱：两人都写诗，而且共同认为丁尼生是当时在世的最伟大的诗人。麦克米伦博学多才，而且天资聪慧。道奇森是藏书家，智力高超且兴趣广泛，尤其以数学和逻辑学为甚。麦克米伦风趣幽默，在出版业务中和作者以及同事相处时，他把自己的诙谐用作谈判的工具。道奇森和成人进行业务往来时，他的幽默天才并不显现，然而，当他有心娱乐他人，尤其是有孩子在场时，他的风趣诙谐便一发不可收拾。麦克米伦在公司创业初期得到兄弟的帮助，却也是通过自我奋斗获得成功，他赢得了大多数跟他有工作接触的人的尊敬。道奇森是非常成功的儿童书作家，他责任心强、公平公正、恭谨谦逊，这导致他时不时陷入迂腐的争辩和口角之中，尤其是那些为他工作拿他佣金的人。然而，无论如何，虽然麦克米伦公司以委托代理赚取佣金的形式运作所有道奇森的著作，但是作者和出版商之间交情深厚，互相尊敬。在他的书以及出版流程方面，道奇森需要有益的建议，而麦克米伦则永远提供真诚热心的忠告——无论是顺应道奇森的偏好还是与其相悖。麦克米伦从道奇森越来越受欢迎的书中获取了大笔利润，从他的其他著作中获利适中，然而他一直忠于道奇森，而道奇森也对自己的出版商保持忠诚。

伊丽莎白·巴克斯特：道奇森在牛津的一位印刷商

当道奇森需要把文字做成印版时，他总是找在牛津做零活的印刷商。这样印刷迅速便宜，他用这样的方法印刷自己的草稿、日程表、通告信件等。有一次，他决定在牛津印刷一本书，但他后来后悔了。他让巴克斯特印刷一些《逻辑的游戏》——他希望在牛津的各个学院里给自己的逻辑课学生用这本书。结果就是一场灾难。

一直以来，大家认为道奇森在牛津用的做散活的印刷商是威廉姆·巴克斯特。除了1855年他被列在一份牛津的人名地址通讯录中以外，我们对这个人几乎没有任何了解。他并没有出现在1881年的人口普查中，虽然道奇森直到19世纪80年代中期仍然使用巴克斯特这位印刷商。唯一在列的是约翰·潘趣·巴克斯特（1813—？），住在牛津伍德斯多克路沃兹院7号，他是印刷商和书商，已经退休。他双目失明，和妻子玛莎（1824—？）住在一起。没有威廉姆·巴克斯特，只有M. 潘趣·巴克斯特（1816—？），他是牛津植物园的花匠，根据牛津霍利韦尔教堂的葬礼记载，他于1889年去世。

《刘易斯·卡罗尔手册》（克拉其、丹尼斯等编辑，道森·阿肯图书公司，福克斯通，1979年修订版）列举出牛津的巴克斯特为道奇森印刷的书单，然而印刷商的名字是E. 巴克斯特，而非W. 巴克斯特。书单中的第一项是1884年的《半年管理员工作记》。然而，1882年12月28日的日记中写道："酒类账目分类账的左半页在巴克斯特印刷厂，等待排版。"[24]这是第一次提到巴克斯特的印场。此处可以看出，很可能在道奇森承担基督堂学院的交谊厅管理事务之前，就已经出现这位印刷商了，也可能在道奇森管理交谊厅之前，巴克斯特被雇用印制其他材料。

我们知道，道奇森的主要出版商是麦克米伦出版公司，该出版社的主要承印商是理查德·克雷。他通过牛津大学出版社印制小册子和通知，这就牵扯到詹姆斯·帕克公司和牛津大学其他几家印刷商，如加德纳、皮卡德·霍尔和斯特西。另外一些接散活的印刷商时不时浮现出来，例如约瑟夫·文森特，他在牛津的商业街上有房产。以下是《刘易斯·卡罗尔手册》中列举的巴克斯特印刷的图书：

《半年管理员工作记增补》（1884）

《对〈增补〉的补充说明》（1884）

《国会代表原则：增补》（1885）

《国会代表原则：对〈增补〉的补充说明》（1885）

《建议监察周期》（1885）

《〈建议监察周期〉的增补说明》（1885）

《管理员三年工作记》（1886）

《对经济委员会报告的评价》（1886）

《对桑普森先生的提议的评价》（1886）

《对桑普森先生的提议的观察》（1886）

《对选举学监的建议》（1886）

《逻辑的游戏》（1886）

这最后一项是双方合作的结束，因为其结果实在太糟糕了。道奇森在他1886年12月5日白天的日记中记录道：

> 《逻辑的游戏》的印刷（由牛津的巴克斯特印刷）不成功：我今天已经写信给麦克米伦，让克雷重新印刷在英格兰发行，把这500份发到美国去——1865年大学的出版社印刷《爱丽丝》，效果非常糟糕，我也是把它们发送到美国了。[25]

虽然道奇森把《逻辑的游戏》委托给这位印刷商，但是，非常明显，巴克斯特无法胜任大量的图书印刷工作。这本书很快由麦克米伦重新印制，道奇森此后再也没有用过巴克斯特。除了首个缩写字母E以外，巴克斯特的身份还没有弄清楚。对1881年人口普查的进一步研究发现，巴克斯特住在圣阿尔达特街上，和基督堂在同一条街。她们是三位未婚的姐妹：安妮（1818—？），玛丽（1821—？）和伊丽莎白（1828—？）。在记录中，前两位是家庭教师。在这个家庭中还有一位已婚的姐妹，她叫苏珊·康内尔（1826—？）；她的丈夫是詹姆斯·康内尔（1825—？），他是来自爱尔兰的福音传教士；家里还有两个仆人。伊丽莎白·巴克斯特被记载是印刷商，所以她就是道奇森雇用的那个人，至少请她印制了12批图书资料。在他所有的日记里——很多个地方——他只是简单地称她为“巴克斯特”，但是在生意往来上这是当时的礼仪。道奇森显然选择了一位未婚女性印刷商承接他的多项业务，甚至让她印制这样重要的书，然而，很可惜，她搞砸了这单业务——很可能是因为她缺少印制一本重要的图书的必要资源。她好像是用了旧印版（也许她没钱买新印版），结果印刷质量没有达到道奇森惯常的高标准和严格要求。

第四章
插画师

约翰·坦尼尔：《爱丽丝》的插画师

维多利亚时代著名艺术家、《潘趣》杂志漫画师约翰·坦尼尔（1820—1914），作为《爱丽丝梦游仙境》（1865）和《爱丽丝镜中世界奇遇记》（1871）的插画师而被今天的世人所牢记。道奇森认为自己的绘画水平不足以供公众观赏，他决定付费雇用他那个时代最杰出的插画家为即将出版的《爱丽丝梦游仙境》创作插画。后来为这两本书所配的插画无数，却从来没有哪个超越坦尼尔的版本，因为坦尼尔创造的形象已经成为故事角色的缩影，而且他成功地抓住了作者预期的幻想。

约翰·坦尼尔于1820年2月28日出生于伦敦肯辛顿，是胡格诺世系浸礼会牧师约翰·坦尼尔家最小的儿子。从幼年时起，他就是技法纯熟的艺术家，之后又在皇家艺术学院学习。然而，学校教育令他非常失望，他决定走独立的路线。他加入克里普斯通街艺术协会，并且在那里结识了他一生的朋友查尔斯·基恩。他们一起创作了一系列幽默的素描作品，名为《美丽的健康之书》，这系列作品创作出随后就被卖出。

16岁时，坦尼尔在伦敦的萨克福马街画廊展出了自己早期的一些油画作品；从17岁起，连续五年，他都为皇家艺术学院的画展提供作品。他20岁时，在一次和父亲的击剑比赛中伤了左眼，但是根据记载，他父亲从没发现过他的伤。他父亲教授击剑，父子俩当时为什么没有戴面罩却不得而知。这次负伤影响了坦尼尔下半生对角度的感知力。为了装点国会大厦，有一个吸引艺术家的比赛，他为比赛提交了一幅名为《公正之精神》的卡通画，但并没有被选上。然而，1845年，他被委托为英国国会上议院画壁画。他在慕尼黑短暂学习了壁画艺术，为在上议院绘制大型壁画做准备，这幅画名为《圣塞西莉亚》。

他意识到油画既不能为他带来名誉，也无法为他获得财富，于是决定转而绘制图书插画。他最早期的图书插画出现于1842年塞缪尔·卡特尔·霍尔的《英国民谣之书》。他在1845年时曾为穆特福开的《娴婷》画插画；约翰·墨里1848年出版了坦尼尔的黑白插画版本的《伊索寓言》。他绘制具有戏剧性的场景中的人和动物的能力吸引了马克·莱蒙（1809—1870）的注意，马克·莱蒙是《潘趣》杂志的编辑，这本杂志当时正处于发展初期，正在树立自己维多利亚风格的幽默讽刺周刊的形象。1850年，为该杂志供稿的一位主要艺术家理查德·道尔（1824—1883）辞职，出现了一个空缺，《潘趣》的一位作者道格拉斯·杰罗尔德建议让坦尼尔填补这个空位。由此，便开始了他在《潘趣》杂志一生的从业历程，最终，使得坦尼尔成为该杂志最重要的插画家。他为杂志所作的处女画刊载于第19期，他的第一幅政治性卡通画刊载于第20期。坦尼尔于1853年和茱莉亚·吉亚妮结婚。她来自艺术世家，家境富裕，然而在结婚之时就已经受到肺病折磨。结婚两年之后便去世了。他们没有孩子。

据M. S. 施皮尔曼的《〈潘趣〉的历史》记载，坦尼尔公开宣称他没有任何政治观点，然而他还是遵从了雇主的偏好；他也声称自己画人物或者帘布或者其他任何东西都不需要模特或者模型，然而，他记忆力极好，对任何事物都过目不忘。[1]这揭穿了一个普遍的传说，即道奇森寄给坦尼尔一张玛丽·希尔顿·巴德科克的照片，让他以她作为“爱丽丝”的模特。道奇森于1865年1月底，征得了玛丽的父亲爱德华·贝恩斯·巴德科克神父的允许，才拿到这张照片（此时，坦尼尔已经为《爱丽丝》创作插画很久了，这也符合他不曾用模特的声明）。

除了为《潘趣》作画以外，有一段时间，坦尼尔仍继续为图书和杂志画插画。1859年，他成为《一周一刊》的定期插画师，他的作品出现在第1期的第4页，他持续为这份杂志提供插画，最后的插画作品是为第5期里雪莉·布鲁克斯的《银线》所作的插画。他还为布鲁克斯的另外一本小说《难解的结》画过插画，然而，他认为这是他作为插画师最糟糕的作品。（他认为自己最好的插画作品是1861年为托马斯·摩尔的《拉拉露哈》所作的。[2]）1864年，他为R. 潘趣·巴勒姆的《因戈耳支比家传故事集》创作插画；1863年至1865年间，为达尔齐尔兄弟版本的《天方夜谭》绘制插画。之后，他为道奇森工作。此后，1867年为《生命的幻影》画插画。

施皮尔曼引用坦尼尔的话描述他是如何创作卡通画的，这应该也同样适用于他为图书作的插画：

我（……）画草图（……）的方式是在描图纸上勾勒轮廓——边勾勒边改变构图，还做一些我认为必要的处理——我把设计转移到木板上，在木板上作画。我的第一幅草图，后来经常被当作任务完成。[3]

施皮尔曼接着解释，从1892年起，坦尼尔在锌白色的板子上画草图，然后通过照相法转移到木板上。早期的插画都是直接画在黄杨木板子上，然后经由专业人士雕刻。约瑟夫·斯温是他为《潘趣》杂志所画插画的雕刻师；达尔齐尔兄弟雕刻过很多他为图书所作的插画。坦尼尔用一种特制的6—H型号的铅笔，画出的线条纤细流畅。

制作一块雕刻好的木板有几个步骤。坦尼尔可能最初在纸上画出一幅或者多幅草图。这一步定下插画的尺寸和轮廓，也定义人物形象，这些草图里将有少量的交叉布线。然后，他在描图纸上画出轮廓，从各个角度观察，在这个阶段对整体设计做出一些改变。举例说明，有的人物形象可能被换位置，在《爱丽丝梦游仙境》中《渡渡鸟和顶针》那一节的猿猴可能就遭到过这样的调整。然后，坦尼尔对插画进行价值评估。这一步就能确定插画转刻到木板上的样子，然而，刻完之后的插画还是比较粗糙，交叉排线的数量也还很少。有些初级的研究里，尤其是一些具体案例中，保留了装订在特殊版本的《爱丽丝》里的一些草稿。

接着，坦尼尔把经过明暗评估的插画草图的轮廓转画到描图纸上，然后这个轮廓再淡淡地被转画到木板上。在这之后，更加细节性的绘画环节开始了。坦尼尔用他的6—H铅笔直接在木板上勾画非常小的细节，还画上一切必要的交叉布线，画完之后就可以雕刻了。所以说，他的插画终稿没有留存下来的，因为雕刻师在雕刻木板的过程中就一点点把画稿毁掉了。然而，有大量的插画画稿留了下来，可以展示坦尼尔的插画终稿是什么样子的。图书出版之后，作为任务，这些插画又被誊画出来——这是坦尼尔经常做的一件事——相反，这么大量的誊画说明它们很可能被用作轮廓明暗评估的研究，作为插画创作的指导，正如他自己所指明的那样。[4]

下一步，雕刻师的职责是

> 把原始的插画画稿或者艺术画稿加工成凸版印刷的印刷面，做好付印的准备。这经常要求手眼高度配合。坦尼尔的情况，我们都知道，他的画稿是他亲手刻画在黄杨木板上的，并不是所有的画家都能做到这一点的。[5]

为了帮助把画作转刻到木板上，木板表面通常要用锌白或者温和的磨粉打磨，使抛光的木板表面变得粗糙。这可以给铅笔的铅芯一些摩擦力，使画家能够画出更加精细的线条和细致的图案。雕刻师运用一系列刻具，雕刻刀、色彩工具、刻刀和尖凿等，灵巧地在木板表面雕刻出插画的凸版形象。插画就是从这块凸版上被印制出来的，而且

> 如果木板上有的部分脱落，把脱落的部分补回去非常困难费事。《爱丽丝》有几块木板有些许变化或者有修补痕迹，通过查看这些木板的校验印稿，很容易就发现了变化和修补的地方。[6]

疯帽子在审判现场的那块雕刻版就配上了一块小塞子。这块木板有个地方被钻通了，用一小块黄杨木堵上这个小洞，这样，这块木板就又能雕刻了。无疑，这是后来坦尼尔和道奇森讨论的结果，

很有可能是看过从这块木板直接印刷出来的校验稿之后而讨论出的结果。因此，疯帽子“被咬了一口”的杯子的那一块被重新雕刻。

道奇森的很多朋友都鼓励他出版自己的手稿，起初，他试图出版使用自己绘制的插画的《爱丽丝》。他在1863年5月9日的日记中写道：“收到麦克唐纳太太的来信，信里都是关于《爱丽丝地下漫游记》的，我把这本书借给他们读，他们希望我能出版这本书。”[7]接下来两个月内的日记里都没再提此事，但在这段时间内，这件事情就决定下来了，道奇森已经开始着手安排克拉伦登出版社（牛津大学出版社）出版此书。这家出版社是由牛津大学各个层级的官员代表掌管的，我们已经了解过，在19世纪60年代，《圣经》的利润率一直在下滑，出版社的重点从出版各种版本的《圣经》转移到教育类图书和其他读者群体更宽广的图书类别。掌管出版社的代表中有巴塞罗缪·普莱斯和亨利·利德尔。出版商亚历山大·麦克米伦最近把办公室从剑桥搬到了伦敦，1863年，他和牛津大学出版社建立了联系，被指定为代理。出版社主要在托马斯·库姆的管理下运作，我们之前已经讲到了，他负责管理造纸厂以及所有和图书印刷有关的事宜，印刷出版的图书则由管理委员会选择。

1863年7月上旬，道奇森收到了学校出版社印刷的《爱丽丝》的样张。7月16日，他在日记里写道：

> 带着我画在木板上的插画拜访了库姆先生。伍尔纳先生当时也在他家，正要开始给库姆先生塑半身像。他看了看画稿（女主角的半身像），说胳膊画得不好，他说我必须根据实物作画。[8]

迹象很明确：道奇森把插画手稿直接画到黄杨木上以便雕刻，这样，他的画稿就能直接用在出版的图书里了。伍尔纳（1825—1892）是诗人和雕塑家、拉斐尔前派兄弟会的创始成员之一，和伍尔纳的会面动摇了道奇森的信心，对于自己能够创作合格插画的能力产生了怀疑，但此时，他并没有完全丧失信心，并且继续按照原计划行事。7月20日，他去了伦敦，“拜访了朱伊特先生，在卡姆登镇，他要给我的书做雕版，也提出了一些有益的建议。他要雕刻我已经画好的木板，并且为它做一些改进。”[9]这位雕刻师是托马斯·奥兰多·谢尔顿·朱伊特（1799—1869），那时他在图书插画雕版方面已经享有盛名。朱伊特为克拉伦登出版社做过很多图画雕版，尤其是科技文章图表，很可能是普莱斯把他介绍给道奇森的。有记录显示道奇森评论自己的插画，表示失望，但是很显然，他希望在雕刻的环节中，雕刻师的工作能够弥补他画技的不足，从而改进插画。

道奇森在1863年10月19日拜访库姆的时候，第一次见到了亚历山大·麦克米伦。没有什么迹象显示他们在这次见面中讨论了《爱丽丝》。当年晚些时候，道奇森决定为自己的书找一位专业的插画师。作为《潘趣》的热心读者，道奇森知道坦尼尔，而且十分仰慕他的作品，他还经常把坦尼尔的画剪下来保存，特别是和莎士比亚作品相关的插画。他通过编剧汤姆·泰勒作为中间人，汤姆为《潘趣》供稿，后来成为《潘趣》的编辑之一，道奇森在1864年1月25日写道：

他还给我写了一封信介绍坦尼尔先生（他之前已经，为我，向他申请为《爱丽丝漫游记》画插画了）。（……）在坦尼尔先生家，我见到了他：他非常友好，看上去很愿意承担创作插画的工作，不过他在做最终决定之前要看看书。[10]

坦尼尔做出决定之前看到的文字很可能是《爱丽丝地下漫游记》。有明显证据表明，道奇森在学校出版社印刷出了手稿，而且毫无疑问，坦尼尔看了道奇森的原始画稿。实际上，在道奇森自己的插画和坦尼尔为图书出版所创作的插画之间存在着强烈的关联：坦尼尔在《爱丽丝梦游仙境》中的插画里有70%是以道奇森的《地下漫游记》的插画为基础的。“收到坦尼尔尔（原文如此）的来信，他同意为《爱丽丝地下漫游记》画插画，”[11]道奇森在1864年4月5日写到；5月2号又写道：“给坦尼尔尔（原文如此）发去了《爱丽丝梦游仙境》印刷出来的单页，从第三章开始。”[12]这可能仍然是《地下漫游记》的部分，因为其内容是关于体型庞大的狗和毛毛虫的。今后再跟插画师打交道时，道奇森经常让他们从为诗句作插画开始。他的滑稽诗“你已经老了，威廉姆神父”出现在这一章，而为这首诗配的插画也是坦尼尔为此书创作的第一批插画。这一章在出版的成书中被列为第四章。

道奇森为自己其他的插画书制定的工序中还有一条，那就是不以章节最终在出版物里出现的顺序来创作插画。这一原则产生的原因不明，但很可能是因为，他想直至最后一刻都保持整个故事链的神秘感，这样才能保证文字的新鲜的价值。对于道奇森来说，出版一本书的准备过程总是充满变化的，他回应来自插画师和出版商的建议，再根据自己的经验做出相应的调整。

从此以后，我们可以肯定，两人之间开始了真诚的通信，然而，令人难过的是，所有道奇森写给坦尼尔的和出版图书相关的信件都遗失了，只有一封坦尼尔写给道奇森的，日期为1865年3月8日的信件留存了下来。它上面写着：

亲爱的道奇森先生：

我对于您现在书页的版式安排没有反对意见，但是，如果您认为应该把插画再往文字前面放一点的话，尽可以这样调整。“两位仆人”那幅画确实太大，适合作为章节的开头。您可以在一两天内给我发来《疯狂的茶会》的文字吗？我手里文稿的内容不全面。我从中选取了几个主题：疯帽子提出谜题；无论他提出什么谜题都可以，插图也可以随意放置；还有就是三月兔子和疯帽子，他们把睡鼠扔进茶壶。

咱们现在需要一个故事进展中间的情节，我觉得“一闪一闪”不合适，它跟第一个主题的时间相隔太近，我是说，以我手中的文稿来看。请尽快发来文稿。

您非常真诚的，

J. 坦尼尔

附笔：我很高兴您喜欢那些新插画。[13]

有可能每次坦尼尔完成了一封信的内容，他就把这封信销毁。要不然，就是他将信件有意处理或者丢失了。虽然有些出自坦尼尔关于《镜中》的信件留存了下来，可是经过深入的调查仍未能发现任何与《爱丽丝漫游记》相关的信件。能够展示插画创作进展的主要证据来源就是道奇森的日记，然而，也只有拜访坦尼尔后才记日记，例如，1864年5月30日，“坐下午一点的火车去伦敦。拜访坦尼尔尔（原文如此），聊了一番。”[14]还有关于拜访学校出版社、印刷商托马斯·库姆、库姆的助理以及亨利·莱瑟姆的记录。这段时间的日记里并没有记录《爱丽丝漫游记》出版的细节。

插画创作的进展速度很慢。6月20日，道奇森写道："拜访汤姆·泰勒，他不在家；随后去坦尼尔尔（原文如此）家，他还没开始画。"[15]插画创作拖延并非偶然，是因为顾问兼学校出版社代理人麦克米伦建议做一个重大改变。道奇森写道："去拜访了麦克米伦，他强烈建议我改变书页尺寸，用《水宝宝》那个尺寸的纸张。（……）然后去见坦尼尔尔（原文如此），他也同意改纸张。"[16]另一次去拜访坦尼尔是在1864年7月17日，但是坦尼尔不在家，道奇森只见到他母亲和妹妹。

1864年9月，道奇森开始记一本新的日记，他利用这个机会记载了《爱丽丝漫游记》的出品过程，从第一次讲这个故事开始，然后加入关于该书出版的各种信件，直至1867年这本书的第8个一千册发行。这本新日记本中的第一篇是在1864年9月13号写下的，在日记中他写道："完成了在《爱丽丝漫游记》手稿里的插画。"[17]也就是说，出版这本书的想法早在手稿中的插画完成之前就产生了。文字是1862年11月13日开始写的，于1863年2月10 日之前完成。1864年1月25日开始和坦尼尔接触，而坦尼尔于1864年4月5日同意为其创作插画。道奇森于1864年11月26日把手稿献给爱丽丝·利德尔。

与此同时，《爱丽丝梦游仙境》的出版准备工作一直在进行，只是进展很慢。一个月之后，1864年10月12日，道奇森写道：

> 拜访了麦克米伦，聊了聊书，商定了少许事情。（……）之后，我又去坦尼尔家，他给我看了在木板上画的一幅插画，那是他完成的唯一一幅，爱丽丝坐在眼泪湖边，兔子急匆匆地

跑开。我们讨论了书的情况，定下了34幅插画。[18]

日记里提到的插画出现在第二章《眼泪湖》里，在第18页上。此后，道奇森给坦尼尔提供了书里更前面的章节。这一情节出现在《地下漫游记》的第13页，我们现在不确定那时新扩展的文本是否已经完成，还是说这时已经使用了该情节。

这一时期，好像有些插画已经交付了达尔齐尔兄弟——乔治（1817—1902）和爱德华（1817—1905）——他俩承接了雕刻的工作。达尔齐尔兄弟又得到了另外两位兄弟的协助——约翰（1822—1869）和托马斯（1832—1906）——以及一位妹妹的帮助，玛格丽特（1819—1894），他们在图书插画雕版方面享有盛名。作为坦尼尔的雕刻师，约翰·埃弗雷特·米莱、爱德华·李尔、乔治·杜·莫里哀、但丁·加百利·罗塞蒂以及其他很多人，都雕刻了许多维多利亚时代的儿童经典图书插画。[19]1864年坦尼尔给道奇森看的插画可能是他完成的第一幅带有爱丽丝完整形象的插画。然而，这却不是坦尼尔发表的第一幅爱丽丝的形象插画。他为1864年1—6月《潘趣》合订本的书名页所作的插画，编号46，就是以爱丽丝和一只头套花环的英国雄狮形象为蓝本的。

1864年10月28日，道奇森又去拜访坦尼尔，可他不在家，然而，他在雕刻师工作室却见到了达尔齐尔先生，还看到了“几幅画的审校稿，包括为‘威廉姆神父’所作的四幅画，（达尔齐尔）还坚决地建议我用木板印刷。”[20]但之后，这个建议被忽视，道奇森还是选择用电铸版印刷所有插画和文字，而不用原始的木板。在1864年11月20日写给麦克米伦的信中，他说：

恐怕我的小书《爱丽丝梦游仙境》今年无法出版。坦尼尔先生写信说圣诞节之前完成插画是不可能了。其原因我不得而知，但是他告知了最近遇到的麻烦，他母亲刚刚去世，我请求他现在先把这件事放在一边。在这种情况下，您建议计划这本书什么时候出版？复活节时间合适吗？还是说复活节之前出版更好呢？[21]

12月16日，坦尼尔发给道奇森第一批12页插画审校稿，就在道奇森给麦克米伦发去整本书的散页的第二天（就是说书页没有装订，都是零散的）。道奇森于12月21日去拜访麦克米伦，讨论书的事情。他们很乐观地商定3月中旬开始装订，1865年4月1日就可以正式出版了。

坦尼尔还是不紧不慢的。两人于1865年1月26日再次见面，可是道奇森并没有记录任何关乎插画的进展。然而，就在这段时间，一套为全书创作的四十二幅插画计划书做好了，道奇森手里留有一份，而这份插画计划书留存了下来。[22]这份插画计划书中设计了十二个章节中每一幅插画的尺寸和位置，而第四十二幅插画是卷首插画。之后，和印刷出来的页码相对应的数字被加上了。每一幅插画还有和文字对应的简要说明。此时，坦尼尔已经收到了新的文字内容，就是在1865年3月8日的信件里提到的。这封信里说到的两个章节均不在《地下漫游记》里：《猪和胡椒》（第六章）以及《疯狂的茶会》（第七章）。然而，出版日期还是拖延了。在4月8日的日记里，道奇森记录到坦尼尔正在创作第十三幅插画。

4月17日，最终和麦克米伦商定了书的开本，然而这并不影响坦尼尔的插画创作。5月26日，道奇森收到了红色织布装订的样书——

除了第一页，其他都是空白——《爱丽丝梦游仙境》的样书。1865年6月18日，他收到了坦尼尔寄来的最后三幅插画校验稿。两天之后，他把最终修改过的文字稿发给了出版社。麦克米伦于6月27日收到了几本印出来的样书，道奇森马上写信要求从伦敦寄一本到牛津，这样他就可以在讲述这个故事的纪念日7月4日把该礼物送给爱丽丝·利德尔。道奇森非常开心，但是他那时并不知道，于6月上旬印刷出版的第一版《爱丽丝漫游记》即将成为图书插画和出版业里的重要事件。

1865年7月7日，道奇森去拜访麦克米伦聊这本书的时候，这个即将发生的大事还未现端倪。一周之后，7月15日，道奇森在麦克米伦的办公室，他"在二十多本《爱丽丝》上签名，准备寄给朋友们做礼物。"[23]这也包括送给约翰·坦尼尔的一本。然而，当收到他的礼物时，坦尼尔写了一封信给道奇森。这封信件已经遗失，但是其中心思想是，他并不赞同书中他的插画的印刷效果。道奇森7月20日的日记中写道："去见了麦克米伦，给他看了坦尼尔关于这本童话书的信，他对图画印刷出来的效果完全不满意，我想我们应该重新印制。"[24]1865年8月2日，道奇森决定重新印刷《爱丽丝漫游记》。终止印刷的第一版只有二十多本留存了下来，这使得第一版弥足珍贵，所以在拍卖会上叫价极高。

对1865年版的《爱丽丝》做了一番审查发现，书页反面有很多墨渍"渗透"，尤其是当页面上有大片留白的情况下（这种情况在每章的开头和结尾比较多），有时候，也影响到了插画。然而，1865年版《爱丽丝》的这些缺陷并不足以构成重印的理由，有人猜测这是坦尼尔在报复道奇森，因为在合作创作插画的过程中，道奇森屡屡让他感到受挫。但这个观点并无论据支持，因为从以后的通信中看，两人依然保持了友好而和谐的关系。

坦尼尔和道奇森之间的关系是维多利亚时代典型的绅士之间的关系。毫无疑问，跟道奇森比起来，坦尼尔有可能失去的更多，他有较高的社会地位，作为《潘趣》的资深插画师，享有很高的声誉；而道奇森当时只是一个名不见经传的小作者，只是发表过几本数学方面的著作。虽然道奇森提供了这份工作，但是坦尼尔在这笔生意中并不处于从属地位，他在合约中有权力按照自己的想法行事。一位作家说过："他们一起工作，所有的证据显示卡罗尔和坦尼尔之间的关系绝对不是一方主导的。两个人都比较苛求，但是两人都明智地找到满足对方需求的方法。"[25]坦尼尔在承接《镜中》时犹豫不决，这加剧了关于两人之间关系紧张的传言，但在下结论之前，还需要考虑到其他的因素。坦尼尔非常忙。这一点可以肯定，作者和插画家之间的合作对于双方都是有益的，两人之间持久的友谊挫败了他们关系龃龉的论断。

图书的出版，尤其是插画的创作过程，是从存留下来的原始草稿、临摹、明暗研究和作为任务而完成的图画中寻见的。这些画稿帮助我们发现《爱丽丝漫游记》里插画的调整变化，[26]然而，正如已经说过的，做出这些调整和改变的原因都记录在通信中，非常不幸，这些信件已经遗失了。收录达尔齐兄弟文件的清单里包含《爱丽丝》一书插画的审校稿，现在都收藏在大英图书馆；还有能够透露其他细节的坦尼尔的画稿集现在被哈佛大学所收藏。[27]做出的重要改变主要涉及把复杂的《疯狂的茶会》和《柴郡猫》拆成两幅单独的插画。这很可能发生在木板雕刻之前。《白兔传令官》在出版之前做了很大改动。白兔手里的书卷位置有变化，他的传令官制服也做了改动，衣服上面的心形装饰物调了个个儿。白兔眼神的方向也变了。两个版本的审校稿都在，很明显，为这幅插画雕刻了一块新木板。第一次“出版”的《爱丽丝梦游仙境》是1865年11月印制的，但是每一本的书名页上的日期都是1866年。

在学校出版社第一次印刷的未装订的散页——1952套散页留给了道奇森。首印2000套中的48套装订后被当作礼物送了出去，我们听说是这样。起初，他打算把这些散页当废纸卖掉。几个月了，却没什么动静。故事的发展和纽约的阿普尔顿出版公司息息相关。威廉姆·沃森·阿普尔顿，丹尼尔·阿普尔顿（该出版社的创立者）的孙子，作为代理来伦敦出差：

> 这次差旅值得记载在出版社的大事记上，因为具有优秀的鉴赏力和好运，他得到了取得不朽文学成就的作品。（……）出版商手里还留有大量未装订的散页。48本已经送人，但是剩下的，共计1952套散页，被卖给W. W. 阿普尔顿出版公司，作者认为这些散页（……）“对于美国人来说很好，他认为美国人品位不高。”这些散页被印上带D. 阿普尔顿公司字样的新书名页，带着新书名页和1866年这个日期，他们被海运到纽约。[28]

新的书名页在牛津大学出版社印刷，用的是“两版同印”的方法，就是说两个印版排好版之后同时印。很明显，这是为了节省时间。然而结果是，这两版的书名页有细微的不同。这体现在字母间距上，“BY”里面的B不是出现在“TENNIEL”的T上面，就是稍稍靠它的左边。这两种版本没有优劣之分。据牛津大学出版社账目记载，道奇森为1000份新的书名页付了账。

所有剩余的散页都在詹姆斯·R. 伯恩（1839—？）的装订厂装订，他在伦敦代理麦克米伦出版公司的装订业务，每一本书原来的书名页都被彻底撕掉，加入新的书名页。这些装订好的书脊底部印着阿普尔顿的名字，它们被运到了纽约。印着纽约D. 阿普尔顿出版公司名字、1866年出版的版本基本上成为最珍贵的第一版，被称为阿普尔顿版《爱丽丝》。这个版本的书时不时出现在拍卖会上，一般来说书的保存情况良好，也有的非常破旧或者被重新装订过。有些收藏者负担不起终止印刷的真正的第一版本——1865年的？《爱丽丝》，他们就选择收藏阿普尔顿《爱丽丝》。

1866年8月，第一批出版的图书（第二版）几乎全部卖光，麦克米伦建议再印3000册。就是这时，道奇森要求印刷商在书名页上加上以“千”记的册数，每一千册卖完之后再改这个数字。这个要求被遵循，这对于印刷上来说是很麻烦的，但是，对于研究者来说，这是极其宝贵的信息，他们可以计算这么多年以来书籍的销售量。第三版于1866年11月印制，书名页上的日期全部标为1867年，从“第五个一千册”开始印，印到“第七个一千册”。早在1867年2月，麦克米伦就已经建议加印，到了六月，他建议加印2500到3000册。1867年8月18日，道奇森从莫斯科回信，表明他希望以一千的整数倍印制（要么2000册，要么3000册）并说：“我不希望印2500册，这样的话，‘第十个一千册’的书就不完全一样了。”[29]不过，这种情况恰恰在“第四个一千册”上发生过，结果导致“第十个一千册”被分成两部分：前500册日期为1867年，后500册的日期为1868年。“第五版”还有另外1500册（也许是1868年1月印制的）来平衡一千的倍数。道奇森在1868年3月8日写信给麦克米伦：

> 您把第十个一千册的后半部分卖完后，再给我寄“第十一个一千册”，这样的话，虽然是单本寄来，却是完整的。我将高兴地说咱们卖光了“无穷量”的书。[30]

从此之后基本上都是按照一千的倍数来印制，然而，有些日期不同（第63个、第64个和第85个）。虽然版本很多，但是道奇森在文字上所做的修改非常之少。“第六版”是接近1868年底印刷的，很显然，多年来再没有做任何修订，因为直到1886年才出了“第七版”。然而，就在这时，《爱丽丝漫游记》的印量也已经达到了“第七十八个一千册”。

在1866年8月24日写给麦克米伦的信中，道奇森提到了“写一本爱丽丝的续集的初步想法”。[31]他脑子里还只有故事提纲时，道奇森就开始寻找插画师了；这成为他今后创作插画图书的一般流程。很明显，坦尼尔是他最好的选择；至少，可以保持插画的一贯性，特别是因为新书里将包含很多相同的角色，不仅仅是爱丽丝。但是坦尼尔一开始拒绝了邀请，声称工作压力太大。道奇森非常失望，只好寻求当时其他的著名插画家。他在日记里记录了自己跟《潘趣》的另一位画家的接触。1867年1月24日，他写道：“我们现在还没有敲定。”[32]而事情过了一年多还是没有敲定。1868年1月，他在日记中记录自己给新书“增加了几页内容”，但是插画师的人选还是没定下来。[33]此时，他的素材还不够充分，无法完成插画的提纲。书里的一些诗歌，《无聊的话》（第一节，1855）和《毫耋之人》（原本是《荒原之上》，1856），早在《镜中》的想法成形之前就写好了，但是这些诗句对于制订插画的提纲计划是不够的。

1868年4月，乔治·麦克唐纳写信给诺埃尔·佩顿爵士，《水宝宝》的插画作者，问他能否为道奇森的书创作插画。佩顿于5月16日回信，说健康状况不佳，无法胜任，并且建议说“即使我可能胜任，我也不禁想问作者，除约翰·坦尼尔之外，世上还有谁更应承担此项工作呢。”[34]1868年5月19日，道奇森在写给麦克唐纳夫人的信中说：

也很感谢麦克唐纳先生为我所做的努力，虽然并未成功。倘若他再写信给诺埃尔·佩顿爵士，我想请他代为转达我的感谢之情，谢谢他的友好和善，虽然他拒绝邀请令我非常失望。我将再次尝试邀请坦尼尔先生，若他再次拒绝，我真不知还能做何努力。多伊尔的画不够好（看看他近期的作品就知道了）；而阿瑟·休斯，据我所知，他在画怪诞形象方面还没有进展。然而，我并未放弃对坦尼尔的希望。[35]

几个星期之后，在6月2日的信里，道奇森再次对麦克米伦提起插画师的话题：

关于我不幸的《爱丽丝II》，坦尼尔和诺埃尔·佩看来都没希望了。您看过《泛乐》杂志上署名“鲍勃”的画吗？有人告诉我，这位画家的名字是（W. S. ）吉尔伯特：他在画怪诞形象方面非常棒。然而，我还没发现他描绘美丽优雅的形象方面的能力。如果你能够调查清楚（不要直接和他接触，这样可以随时随地跟我沟通）他是否具有这方面的能力，我将非常开心。如果是这样，我想他可以做我的插画师。他的一些画作非常有趣。[36]

麦克米伦给道奇森寄去一本吉尔伯特的《童话》，但是道奇森排除了他为自己的新书作插画的可能，因为他好像只会画风格怪诞的作品。然而，1868年6月，坦尼尔终于答应了创作插画的请求，“现在他能找出一些空闲时间”，[37]道奇森的难题一下子就解决了。

然而，坦尼尔拖了很久才开工。就在道奇森1870年1月20日去拜访他讨论插画进展之前，坦尼尔才给雕刻师乔治·达尔齐尔写信，信的日期是1月11日：

亲爱的达尔齐尔：

你愿意为道奇森先生的另外一本小书雕版吗？这是“爱丽丝漫游记”的续集。我马上就要着手设计插画了。

回信请只写一行字“同意”。我之后再告诉你木板的尺寸。

匆匆致信。

您非常真诚的，

J. 坦尼尔

祝新年万事顺意！！！[38]

这封信透露出，坦尼尔在开始为《镜中》认真设计插画之前，一年半的时光已经逝去。

同时，1868年8月17日发生的一件小事更加坚定了道奇森的想法，即让爱丽丝去《镜子屋》里探险，这是当时他给爱丽丝的新书起的书名。想法来自一次走亲访友，道奇森在伦敦翁斯洛广场拜访舅舅斯凯芬顿·勒特维奇，在那儿见到了一位远房表亲，爱丽丝·西奥多拉·雷克斯（1862—1945）。她住隔壁，道奇森邀请她看看“让人奇怪的东西”：她右手拿着一只橘子，站在高高的镜子前面所看到的情形。她对这个谜题的解答是，如果她走进镜子里，那么橘子还将在她的左手里，就像镜子反射的那样。她的回答让道奇森印象深刻。许多年之后，爱丽丝·雷克斯说，是这件小事给了道奇森《镜中》的灵感。[39]这不一定全是真的，因为道奇森在很多个月之前已经有了写这本书的想法——这件事更多的是帮他坚定了这个主意，而非影响他产生写这本书的意念。

书中国际象棋的主题很可能也是此前很早就有的想法。道奇森许多年前就和爱丽丝·利德尔，还有她的姐妹们下象棋，他绝对编了与象棋相关的故事逗她们开心，这些故事之后也都收录在书里。象棋游戏的构架不同于平常，但是棋子行走规则是符合常规的，虽然白方好像可以连续移动。

道奇森完成了第一章，1869年1月12日把它寄给麦克米伦制版。他4月份去见坦尼尔，但是他在日记中记录说尚且还没有为这本书绘制插画。九个月后，1870年1月20日，道奇森再次拜访，他的日记中记录说看到“《镜中》的十幅插画的草稿”。[40]两人在这个阶段一定有信函往来，但是，很不幸，又发生了信件找不到的情况。这些初步的会谈和信件往来的成果就是一本插画的纲要计划，这个计划在道奇森的手里。[41]道奇森和坦尼尔很可能是在当年3月12日那天的会谈中讨论了这个计划。道奇森写道：“我谈了大概两个小时”，定下了30幅画。“有三幅已经被删除。”[42]

留存下来的插画纲要显示，最初有38幅带编码的插画，都用黑墨水标注，其中包括被定为卷首插画的《废话》，还有坦尼尔最终都没有画的《黄蜂》。此时，道奇森好像很担心书的篇幅。坦尼尔建议缩短篇幅，认为《黄蜂》的故事可以从书里删节，道奇森应允了，删除了本来已经计划放进书中的这一章。接下来的改动是用紫色墨水（道奇森到1870年10月才用这种墨水）标记的。这佐证了原始的插画纲要计划是在1870年10月之前做出的，但也很有可能在1870年1月之后。道奇森也许早在1870年1月就有了一些关于插画的想法。最终，远远不是缩短篇幅，道奇森反而增加了书的内容，且增添了插画数量。

1870年4月间，麦克米伦寄给道奇森一些书名页的样张供他选择。前一个月，书名是《镜子背后及爱丽丝之所见》。另外一个待定的书名是《镜中世界》。在这些早期的书名页中可见，道奇森有意让坦尼尔为新书创作四十二幅插画，以配合《爱丽丝梦游仙境》的插画数量。1870年的上半年，坦尼尔进度缓慢。1870年6月25日，萨尔兹博利（1830—1903）的孩子去道奇森在基督堂学院的房子里找他，萨尔兹博利是牛津大学的新任校长。道奇森利用这个机会给他们看了“《爱丽丝镜中世界奇遇记》的前七幅插画”，[43]续集的书名现在已经定下来了，是他的朋友兼同行人亨利·帕里·利登（1829—1890）在俄罗斯旅行途中给他的建议。

道奇森继续和坦尼尔协商插画的问题。1870年12月27日，坦尼尔写信给达尔齐尔：

> 道奇森先生对其中一个雕版做了一些评价——“棋盘景象”已经重新画过。请把另外一张校对稿发给我——他已经有了第一张——等我给你消息之后再把木板发给麦克米伦的先生们。（……）我还没来得及“碰”你上次发给我的校对稿。[44]

《棋盘景象》的插画在《镜中》的第38页。在坦尼尔最初的草稿中，与终稿相反，爱丽丝出现在前景里面。在最终的插画里，爱丽丝被抹去了。这也许是道奇森的决定。木板印出来的校对稿直接发给插画师和作者，两位意见达成一致，插画才算通过。

道奇森于1871年1月4日完成《镜中》。九天之后，他写道：

> 收到克雷发来的《镜中》最后一部分的散页。除了结尾的诗句，没有什么要印的了。这本书，我想，比第一本更让我费心，它应该在各方面都跟第一本一样好。[45]

两天之后，道奇森把散页发给坦尼尔：现在一切都取决于他了，我们能否在复活节之前出版这本书。[46]复活节出版的想法太乐观了，坦尼尔几个月都没有再画出插画。

1871年2月之前，道奇森收到了坦尼尔关于“废话”的插画。他很喜欢插画的效果，但是他也担心这幅画对于一些孩子来说太可怕了。为了解决这个问题，他发了一封印刷的传阅信件给朋友们，征求他们的意见。有一封被保存下来，是1871年2月15日写给利蒂希娅·巴里太太的，这封信透露出道奇森的担忧：

> 我给您发去这幅插画，本计划把它作为《爱丽丝镜中世界奇遇记》的卷首插画。有人说这幅画里的怪兽太可怕了，可能会引起一些神经紧张和想象力丰富的孩子的不安：至少，我们应该以一个更加令人愉悦的主题作为书的开头。
>
> 所以，我给很多朋友列出了以下问题，也把卷首插画印刷出来附上。

我们有三个问题：

1. 继续留用它作为卷首插画

2. 把它放到书中对应的位置（这幅画所诠释的叙事诗出现的位置），同时换一个新的卷首插画

3. 把这幅画完全删除

最后一个选项将造成对这幅画所投入的经历和时间的巨大浪费，而且除非必要，这样做是很可惜的。

我很感谢您提供的观点，（请把这幅画给您能想到的所有孩子看看），这样效果当然是最好的。[47]

道奇森在信中手写添加说："我不知道应该把新的《爱丽丝》寄给您的哪位女儿"，而且提到他去拜访，却没有看到她的儿子约翰（1851—1920），他现在在基督圣体学院读研究生。道奇森印刷和发出的传阅信件数量是多少，我们不得而知，但是科林伍德表示他的30位已婚女性朋友都被咨询了此事。信件证实了作者和插画师之间对于每一幅插画的讨论。在插画纲要计划里，《废话》的图片解说是"徐缓而来"，这句解说词被换成"爱丽丝和骑士"，而且还被用作卷首插画，所以它出现在麦克米伦版本的书里。

1871年4月25日，道奇森写道："《爱丽丝镜中世界奇遇记》还没完成，虽然文字稿已经准备好，但是我至今才收到二十七幅插画。"[48]这表明，如果是按照插画纲要计划的顺序设计插画的话——也没有证据显示计划有变——那么，此时，应该已经完成到第五章《羊毛和水》的插画了。5月4日，道奇森写道："我收到坦尼尔的来信，那天，消息令人高兴，他认为最晚七月底就能完成所有的插画。"[49]但是到了八月，显然，插画还是拖延未完。8月29

日，道奇森记录到："给坦尼尔写了信，我已经接受这个不幸的事实，无法改变的情况就是，我们无法在米迦勒节之前出版《爱丽丝镜中世界奇遇记》。不管怎样，一定要在圣诞节出版。"[50]所有在此期间的信件都找不到了；我们只能从道奇森的日记中发现接踵而来的问题和耽搁的情况。

1871年10月，书开始印刷，这也就证明道奇森在此之前收到了坦尼尔的所有插画。1871年11月1日，他收到了五张校样稿。11月20日，他写道：

> 已经授权克雷为《镜中》剩余部分排电铸版：发电报给他的。之后又用信件告知他两个改正之处。我这部分的工作结束了。现在就看印厂和装订厂的了，看圣诞节之前书能不能出来。[51]

道奇森在1871年12月上旬收到了《镜中》第一本完整印刷本。他立刻在12月5日，以第三者的口吻给雕刻师"达尔齐尔兄弟"写了一封信，"感谢他们为这些插画所付出的心血，这从插画里明显可以看出来，他认为他们值得钦佩，而且（从评论者的角度）他认为他们的作品是木板雕刻艺术中最高水平的样本。"[52]随信附上的是一张203英镑16先令的支票，这是支付《镜中》所有木板雕刻的费用。

在准备《镜中》的插画的过程中，发生了很多变化。《它们吃掉了一切》中木匠的手的位置发生了变化，《白皇后》中白皇后手握权杖的方式改变了。《传令兵赫塔在狱中》那幅画经过了重大的改变，有证据表明还制作了一块新的刻板。赫塔坐的地方变了，他的帽子也从画面的左边被移到右边了。有5幅把爱丽丝刻画成女王的插画也改了，因为道奇森不喜欢坦尼尔一开始给她配的服装。

科林伍德记录下来的内容：

> 和道奇森先生一起工作并不容易；他连最最微小的细节都要批评。“不要把爱丽丝的裙衬画得太大”他会写，或者“白骑士一定不能有络腮胡子；他看上去一定不能显老”——这些是他经常发出的指令。[53]

爱丽丝的裙子最初想设计成棋子的样子，和故事里其他女王的裙子一样，但这样的话，衬裙看起来就特别大，所以坦尼尔重新给爱丽丝画上维多利亚时代典型的年轻小姐穿的裙子，这显然很符合道奇森的心意。有五块板子要塞上木板填充，一面重新雕刻。我们知道，坦尼尔画的“白骑士”是一个老人，没有络腮胡子，却留着八字胡；因此，很可能，他劝说道奇森保留这个白骑士的形象。老年时，坦尼尔看起来跟白骑士非常相像，这暗示着，他绘制的白骑士就是自己的自画像。《潘趣》办公室里的同事们认为白骑士是以贺瑞斯·“波尼”·梅休为原型的。坦尼尔否认这种看法，还说“任何相似都纯属巧合，这只是无心创造的一幅漫画而已。”[54]《爱丽丝镜中世界奇遇记》于1871年12月出版，书中包括由坦尼尔创作的50幅插画，不过，第一版的每一本的书名页上的日期都是1872年，这是当时同行的做法。

两人作为作者和插画师合作创作爱丽丝系列图书的关系终止之后很长的时间里，道奇森还跟坦尼尔保持联络。两人之后的通信中的一小部分被留存下来，信的内容都是友好而客气的。毫无疑问，道奇森仰慕自己的这位插画师，而且经常把他作为衡量今后其他插画师的标准。道奇森还把自己主要的出版作品送给坦尼尔，并且怀着尊敬和友好的心情在书上签名。《镜中》之后，坦尼尔几乎完全放弃了为图书创作插画。坦尼尔在《潘趣》的工作非常之忙。约翰·利奇去世之后，1864年，他被任命为首席画家，他开始创作“大作”——整页的卡通画——每周一幅。直至1901年退休，他一直都担任着这个重要的职务。在1900年8月27日，坦尼尔写给M. H.施皮尔曼（坦尼尔的朋友，艺术批评家，他当时可能在为自己的著作《〈潘趣〉的前半个世纪》收集素材）的信中，他透露出自己已从图书插画领域转移了：

> 这封信是向您证实，您发来的书单是对的，除了其中一项，我从来没有给《游戏之书》（1852）画过插画，我也不记得《史上传奇民谣》（1876），因为自从1872年《爱丽丝镜中世界奇遇记》之后我就完全放弃图书插画了。[55]

坦尼尔在信里说得不够准确，弗朗西斯·萨札诺证实，沃尔特·索恩伯里的《史上传奇民谣》（1876）里包含坦尼尔的插画。她还列举出《镜中》之后坦尼尔提供过插画的图书，包括《英国诗歌中一千零一颗宝石》（1872）、《审判贾斯珀先生》（1873）。[56]此外，还必须提到《幼儿“爱丽丝”》（1889），这本书不但有坦尼尔重画的插画，而且还是坦尼尔上的色。

对于道奇森后来的商谈，坦尼尔也并没有反对。几年之后，道奇森又想到一本新书。1875年3月1日，他在日记里写道：

给坦尼尔写了封信，讨论了我的新主意，一开始，在1月8日，我把它记录在我的记事本里，我想做一本原创的谜题等内容的小集子，我想可以称之为《爱丽丝的谜题书》。我想让他画一幅卷首插画。（他3月8日答应了）[57]

随着时光推移，道奇森转而选择E. 格特鲁德·汤姆森作为插画师，但是这本书却一直没有成形。

1881年8月之前，坦尼尔也同意为《幼儿“爱丽丝”》准备插画。道奇森将改写自己的原始版本，以适应更小孩子的阅读，书里的20幅插画都是放大版的坦尼尔的插画作品，还上了色。在一封给麦克米伦的信里，道奇森写道：

坦尼尔先生要对“爱丽丝”的形象做一点更改，所以我不得不给您拍个电报，请您停止加工带有爱丽丝的两幅插画，可能还会有一些其他变动。所以，请告诉他们现在可以做卷首插画和63页的插画（这幅是《威廉姆神父》，它不出现在《幼儿“爱丽丝”》里）。

请交代他们小心处理上了色的卷首插画，我希望它再次被牢牢地装订在书里，这是画家自己上色的特殊样例。

也请给坦尼尔先生寄去《爱丽丝》的散页，他可以在上面标注改动，还可以把插画一个一个剪下来。为了这个目的糟蹋一本装订好的书实在太浪费。[58]

然而，很显然，从很多方面来说，这本书里的插画都很不同，而且有些章节是要重画的。举例说明，卷首插画里有一名守卫，在原书里他是“举着三个棒子”的，但是他在新书里变成了“带着三颗心”的形象。爱丽丝的衣着风格也完全变了，她的衣服打起了褶皱，现在，她的围裙后面有一个大大的蝴蝶结，她的头发上也系了一个小小的蝴蝶结。衣服涂成黄色，而蝴蝶结都是蓝色的。第5页上有带着“喝掉我”标签的瓶子的那幅画里，爱丽丝的形象被重新画了，同样的，第8页上，长脖子的爱丽丝也被重新画了。其他的插画也做了相应的改动，为了和爱丽丝的变化保持一致。雕刻师“达尔齐尔兄弟”的标记也从所有的插画里被抹去了。在第26页，毛毛虫的插画里，背景中的一部分被挪移到爱丽丝的头的左边。42页上，花匠把玫瑰涂成红色的那幅插画里，出现了颜料滴液，而原图中是没有的。46页里，这幅插画里有女公爵，爱丽丝胳膊下还夹着火烈鸟，从火烈鸟的脚可以看出，这幅画可不是简单地放大原画，这些画完全是重新画的。这些画中所做的改动，必须要靠重新绘画才能实现。原画被非常小心地临摹过来，原画中的很多细节得以保留。

埃德蒙·埃文斯（1826—1905）是知名的彩色印制者，他被道奇森请来制作《幼年“爱丽丝”》的彩色插画，而且使用相对新潮且有些昂贵的技法，彩色木刻版印刷术。这需要为每一个形象做出很多块木板，颜色相混以达到多种色调和明暗度。坦尼尔为《幼年“爱丽丝”》创作出插画，这些插画在彩色印刷过程中起到指导性的作用。他的一些原稿留存了下来。[59] 1883年8月9日，他写信给埃文斯：

大约一周之前，道奇森写信来，说对您的报价相当满意。

我应该早点告诉您的，不过之前我在国外。

如果您可以尽快开始“放大插画”，我将非常高兴。道奇森先生对此非常焦急，我也是。当然，小一些的画应该跟书页成合理的比例，而放大的图画也应该是这样。同样，在雕刻之前，我要看看所有木板的照片，因为衣服上有改动等，所有木板很有可能需要修描。

您认为您什么时候可以开工？

如果您想跟我面谈，我每天上午都在家。[60]

道奇森花了好几个月的时间才完成文字稿，因为他同时还忙着其他的写作项目。他列出了（1885年3月29日）当时手头上的几个项目，其中包括《幼年“爱丽丝”》——此时，坦尼尔正在为这本书的20幅插画上色。[61]在7月8日，他写给麦克米伦的信里，道奇森记录道：“坦尼尔先生已经给《幼年“爱丽丝”》的20幅放大的插画涂完色，我希望您很快就能收到来自埃文斯先生的消息。”[62]

埃文斯开始着手把坦尼尔的彩色插画转制成印刷品。1885年10 月14日，坦尼尔再次写信给埃文斯，说：“我收到的审校稿只是20幅中的12幅。您的信里说：‘《爱丽丝梦游仙境》的整套审校稿’。一定是哪里出了奇怪的错误。”[63]道奇森于1885年10月15日拜访坦尼尔，谈了谈关于《幼年“爱丽丝”》的事情，然而，接下来的是更久的拖延。好几个月过去了，却没有任何关于这本书的进展。1886年5月5日，坦尼尔又一次写信给埃文斯：

您是否可给我一句话，告诉我您是否已经开始“制作”爱丽丝这本书。我写信给道奇森先生，告诉他插画都已经准备好，您也很着急开始印刷，但是此后，我还没收到道奇森先生的任何消息。[64]

当《幼年“爱丽丝”》印刷完成之后，道奇森却对插画的色彩很不满意。1889年6月23日，他写信给麦克米伦：

> 色彩太艳，而且花哨，整本书看起来太俗气。一本也不能在英格兰本土出售：如果在这里销售，将使我名誉尽毁，我一直尽量给予大众最高品质的内容。埃文斯先生必须重新制作印刷，印制出和他眼前的坦尼尔的彩色插画一样的10000本书：而且这次，我必须亲眼看过所有的审校稿，咱们才能为大众提供一本真正适合阅读的图书。[65]

坦尼尔在这件事上保持沉默。对于1865年的《爱丽丝》，并没有人表示不满，然而，道奇森迅速的反应，对于插画师来说，是先发制人的。埃文斯重新印制图书，那年的下半年，道奇森和坦尼尔收到彩色的审校稿，以供他们审核。1889年12月18日，坦尼尔写信给埃文斯：

> 我收到道奇森先生随信寄来的包裹，他让我把包裹发给您。新的审校稿，我认为，令人满意，事实上，我看不出还需要什么改动，希望您制作的整套图书都成功。感谢您付出的心血，这是显而易见的。[66]

1890年，书上市了，其中的插画的色彩已经不那么艳俗。不好看的版本被发往美国，在那里，4000多册被装订售出。最终，剩余的6000多册被装订好，其中很多被作为“大众版”销售，有些被卖到澳大利亚，还有一些成为1896年的低价版。

坦尼尔在每周的《潘趣》晚宴上还是抽着他的陶制长烟斗，几乎每周绘制“大作”，这一系列卡通画涉及将近40年中主要的历史大事。只有一次，他出国度假：去了威尼斯。1893年，坦尼尔因为在《潘趣》的卓越工作被封爵。道奇森过世之后不久，1898年2月22日，他写信给朋友A. W. 麦肯齐：

> 请您向这位女士转达我的赞赏，我很欢迎她把我的“爱丽丝”设计放入“大事记”里，我想，只要麦克米伦公司的先生们不反对的话，我认为他们不会，她可以发表我的设计。
>
> 可怜的刘易斯·卡罗尔已经长眠地下，我们正试图募集1000英镑，资助儿童医院的“婴儿床”项目，以他的名义，这是为他本人以及他的工作所树立的最好的“纪念碑”。[67]

约翰·坦尼尔爵士在《潘趣》服务近半个世纪，1901年退休，创作了2000多幅卡通漫画。他在妹妹的肯辛顿的家中安静度过余生，视力逐渐衰退。1914年2月25日辞世。

亨利·霍利戴：《蛇鲨之猎》插画作者

亨利·乔治·亚历山大·霍利戴（1839—1927）于1839年6月17日出生于伦敦菲兹罗伊广场汉普斯特得街，他在那里生活到1857

年。从1855年起在皇家艺术学院学习。1860年在湖区的阿尔斯沃特湖，他结识了牛津大学基督堂学院的理查德·圣约翰·蒂里特。蒂里特当时已经出版过关于艺术方面的著作，两人一起研究当地的风景。当年下半年，霍利戴认识了霍尔曼·亨特和伯尼—琼斯，从而和拉斐尔前派运动产生联系。从1863年起，他为怀特弗利的鲍威尔玻璃制品公司工作，他是彩色玻璃上卡通画的设计师，他的彩色玻璃在英格兰、欧洲和美国随处可见。他1864年和凯瑟琳·“凯特”·雷文（1840—1925）结婚，他们育有一女，威妮弗雷德（1865—1949）。

霍利戴在自传《我的一生回忆录》中记载了1869年自己和道奇森第一次见面的情景：

> 这是一件令人开心惊喜的事情，一天早上，刘易斯·卡罗尔（C. L. 道奇森牧师）来见我，看我的作品，陪伴他的是我们一个共同的朋友。我们当即就成了朋友，这段友谊一直持续到他去世。他和基钦博士以及全家关系密切，而且我们都很喜欢那个美丽的小女孩，他经常给她照相，直至她长大成人。他总是给这些肖像照想出特征明显的谜题。这个女孩叫亚力山德拉，取了她的教母亚历山德拉女王的名字，然而，这个名字太长，她的家人在家里就叫她X，或者谢。她是个完美的姑娘，道奇森问我知不知道如何才能抓住照片中完美的一面。我放弃回答这个问题。“拿起镜头，让谢站在镜头前面。”我收集了很多她的肖像，都非常好。[68]

1983年3月，霍利戴拥有的一些道奇森拍摄的谢·基钦的照片被拍卖，大多数照片上都有签名："H. 霍利戴，来自摄影者。"

1870年7月6日至11日，道奇森在霍利戴家里待了几天，他家的地址是圣约翰马尔伯勒路5号。[69]索尔兹伯里勋爵一家也赶来做客，道奇森带上了自己的相机，为塞西里（索尔兹伯里勋爵的儿子）一家照了很多照片。他于7月7日写道："塞西里家的四个人10点半到达，给他们照了照片，他们停留了两三个小时。我拍了几张非常好的简单的照片和一张不错的集体照。"道奇森还利用此次机会拍摄了霍利戴的画作。其中一张照片被寄给诺埃尔·佩顿爵士作为礼物。1872年12月19 日的信里，道奇森写道："信里附上裱好的一幅照片（裱得不算成功，恐怕），这是我拍摄绘画作品的一个样本——画作是H. 霍利戴先生的。"但是在信后附言里，他写道："我发现装裱过的太大，没法寄，用火车寄也不值得，我还是发去一张没有装裱的吧。"[70]这张照片却从没被展示过。

道奇森仰慕霍利戴的画作，但是不了解他能否胜任图书插画。1874年1月16日，他在日记里写道：

> 又去了霍利戴家。（……）告诉霍利戴，他的作品让我感觉到，他可以给我的儿童书画插画。他只要能够画怪诞风格的画就可以了，这是我的全部要求，他画中的优雅和美好可以比得上坦尼尔了，我想。[71]

几周之后，2月4日，道奇森写道："收到了霍利戴为我的儿童书画的五幅插画，和《西尔维和布鲁诺》里的插画一样好。"[72]很快，霍利戴就接受了为《蛇鲨之猎》创作插画的工作，起初，《蛇鲨之猎》只是《西尔维和布鲁诺》里最长的诗歌。

1874年11月23日，道奇森写道：

> 拉斯金来了，应我的要求，来讨论霍利戴正在给“怪物”画的插画——有一幅（船上的场景）已经刻板了。他对霍利戴令人满意地完成整本书的插画不抱希望，这让我十分失望。[73]

然而这些批评并没有阻止他向目标努力。他和霍利戴的交情已经很深厚，他去霍利戴家拜访以及两人一起去戏院的经历都记录在道奇森的日记里。几乎是一年之后，1875年10月24日，道奇森写道：“突然有个想法，是关于圣诞节出版诗歌《蛇鲨之猎》的，我已经在信里跟霍利戴和麦克米伦说过这件事。”[74]

在他的自传中，霍利戴描述了道奇森的多次到访，还有那些逐步引导他承接《蛇鲨之猎》插画工作的事件：

> 我们那时经常和道奇森先生（刘易斯·卡罗尔）见面。1875年，他的大部分时间都用来摄影，他那时来我们家待了一周甚至更长的时间。他和我们在马尔伯勒路的家里待了一周，也是为了这个爱好。那次，塞西里家几个孩子也来了，他们是索尔兹伯里侯爵和格温德伦女士的孩子，那两个男孩，我想，应该是现在的罗伯特·塞西里侯爵和勋爵。
>
> 还有一次在橡树屋，他给许多朋友照了照片，还送了我一整套印刷出来的照片，照片不但被裱过，而且被精美地装订成册，他还在上面题词：“纪念这美好的一周。”除此以外，他还拍摄了马里恩·特里小姐身着我的锁子甲的照片，我则为她

画了同样装扮下躺在草坪上的画像。

不久之后，他给我写信，问我能不能给他的《蛇鲨之猎》设计3幅插画，是为三个章节设计的，他还发来了这三章的文字稿。这是一项全新的工作，我很感兴趣。我立刻就开始了，把第一稿发给了他，可是，与此同时，他又写出了一章，让我为它设计插画；我把这张新插画的草稿发给他了，而同时，他又写出了新的一章，想让我设计插画；就这样一直持续到第八章，连带卷首插画，我一共画了9幅插画。

我们友好地互通很多信件讨论插画。我记得道奇森批评我在“打猎”场景把希望和关心当作两个角色来介绍，因为他故意在下面两行诗句里混淆了“with”的两个意思：

“他们用顶针寻找，他们带着关心寻找；

他们用叉子、带着希望寻找。”

这里，“with”的两个意思被混用在一起，它的一个意思表示用某样工具，另外一个意思表示抱着某种态度；他认为我没有看出这一点，反而把希望和关系形象化，变作了两个角色。我回信说，正好相反，我正是注意到了这特殊的一点，才费事地又加上可怜的“with”另一层让人混淆的意思，即“with”的和某人一起的意思。道奇森写信来，诚挚地说他接受这一观点，于是希望和关心两位女士被允许加入了捕猎的行动。

我经常发现无心所作的速写往往有出其不意的用处，作为封面的“蛇鲨”那幅画就是这样诞生的。从印度回来的一年多之后，为了生意去利物浦出差，被路上的海景迷住了，于是放弃火车改乘船，并且邀请阿尔姆奎斯特与我同行。这样的旅行我不推荐，因为并不经济，我们花了4天4夜，而非4个小时，才到达利物浦，而且吃喝用度的费用均是两人份的；然而，却很有意思。我们顺泰晤士河而下，绕过前陆，环着怀特岛（我可以辨认出1852年和1858年我曾去过的地方）航行进入普利茅斯港，绕过兰兹角，顺着威尔士海岸，绕过霍利黑德和兰迪德诺就到达利物浦了。

在兰兹角，我画了一幅速写，画上是一个肚子形状的灯塔，非常别致，上面的钟还不规则地被敲响。当道奇森需要为封底找一个主题的时候，要与“这是个怪物”相吻合，我想到了我的肚皮形灯塔，这正符合他的需要。

他送了我一本赠送本，用上好的牛皮纸包好，还附上以下签名：“赠予亨利·霍利戴，最耐心的艺术家，查尔斯·L. 道奇森赠，最严格，然而却非最感恩的作者。1876年3月29日。”[75]

讨论《蛇鲨之猎》这段的通信几乎没有被保留下来的，这非常可惜，这些信件有可能帮助读者解读书中诗歌背后的意思。1876年1月15日的这封信是讨论《蛇鲨之猎》封面和封底上圆形饰物的：

我希望您以《爱丽丝》为指导，设计封面和封底时也是用与之相同的金色，或者，少一点更好。《爱丽丝》和《镜中》都有怪诞的脸在外面，相反，我希望这本书的外皮上的形象要漂亮，我想，我们如果把“希望”的头放在封面，“关心”的放在封底，她们俩在诗歌里和“顶针”还有“叉子”相关联，您觉得她们周围应该围绕什么饰物呢，一个周围围绕互相交叉的叉子，另一个是抛洒的大量的顶针？在每个封面的最底下放一个肚皮形状怎么样，而非简单的一行字？有一点是确定的，即封面上所采用的金色的分量要比《爱丽丝》封面的少。[76]

道奇森对于封面和封底的想法没有实现；封面和封底上没有交错的叉子，也没有顶针雨，霍利戴设计的“希望”和“关心”的圆形图案也没有被采用。反而是霍利戴的肚皮灯塔上了封面。然而，当道奇森发现了一个和《爱丽丝》丛书的封面更加一致的封面（第17个一千册和第18个一千册），他用了敲钟人和海狸的圆形标。[77]

在设计《蛇鲨之猎》的封面过程中，霍利戴和麦克米伦出版公司以及伯恩公司（装订）的先生们合作紧密，道奇森也同意霍利戴的想法，把一些书的封面做成彩色的。1876年1月17日，道奇森写信给麦克米伦的乔治·L. 克雷克，说：“那几本‘装饰丰富的’，就按照霍利戴先生的建议，用深蓝色布装订。”[78]事实上，道奇森还做过红色布装订的、蓝色（深蓝和浅蓝）布装订的、绿色（深绿和浅绿）布装订的、还有的是用白色牛皮纸装订，都饰以镀金的字和设计；除了红色和金色的版本以更高的价格销售以外，其他的特别装订版本都用于私人赠送。1876年2月11日，道奇森写信给麦克米伦说：“霍利戴先生说他对于低价版本的封面色彩有些想法。我告诉他最好直接跟您沟通。那些高价的版本，我坚持用《爱丽丝》的红色和金色。”[79]用于销售的版本最终采用米黄色包装布，配以黑色字。第一版中有些册子还配有灰色花印的封套，这是此种包装比较早期的样式，之后成为很多书的惯常特征。

霍利戴再没有被道奇森委以任何图书的插画工作，可能是他严谨的插画风格和要求不符，道奇森后期的图书插画都是连环画风格。作为画家，霍利戴因为《但丁和比阿特丽斯》这幅画而被后人纪念，这幅画于1883年展览。他于1896年出版了《彩色玻璃的艺术》，他的彩色玻璃窗在英国和美国的教堂里都非常有名。他在图书插画方面恒久的纪念作品无疑就是《蛇鲨之猎》了。

亚瑟·博得特·弗罗斯特：美国插画家

亚瑟·博得特·弗罗斯特（1851—1928）于1851年1月17日出生于费城。他很大程度上算是自学成才的画家。他年幼时跟随雕刻师做学徒，但他后来成为一个平板工，并且刻苦学习，然而廉价的商业设计对于他的才华来说并没什么发展空间。1874年，弗罗斯特认识了画家兼批评家威廉姆·J. 克拉克，他的兄弟是查尔斯·克拉克，查尔斯以笔名马克思·阿德勒出版过《走出喧嚣》，威廉姆劝说查尔斯雇用弗罗斯特做他的插画师。弗罗斯特为《走出喧嚣》画了近400幅线条画，那年下半年这本书出版时，立即引起轰动，这稳固了弗罗斯特作为插画师的名声。

就在这次成功之后不久，弗罗斯特受雇于纽约的哈珀兄弟出版公司。1877年，弗罗斯特请假去伦敦旅行。在伦敦停留的一年之中，他为查尔斯·狄更斯的《美国纪行》（家庭版，1878）创作插画，正是这套插画和在《朱迪》杂志上发表的作品吸引了道奇森的注意。1878年年初，道奇森联络弗罗斯特，邀请他为自己画插画，需要他创作插画的内容包括：即将成为一部新的漫画诗集的主体的诗歌，有些已经在《幻影》中发表的诗（没有配插画），最终收录在韵文诗集《韵歌？理智？》中的诗歌。道奇森已经尝试邀请爱德华·林立·桑伯恩（1845—1910）为他的新书作插画，却不了了之。弗罗斯特接受了这项工作，并且为《三个声音》创作了几幅插画。1878年2月7日，道奇森写信给他：

> 亲爱的先生：
>
> 不管怎样，正如您建议的，给《三个声音》画一幅插画。
>
> 您的条件我都接受。
>
> 我记人名的能力很差，已经忘了您的名字和《走出喧嚣》的关系。您会很吃惊地发现，我对这本书非常了解，而且一年前就对其中的插画做了深入的研究，想看看这个插画师是否适合我。当时我下的结论对插画师并不利，从那以后，我就忘了这个名字。但是，我把这本书发给我的朋友坦尼尔先生看，想听听他的意见，我想，我可以把他的评论抄给您，这并不影响我和他之间的信任。[80]

这封信继续讲述坦尼尔的观点，他认为弗罗斯特很有潜力，尤其是在怪诞幽默风格方面，但是他在技法方面还需要加强。很显然，道奇森现在对于弗罗斯特的成绩更加欣赏了——理由很充分。

1878年4月24日，道奇森在日记里写道：

> 去黑福斯多克山拜访弗罗斯特先生，聊了很久，我以前从没见过他。他给我看了为《三个声音》所做的两块雕版，两幅都妙趣横生，画得精美。一位姓巴内尔的小姐来了，做模特的（只画头部），他画画的时候我看完了两本非常有意思的练习

集子等。他现在有规律地练习画画，显然可以随心所欲画出自己想画的了。我突然想到让他给我画“萨莉”和“丘比特”，他轻而易举地就完成了。[81]

在拜访第二天写给弗罗斯特的信里，他说：

至于书本身，我已经周全地考虑完毕，如果您愿意，请为全书作画，即漫画诗集，全部，除了《朗柯廷》，因为桑伯恩正在给它设计插画。而且，我真诚地希望，正如您可能想到的那样，可以帮助提高您的声誉。[82]

道奇森邀请弗罗斯特来基督堂学院访问，5月2日，两人再次见面，聊了聊诗集的插画，还参观了牛津：

弗罗斯特先生今天来了。我们讨论了《幻象》，看了照片，参观了玛德莲教堂、圣约翰花园等。他和我共进晚餐，在克拉伦登过夜（他错过了火车，因为我太笨了看错了火车时刻表）。[83]

弗罗斯特当月晚些时候回了美国。此时，他转向了油画，乔治·杜·莫里哀的作品对他的影响一直都非常强烈。他仍然为道奇森创作插画。桑伯恩最终退出该项目，剩下弗罗斯特成为这本漫画诗集唯一的插画师。显然，虽然大西洋两岸信件往来缓慢滞后，但是道奇森对弗罗斯特为他的书所设计的插画非常喜爱。在今后的三年里，这本漫画诗集的插画创作才完成。

虽然信函之间间隔时间很久，但是道奇森写给弗罗斯特的信都被保留了下来。[84]弗罗斯特寄来了《韵歌？理智？》的铅笔—钢笔画，这些画通过照相技术转制到木板上。虽然这本书直至1883年才出版，但是从信函里可以看出道奇森对弗罗斯特为漫画诗创作的插画非常满意——如此满意，以至于1881年4月25日，道奇森写道："给A. B. 弗罗斯特写了信，这是关键的一步，邀请他为《幻象》中的严肃诗歌作插画，还要确定他做一部童话书的插画师！1882年的书。"[85]那年晚些时候，道奇森写下，在他仔细考虑动手写作的几部书里，《西尔维和布鲁诺》，"我希望，由A. B. 弗罗斯特画插画。"[86]但这并未实现。

道奇森所面临的唯一的严重问题是，缺少对每一幅插画的探讨。弗罗斯特总是擅自根据诗意设计插画，而有时这并不符合道奇森的想法。大西洋横亘在两人之间，弗罗斯特可能以为自己这样做可以缩短由于邮件缓慢而造成的隔阂，但是他忽略了工作中一个关键的方面：道奇森需要他的插画师能画出他脑子里所想的插画。但毕竟，这是一项双方合作的工作。很幸运的是，总体说来，弗罗斯特按要求完成了作品。

此时，弗罗斯特决定，自己需要在解剖学和人体绘画上接受正规的训练，所以他开始在宾夕法尼亚艺术学院跟随托马斯·埃金斯（1844—1916）学习。埃金斯的教学是以他在巴黎观察学来的一套系统为基础的，在这套系统里，雕塑和解剖实践是学习解剖学的主要途径，而对裸体模特的写生和临摹照片则用来发展艺术技法。埃金斯是声望很高的艺术家和摄影师。31岁的弗罗斯特就是埃金斯的著名画作《浴场》（1883—1885）中那个红头发的人，而且还出现在埃金斯1884年和1886年的两幅肖像画中。

1883年10月19日，弗罗斯特和艾米丽·路易斯·菲利普斯结婚，她是一位艺术家，还是哈珀（出版社）的兼职人员。她跟弗罗斯特很像，也出生在费城，她曾在德国德累斯顿和皮尔尼兹学习艺术。弗罗斯特的传记作家说："对于缺乏自信的弗罗斯特来说，艾米丽是绝佳的伴侣。她轻柔地批判他的作品，对他的事业坚决支持，而她自己也是一位艺术家，一位图书插画家。"[87]婚后，弗罗斯特夫妇就搬到纽约长岛亨廷顿居住。

弗罗斯特的幽默画和诗歌集于1884年由斯克里布纳出版社出版，书名非常具有卡罗尔的风格，叫作《馅料和废话》。此后，他又在1892年出版了《公牛犊和其他故事》。他和约珥书·钱德勒·哈里斯成为拍档，哈里斯是《拉莫斯叔叔》系列图书的作者，他们合作出版了许多书，书里的插画都是弗罗斯特创作的，包括《拉莫斯叔叔和他的朋友》（1892）、《拉莫斯叔叔：他的歌曲和格言》（1895）、《小小水手和拉莫斯叔叔的其他诗歌》（1904）以及《拉莫斯叔叔讲故事：一个老农场的新故事》（1905）。

1884年6月16日，道奇森写信给弗罗斯特，告诉他给他寄去了有题赠的《韵歌？理智？》：

> 我6月11日给您寄去了《韵歌？理智？》的赠送版，走的图书邮寄渠道。我希望它能安全到达您的手上，但是我担心一路上有很多被劫持的危险，大家都怨声载道。您说要寄给我的那本关于民间传说的书，还没有出现。
>
> 如果您带着弗罗斯特太太过来这边，我将十分高兴认识她。[88]

寄给弗罗斯特的《韵歌？理智？》安全到达。上面的题赠是："赠亚瑟·B. 弗罗斯特，来自作者，对他表示致敬，真诚地尊重和感恩地谨记这位艺术家的手，它成就了这本书。"现在，这本书被收藏在罗森巴赫博物馆和图书馆，这里还收藏了许多道奇森和弗罗斯特的往来信件。收藏中还有其他书的赠送本，包括第50个一千册的《爱丽丝梦游仙境》（1876），上面题写："A. B. 弗罗斯特先生，来自作者亲切的问候。5月2/78"，还有《幻境》（1869），上面的题词是："A. B. 弗罗斯特先生，来自作者亲切的问候。5月2/78"。弗罗斯特还收到了带题赠的《爱丽丝镜中世界奇遇记》和《蛇鲨之猎》。

《韵歌？理智？》之后，道奇森准备出版《一个纠缠的故事》，这本书是以他为夏洛特·玛丽·扬编辑的《每月信息》的供稿为基础的。每一章，或者"节"，道奇森这么称呼，都包含一个或者多个数学难题。他委托弗罗斯特为这本书设计插画，并于1884年8月5日给他写信：

> 我21日收到了您7月8日写的信，就在我的信发走之后的第4天，我的信里附有《一个纠缠的故事》的三章。
>
> 我很高兴《韵歌？理智？》安全到达您的手里。这鼓舞了我，我准备再给您发去五章我想让您创作插画的文字稿。在我思考的同时，请允许我提一下我心目中那些年轻人的年龄，诺曼20岁；克拉拉18岁；兰伯特16岁；休14岁。只要和这些年龄接近就可以。请告诉我您认为哪节内容足够丰富，可以创作两幅插画，其中一幅咱们可以用作卷首插画。[89]

弗罗斯特几个月后回信了，信里说到他刚刚开始遭受的视力问题的困扰，但是也表达了他对道奇森艺术方面的想法的尊敬。这封信的日期是1884年11月13日：

> 我再一次拖延了您的画稿。我已经完成了10幅中的7幅，但是我的眼睛不好用了，我要停笔一段时间。夏天，我工作时间过长，画我自己的书还有其他的书，我的眼睛感到难受已经有一阵了。我很高兴我没有把已经画完的发给您。我对它们不满意，7幅中的4幅都要重画。我发现画它们非常有趣。我肯定您一定会喜欢总指挥和猪还有好多人一起顺着陡峭的山崖往下跑的画面。
>
> 我一天中一部分时间画这些插画，剩下的时间画油画。我这个月末之前把插画发给您，也许还会把淘汰的那几幅也发去。
>
> 您能不能告诉我您对我第一部新书的看法，坦诚地说您的想法，您知道的。和别人的看法比起来，我最看重您的意见。[90]

弗罗斯特给道奇森寄去一本《馅料和废话》，是斯克里布纳出版社刚刚出版的他的新书。道奇森并不喜欢这本书，而且在1885年2月24日的信里直言不讳地说："我想我还是不要评论《馅料和废话》。里面的笑话专门讲暴力、恐怖、身体的痛苦，甚至死亡，这些在我眼里没有一个是好笑的。"[91]弗罗斯特的视力急剧下降，导致他的作品越来越不符合道奇森的要求，两个人的关系很快就疏远了。道奇森拒绝了《一个纠缠的故事》中的4幅插画，认为它们不合要求。他提出只用他收到的10幅中的6幅插画，他为选中的插画付全款，而为被淘汰的插画付半价。弗罗斯特听到这个提议火冒三丈，怒气冲冲地回了信（但这封信找不到了）。然而，对于这封信的回复如下，道奇森是在1885年7月1日写的回信：

> 亲爱的先生：
>
> （我觉得自己不能，以普遍的礼仪，坚持使用您自己抛弃的称呼。）我感到深深的遗憾（正如我说的，如我所期待，见我上一封信）我的任何言辞都会让您愤怒：然而，我认为讨论您信中的细节或者辩论是我对您画风的看法变了（您这么认为的）或是（我认为）画本身变了，都实无好处。
>
> 从一方面说，您误解了我的信。我并无意讨价还价。[92]

道奇森计算了一下他欠弗罗斯特多少钱，1885年7月3日就把钱寄出去了，之后，两人之间再无信函往来。道奇森在《一个纠缠的故事》里用了弗罗斯特的6幅插画——有些插画经过修剪以取用其中较好的部分。

弗罗斯特不仅仅满足于图书插画，他还画了很多体育主题的作品。他的眼睛除了压力过大之外，还有一项视觉障碍，使他很难分辨某些色彩，尤其是红色系和绿色系。无论如何，他在水彩画方面取得了成功，斯克里布纳出版了很多他的作品集。

弗罗斯特是一位多产的插画家，他为哈珀、斯克里布纳和《世纪》等杂志画了大量插画，而且为七十多本图书创作了插画。1906年9月，弗罗斯特和他的家人——他现在有两个儿子——移居巴黎，但是很快就在吉维尼租了一栋乡村小屋，就在克劳德·莫奈的房子附近。他想做一位严肃画家，然而，他的插画作品持续成功，这促使他回到美国，再次开始他的黑白插画生涯。

1914年，弗罗斯特一家回到美国，定居在宾夕法尼亚的韦恩。大量的订单让弗罗斯特多年持续忙碌，后来，他在加州帕萨迪那退休，1928年6月22日，他在那里去世。

亨利·弗尼斯：不愉快的合作

请您在脑海里想象这样一个形象：又矮又胖、骄傲自大、自私自利、讲话大嗓门而且粗俗。这人可以闪电的速度准确地画出眼前的任何事物——他就是亨利·弗尼斯，画家兼插画家。再想象一个形象——瘦高个、谦逊礼貌、谨慎保守，在写作方面极有天分——这就是道奇森。这两个性格迥异的人是怎么走到一起，共同创作《西尔维和布鲁诺》的呢？这两个“相反”的人之间锻造出了怎样的创作关系呢？他们之间的合作可并不顺畅。

亨利·弗尼斯（1854—1925）于1854年3月26日出生于爱尔兰的韦克斯福德。他对自己出生于爱尔兰的这个背景总是含糊其词，他总强调说他父亲，詹姆斯·弗尼斯，是约克郡人，是土木工程师，当时移居爱尔兰帮助许多城市修建煤气厂，而他的母亲则来自苏格兰。她非常有艺术天赋，擅长画小幅画像。他们家庭的一位朋友，玛丽·班尼姆，老年时回忆弗尼斯的童年生活，她描述他“个子矮小，活泼好动，经常画出他眼前看到的有意思的人或事，来娱乐自己和朋友。”[93]

12岁那年，他在都柏林的卫斯理大学开始了有教育意义的学习。他那时的绘画技能已经很高超，一到学校，他就开始主办一份手写期刊，这份期刊名为《学生潘趣》，这段经历对他今后的职业道路选择有相当大的影响。十多岁时，他在爱尔兰学院的写生学院学习了一段时间，但是他对标准化的教育没有兴趣。于是，他决定在家学习，从很多方面来说，他是自学成才的漫画家。他创立了自己的风格，发展出独有的插画风格，他用铅笔而非刷子画画。

他为一张名为《卓西姆》的报纸供稿，这份报纸相当于爱尔兰的《潘趣》，此外，他还为多个领域的图书创作插画——从医学与科学专著到宗教以及教育。他还开始学习雕刻木板的技术，19岁时，他的技术就已经纯熟到可以雕刻自己的画作，用以印刷了。然而，1873年离开都柏林之后，他就很少再操练雕刻技术了。他的性格也已经成形：对长辈讽刺刻薄、特别独立、越来越意识到自己的聪明和天赋——简言之，是一个非常以自我为中心的人。

就在离开爱尔兰之前，他结识了汤姆·泰勒，《潘趣》的编辑，泰勒建议弗尼斯去伦敦，说他在那里可以生活得很舒服。他在霍尔本租了房子，不久之后就找到了一份插画师的工作，他所供职的杂志叫《伦敦社会》，由弗洛伦斯·马里亚特小姐编辑。他参加了伦敦的好几个俱乐部，开始进入伦敦的上流社会。很快，他就开始为《图解体育及惊人新闻》以及《图解伦敦新闻》画插画了。他为后者创作了许多人物速写，还作为特别通讯员经常穿梭于英国和世界各地。

1877年，他和玛丽安·罗杰斯（1853—？）结婚，她父亲是一名毛毡制造厂的经理。他们生了四个孩子——三个男孩和一个女孩。为儿童图书画插画时，他经常以自己的孩子为模特，包括《西尔维和布鲁诺》的核心人物形象。他的儿子弗兰克（1879—？）是布鲁诺的原型——他那时10岁左右——他的女儿多萝西（1880—？），当时9岁，是西尔维的模特。

弗尼斯于1880年加入《潘趣》，他的特别工作任务是为每周的议会评论画政治漫画。此时，约翰·坦尼尔还在为《潘趣》绘制整页的政治漫画，他在这个岗位上工作了三十年。坦尼尔那种精密的、保持不变的绘画风格被弗尼斯充满活力、流动性的风格所超越；弗尼斯的画充满力量、灵动感强、用线简洁、充满幻想，这样的风格很快就帮他确立了《潘趣》首席插画师的地位。他自身的才智和对趣味的敏感为他的插画创作提供了很大的空间。他在《一位插画师的告白》中说，很多想不到的人都会给《潘趣》提建议，但他基本不采纳这些建议。但有一个例外，那就是道奇森的建议，这个建议促成他创作一幅讲述格莱斯顿在议会里做的一件小事的插画，这件事还涉及威廉姆·哈考特爵士。道奇森给弗尼斯的信是这样写的：

> 格莱斯顿议员的头，而且他的头最近越长越大，您不能用它为《议会的本质》作一幅画吗？我管这幅画叫作《托比的公元前1900之梦》，画里格莱斯顿在下议院发表讲话，哈考特在一边托着他的头，帕内尔则在另一边托着他的头。[94]

道奇森还给他发去了自己画的这件小事的画稿，弗尼斯在此基础上修改之后，便刊登在《潘趣》上了。

1887年，弗尼斯举办了一场很成功的戏仿皇家艺术学院的展览。他秘密筹备了三年，租下邦德街上盖恩斯伯勒画廊，在那里展览了87幅戏仿皇家艺术学院知名供稿人绘画风格的画作。《泰晤士报》把他的展览称为“艺术的玩笑”，展览观众众多，帮助弗尼斯在当时大众眼中树立起重要插画师的形象。但这对于他吸引艺术界人士的青睐却没起多大作用。

弗尼斯与《潘趣》的同事们合作十四年，直至一次因为一幅插画的版权和付款问题，他辞职离开。他试图创立一本与《潘趣》竞争的刊物《利卡·左科》，但是几个月之后失败了，刊物从1894年10月维持到1895年4月。

1908年，他为一版《爱丽丝梦游仙境》创作了二十幅插画，这一版《爱丽丝》分三次刊载在亚瑟·米编辑的《儿童百科全书》。但是这些插画只出现在《儿童百科全书》的第一集（本集八卷），却没有出现在后来的一集（本期十卷）。一些海外版的《儿童百科全书》——比如说，西班牙版——用了弗尼斯的这些插画。这套插画还在一些外语版中再版，包括俄语和希伯来语，除了1985年刘易斯·卡罗尔协会为了纪念访问黑斯廷斯而给会员分发的小开本的私密版以外，没有在单独的英语版中使用过。1910年，弗尼斯还为狄更斯全集创作了插画；1911年，萨克雷全集。他还为其他作者的儿童图书创作过插画，包括麦吉·布朗的《被通缉——一个国王》（1890）、乔治·E. 法勒的第一套《沃利帕格》系列（1895）和爱德华·A. 帕里的《赌金》（1907）——这些书都是模仿《爱丽丝》的。

但是，我们要往回看一点，更仔细地了解弗尼斯和他为道奇森创作的作品。这比他一般的工作强度更大，他们的合作从1885年开始，持续了八年。道奇森的习惯是找到当时最好的愿意为他工作的插画师。他选择亨利·弗尼斯为《西尔维和布鲁诺》绘制插画。弗尼斯于1885年3月2日立刻写了回信：

亲爱的先生：

我很难说自己是否乐于为您的任何作品创作插画。当然，我看过《爱丽丝梦游仙境》和《爱丽丝镜中世界奇遇记》，然而很不幸，我手头没有这两本书。若你能给我一本参阅，我将不胜感激。请相信我。

您非常真诚的，

亨利·弗尼斯[95]

道奇森开出的条件和他其他的出版项目类似。他提出的插画合同以佣金为基础，他为符合要求的插画付款。他只为插画师提供最少量的背景信息，而且文字材料也非常少，书的情节大部分掌握在他的手里——显然，这是为了商业安全。在弗尼斯这个案例中，可以感觉到道奇森并不放心把书中的情节透露给他。这很自然就给弗尼斯造成了许多问题，因为他并不很清楚自己要画什么，跟以前的工作相比来看。然而，《西尔维和布鲁诺》一点也不像《爱丽丝》，这让弗尼斯非常吃惊且失望。

亨利·弗尼斯知道《爱丽丝》丛书：他11岁时，《爱丽丝梦游仙境》首次出版，他就被道奇森的文字和坦尼尔的插画迷住了。很显然，当他同意为道奇森设计插画的时候，脑子里想到的是这本书。而且这是一个机会，有坦尼尔的作品珠玉在前，这个因素也不可忽视。然而，他很快就意识到，《西尔维和布鲁诺》不是另外一本《爱丽丝》，这完全就是另外一种风格的书。起初，弗尼斯不仅仅只是失望，然而，随着时间推移，他对这本书越来越感兴趣了，创作出了很多精彩的、让人印象深刻的插画，道奇森意识到并且承认他非常有价值。

八年的合作并不是一帆风顺的。弗尼斯说坦尼尔曾警告过他，说他不会为道奇森工作超过七周，还说道奇森“难以忍受！”通过我们对于道奇森和坦尼尔合作情况的了解，这听起来不真实。道奇森和坦尼尔之间的关系非常友好，也是相当专业的。他们之间存留下来的信函（保存下来的信件不多）显示了两人之间友情热切。

最初的接触之后，弗尼斯给出了答复，尝试性地同意为道奇森的新书画插画。道奇森马上于1885年3月9日回信：

> 亲爱的弗尼斯先生：
>
> 您的信件看了让人高兴，我急忙给您回信。
>
> 首先，关于价格，我同意您的要求。
>
> 其次，关于铅笔画和在木板上根据照片刻印之间相对立的问题，我认为，不存在对立，咱们可以结合两者各自的优势。铅笔画拍下来非常漂亮（我自己就经常这么做）：所以，如果您在硬纸板上用铅笔作画的话（或者其他任何您觉得能够画出细腻图画的界面），我会让达尔齐尔先生们（他们一直是我的雕刻师）把它们拍下来，在木头上雕刻。
>
> 我猜这能得到您的同意，下一件要讨论的事就是具体要做的工作了。
>
> 我有一大堆混乱的素材可以组成一个故事，但是从来无心把这个故事完整建构起来，因为找到一个合适的画家看上去是无望的事。[96]

很可惜这封信不完整，我们无法得知这份合同中完整的条款。随着工作的推进，很多问题都需要协商。某种程度上说，道奇森仍然处于文字创作的阶段，而完整的故事情节此时还没有建构完成。首先，道奇森开始安排创作书里诗歌的插画。从这一方面看，弗尼斯得不到一点关于该故事的信息。至于道奇森的文字稿，弗尼斯最初得到的只是许多毫无关联的章节——还有许多是《西尔维和布鲁诺完结篇》，而这本书直到1893年才出版——没有连续的文字稿，弗尼斯无从得知完整的故事发展脉络。插画师要得到作者的全部信任，插画创作才能成功，然而种种迹象表明道奇森并未准备相信弗尼斯，他把文字稿作为秘密保留起来。

虽然在1885年弗尼斯就接受了道奇森的邀请，答应为他的书创作插画，但是在开始工作的前两年中，基本没有进展。弗尼斯不愿意为此付出自己的全部精力。这时，他正在写自己的书，为自己的书创作插画，同时，还在为《潘趣》画插画。他此时还在悄悄地准备自己在盖恩斯伯勒画廊的“艺术的玩笑”展览。两位之间的通信半年之后中断了，1887年8月26日，两人在弗尼斯的画室见面会谈，成为这项工作的转折点。道奇森从伊斯特本坐火车到阿伦德尔，他在日记里记载，他“跟弗尼斯先生长谈一番，为他列了一张清单，包括64幅插画的主题。”[97]从此刻起，跟其他的项目比，弗尼斯好像开始优先为道奇森这本新童话创作插画。

道奇森在信件中十分急迫地向他的插画师表达自己作为艺术家的观点。从某种程度上说，他在工作中鼓励着他的插画师，并且不断提醒他们所起到的作用——一种他觉得自己起不到的作用。不管怎么说，他有能力批判他们的作品，这种能力就是格特鲁德·汤姆森所描述的“对造型格外正确的眼光”。[98]道奇森曾经对她说：

> 我自己一点也不会画画—这是作为艺术批评家最基本的素质。如果您对美术一无所知，就可以欣然地开诚布公地公正地进行评价了！[99]

当然，他这样说是相当谦虚的。他实际的绘画水平比他自己所说的要高出很多。

弗尼斯是唯一取笑道奇森对自己艺术家水平持谦逊态度的人，1885年4月20日，道奇森在信里说："我斗胆发去两张草图，向您解释我的想法，我希望您不会认为我太鲁莽。"[100]弗尼斯讽刺地回复他说："我不知道您还是位艺术家呢。"

道奇森在1885年4月24日回信指责他：

> 恐怕您的言辞（"我不知道您还是位艺术家呢"），在某种程度上说，是"僵硬的讽刺"，让人害臊！我从来没能成为专业的画家，至今为止，只接受过4个小时的教育（一个年轻的朋友教我画画，她自己本身是画家，她坚持让我尝试，用黑色粉笔画拉奥孔的脚！结果非常可怕！）。然而，我的眼光足够准确，可以看出我画的每一幅画，甚至是写生的，从解剖学的角度看，都是错的。所以我所尝试画出来的画作，刚一完成就被我扔进火堆了。[101]

这番回应似乎让弗尼斯找准了自己的位置，自此以后，再也没有嘲笑过道奇森的美术作品。信里所说的那位画家朋友几乎可以肯定是格特鲁德·汤姆森。然而，弗尼斯从未忘记这次指责，总是伺机报复。在和道奇森合作期间，他曾写过一篇文章《图书插画之创作》。在这篇文章中，弗尼斯为插画师们提供了非常有用的建议，但很明显，他自己没有遵从这些建议。这篇文章开头如下：

> 正如满嘴都是食物时（……）在咽下去之前要咀嚼三十次，所以，绝大多数的故事要求插画师先反复多次阅读其内容，直至充分理解，才可以开始创作插画，特别是当作者写作时并未费心从插画师以及自己的角度考虑。[102]

弗尼斯继续阐述说：

> 毫无疑问，很多作家不怕费事，从艺术的角度去看他们所写的主题。（……）而还有很多作者，却出奇地粗心——或者，我是不是可以说，机敏？（……）命运让我遇到了很多类似的案例，我取其中两个作为例子，帮助我展示自己此番言论的根据。作者的名字，我当然不能透露；他们都是当今最重要的小说家，两位都非常和蔼可亲且天赋卓越；倘若这些问题“被他们的眼神触及”，而且他们承认这些事实，我敢肯定，他们一定会原谅我的。[103]

如果以上文字来自一位不经常阅读道奇森的文字的人，那真是太令人感到好笑，很多情况下，道奇森因为不太合适的插画而要改动文字。我们不能肯定弗尼斯在写以上段落的时候想到的是道奇森。此时，他已经为多位其他作家创作了非常多的插画，然而，就在写这篇文章的那段时间，连续三年，道奇森是他所服务的唯一一位作家。这让读者很容易猜测“刘易斯·卡罗尔”就是其中一位当今“天赋卓越”的作者。

弗尼斯还批判作家们的前后不一致性。他还抱怨作家自己所作的草图，以及这些草图给他带来的麻烦。他抱怨这些的时候心里可能想到的是道奇森。他用作者为虚构的女主角画的草图作为例子。然后描述作者所指定的夸张的方法，以保证达到想象的效果。这段从弗尼斯文章中节选出来的描述被缩短了一些：

> 我很快就收到我的作者对于构建虚拟女主角的方法指导。我不准备只用一个模特——我要用很多个；因为大家都知道，没有人是完美的。于是，我去黑斯廷斯，见一位在糕饼店里工作的玛蒂尔德·史密斯小姐，这是为了画眼睛。（……）去都柏林见欧格雷迪小姐，她有“噢，那么完美的鼻子！”对我的方法指导里还附了一封介绍信，我还被命令“一定不能介意她眼睛斜视。”为了画耳朵，我去了斯卡博勒，去见罗宾逊小姐，她是教区牧师的女儿，被推荐来的。我要去曼彻斯特找嘴巴——并不是一张英国的嘴，而是甜蜜的西班牙嘴，尼克罗米诺小姐，那里一位商人的女儿。我的作者为我先安排了一趟完整的旅程。[104]

弗尼斯为读者提供了作者所勾画的虚拟女主角的草图。当然，这篇文章本来想博人一笑，但总是有一种尖酸讽刺的感觉在他的文字之中，而且几乎可以肯定，他写下这段文字的时候，心里想的是道奇森。我们知道，道奇森非常关心的他的两位主角的插画——西尔维和布鲁诺，他也很在意弗尼斯是否能够抓住自己所想象的两位主角的形象。他给弗尼斯寄去了很多孩子们的照片，这些孩子都符合他的想象。我们也知道弗尼斯根本就忽略了这些照片，以他自己的孩子作为模特。

多年之后，当道奇森不再请他工作，弗尼斯又利用另一个机会从侧面打击。这段摘录来自弗尼斯的书《某些维多利亚时代的人》，这本书出版于1924年，弗尼斯去世的前一年：

> 作者对于那些毫无价值的画作的看法充满下意识的幽默感，这种幽默感缓解了我要满足这样一位强词夺理的批评家的压力。作为作家卡罗尔，他是欢乐有趣的；但当他以批评家道奇森的角色出现时，很不幸，他不那么容易被人接受。每一幅插画画完之后，他都要立刻用放大镜检查细节。他要数某一平方英寸里我画的线条数量，并且和坦尼尔的《爱丽丝》的某平方英寸里的线条数量比较！不多久，我就会接到数学家道奇森的一篇长长的论文。[105]

读过发表出来的道奇森写给弗尼斯的信件，可以发现这不是真的。道奇森的批评只是针对弗尼斯所作的插画草图，试图让他把插画改得更符合文字稿，保持插画中的人物的外表比例一贯性，使得人物形象符合道奇森在会面和信件中大胆地对弗尼斯的描述。弗尼斯接着说：

> 刘易斯·卡罗尔（……）自己为自己的文字画插画。但是，作为一个画师，正如他自己所承认的，真的是无药可救，

虽然他自己非常认真地向拉斯金讨教。[106]

弗尼斯没有意识到拉斯金和道奇森的关系非常友好（他们的通信可以证明），而且道奇森经常寻求拉斯金在艺术问题方面的看法——他毫无保留地信任这些看法。在和弗尼斯就插画进行交流的过程中，道奇森始终对其进行安抚，而且公平公正。道奇森对这个自私自利的人一直非常耐心，那种耐心完全跟他自己的性格相差很远。很幸运的是，结果还是好的。弗尼斯应该是为《西尔维和布鲁诺》创作出了他自己最好的几幅插画，但是鼓励他创作的功劳一定要算在道奇森身上。

道奇森经常在页边空白处画出最初的草图，帮助解释他心目中这幅插画的概念。有时候，页边的插画是为了准确性而作——比如，说明圆叶风铃草和蓝玲花之间的区别。遇到画人物形象的时候，尤其是画孩子的时候，道奇森觉得自己无法提供原始草图。人们会感觉到，在他的意识里，孩子的形象不应该被拙劣的画技所玷污。我们知道他有很多次试图描画孩子，而且有的被留存下来了。从他之前的信中，我们知道他的很多习作都被扔进火堆里。在1886年11月27日他写给弗尼斯的信中开头是：

我挑出4个主题，我认为它们适合被作成插画，“布鲁诺的报复”：但是我自己不会试图画草图；我每次尝试画孩子都是悲伤的失败，而且，在组合各种素材这类工作方面，跟我比，您的判断力更强。所以，我只是来描述我的想法。[107]

之后，他接着详细地描述画面；比如说，对于“西尔维和布鲁诺”，他说：

> 甲壳虫应该非常大，这样她推动它才费力：她，我想象有6或者8英寸高，这样，大多数花朵（金凤花什么的）才能高过她的头顶。我会再讨论她的衣着。这个问题很重要，因为西尔维和布鲁诺是书中主角。

1893年6月8日的另一封信里，他说：“我试着画了一幅草图，我也随信附上，但是我画得实在是太糟糕了，我还是用语言描述吧。”[108]

道奇森很满意弗尼斯画的西尔维和甲壳虫的那幅画。然而，弗尼斯并非一直注重人物和人物之间的比例关系。他后来在“西尔维和死兔子”的那幅画里完全用了另一个尺寸画西尔维，这样就和前面的人物形象冲突了。这件事差点导致两人关系破裂——道奇森希望他的插画准确且比例保持一致，而弗尼斯则马虎大意，对于比例和构图的一致性没有认真考虑。道奇森拒绝接受前后比例不一致的插画，这让弗尼斯非常恼火，接着就写去一些言辞挖苦的信件。道奇森被迫要跟他的插画师“摊牌”，因为他为图书提供的插画质量低劣。弗尼斯却坚称这些画作是他优秀作品的代表。弗尼斯想从同行那里唤起同情，但是当道奇森同意他这么做，并且要在《艺术学报》上发表文章公开他俩的通信和那些惹麻烦的插画时，弗尼斯打起了退堂鼓。让人惊奇的是，道奇森在这次事件之后，对于弗尼斯的态度是以安抚为主。然而，弗尼斯却从未忘记这件事，道奇森离世之后，他利用另外的机会想办法“为自己复仇”，在自传中颇费篇幅地对道奇森进行莫须有的攻击。

1889年10月12日的一封信表明，有时候，当弗尼斯的插画没有遵照道奇森的要求，且忽视原文时，道奇森宽宏处理。这封信里，道奇森非但没有浪费这幅插画，而且决定修改文字。这幅画来自《西尔维和布鲁诺》的第一章，教授在谈论一双特别的靴子——靴子的最上面应该配倒立的雨伞。

与这幅画相对应的原文字如下，大家可以看到道奇森最初是怎么写的：

> 过了一阵儿，教授回来了：他把晨衣换成了长礼服，而且穿上了一双看起来非常奇怪的靴子，靴子的最上面都是撑开的雨伞。
>
> “我想你们一定想看它们吧，”他说：“这双靴子是（颠倒的天气）里穿的！”
>
> “可是，在膝盖周围多出一圈雨伞又有什么用呢？”
>
> “下普通雨的时候，”教授承认说，“它们是没什么用。可是，当雨从下往上来的时候，你知道，它们可就很宝贵了——就是很宝贵！”[109]

道奇森在弗尼斯的画里发现了一个错误。教授穿的配有特殊雨伞的靴子上的雨伞不是倒立的。道奇森只好把反方向下的雨改成正常平行方向下的雨，不但保持了其中的幽默元素，而且也使得图文一致。

我们可以肯定，弗尼斯并不喜欢遵循道奇森的插画指示和艺术眼光。他不喜欢遵循其他人的指示，他更是喜欢用“艺术家脾气”来作为借口，但其实，“自负人性”才是更真实的原因。弗尼斯写到说道奇森是“作家中要求最苛刻的”。[110]他热衷于追随他所崇拜的坦尼尔先生，期待着为另一个《爱丽丝》故事创作插画，然而，让他悲伤的是，事实并不是这样。

在弗尼斯的著作《一位插画师的告白》中，可以感觉到弗尼斯感到整个创作的过程令人疲乏。他说他“插画一完成，他就（给道奇森）寄去，每一次的包裹都换回来一大堆信件，而且每封信都被认真地标注了数字。”[111]例如，他重新绘制了编号49874那封信里的第5页上的一个示例草图，他接着说到，仍然觉得滑稽的是，他“不确定（他）在七年之中收到过”有关他们合作的“其他的49873封信件”。[112]这暗示出，道奇森的沟通，在某种程度上来说，太频繁，不受人欢迎。当然，我们知道这些编号是道奇森用于点查信件——这是他跟踪记录通信的方式，因为他要处理海量的信函往来。弗尼斯的信保留下来84封，而这可能也是通信中的很大一部分。有些信无法避免地不见了，也许被弗尼斯销毁了。有些信只剩下片段；很显然，弗尼斯剪掉了他不愿意今后被公之于众的部分。弗尼斯再次夸大了他们的通信状态。

因为道奇森很清楚自己想要什么样的插画，所以非常希望在他有机会亲眼看过插画之前，他的插画师不要着急完成画作。他有充分的理由要求在首肯插画终稿之前看看草稿。他的插画师不一定总是能够理解他对于插画背景的想象。有些时候，尤其是弗尼斯，插画师并没有足够仔细地阅读道奇森的文字，由此便产生了很大的问题。道奇森希望保证时间和金钱没有被浪费在他不能用的插画上。

也许弗尼斯遇到一本和《爱丽丝》大相径庭的书，也有很多好处。弗尼斯承认：

> 对于我来说，很幸运，西尔维跟她的原型爱丽丝并不相像；西尔维的插画不一定要和坦尼尔画的爱丽丝相呼应。这样，我就不怕被比较了，到那时我怕卡罗尔不是卡罗尔，而他不是卡罗尔时——他是道奇森。我真希望我为他创作插画的时候，他是卡罗尔。（……）书里的人物让我有些失望。我只想为他的以娱乐为目而写的书画插画，就像《爱丽丝》。[113]

然而，这个项目完结之后，从弗尼斯的描述来看，工作是令人愉悦的，但是暗示了过程并不顺畅。他写道：

> 和他见面和工作对我来说真是够受的。我忍受他的怪癖——真正的怪癖，而不是像我这种假装出来的。我忍受了巨大的烦闷，他有时候非常无聊，我为他的插画工作超过七年，其中真正的工作时间占据不到七周，我完全是为了尊敬他的天赋。我把他看作一个问题，我解决了他的问题，如果他还活着的话，我可能还要帮他解决问题。[114]

1912年，弗尼斯对于新兴的电影业非常感兴趣，并且在纽约和托马斯·爱迪生一起工作了一段时间，制作了五部电影戏剧。1914年，他出版了《我们的电影女士》，这是较早的评估女演员和电影制作技术的尝试。他于1925年在纽约去世。

如此，在这段关系中，作者和插画师从一开始关系处理得就不好，时常陷入僵局，对于双方来说总是感到不舒服；两人理智上互相尊敬，但很有可能却互不信任。然而，这段关系的结果就是，弗尼斯作为图书插画师，创作出了他自己最好的作品。

艾米丽·格特鲁德·汤姆森：装饰插画师

艾米丽·格特鲁德·汤姆森（1850—1929）出生于苏格兰的格拉斯哥。她的父亲，亚历山大·汤姆森（1815—1895），是阿伯丁的鲁什尔姆路教堂的独立牧师、格拉斯哥大学的神学教授，后来在蓝开郡独立大学教授希腊语和希伯来语。她母亲来自伯明翰，叫艾玛·J. 伊斯特（1819—1888）。艾米丽是七个孩子中的一个：一位还没有名字便夭折的女孩；艾玛·莫雷尔·麦肯齐；威廉姆，也是幼年夭折；安·鲍德温；艾米丽·格特鲁德，她自己；海伦；还有一个男孩，名字不详。E. 格特鲁德·汤姆森，大家后来这么称呼她，在童年时期就展现了美术方面的天赋，之后去曼彻斯特艺术学院认真学习该专业，在校期间获得很多奖项。她的作品包括肖像、彩色玻璃窗设计以及图书插画。

1878年12月道奇森买到她设计的一套童话故事的圣诞贺卡，这样才发现了艾米丽·格特鲁德·汤姆森的画作。她的艺术风格让道奇森印象深刻，于是他向贺卡的出版商亚瑟·阿克曼索要她的邮寄地址。阿克曼在1877年至1900年间，在他位于伦敦丽晶街191号的房产里出版原创圣诞贺卡。格特鲁德·汤姆森创作了很多套大型贺卡，以海滩、贝壳、鱼类以及裸体儿童为主题。阿克曼应该是回复了道奇森的询问信。道奇森和格特鲁德·汤姆森于1879年6月27日在伦敦见面，随后便发展出一段珍贵的友谊。

为真人拍照，特别是拍摄孩子，是道奇森很多年的主要爱好。他还试图描绘真人，但是从来没有对自己的画作感到满意过。在格特鲁德·汤姆森的画作里，他发现了一种和自己相似的精神；他特别喜欢她画的胖娃娃和儿童裸体画，画风优雅，迎合了维多利亚时代的审美。

留存下来的道奇森写给汤姆森的第一封信是1879年1月24日写的。这是一封长信，讨论她借给他的一些画，还提出一个建议，他想给她的一些画作拍照：

> 有朝一日，我也许能购买一些您的画：然而我负担不起（刚才我已经说过）在这样的奢侈品上花费。我该多么享受为您的画作照相啊！如果您信任我让我拍照，我照过之后会把底片给您；或者，如果您更倾向于这样做的话，可以让摄影师留着底片，摄影师给我洗出照片，您也可以随意从摄影师那里直接要求洗出照片。[115]

这封信接下来又讨论了那些对于想要通过写真练习提升画技的女艺术家的限制，当时很多艺术学校不教授这门课程：

> 您关于“艺术学校”的观点在我看来非常新颖。真的，每当我的年轻女性朋友们给我看她们在学校的画作，我都一直相信，只要认真完成了沉闷的功课，一定也学到了绘画的技巧，虽然我个人不愿花费好几个小时辛苦地临摹云头花纹和檐口。我认识一位年轻女士，她在伦敦，发自对艺术纯粹的热爱，投身于绘画中；已经在斯莱特艺术学院学习。她现在在真人写生方面，已经很有造诣，我想，是非常成功的。我还是不理解为什么不能从写生开始学画画，而要从画模型开始。

信里谈论的这位女士是西奥多西娅·赫菲（1858—1920），艺术家托马斯·赫菲的女儿。她在托马斯·哈瑟利（1825—1914）经营的学校学习，学校位于伦敦的马多克斯街上，学校对业余画家开放，并且为有抱负的画家提供机会。哈瑟利遵循着绘画的传统，即画家应该从学习以及绘画裸体模特开始，但是这样的写生课程仅仅对男性开放。

1879年2月12日，在他写给格特鲁德·汤姆森的第二封信里，道奇森给她寄去了几本《爱丽丝》系列图书，而且是特别用摩洛哥羊皮纸装订的版本：

> 我的信发出去之后，还会有一个包裹随后到达，里面是我买的《爱丽丝》丛书，我把《爱丽丝梦游仙境》和《爱丽丝镜中世界奇遇记》一起寄给你。只给你一本，有一种不完整的感觉，而且，你买的版本可能是红色外皮的，如此一来，它们就不匹配了。如果您想知道（现在）这种豪华装订的版本有什么用，请允许我建议您把它们送给贫病交加的孩子们。我一直都给我所知道的所有医院和疗养院分发这些书，在这些地方，生病的孩子能够读到这些书；当然，自己的书在别处受到欢迎，是令人开心的，但是，它们是在为痛苦和困顿之家的孩子带去安慰和救济，这一想法对我来说，并没有那么令人愉快。只有看上去似乎已经生活在童话中的人收到这些书才最合适。[116]

道奇森和汤姆森小姐在真正见面之前，一直保持通信。这段关系，即使两人相距甚远，对于他们双方来说一定都非常重要；他们俩对于描绘真人肖像都有着相似的艺术兴趣。格特鲁德·汤姆森描述了他们在南肯辛顿博物馆见面的情形：

比12点提前一点点，我来到了约会地点，当时的情形突然间让我觉得很有趣，我一点也不知道他长什么样，而他也没机会知道我的样貌。屋里如往常一样有很多人，我用目光扫视每一个男子，但每一次都否定了那就是我要找的人。就在大钟敲响十二点的时候，我听见那活泼快乐的声音伴随着孩子的笑声沿着走廊回响。

与此同时，一位绅士进来了，两个小女孩牵着他的手，我一眼就看到那个又高又瘦的人，脸上胡子刮得干干净净，五官清秀，举止优雅，我对自己说："那就是刘易斯·卡罗尔！"他站了一会儿，高昂着头，迅速地扫了一眼屋内，然后弯下身子，在其中一个孩子耳边低语一番；她，过了一小会儿，把手直直地指向了我。

他放开了她们的手，向我走来，带着他迷人的笑容，完全没有牛津大学导师那种沉闷的感觉，他简单地说了句："我是道奇森先生，我想，我是来见您的？"我微笑回答："您怎么这么快就发现我了？"

"我的小朋友发现您的。我告诉她我来见的女士认识仙女，她立刻就锁定您了。但是在她说话之前我就已经发现您了。"[117]

从此刻起，他们就成了艺术上的合作者，经常组织安排共同的绘画聚会。汤姆森小姐还帮着找来模特，帮模特设计造型，便于道奇森写生。在接下去的五年间，他们见过很多次面。直至1885年，道奇森才邀请汤姆森小姐为他的一本书创作插画。1889年，道奇森宣称自己已经计划好做一本书——《原创游戏和谜题》——由E. 格特鲁德·汤姆森作插画。汤姆森小姐遵循道奇森的要求作画，却画得很慢，直至道奇森去世，这本书都没有完成。她创作出来的一些插画被用在他的严肃诗歌集《三场日落和其他诗歌》（1898年2月）中了。

与此同时，道奇森付费请格特鲁德·汤姆森为《幼年“爱丽丝”》创作封面。1889年2月26日，他在日记里写道：“汤姆森小姐写信说她希望能直接发来封面插画的草稿。我们应该在复活节之前就能出书了。”[118]3月18日：“可是草稿还没来！她一直很忙，而且最近身体欠佳。但是我们仍然可以在复活节前出书。”[119]道奇森已经通知出版商封面画就快完成了。道奇森的乐观看法太草率了。插画还是过了阵子才寄出来。这本书直到1889年4月18日才出版，而这时出版的版本没有设计封面，带封面的版本晚一些才出来。

汤姆森为道奇森创作的其他图书插画就是《三场日落和其他诗歌》中的12幅童话幻想插画。然而，汤姆森是道奇森对于本书插画师的第二选择。道奇森试图让亨利·弗尼斯为这本书画插画，但是没有成功，弗尼斯太忙了。这本书于作者离世之后1898年2月出版。

道奇森和汤姆森小姐最后一次见面是在1897年11月20日，他去伦敦，到她在艾迪森府邸的画室看望她，他们在那里还一起画她的小模特艾斯·沃森，她当时13岁。之后，他们和鲍尔斯一家人在朗兹广场用餐。格特鲁德·汤姆森写道：

那天吃饭的时候他异常的机智健谈，连续不断地迸出巧妙的应答和奇闻逸事。他看上去健康极了，就好像眼前还有好多年的工作要做。就在我们坐车去戏院的路上，他跟我承认说，最近工作很辛苦，一工作就坐到凌晨5点。当我试图温婉地提出劝诫时，他笑了笑。“这样很适合我。”他说，“我感觉很好。”然而，突然间，他脸转向我，眼里泛出智慧的光芒，对我说：“我的时间很短。我走之前还有很多事情要做，那个召唤却随时都会来。”我做梦也想不到，过去还不到两个月，那个召唤就来了。

他被《小牧师》迷住了。温妮弗雷德·埃默里小姐性格迷人，得到了他最热情的赞赏。那个男孩子的角色是由一个小女孩扮演的，他刚刚认识这个小女孩。在戏院里时，他匆忙写下一张纸条：“我们能去看你吗？”他把纸条给了一个职员，让他进去递给她。马上，一个小纸条被递回来，他看了一眼信封上的姓名，嘴唇泛起他那古怪的笑：“这显然是给你的。”他悄悄地说：“你允许我打开吗？”信头的称呼是“道奇森太太”。我们大笑起来。[120]

道奇森写给汤姆森的信件有89封被保留下来。很多传记中指出，道奇森迷恋格特鲁德·汤姆森，然而，如果是的话，这种爱慕之情也是来自对方；她也许更加迷恋道奇森。举一个简单的例子：1898年1月，在道奇森的葬礼上，他的坟墓边有一个花环上是这样写的：“致这个甜蜜的灵魂，他一直用人性的眼光看待一切。”这是格特鲁德·汤姆森写的。[121]

汤姆森小姐没什么商业头脑，经常陷入财务困境。1893年，她宣布自己破产。1909年，她被雇用为伊丽莎白·鲍斯—里昂小姐（以后的皇太后）画小型肖像画。1911年，她成为皇家肖像画协会的提名会员（ARMS），1912年成为正式会员（RMS）。她在绘画和图书插画工作中一直没有赚到太多钱，1929年79岁时去世，离世时较贫困。

第五章
数学家和逻辑学家

数学学科方面的同事

1854年底，道奇森的数学导师，罗伯特·戈弗雷·福赛特（1827—1908），要暂时离开基督堂学院去参加克里米亚战争，这样，一个导师的位置就空出来了。虽然道奇森可以胜任这个职务，但他才刚刚取得学士学位，这么年轻的人担任这个职务是很不寻常的，何况他还没有拿到硕士学位。

1855年6月，正如我们之前提到的，基督堂学院的院长过世了。托马斯·盖斯福德自1831年以来一直担任基督堂学院的院长，他掌管学院期间，学术水平大幅降低。然而，道奇森在他的日记里记录说盖斯福德“获得全体成员的尊敬，我相信，许多人都在哀悼（他的离去）。”[1]五天之后，道奇森记录道：“《泰晤士报》宣布威斯敏斯特的利德尔将接任院长职务：学院成员好像并不满意这个人选。”[2]旧秩序对变革很谨慎，而利德尔就是有名的变革者和现代化者，他被委任为院长在学院高级领导层中激起一阵涟漪——教士们比学术人员更加担心。他们的担心是有原因的，因为他们掌握着权力。而对于道奇森来说，这件事对于他的职业生涯却起到了助推作用。道奇森获得院校硕士的学位，这是新的基督堂学院院长履新之时颁发的内部奖励学位。1855年8月，利德尔跟全体教士商议过后，指定道奇森担任数学讲师，他于1856年1月就职，那时他才24岁。1855年12月底，他在日记中写道：

> 旧岁的最后一晚，我独自坐在寝室里，等待午夜来临。这是我一生中变故最多的一年：年初，我还是一个困顿的学士学生，没有明确的计划和期望；而年末，我成为基督堂学院的硕士和讲师，每年收入超过300英镑，上帝的旨意，今后多年，我将要教授数学课程。厚重的仁慈、巨大的失败、失去的时光、错用的天赋——这就是过去的一年。[3]

道奇森担任讲师以后，巴塞罗缪·普莱斯成为重要的建议来源——教学方面的、考试方面的以及数学灵感方面的。此时，牛津的学生，不论要获得什么学科的学位，都要具备基本的数学方面的修养。现在，道奇森作为数学讲师，他的责任是要帮助学生们准备学士学位初试（学士学位小考），这个考试一般在就读本科一年后。就这样，他开始了自己的图书出版事业。他很快就开始出版小册子，这些小册子是特别为本科生编写的，尤其针对那些准备学士学位初试的学生们，其中一本是《阅读欧几里得最初两本书的笔记》（1860）。他还为学生们写了很多指导性的小册子，比如说《平面代数几何纲要》（1860）和《平面三角学分子式》（1861）。那时，他还出版了很多更加严肃的阐述独特数学观点的书，这些书超出了仅仅列举数学知识的范畴。在代数方面，他精简行列式方面的新方法在《行列式在联立线性方程和代数几何中应用的基本论述》（1867）中得以阐述。这本书实际上远远不止是基本论述，它提供了计算行列式的全新实用的算法，是解方程式的重要因素。

在接下来的26年中，道奇森在基督堂学院作为数学讲师的声望越来越高，他通过讲课、研讨和出版图书帮助了很多本科生。虽然他作为老师不是那么有魅力或鼓舞人心，但是他从未逃避责任，是一位称职勤恳的教师。大家对他的教学风格态度不一。里兹戴尔男爵在他1915年出版的书《回忆》中写道：

> 我们从不怀疑，我们在基督堂学院的第三项宝藏就是我们的数学讲师，查尔斯·勒特维奇·道奇森。我们从那个无趣而瘦弱的人那里学到一条无上真理，即互相等同的事物与自身也是等同关系，可谁能猜到在他那想象力如此丰富的脑袋里孕育着《爱丽丝梦游仙境》这样一个神奇有趣的故事呢？这本书出版的时候我在远东，得不到关于文学方面的消息，当我回到家乡且发现刘易斯·卡罗（原文如此）的真实身份时，我被惊呆了。[4]

阿尔杰农·博特伦·米特福德（1837—1916），第一位里兹戴尔男爵，他是1855年考入基督堂学院的。另一位当时的本科生，赫伯特·尤斯塔斯·麦克斯维尔，于1931年在《泰晤士报》上发表文章描述：

> 他向我们传授知识的方式特别无趣且马虎，对于我们最关心的私人事情却一丝也不透露。然而，也许就是这段时间，他正构思着传世不朽的爱丽丝的魔幻故事。[5]

另外一个学生，约翰·亨利·培生，1932年于《泰晤士报》，写道：

> 19世纪80年代早期，我在基督堂学院读书，他是我的数学教师，他解释欧几里得的方式对于我来说无疑是再清楚不过了，所以即使是班里最笨的学生也都能理解“笨人难过的桥”。[6]

（“笨人难过的桥”是指欧几里得的第一本书《几何学》里的第五个命题）①。沃特金·赫伯特·威廉姆斯，后来成为班戈区主教，于1870年在基督堂学院取得学士学位，他回忆到（1932）当时和另外8位或10位本科生一起等道奇森来给他们上数学课。他写道：

> 我对那节课的记忆还非常清晰生动。他把我留到最后，扫视着我写出来的一个欧几里得的习题，用手指指出我的疏漏：“我拒绝您为此辩护。”我当时的回答是欠考虑的：“为什么您早不说？什么是必然结果？”沉默。“您打桌球吗？”“有时打。”“如果您要猛击一球，但失了手，您自己的球进了洞造成自由球，这种情况您称为什么？”“偶然事件。”“很准确。必然结果在欧几里得的理论里就是偶然事件。再见。”[7]

道奇森是个好老师，可是他的很多本科学生的数学还是很弱。他发现，他的教学也可被视作一种实验。他在1856年11月26日的日

① 这个命题的内容即“等腰三角形两底角度数相等”。

记中写道：

> 我对教学已经厌倦，而且感到灰心。我今天测试了6或8个要参加学士学位小考的学生，几乎没有一个可以通过考试。这是一项没有回报的艰苦工作，激励不情愿的人学习他们不喜欢的课程，也忽视了另外那些真正想要学习的人。[8]

有时候，道奇森可以看到自己的处境好笑的一面，他在写给妹妹亨利埃塔和弟弟埃德温的信里谈到了这一点，这封信很可能写于1856年：

> 我的一个学生开始跟我学习了，我给你讲述教学是如何进行的。最重要的一点，你知道，老师应该举止端庄，和学生保持一定距离，学生应该尽量做到低老师一等级——若非如此，你知道，他们就不够谦逊。这样，我就坐在屋子的远处；门外（门是关着的）坐着校工；外面一层的门（也是关着的）坐着下级校工；楼梯下到一半的地方坐着下下级校工；楼梯下面才坐着学生。
>
> 问题被接力地喊着传递下去，答案也是一样传递回来——除非你习惯了这种方式，否则会感到非常迷糊。课堂就这样进行下去，就像下面所讲的。
>
> 老师："三的两倍是什么数？"
>
> 校工："米树是什么？"
>
> 下级校工："冰树是什么？"
>
> 下下级校工："合理的钱数是什么？"

学生：“半个畿尼。”

下下级校工：“没有畿尼！”

下级校工：“何为吉尼？”

校工：“别说傻话！”

老师（看上去很生气，但又出了一个题）：“一百除以十二！”

校工：“好多好看的钟。”

下级校工：“你自己去骑。”

下下级校工：“嘲笑那个呆头呆脑的精灵！”

学生（非常惊讶）：“您什么意思？”

下下级校工：“中间传信儿！”

下级校工：“屏风是蓝色的！”

校工：“汤盘！”

课程就这样继续。这就是生活——

来自最爱你的哥哥，

查尔斯·勒特维奇·道奇森[9]

我们对道奇森的总体印象是，他以自己独特的方式探索数学理念，发展出自己的理论，几乎不求教于同时代的其他数学家。然而，他的日记和书信则给我们讲述了完全不同的故事。至少30位数学家被提及，有些只是因为道奇森参考和阅读了他们的著作，而其中更多数学家被提及是因为道奇森和他们见面以及通信。亨利·约翰·史蒂芬·史密斯（1826—1883）是贝列尔学院的数学教师，1861年成为数学学科的萨维尔教授。两人颇为熟识，但是道奇森的日记里没有提到他们有过频繁的见面。他们有可能是在各种大型会议上经常接触，这些会议上讨论大学的重要事宜，并且做出决断。1864年6月7日，道奇森在他的日记里记录，“早上和史密斯教授吃饭，要去见凯利先生。”[10]这是亚瑟·凯利先生（1821—1895），剑桥大学三一学院的高级瓦格勒①和专业领域奖项得奖人，第二天他就要在牛津被授予民法荣誉博士头衔（DCL）。凯利的专业是律师，但是却于1863年成为剑桥第一位纯数学的塞得林教授，他从此一直担任这一职位。但是日记并没有记载早餐谈话的更多细节。他们可能讨论了欧几里得的第12个公理——两个人都对这个公理感兴趣。谈话主题更有可能是关于线性方程里产生的矩阵和行列式。凯利已经发表过这方面的原创著作了，而道奇森也在将近两年之前出版了自己关于行列式的重要著作。凯利是第一个用英文阐述行列式理论的，而且他发明了标记代表行列式的两条垂线的方法。他的《矩阵记事录》出版于1858年，这为加法、乘法、纯量乘法和反向的包含矩阵的行列式提供了矩阵代数。此时，凯利主要研究2×2和3×3的矩阵。道奇森的想法是把行列式的计算扩展到更大的矩阵，这样有可能解决更多的线性方程。很可能，道奇森在1867年出版的《行列式基础论述》中存在一个欠缺，即他在书中发明了一个新的符号利用其行和列来代表行列式在矩阵中的位置——这是一个非标准化的方法，导致他的书令人很难理解。这是托马斯·缪尔在他的《行列式的历史》中表达的观点。[11]也许这就能解释，为什么道奇森的方法在经过了一个世纪之后才被完全理解——这是一种适用于计算机的算法。

巴塞罗缪·普莱斯自1847年以来就是大学里的数学主考官，他

① 剑桥毕业考试中数学领域的第一名被称作高级瓦格勒。

做了很多努力提高考试标准。普莱斯鼓励道奇森在利用矩阵解决线性方程方面的兴趣，而且他意识到道奇森计算行列式的方法——凝聚算法——是一种独特的算法，是对过去算法的改进。普莱斯阅读了道奇森的早期草稿，并且把他介绍给威廉姆·休·斯波蒂斯伍德（1825—1883），数学家，皇家学院的成员，著有行列式方面的论著。道奇森在1866年3月24日收到了威廉姆·斯波蒂斯伍德的来信。其中摘要如下：

> 我亲爱的先生：
>
> 普莱斯把您关于行列式的问题发给了我。我一直很期待有数学家在研究这个课题，而且我确信您有非常多的工作要做。（……）任何时候收到您写来关于这个课题的信件，我都会非常开心，如果您愿意来信的话。请相信我，亲爱的先生。
>
> 您非常真诚的，
>
> W. 斯波蒂斯伍德[12]

这封信里，斯波蒂斯伍德推荐一个方法来重新排列行列式，这样一来，较小矩阵的合计就是零（也就是说，做出某些决断之后，计算就变得简单了。）接下来的两年中，两人之间来来回回互相写了很多封信，来自斯波蒂斯伍德的信件留存了下来并被收藏在了普林斯顿大学，但是道奇森的回信则没有留下来。然而，通信证明了斯波蒂斯伍德对道奇森研究的影响，正是他的鼓励使道奇森求行列式数值的方法被其他数学家所知，且随后被出版。

查尔斯·巴贝奇（1791—1871）是数学家，还是计算器的发明者。他在剑桥的彼得豪斯学院接受教育，投入37年的时间完善他的

“差分机”，但是由于工程学方面的难题和财务问题，这台机器没有按照他的设计被完全开发出来。然而，关于他的发明的消息广为流传，传到了道奇森的耳朵里。道奇森误以为巴贝奇正在推广他的计算器，去伦敦拜访了他。他在1867年1月24日的日记里记录了这次拜访：

> 我去拜会巴贝奇先生，问他可不可以买一个计算器。我发现它们是非卖品。他非常客气地接待了我，我在他家待了45分钟，非常开心，他还带我参观了他的工作室，等等。[13]

他之后没有再去拜访过，两人之间也没有通信留存下来。

道奇森作为数学老师必须教授所有的数学知识，但是数学之中有一个方向是最让他感兴趣的，那就是欧几里得的几何学，尤其是《几何原本》的前六卷。所有牛津的本科生的基础欧几里得几何学都要合格，这主要是为了发展他们的逻辑论据能力，而非仅仅理解数学里面的这个分支学科。对于道奇森来说，欧几里得几何学的逻辑结构跟其中几何学本身的内容一样重要，在这方面，他被视为传统派，和牛津以及剑桥的其他数学老师不一样。但是，他却真的在剑桥找到了一位支持他观点的数学家，伊萨克·托德亨特（1820—1884）（请见下节）。

在1867年2月6日信件的信后附言中，斯波蒂斯伍德写道：“您看过了萨蒙的新版《高级代数》吗？”[14]但据我们所知，道奇森和约翰·萨蒙（1819—1904）并没有过直接联系，而且也没有发现两人之间有通信，但是道奇森总是在日记里提及萨蒙出版的著作，而且还拥有一本他的《二次曲线系专论》（1863年，第四版）和《三维分析几何专论》。道奇森帮助基督堂学院的本科生准备数学期末考试时，萨蒙就是被他用来举例说明数学方法的数学家之一。萨蒙是都柏林三一学院的院长，1848年发表原创著作《二次曲线系专论》，其中包含了当时现代代数和几何学科方面最重要的数学方法。接着他又于1852年出版了《高等平面曲线专著》，1862年又出版《三维分析几何专论》。他还出版过其他的教科书、布道文章以及宗教著作。

道奇森在1891年6月8日收到了他的出版商麦克米伦出版公司的来信，信件内容如下：

亲爱的道奇森先生：

剑桥大学三一学院的W. 劳斯·鲍尔即将做一系列讲座，讲座一部分是关于数学游戏、智力测验、竞赛方面的，还有一部分是关于推测性的或者历史性的五花八门的问题。鲍尔先生一直用“数学珍品”的名头推广他的系列讲座，他还计划用这个名字出版他的演讲内容，但是，您已经在《平行线新理论》里用过这个这个标题了，所以除非您允许，否则他不能使用这个标题。他向我们咨询，您是否反对他使用这个标题。

这个标题只是一般性的描述，鲍尔认为使用这个标题并不会引起任何混乱，然而，他特别重视得到您的准许。

请您授意我们将如何回答。我们是

您真诚的，

麦克米伦出版公司[15]

准许并未给予，1892年沃尔特·威廉姆·劳斯·鲍尔（1850—1925）出版该书的时候把他的书更名为《数学娱乐和论文》。其中一条让道奇森感兴趣的想法是计算任何一个日期是哪一周哪一天。他还写信告诉大卫·托马斯（1837—1911），嘉辛顿的教区长，他以前也曾是牛津的数学老师，信是1897年9月8日写的。以下是信件的节选：

亲爱的汤姆斯（原文如此）先生：

请原谅我这封信写得太短：我实在太忙了。W. W. 劳斯·鲍尔在他的《数学娱乐》的第四版（由麦克米伦出版公司出版）第242页引用了泽勒的公式。他好像是在泽勒的《数学学报》里找到的，1887年斯德哥尔摩出版的第四期第131页—136页。他是这样陈述的（……）

您能想到某个周里的某日的一天吗？在脑子里想一个具体的时间点？我已经发现了一个规则，在25秒钟之内，可以猜出你心里想的日子。我还精简了高斯那个可以算出任何一年复活节的日期的方法，40秒之内，我可以心算出那一天。

您最真诚的，

C. L. 道奇森[16]

许多年来，道奇森发展出许多心算的捷径。他本想出版一本叫《游戏和谜题》的书，囊括这些心算方法，却没能在有生之年出版这本书。然而，印着他这个可以推算出任何一个日期是哪一周哪一天的方法的印版还存在。[17]

道奇森想维护欧几里得的几何旧秩序的努力失败了。此时，一支新的数学教育分支正在崛起，他们称自己为几何教育改进协会，其中的领导人之一是詹姆斯·莫里斯·威尔森（1836—1931）。他的职业生涯始于拉格比学校的助理教员，之后成为克里夫顿学院的校长。道奇森1872年2月买了一本他的著作《基础几何学》——1869出的第二版。道奇森在整本书里都做了注解，有评论也有纠错。1879年道奇森出版的《欧几里得和他的现代劲敌们》里，威尔森成为道奇森的主要敌手之一。1878年10月31日道奇森写给他的出版商的信件里有如下要求：

亲爱的麦克米伦先生：

自1869年以来的威尔森的《几何学》，如果做过任何改动，请给我发一份：如果没有做过改动，那么1869年的那个版本我就可以用。

您问我《欧几里得和他的现代劲敌们》印多少份。我说“250，并且制完版之后等几个月。”说到销量，我并不期待卖出多少，而且我肯定销量并不好：所以您必须控制售价，不要按照生产成本定价，而是按照这种书一般的售价而定。

您真诚的，

C. L. 道奇森[18]

麦克米伦第二天回了信，信的内容如下：

道奇森先生：

威尔森的新一版《几何学》几乎就绪了，我们计划，下两周之内完成。1869年的版本我们一本也没有了。新的版本出版之后我们寄一本给您吗？[19]

几天之后，道奇森回信了：

> 谢谢您寄来的威尔森的新书。这本书跟他以前的版本几乎完全不同，需要在我的专著里另外分析——这样的话我的书又要拖延一阵了，但是我仍然期望可以在圣诞节之前出版。[20]

威尔森的著作在《欧几里得和他的现代劲敌们》里受到了特别对待，对于它的攻击内容从70页增加到117页。如果说之前两人之间有过任何书信往来的话，从这件事以后，两人之间没有任何保留下来的交往信件。

撰写《爱丽丝》丛书当然比道奇森做数学讲师报酬丰厚，而且他的一些数学专著销售亏本；他倒不在乎这个，因为他负担得起偶尔的亏损。他的很多著作专注于数学，而且他在数学方面撰写了至少二十本论著——主要课题是算数、代数、几何和三角学。他还撰写了关于数学游戏和智力难题、选举的理论、联赛的组织以及符号逻辑学的专著。在几何理论方面，他为欧几里得辩护，驳斥那些现代化主义者——他的《欧几里得和他的现代劲敌们》以话剧的形式写就——用欧几里得的《几何原本》对抗十二条“现代的”理论，从道奇森的视角看，欧几里得在每一个理论对抗中都占上风。也有些书的论题没那么严肃，他的《颗粒动力学》则是针对1865年牛津大学议会选举的幽默的讨论，书中的表达语言皆是几何的语言。道奇森喜欢给大人和孩子出数学智力题，很多这样的智力题出现在他的日记和信件里。举一个例子可见他这些娱乐性的数学题的特点。

这是一首诗，但答案并非看上去那样：

发现一根棒，
称来重两磅，
锯其作八块，
每块等重量，
一块重多少？[21]

很多人计算过后得到答案是4盎司，但是这不对。（请见本节后面的解释）。

道奇森是基督堂学院的管理机构成员，这个职位让他对选举形成了一套理论。他有自己的保留意见，这些意见促使他写出一系列小册子——白纸黑字的小册子，这样，他才能把他的想法传递给管理机构以外的人群。在这些小册子里，他指出选举安排的缺陷。这导引出详细的关于比例配置的描述。他于1884年出版了《国会代表选举原则》，并且给国会两院散发了很多本。

在他晚年，道奇森把时间投入逻辑学的研究，这门科学使他一生着迷。他的两个疑问——《乌龟对阿喀琉斯说了什么？》（1894）以及《逻辑上有争议的一点》（1894）——后来得到数学家兼哲学家伯特兰·罗素（1872—1970）肯定性的评价。道奇森的很多调查都是关于符号逻辑和三段论的。三段论有两个前提，例如，“谨慎的人躲避鬣狗”和“没有理发师是不谨慎的”，结果导致了一条没有意义的推论，即“没有理发师不躲避鬣狗”。道奇森相信这种三段式推论对于孩子和大人都是很好的脑力训练，他发明了好多好玩的练习，这些练习还配有纸板和筹码帮助解题。

与数学相关的活动贯穿道奇森的一生——他的主要职业和事业。然而，鲜有人因为他的数学著作和成就而记住他。他一些娱乐性的数学著作反而更加为人们所知。数学家们在《爱丽丝》丛书中发现了数学家的影响，这个话题时不时地出现。有一个特别的数字，它第一次出现在《爱丽丝梦游仙境》中，后来成为道奇森其他故事和诗歌中的特色，这个数字就是42。它显然是道奇森最喜爱的数字。如果想了解更多道奇森对这个数字的迷恋，请看《我告诉你四十二遍的事情一定是真的！》——1977年发表的一篇论文。[22]

在上面提到的棒子的问题里，每一块的重量都要微微少于四盎司，因为锯屑被风吹走，这个情况要考虑到。

伊萨克·托德亨特：英雄所见略同

最近，从两处不同的来源出现两封信件，是道奇森和剑桥大学数学家伊萨克·托德亨特的“一问一答”通信。道奇森收到的很多托德亨特的信件都被道奇森的家人收藏。托德亨特的信则被保存在剑桥大学的圣约翰学院，这些信件就包括与道奇森的通信。把这两封特别的信放在一起，我们就能从中发现道奇森在数学方面的兴趣和长处。

托德亨特是乔治·托德亨特的儿子，乔治·托德亨特是公理会牧师，他的妻子是玛丽·休姆。［道奇森和托德亨特差一点因为休姆家而成为远房亲戚。约翰·休姆（1704—1782），布里斯托尔的主教，后来是牛津的主教，是道奇森的伯叔祖父的祖父，然而还没有发现他和玛丽之间有亲缘关系。］托德亨特在黑斯廷斯的小学校里接受教育，后来到伦敦上学。他先后在佩卡姆和温布尔顿的学校做助理教员，在温布尔顿期间，他在伦敦的大学学院上夜校课程。1842年他获得学士学位，1844获得硕士学位。之后，他进入剑桥大学圣约翰学院学习，1848年获得一个硕士学位，且成为高级瓦格勒（数学学位考试分数最高）。他被授予很多奖项，而且于1849年被圣约翰学院吸收成为其研究员，直至1864年8月13日跟路易莎·安娜·玛利亚结婚之前，他都在这个职位上工作，路易莎是皇家海军司令乔治·戴维斯的长女。1862年，他被皇家学院指定为其成员，1874年被圣约翰授予名誉院士。他撰写了很多数学专著，有基础阶段的，也有高级阶段的。他还编写了许多教科书，这些教科书涉及微积分（1852）、代数（1858）、三角学（1859）、欧几里得（1862）、力学（1867）和测定法（1869），这些教科书后来都多次再版，而且有的被翻译成好多种语言。他还出版了《微积分变量历史》（1861）和《概率的数学理论发展历史》（1865）。晚年时（1881—1883）写了一本关于算数的书，却没有出版（手稿仍然收藏在圣约翰学院的图书馆）。托德亨特是一位语言学家，而且精通哲学历史。

道奇森在他自己的《欧几里得》一卷和二卷（1882）里引用了托德亨特的书《欧几里得的基本理论》（麦克米伦，1862）中的78幅图解。1873年3月13日，道奇森写信给托德亨特：

> 请允许我——虽然您不认识我——向您表达感谢，感谢您这么热心让我查看《欧几里得丛书》I和《欧几里得丛书》II的图表电版。它们是我所见过的任何现代版本中最出色的图解。[23]

道奇森在接下来的一封信中再次谈起托德亨特的这份友善，但是下一封信主要谈论的是“概率”。虽然道奇森出版的专著中鲜有涉及概率专题的，但是从他遗留下来的手稿中可看出他对于概率问题和机会定律的兴趣。他的著作《数学珍品》的第二部分《枕头问题》（1893）就包含了很多关于概率的问题。

1876年3月24日，道奇森收到了托德亨特一封长长的回信，这是回复道奇森1876年3月20号的那封信的。后者的内容尽是道奇森向托德亨特提出的问题，现在，这封信浮现在世人面前。两封信都被复制了出来。托德亨特的字迹不容易辨认，复制信件的过程中有些地方必须填写：

牛津基督堂学院

1876年3月20日

亲爱的先生，

您应该还记得我的名字，一段时间以前，您友好地允许我在我的《欧几里得》I和II（还在准备过程中）中使用您的《欧几里得》里图解的电版。我斗胆再次请您友好地允许我向您请教一两个关于“概率”的问题，就是您在您的《代数》中讨论到的。

在第466页，您说“袋子里装了三个球，不知道其中有几个是白色的；一个白色球被抽了出来，用另外一个球替代了它，”之后，“拿出一颗白球之前可能存在的情况的三种假设”（白白白，白白黑，黑白白）“所存在的概率是相等的”。后来，您对于两句话的不同含义做了解释，即“不知道其中有几个是白色的”和“已知每一个球不是白色就是黑色”

这两句话，还说也许后一句话和前一句话被理解成相同的意思，或者也就是说，每个球是白色的可能性为1/2。

我的问题是：

1. 当“不知道其中有几个是白色的”不就是每个球是白色的可能性是1/2吗？若不是，那概率应该是什么？

2. 用黑球替代“非白色球”，难道我们不是一直都知道“每个球不是白色就是黑色”吗？

我没弄清楚以下两者之间的区别：（α）“不知道几个是白色的”和（β）“已知每个球不是白色的就是非白色的。”如果这两句之间真的有区别的话，那我就要问：

3. 在α的情况下，抽到黑黑黑球的“先验”概率是多少？在我看来，似乎是1/2 × 1/2 ×1/2=1/8。

然而，不用序列的方式，而是把4种可能的组合视作概率相等的话，那么可能性又变作1/4。您可不可以告诉我您认为哪一种概率是正确的呢？

如果您能花费几分钟时间回答我这些问题，我将非常开心。请相信我是您

诚挚及心怀感激的，

C. L. 道奇森

我通读了您的《概率理论历史》，但没有发现对这个难题的讨论。[24]

道奇森所讨论的这个难题在于，随机从一个装着三个球的袋子里选出一个白色球的概率是多少，关键在于其他两个球的颜色。如果已知一个球是黑色，另外一个球是红色，或者这两个球都是黑

色，那么选出一个白球的概率是1/3。如果另外两个球中有一个是白色，那么选出一个白色球的概率就是2/3。道奇森所推理的就是这个情况，因为其他球的颜色是未知的，因此，概率的形成就依靠两个条件：白色或者非白色。所以，他得出的选出一颗白球的概率是1/2。道奇森接着探寻从袋子里选出三颗白球的概率。用排列组合的方法，有以下列出的八种情况：

第一个球	第二个球	第三个球
白	白	白
白	白	非白
白	非白	白
白	非白	非白
非白	白	白
非白	白	非白
非白	非白	白
非白	非白	非白

这个表格的第一行显示出选出三颗白色球的情况，其概率是1/8。只用排列组合的手段，有四种情况要考虑：袋子里，有三个白色球；两个白色球；一个白色球；没有白色球。因此，选出三个白色球的可能性是1/4。托德亨特四天之后回了信：

剑桥布鲁克塞得

1876年3月24日

亲爱的先生：

您所提到的问题在我的书中经历过一系列变迁，我很感谢您又引起我对它的注意。假设我们已经把题目重新写了一遍，我从此开始解题。

“一个白色球被从装着三个球的袋子里抽了出来，用另外一个球替代了它：再次抽取出一个白色球的概率是多少。”这里，题目的表达有一些缩减。我对这个题目感兴趣的部分只跟白球被抽取出来之前球色组成的概率相关。如此，这个概率就必须依赖于讨论这个问题的人的知识或者信念或者设想。可以想象出很多种情况，我所考虑的是以下两种情况：

（A）假设我们已知或者相信，一开始有10000个盒子，每个盒子里都装着三个白色球；10000个盒子，每个盒子装着两个白色球和一个黑色球；10000个盒子，盒子里装着一个白色球和两个黑色球；那个袋子就是从这三组盒子里随机拿出来的。在从袋子里取出一个白球之前，三种假设出现的概率必须是均等的；这个概率结果就是书中最终的答案。

（B）假设我们已知或者相信在一个盒子里原本有15000个白色球和15000黑色球；随机从盒子里抽取三个球放进袋子里。在从袋子里取出一个白球之前，三种假设情况所出现的概率就不一样了，但是它们出现的概率比例是1/8， 3/8，3/8。因此，第二个结果会出现在书里。

如此便是讨论这个问题的最佳模式。然而，在我的书里，并没有像这里一样仔细地举出这样两种情况；但是，我在书里试图建议大家假设这样的情况来解题。我承认，我的尝试并不成功，欢迎大家提出反对意见。

1. 有些人会说，“不知道几个球是白色的”和“已知每一个球不是白色就是黑色”是一样的意思，就是说和A假设的观念一样。

2. 也有人会说两个语句的意思是一样的，就是说和B假设的观点一样。

3. 有些人说两个语句所表达的意思确实不同，但是他们也许不会承认这两句话在书里被赋予的意思。

这是一个老问题了。比如说在德林克沃特和拉伯克关于概率的小册子里就讨论过。在他们的小册子里，是以我的第一种方式解决的，但是表达得并不很精确，解题内容和背景的结合应当相当紧密。在我的书的第一版里，我所用的表达语句是“已知每个球不是白色就是黑色”，而且以第一种方式解题。一段时间之后，一位批评家很关注这个课题，他说，这句话并不能自然地表明，在取出一个白球之前，三种情况发生的概率相同；他希望能够换另外一种表达方式。我依照他的建议做了。然而，还是那位批评家或者是另外一位声称，我最初运用的那句话严格地意味着B这种情况；我也根据这番评论调整了语言和解题程序，就是现在书里的内容。

我想，我已经毫无保留地试图回答您的问题了；但是我确信，因为您也研究过这个课题，所以您至少和我的判断能力一样。也许这个问题本身就不是一个好问题（……）（本句后部分很难辨认；可能说的是“且难以证明”）——一颗白球被抽取出来之前，三种假设情况出现的概率是一样的，这似乎很不自然。我的很多研究建立在前辈的工作基础之上。如果您可以帮助我改进语言表达，使得表述能够更加明显地引导读题人进入A和B的背景环境中，那么我将非常高兴；或者，我可以说，假设第二种情况的语言表述已经让人满意，改进第一种情况的语言表述，更能明显地带入A的背景环境。我书中的语言表述并不是我自己的，我对它们不是特别满意。

学生们对于留给他们的概率问题有时候会给出多种多样的答案，这让我很吃惊。我发现，答案之所以不同，不是因为所谓的严格地称作为错误的因素，而是因为对题目不同的理解而造成的。观察一种表述能够引起多少种被误解的意思，这是一件很有趣的事。我发现，对于老师和学生来说，最宝贵的莫过于严密注意这一点：当有错误产生，产生的原因经常是因为把关于题目的两个意思混淆在了一起，而非一直坚持按照其中一种理解而解题。我在判卷子的时候还发现，有时候一种解题方案看上去完完全全是不可理解的；但与此同时，和提供这个解题方案的人谈话却发现他的想法并非那么不可理解。

我希望有人能用英文写一本表达明晰的关于概率的综合专著，不但要囊括较高级别的内容，也要包含较低级别的内容。但是，对于一个非专业人士，很难有时间去完成一件既耗费时间又耗费金钱的事。我想，大学出版社也都很不愿意承担出版这样没有经济价值的书的工作。如果每个大学出版社给我们一本或者一部分高级别的纯数学或者数学与其他学科结合的图书，我们很快就能拥有一座贵重的图书馆。

您非常真诚的，
I. 托德亨特

我想到，在基础类的书里，应该在（A）情况里加上一句：如果我们假设有10000个盒子，每个盒子里有三颗黑色球，最终的结果也不会受影响。和以前的1/3，1/3，1/3不同，我们现在的概率是1/4，1/4，1/4，1/4，然而，概率却仍然是相同的。[25]

托德亨特还提到了约翰·威廉姆·拉伯克爵士和约翰·埃利欧特·德林克沃特的《论概率》，之后又提到了白求恩的书（伦敦，1830）。基本上看来，托德亨特说也许这个题目本身的表达就是含糊的，因为解题方案要根据解题者对题目的理解而定。他试图通过两个具体的理解来说明，但是他也承认，正如信中所写的，原本的题目表述就并非倾向于任何一种理解。这两封信的公开发表给研究这个领域的数学家们提供了一个机会，他们可以自己研究这个难题，对道奇森和托德亨特的解决方案做出评价。

另一个话题方面，在学院和学校关于几何教学的辩论中，两人都维护欧几里得。托德亨特在基础几何方面发表了一篇论文《研究的冲突以及和教育相关的学科的其他论文》（1873）。道奇森在他的《欧几里得和他的现代劲敌们》（1879）的序言中引用了这篇论文。他联系托德亨特，求得他的同意，请他同意自己从他的论文中引用。托德亨特的回信被保留下来：

剑桥布鲁克塞得

1876年12月20日

亲爱的先生：

您可以自由选择引用我的文章，引用篇幅随您需要可长可短。我很高兴知道您要写一本这方面的专著。

自我因出书一事写信给麦克米伦先生以来，我还没有考虑写一本新的关于欧几里得的书。您想把自己构思的图书转给我写，我非常感谢。但是我希望您可以继续您的计划。我即使接手也是多年以后才有可能了，而且我很有可能会半途而废。我现在确实手上工作很多，够我忙很长一段时间了。

您真诚的，

I. 托德亨特[26]

道奇森接受了托德亨特的准许，而且在书中为托德亨特的论文留出了很多篇幅。他在书的序言中写道："请允许我利用这个机会表达我对托德亨特先生的感激（……），他授权我可以随意引用他关于基础几何的一篇非常有趣的论文。"然后，他在《欧几里得和他的现代劲敌们》的附录一中提供了很长的一段节选。

三年后，书出版了，道奇森给托德亨特寄去一本。以下是托德亨特的致谢信：

剑桥布鲁克塞得

1879年3月27日

亲爱的先生：

收到您寄来的书，我十分感激。我很感兴趣，会好好读，我相信会从中得到很多乐趣和指导。

我很感谢您在前言中谈到我的论文，还引用论文的观点。马修·阿诺德曾说，人不能总是只读自己写的文章；但是浏览您的书时我看到了第212页。我认为我对那些现代劲敌们的建议非常公正诚恳，但是他们好像并不接受。

您真诚的，

I. 托德亨特[27]

托德亨特对于那些现代劲敌们的建议是，如果“他们不承认欧几里得的平面几何足以成为一门学科，对此可以简单回答，即如果认为方便或者必须的话，可以提供任何附加课题。”他得出的结论是，除非他们的另类方法所“许诺下的成功被接下来的时间所证明，但是至今没有人见证这项成功，否则，我们想起的都是那个光头的理发师，在自己的衣服上比画着万无一失的具体尺寸，制造出一堆多余的门锁”。[28]

逻辑学领域的相知

道奇森在逻辑学方面的研究跨越至少25年，在这么多年间，他为我们扩展了这个学科方面的知识，有很多新的发现，发明了新的建立有效论点的程序，还出版了两本包含独特想法和分析方法的著作。他去世的时候，他关于逻辑学的包含有三部分的著作还没有完成。第一册——《符号逻辑学：第一部分：基础》——于1896年出版；第二册（高级）已经做成印版，就快完结，但是需要把印版按照可出版的顺序排列；第三册（先验）几乎都在道奇森的脑子里。毫无疑问，如果这三册全部出版的话，将在逻辑学界掀起一场革命，它对于逻辑学家和哲学家的影响将是意义重大的。

道奇森认为他对于逻辑学的研究相当值得，他晚年的许多时间都投入逻辑学的研究中，他称之为“为上帝工作”。[29]他真诚地相信对于推论推理的研究是一项很有价值的努力，这尤其对孩子的教育很有益处。他退休之后花了很多年在牛津和吉尔福德地区的很多学校和学院讲授逻辑课。他常带在身上的一本书是《逻辑的游戏》，出版于1886年，这本书的作用是协助他教授年轻人这门新体系的基本原理，在某种程度上说，也是他解释自己新观点和独特方法的专著的雏形。

1972年7月，威廉姆·沃伦·巴特利三世教授在《科学美国人》发表了《刘易斯·卡罗尔遗失的逻辑之书》，随后，1977年，他出版了《刘易斯·卡罗尔的符号逻辑学》，是用存留下来的道奇森的专著的第二册的印版重新整理拼接起来印刷的。他到主要的机构图书馆查询道奇森去世时散落四方的逻辑学方面的论文。在基督堂学院、美国的图书馆和私人收藏品里都找到了道奇森的论文。很幸运，道奇森把自己的很多印版都寄给了牛津大学的逻辑学教授约翰·库克·威尔森（1849—1915），让他评价自己的论文，但是他好像很难理解道奇森的新观点，但还是为后世把论文保留了下来。巴特利在库克·威尔森的论文资料中发现了一座宝藏，还包括这两位逻辑学家的通信。然而，重新理顺这些信件确实是一件棘手的工作，有人说巴特利最终的结论并非准确；然而，不管怎么样，巴特利的工作让逻辑学家们重新评估道奇森对逻辑学所做的贡献，也为大家展示了道奇森当时的研究方向。和当代逻辑学家们出版的研究成果相比，包括像乔治·布尔、约翰维恩和奥古斯塔斯·德·摩根，道奇森的研究领域已经超前很多了。这三位是专门研究象征推论逻辑学的，而且他们的著作都获得了极大成功。道奇森关于象征推论逻辑推理的方法非常完善，从某种程度上说，比这三位的研究成果的水平更高，但是他却没能够完全发表他的专著。

道奇森去世后十年之内，逻辑学的研究方向发生改变，这个改变开始于高特里普·弗雷格（1848—1925），他发展出符号逻辑学的新体系，称为“命题演算”和“谓词演算”。阿尔弗雷德·怀特海德和伯特兰·罗素于1910年出版《数学原理》，这本书把逻辑学的研究方向引向数学的基础研究。然而，所有这些著作中都可以看到最初由道奇森发现的方法和理论；从中可见他的影响力。

道奇森对于逻辑学的兴趣来自他好奇的天性、他对数学的兴趣以及那些明显源自他童年的抽象的想法。他很小的时候就有逻辑思考的能力了。他在里士满学校的第一位教师，詹姆斯·泰特，就发现“他热爱精确的辩论，这对他来说，似乎是天性”。[30]很有可能，道奇森在拉格比学校以及后来在牛津大学读本科时，都学习了基础的逻辑学。他学习的很有可能是古希腊亚里士多德的逻辑理论以及斯多葛学派的季诺。他也有可能学习了柏拉图的逻辑辩论。可以肯定的是，他学习了论点的形成，也形成了他早期研究逻辑学的主要内容。

和今天不一样，在19世纪初期，逻辑学被认为是学校应该教授的科目；它和数学组成相辅相成的平行学科。除了在形状以及空间等概念方面的实用价值以外，几何学还被看作在演绎推论、逻辑论证和有效结论方面为学生提供了一种智力工具。维多利亚时代的学生们被要求理解古希腊文的《几何原本》中大量的欧几里得的定理。以这些定理为基础的教科书非常多，例如麦克米伦出版公司1876年出版的W. S. 杰文斯的《逻辑学基本教程》，这本书是麦克米伦出版公司出版的《学校教科书系列》中的一本。逾一个世纪的时间里，学习（死记硬背地学习）欧几里得的几何定理成为每个学生的痛苦经历；学习的目的已经背离了发展推理能力的原始初衷了，很大程度上说，二维的欧几里得定理的性质和三维的世界没有关联。今天，学校已经不再教授纯粹的欧几里得定理了，由此，形式逻辑学学习也就消失了。

现代教育者们恍然大悟，他们意识到欧几里得定理的局限性，便把代数的观点运用到发展推理能力上。电脑时代造就正规逻辑学习的回归，编程技术和软件发展都需要学习逻辑学，需要一定的逻辑学术语和推论方法。然而，即使是今天也没有几家学校把逻辑学作为一门专门课程教授。

1859年6月6日，数学家兼逻辑学家乔治·布尔（1815—1864）在牛津被授予荣誉法学博士，很有可能道奇森是在这个场合和他见面的。很不幸的是，道奇森这一年的日记都丢失了，没办法确认他们是否见面。然而，他拥有两本布尔的书：《论有限差演算》和他最有名的著作《思维规律》，这本书出版于1854年。布尔是爱尔兰女王大学的数学教授。他发展出代数形式的逻辑，却不用图表表现语句。瑞士一位早期数学家，莱昂哈德·欧拉（1707—1783），运用逻辑图表，他使用的是相交的圆环。道奇森知道欧拉的方法，在他的《符号逻辑学，第一部分：基础》的附录中强烈批评了这种方法的缺陷。欧拉的方法是用来表述命题的——即非正确便错误的句子。包含谈判的命题很难用圆圈来表示，鉴于此，每个图表中的主张都是正确的。道奇森写道："显然，他从来没有想到图表也有不正确的时候！"[31]19世纪70年代中期，道奇森发展自己的逻辑观点时，以布尔的代数逻辑标记法作为发展他自己观点的基础，但是他的理论发展得更加高远。

另一位和道奇森有书信往来的当代数学家和逻辑学家是约翰·维恩（1834—1923），剑桥大学凯斯学院的研究员。他出版的著作包括《概率的逻辑》（1866）、《逻辑符号》（1881）和《实践逻辑学》（1889）。维恩整理了布尔和欧拉的理论，发展出自己的系统，被称作维恩图。他也发现了欧拉的图表的缺陷，但是找到了弥补的方法。虽然他做出了改进，这个图表法还是无法做到放之四海而皆准，包含所有逻辑论证的可能性。道奇森是第一个意识到逻辑图表在表述逻辑内容的时候，需要一步重要扩展的人。维恩的著作包含很多道奇森研究多年的课题，例如“符号的选择”、“逻辑图表”、“命题导入”、“假设”和“通过排除法简化的方法”。道奇森有一本维恩的《概率的逻辑》。他发现相交的圆圈在使用上有局限性，便发展出自己的逻辑图表，他的图表系统以平分成许多代表不同区域的小块的正方形为基础。在道奇森的《符号逻辑学，第一部分：基础》中，在他的“致老师们的附录”中专门有一小节讨论“维恩的图表法”。他开头便说：“维恩先生的图表法是对以上这种图表法很大的改进”[32]（指的是欧拉的图表法），然而，接下来，他通过四个或者更多的属性来批判维恩的图表，指出从四五个属性方面说，每个案例中的图表在某个层面都有不足。说到六个以及更多的属性时，他说：“维恩先生不合格。”[33]道奇森的最主要贡献是发明出对称的图表，这种图表适用于一切，却被维恩忽视。

经过维恩改进的圆圈的图表很难再扩展到六个属性以上。拥有相同属性或者特征的事物（比如说：蛋糕）被集中到一组，这一组被符号圆圈表示。如此，这个圆圈便被定义为包含世上一切蛋糕。如果另外一组有“美好的”属性的事物被归为一组，则另外一个圆圈形成了。显然，这两个圆圈有可能相交，若相交，则两个圆圈相交的部分则代表“有些蛋糕是很美好的”。如果我们要表达“没有蛋糕是美好的”，则两个圆圈的相交叠部分是空的而且这两个圈画从来就没有相交的部分。如果我们想表达“一切蛋糕都是美好的”，则代表蛋糕的圆圈被代表“美好的”圆圈完全包含。当我们要表达“所有不美好的事物是蛋糕”时，情况就变得复杂了。虽然从逻辑上说，这是一个伪命题，但它仍然需要用一个图表来表达。在维恩方法中，“不美好的”这个区域是无穷大的，它不可能包含整个“蛋糕”这一组，除非“蛋糕”这一组本身也是无穷大的。这就是道奇森所指出的缺陷，但是，作为一个客观的批评者，他提出了解决方法。道奇森把天地万物，或者说通用集，定义为一个闭合的矩形。这个闭合的矩形（道奇森本来一开始想用正方形）可以被划分成两个区域：“蛋糕”和“非蛋糕”。在另外一个矩形里，把矩形划分成“美好的”和“不美好的”两个区域。重合两个矩形，则可以得到四个区域：“美好的蛋糕”、“不美好的蛋糕”、“非蛋糕的美好事物”和“非蛋糕的不美好事物”。道奇森用符号或者说筹码来表示这些区域是否为空。红色筹码（他后来改用粉色）表示一个区域已经被占用，灰色的筹码表示一个区域还是空的。这是他的典型作风，道奇森作了一首帮助记忆的诗歌：

看，太阳当头照

在我们头顶山上发光，圆满的太阳发出红色的光！

……

如今太阳下山去，

空旷的天空一片灰暗！

或者，用符号“1”代表“满”，用符号“0”代表“空”。

一段时间之后，道奇森用来描述通用集的矩形弥补了维恩图表的不足。然而，属性越来越多，画相交的圆圈越来越复杂。画三个交叉的圆圈尚有可能；但当属性多到四个或者五个的时候，圆圈就要变成椭圆了；而当有六个属性的时候，整个系统就要崩溃了。然而，“卡罗尔图表法”（人们现在对它的称呼）持续把通用集里的区域不断分割，变成越来越多对称的子区域。道奇森的例子里有十个或者更多的属性，这是维恩的方法解决不了的。

约翰·维恩的《逻辑符号》中的三段引语用在这里很合适，暗示出他对于自己的图表在五个及五个以上属性的情况下的表现也并不满意。很明显，他知道道奇森的图表，当时他并不——或者也不愿意——承认道奇森的图表比自己的先进，但从这些摘录中看出，他感觉自己的图表需要调整，同时也意识到用封闭的圆圈不可能对称地无限扩展：

必须承认，这样一个图可不像大家想象得那样好画；但如果能画出五个属性和它们的组合，要记住替代方法是什么：把所有的32种组合用某种方法在我们面前画出来。

五个属性以上时，图表似乎，尤其是我们这里所讨论的图表样式，就没有什么帮助了，但是我们很少有机会费心去解决五个属性以上的问题。

我们之前做出了很多努力，只使用对称的符号，这不但从视觉角度上帮助推理，而且某种程度上说，这种对称的符号本身也很优雅。[34]

道奇森的《符号逻辑学，第一部分：基础》致教士们的附录中，包含了对与他同时代的很多逻辑学家的一些图表表达方式的分析。欧拉的方法很长，而且很难学，但是他并不是用圆圈来做图示。维恩给道奇森发去自己的方案，是印刷出来的，道奇森收到了却没有给予评价。道奇森自己的方案非常清晰而且解释充分，他称自己的方法是“下标法”。这是分析论据的非常有价值的捷径，一行就能写完解决方案。

在咱们更仔细地探讨道奇森的下标法之前，道奇森写给维恩的信留存了下来，值得我们提出来，这封信是1894年8月11日写的：

亲爱的先生：

您尽可以利用我发给您的任何问题，（当然）也可以参考《智力》里的文章。

我看到您的信件和我的去信写的时间相同，我的信里有“尼莫的”代数插画。我希望您在您的书里能够找到空间加入这幅插画。也许您可以把它作为笔记加入书中，在书尾第442页对它给予注释。

我希望您不要向任何人提起我的真名，它和我的笔名有联系。

我很开心地期待研读您的新版著作。

您真诚的，

C. L. 道奇森[35]

道奇森1894年7月为《智力：心理学和哲学评论季刊》供稿。多年之间，道奇森和维恩之间一定还有很多来往信件，但是都已经找不到了。

道奇森的下标法可能是他对逻辑学最重要的贡献。过程很简洁。道奇森花了很多时间发明和发展所用的符号。他的笔记和日记揭示了从符号逐渐成形到符号形式最终完成过程中他做出的诸多修改。很多年里，他一直坚持优化这些符号，符号的定稿出现在《符号逻辑学：第一部分：基础》的第六章里。从保留下来的印版可以看出，道奇森在这本书的第二和第三部分也准备沿用这一套符号系统。一旦掌握了这套方法，代数的方法比图形的方法就更加快捷，但是这需要运用者头脑清晰、训练有素。

奥古斯塔斯·德·摩根（1806—1871），伦敦的大学学院的数学教授，出版过《算数原本》（1830）、《概率论文集》（1838）、《微积分》（1842）、《形式逻辑学》（1847）和《悖论的预算》（1872）以及其他一些著作。道奇森拥有以上书单里面的第二本和第四本。《形式逻辑学》或者《必要和可能推论的运算》是以亚里士多德标准结果为基础的论据分析，一篇附录中还提到一些新的推论方法。其中，德·摩根对逻辑的定义如下：

逻辑来源于一个古希腊词，这个词的本意是思想的交流，通常指通过语言的思想交流。这个名称通常是冠以查询（它是科学也或可是艺术）这个分支的，在查询里要考虑到脑力的推理，特别是和思维以及语言相关联的推论。但是，对于大部分有思想的人来说，还没有哪个寥寥几句的定义让人满意。

存在于这个地球上且其存在本身就蕴含很多知识的事物，有些在一个程度，有些在另一个程度，拥有思想的力量，同时伴随着洞察力，这是外部客体作用于意识所唤醒的思想。[36]

在这本书中，德·摩根还在一处提及一个梦境，这个梦境预见了《爱丽丝镜中世界奇遇记》红桃国王的梦：

不是没有可能，在真实的睡梦中，有人可以制造出一个对手，这个对手和做梦人争吵并且殴打他，以证明他是清醒着的。[37]

踢多当，他显然上过逻辑学课，告诉爱丽丝：

嗯，可你只是他梦里的人，你说的这些把他弄醒的话根本没用。你其实很清楚你不是真的。[38]

德·摩根把通用集视作A，把通用集的补集视作非A，但他的书里没有任何一处使用图表的解析方法。

高特里普·弗雷格是德国数学家、逻辑学家和哲学家，他毕业于耶拿大学，于1873年在哥廷根大学取得博士学位。他的兴趣点在于形式逻辑。1879年，他出版了一本书，书中用一种全新的方式象征命题。他为逻辑属性进行定义，如“非”“和”“或”“如果……那么”。他接着用了一套被称作谓词演算的很有效的量词。在这套量词中，他定义了例如“全部”“一些”“没有”等词，道奇森也对这些量词下过定义。弗雷格特别研究了，在一个命题中，能不能假定用量词来主张主体的存在。例如，命题是“独眼巨人都是一只眼”。如果这个命题为真，这是否就可以断言独眼巨人是存在的呢？如果答案是肯定的，那么抽象的表述“一些X是Y”是否意味着“如果X是存在的，那么X中的一些就是Y”呢？存在问题是逻辑学中难以解决又争论不休的观点。道奇森花了很长篇幅论述这个问题以及其他的哲学性问题，展示出他对于他的逻辑学研究的深刻思考，也展示出在他的见解中，量词“全部”“一些”断言存在，而“没有”则没有此功能。其他的组合搭配不是引起逻辑上的相互抵触就是在实践上带来很多不便。道奇森自己的观点相互一致，但是和当今大多数逻辑学家的看法却有分歧。

维恩在他的《符号逻辑学》中用了整整一章的篇幅讨论这个哲学性问题。在第六章中，他写道：

> 没有固定的测试手段可以肯定存在问题，因为根据我们推理主体的性质不同，存在性问题变化的范围很大。（……）我们再次举例指出所有的一切均可见，不论是真实的还是想象的，那么我们就应该承认一切都必须被视作存在，这就不应该产生任何术语上的矛盾，可是“没有”就偏偏与之对立。或者说，如果我们想知道有没有仙境以及里面的居民，我们不需要比那个告诉我们三月兔就生活在仙境里的那个人往仙境下面走得更远。换句话说，不同具体情况中对于存在文体的不同解读也会不同。[39]

不单是1881年的数学家和逻辑学家喜欢用《爱丽丝梦游仙境》作为例子，当今的情况也一样。

关于存在问题，命题导入是“公认的”道奇森争论的逻辑观点。逻辑学家们对句子中的否定作用持保守观点，所以把它用于很狭窄的范畴。在图解的方式中，否定会造成无限区域出现。在道奇森的系统中，不存在无限区域。他可以描述所有复杂的否定主体和否定谓语。在《逻辑的游戏》中他和读者讨论了这个问题，道奇森说他那个年代的逻辑学家们都过于谨慎：

> 他们对于带有否定意义属性的命题多少有些紧张。比如像“所有的非X是Y”“没有X是非Y”这样的命题就超出他们的体系了。就这样，他们（只是因为紧张焦虑）排除了许多有用

的形式，他们制定了许多规则，虽然这些规则在允许的条件下十分有用，但是当考虑到所有可能有用的形式时，这些规则就不那么有用了。

咱们别跟他们争辩，亲爱的读者！这世界上的空间足够供我们共同存在。让我们悄悄地使用咱们更加宽广的体系：如果他们选择闭上眼睛不看所有这些有用的形式，还说“它们根本就不是三段论证法！”，我们可以站在旁边，让他们疾奔向自己的宿命！疾奔向任何东西都不如奔向宿命来得危险。您尽可以疾奔向您的土豆床上，或者您的草莓床上，这对您都没有害处；您还可以疾奔向你的露台呢（除非是承包给别人盖的新房子，还没有建筑工人在场），这家鲁莽的建筑公司也许还能幸存下来；然而，如果您疾奔向宿命——为什么呢，因为您必须承担后果！[40]

在《符号逻辑学：第一部分：基础》中，他坚持和“两个否定性前提不能证明什么”相似的理论。他写道：“我认为这是‘逻辑学家们’另一个疯狂的想法，和他们对否定性的属性的恐惧一样完全是一种成见。”[41]道奇森接下来给出三对否定性的前提，它们最终都导出了有效的结论。

《符号逻辑学：第二部分：高级》显示道奇森正从传统的亚里士多德逻辑学转向由弗雷格发展出来的新的逻辑学。新的逻辑学试图简化传统结构，以便实现可以分析论点的有效性。道奇森的下标法也确实是在朝这个方向前进。他创造的代数和手动的方法是一个重要的判定过程，而且超越了它所处的时代。判定过程往往被归功于利奥波德·罗温汉，判定过程是1915年发展出来的。道奇森还使用了“真值表”，现在真值表被当代逻辑学广泛用在明确逻辑词语的真实价值方面。发展评估论点有效性的方法时，道奇森还有一个重大的发现，这个发现和画一张谱系树来明晰关系的方法非常相似。直到1955年，埃弗特·贝斯教授（1908—1964），荷兰哲学家和逻辑学家、阿姆斯特丹大学的逻辑学教授，运用了一种几乎一模一样的过程分析出论点的有效性。他这种有效的方法被称作“语义图”。

道奇森发展自己的逻辑学方法的同时，他试图把这些方法传授给他的家人，并取得了一些成功。他的妹妹路易莎很聪明，可以学习这个学科，成为探讨新观点和程序的伙伴。还有一个小朋友也展示了同样的天资，道奇森时不时给她写信，寻求她的观点。艾迪斯·雷克斯于1885年12月13日收到以下这封信，信里是对于我们刚提到过的一些问题的观点：

亲爱的艾迪斯：

我最近一直被逻辑题折磨着。我陷入了普遍的关于“命题导入”的纠缠之中。普通的逻辑学书籍宣称“所有的X都是Z”，可这一点也不能揭示有任何X是存在的，却只能证明两个性质之间是如此地无法分离，只要X出现，Z也会出现。对于“有些X是Z”，它们则小心谨慎地保持沉默；可即使是那些活生生的逻辑学权威，我还向他们呼吁过，包括逻辑学教授（约翰·库克·威尔森），他们都持和我相反的观点！有些人说，这意味着两个性质之间确实有很强的关联性，如果X确实存在的话，其中一些一定是Z——其余的是能意味着兼容性，也就是说，有一些有可能是Z，他们还会沉浸在自己完美的对于真实性的想象中接着断言说，“有些靴子是黄铜做的”，即使全世界的靴子都摆在他们面前，而且他们知道没有一双是这样的，仅仅因为用黄铜做靴子不是固有的不可能的事情！这难道不让人困惑吗？我应该在我那本关于逻辑的伟大的书里囊括所有这些现象——但我要说“任何一位作家，只要事前解释过一句话，他都有可能按照他喜欢的方式解读这句话”。但是，我不敢断言“有些靴子是黄铜做的”，除非我真的见过这么一双！逻辑学教授有一天来跟我讨论这个话题，我们的辩论很长很激动人心，结果是“X减去X”——一个您可以自己估量的量级。[42]

1886年，道奇森迈出非凡的一步，他开始在牛津大学玛格丽特夫人学堂教授学生们他的逻辑方法，这所学堂专门招收年轻女学生。促成他做这个决定的事件被记录在他的日记里。5月29日星期六，他记录道：

带露丝·伍德豪斯（在玛格丽特夫人学堂学习）散了散步，下午5点喝了下午茶（……）我答应教她我的“逻辑”方法——或者如果她们希望的话，给她和其他学生上课。[43]

6月7日，他写道：

去玛格丽特夫人学院授课近一小时，教授逻辑，听课的年轻女士有25人，还有华兹华斯小姐（校长）以及埃迪斯·亚格力斯。[44]

第二和第三节课也很快接着上了。显然，他发现上课是一个理想的方法，可以在一群意愿高涨的年轻人身上检测自己的方法，还可以根据教学经验做出合理修正。一系列“测验卷”被保留下来，这些试卷被用来检测学生们是否掌握了主要的理论，试题很有意思。他想出很多例子作为前提和三段论的题目，比如“跳绳的小狗”、“抽雪茄烟的羊羔”、“唠叨的豪猪”、“听得懂法语的猫”还有“受过教育的刺猬”。然而，在这毫无意义的表层之下却是严肃的教学任务，即教授他的学生掌握一个程序来判定论点是有效的还是谬误的。道奇森的逻辑课被其他牛津、伊斯特本和吉尔福德的很多女子学校和学院采用，当然，他也为大众开授公开课。1886年6月24日，他在日记里记下：

> 今早我突然有个想法，我可以通过小册子和名为《逻辑的游戏》的卡片图表开始我的“逻辑”印刷品，而不是用《女士逻辑教程》的第一本全本作为开端。今天白天我已经写完小册子的绝大部分内容。[45]

《女士逻辑教程》是道奇森的《符号逻辑学》的原始书名。这本小册子逐渐发展成为一本书，编写小册子的目的很明确，就是为了帮助跟他学习逻辑课的学生们，为他们提供丰富的学习案例。《逻辑的游戏》由牛津的E. 巴克斯特印刷，1886年底印完，但是道奇森对于印刷质量很不满意（见第三章）。就像中止印刷的那版《爱丽丝梦游仙境》一样，这本书沦为相似的命运，未被接受的印刷版本被运输到美国去了。新的一版由伦敦的理查德·克莱印刷厂印制，1887年2月印制完毕。

《逻辑的游戏》中使用的符号量少得不能再少了。这本书对读者采用私人称呼的友善口吻。道奇森使用了问问题的技巧，然而所有的答案都非常巧妙地在正文中给出。道奇森给这本书写的前言开头是这样的：

> 这个游戏需要九个筹码——四个筹码一个颜色，五个筹码另一个颜色：比如说四个红色的和五个灰色的。
>
> 除了九个筹码以外，还需要有一个玩游戏的人，至少一个。我不知道还有什么游戏可以由少于一个人玩的：然而还有一些游戏要求更多的人玩：拿板球来说吧，需要二十二个人玩。想玩游戏的时候，找一个参与者比找来二十二个人要容易多了。与此同时，虽然一个参与者就够了，但是，如果两个人一起玩且互相纠正对方的错误，那样会更有乐趣。
>
> 这个游戏除了可以带来无穷无尽的乐趣（通过它可以创造出无数论点），它的第二个好处就是还能给参与者以指导。只要您能从中得到乐趣，那能有什么坏处呢？[46]

这种自然的灌输式的方式非常适合小孩子的想法，尤其是当他用动物和食物代表重要的属性。书中的文字反映出道奇森最喜欢的教学方式：一对一地教育聪明自信的孩子。绝大多数人承认形式逻辑并不是一门简单的学科，这本书里的学习动力来自游戏，这些游戏不是按照世俗的方式玩的——要和别人竞赛——而是通过个人成绩和成功来完成游戏。早期的阅读者误解了书的目的，还以为游戏的结果会是冠军和奖励。这和《幼年“爱丽丝”》的风格类似，读者可以想象书中有一个和善的人用风趣的想法和简单的问题提供帮助。道奇森偶尔避开难题，尤其是当这个难题对于理解判定程序没有帮助时。此处我们举一个例子：

> 有人问了个问题："有没有一个事物既能存在，但又不拥有任何属性？"这是个令人费解的问题，我不准备回答它：让我们嗤之以鼻，用傲慢的沉默对待它，就好像它真的不值得注意一样。[47]

道奇森频繁地为他的读者提供很好的建议：

> 如果有朋友问您学没学过逻辑学，您会发现有七个词很有魅力、非常有用，它们是：命题、属性、前提、主体、谓词、特称的、全称命题。注意，把这七个词都用在您的回答中，您的朋友肯定会赞叹地走开——"一个更加忧伤且更智慧的人"。[48]

全书风格大方，感觉好像是为一个人，即正在读这本书的人，而写的。这种密友交谈的风格取代了教师和学生之间的说教关系。对于天资聪慧的孩子来说，这种方式很好，然而，对于很多孩子来说，教师的替代品所起的作用并不成功。这并不令人惊讶，任何靠一本说明书学习一种新游戏的人都需要被证明，而跟一位经验丰富的玩家学习可是容易多了。

1887年5月，道奇森和玛蒂尔德·艾伦·毕谢普（1844—1913），牛津女子高中的校长，安排了道奇森讲授他的《逻辑的游戏》。在这所高中，他教两个班：一个班里是年长些的学生——班上大概二十个学生，还有几个助理教习——另外一个班里有二十个年纪小点的学生。他的大多数学生收到了他所赠送的《逻辑的游戏》。几年之后，1894年，这些课又重新教授给另一组女孩子。他的一个学生，埃塞尔·罗厄尔（1877—1951）记得上课的情形。她写道：

当道奇森先生站在六年级班上的讲桌前准备上课，我想他看上去非常高、非常严肃、让人敬畏，虽然是这样，但我没有离开教室，作为19世纪90年代温顺的在校女生，我很快开始学习手头的科目，沉浸在老师令人着迷的《逻辑的游戏》中，却把他本人给忘了。

书里有设计精巧的用方格组成的图表，还有红色和灰色的筹码，把筹码放在合适的方格子里，我们就根据以下的事实或者想象得出各种结论：

“所有的猫都懂法语；

有些鸡是猫。”

或者“所有自私的人都不受欢迎；

所有乐于助人的人都受欢迎。”

道奇森先生来过学校很多次，向我们进一步解释他最独特的方法，随着他讲解的深入，事实变得魔幻，而魔幻的想象变得更有想象力；然而，无论怎么样，逻辑把它们全都掌握在手中，看起来好像只要熟练地控制小小的红色和灰色筹码就足以应付任何情况。[49]

1894年间，道奇森花费了大量的时间编写《符号逻辑学，第一部分：基础》的出版文字。3月，他花了九天的时间写完了前四节的内容（共计55页），这四节涵盖了他在《逻辑的游戏》所用的图表程序，只不过用了更加正式的表现形式。五月，他给牛津大学圣休斯学堂的学生上逻辑课。他的一个学生，伊芙琳·哈奇（1871—1951），在《泰晤士报》（1932年1月7日）上刊登了一封信：

> 19世纪90年代在牛津大学圣休斯学堂上学的时候，我记得我的老朋友道奇森先生是怎么给我们上课的。我的同学们都非常真诚地准备去见这位写出《爱丽丝梦游仙境》的著名的数学老师，他们聚集在图书馆，手里拿着笔记本和铅笔。让他们吃惊的是，老师拿着一个大大的手提包出现了，他从手提包里拿出一摞白色信封分发给他的听众们。每一个信封里都装着两张卡，卡上画着两个方形图表，还有九个筹码，有些筹码是粉色，有些是灰色。笔记本和铅笔都用不上了：我们要玩个游戏！[50]

1894年6月，道奇森在研究逻辑学里一个新的理论：句子中的“动词”无法判断主体的存在。他得到的结论是“所有的x都是y”这句话只是意味着“如果任何x存在的话，它们全部都是y。”然而，当他用标准的三段论论证时，却发现并不能总是得出结论。他参考约翰·N. 凯恩斯的书《形式逻辑学研究和练习》（1884），发现自己和凯恩斯得出的结论一样。一个月之后，他有了另外一个重大发现：一个新的分析一组前提的方法。1894年7月16日的日记里，他记载道：

今天是我逻辑研究中的新纪元。我想到用一个我一直运用的方法来推断一个复杂的故事（一组前提），当确定有不存在的时候，我总是用这个方法判断是否还有基本的单元留存下来可使用。我只用40个前提中的一个，在“配对”中还有“配对”[51]，还用了很多线条，就像系谱一样推论，每一个前提下面还有它的派生物。结果棒极了，而且比我以前常用的方法还简短。我想着叫它作“系谱方法”。[52]

用逻辑树的方法是道奇森逻辑研究发现中的里程碑，这也成为多年以后埃弗特·贝斯教授的表上推演方法的基础，树上的枝杈代表图标上的分叉，而纵行有单独的意义，出现矛盾时便关闭一段。

道奇森在伊斯特本度暑假的时候继续研究逻辑的主体。他在那儿还认识了舒斯特一家，并且有几个晚上还给这家的五个孩子上逻辑课。他发现他们都是很有热情的学生。道奇森还给伊斯特本厄珀顿西山庄园的学校里的女孩子们上过一系列逻辑学课，这所学校由夏洛特·露西·巴伯（本姓普鲁姆，1849—？）掌管。他在牛津和伊斯特本非常忙碌，这种研究、写作加教学的模式持续了很多年，直到1896年2月21日《符号逻辑学，第一部分：基础》出版问世。他记录道：

今天,《符号逻辑学，第一部分》印刷完成。印了500本，其中100本是我用来送人的，有100本送给了学校等（还需要送100本），50本要寄到美国去。第一版剩余的书已经被订完了，我要联系出版社印第二版。[53]

在接下去的几个月间，这本书出了四版，每版印刷500本。

第一版刚刚出版，道奇森就写信给玛格丽特·梅休（1883—1971）。她和依妮德·史蒂文斯（1882—1960）和埃塞尔·哈兰（1880—？）是朋友。她们三人都上了牛津大学女子高中。这时，道奇森的逻辑方法由助教在学校教授。信件是1896年2月29日写的：

我亲爱的玛格丽特：

我听说你和依妮德在学习逻辑学，我希望提醒你不要选用任何可能惹她生气的例题（你知道她多容易生气）。比如说，你不能选用197页的第17个例题（书正文结束于196页）：

所有调皮的家伙都该挨揍；

有些小狗很调皮。

还有，如果她碰巧要做215页的第28题，

四英尺九高的女孩子都懒惰；

懒惰的女孩子都没用；

没用的女孩子让人讨厌，

你最好立刻翻到书的下一页，选另外一个例题。否则，她很快就会生气了，你可能会受伤。

我不需要告诉你，知道你和她之间产生小口角，我是多么难过。互相拽头发没什么大不了的。虽然有点疼，不过倒是说明你的头发是真的而不是假发，这还是让人开心的。不过，如果可能的话，最好避免被抓伤：这举动太像猫了。

同样，我也不需要说我很难过，你的朋友埃塞尔·哈兰不愿意承认上周二我去你们高中拜访时，那个正在接受处罚的孩子是她。这真是让人伤心：孩子们应该承认他们所有被指责的错误。这样，所有人都会说“她是个多么甜蜜且坦诚的孩子呀！像蜜一样甜，真的！”

你亲爱的朋友，

C. L. D.

1896年6月，道奇森再次在牛津女子高中开授他的8堂逻辑课，与此同时，他还在撰写《符号逻辑学》的第二部分和第三部分。他设计出越来越复杂的例题和问题来展示他分析论点有效性的方法的价值，以及他的判定过程是多么有效，判定过程可以判定一系列前提是否能够导出有效的结论。

1897年1月，他在吉尔福德开授一系列逻辑学的公开课，听众甚多。他用了艾伯特医院高层的一个房间，每次授课之间相隔2~3天，一共8次课。听课的30个人中，许多人在下午或者晚上还以小组学习的形式得到了额外的帮助，小组学习主要在沙尔福德教区长官邸进行。西里尔·弗莱彻·格兰特（1845—1916）是课程参与者之一。

在一封写给妹妹路易莎的信里，道奇森说明了他撰写逻辑符号专著的目的。写信日期是1896年9月28日，摘要如下：

我开始意识到，如果我希望写就的书还是要写出来的话，我必须现在就把它们完成，这意味着在过去的一年半，我毫不间断地利用我硬朗健康的身体工作，工作效率即使没有比以前更高，至少也和过去一样高。我把原稿带来了，比如这套（非常不完整未整理的）关于那本写宗教难题的原稿，我是说，我来的时候，是要向宗教奉献自我；但是我改变计划了。在我看来，世上有千万个人如果愿意尝试，他们都可以研究这个科目，可以比我做得更好，但是没有一个在世的人可以（或者至少有人愿意费心费力）整理、完成和出版这本逻辑专著的第二部分。我的头脑里想着这本逻辑专著：只需要三或四个月就能写出来；另外那本我还没考虑，也需要很多年才能想出来。所以，我决定先把第二部分完成：我正在写，夜以继日地写。我开始早起了，有时7点以前就坐到我的工作台前，这样在早饭之前我就有一个半小时写作。这本书将会非常有新意，我充分相信，它可以帮助把逻辑学习变得比现在容易得多得多：我还相信，它对于宗教思考也会有帮助，因为它将提供清晰的概念和措辞，这可以帮助很多人面对和攻克许多宗教的难题。所以我确实认为它是为神而写的书。[54]

道奇森关于逻辑的最后几篇日记中的其中一篇写于1897年2月15日。他写道：

构建了一个关于“重孙子”的很棒的逻辑题（德·摩根也模仿出了一个类似的题目）。我的解决方案是全新的，我十分怀疑是否有人能解出这道题。我把它发给库克·威尔森了。[55]

这个题目被加进第四版的《符号逻辑学，第一部分：基础》的附录里，它是这样的：

1. 一个人总是可以掌控他父亲；

2. 一个人的叔叔的下级欠这个人钱；

3. 一个人的朋友的敌人的父亲不欠这人任何东西；

4. 一个人总是被儿子的债主骚扰；

5. 一个人的儿子的主人的下级是这个人的上级；

6. 一个人的孙子的晚辈不是这个人的侄子；

7. 一个人的敌人的朋友的下级的仆人从未被这个人骚扰过；

8. 一个人的受害者的主人的上级的朋友是这个人的敌人；

9. 一个人的父亲的仆人的迫害者的敌人是这个人的朋友。

推论出关于重孙子的事实！[56]

《符号逻辑学，第一部分：基础》是道奇森有生之年最后一本印刷出版的书籍（过世之后一本诗集问世）。这本书是被设计为教科书的，有很多附录，其内容是严肃的尝试，尝试把逻辑学习带入广泛的读者可以接受的范围。因为这个原因，这本书以“刘易斯·卡罗尔”的名字出版，而非他的真名——这个笔名吸引了一群真正读书的读者。在第四版的前言中，道奇森说：

这是，我相信，第一次尝试（除了我自己的一本小书以外，《逻辑的游戏》，1886年出版，是非常不完善的一本书）把这门引人入胜的学科变得大众化。这是我很多年的辛勤工作

> 的结果，它将证明，如我所希望的那样，对年轻人是真的有用，而且会被高中以及家庭所选用，在他们已经非常丰富的健康智力娱乐活动之外，成为另外一个有价值的智力活动，这样的结果就是对我劳动的十倍的回报。[57]

道奇森的逻辑学专著是他对全人类的贡献，他希望这是他留给年轻后代的遗赠。在数学领域，除了《行列式基础论述》这本一个多世纪都未被人完全领会的专著以外，他再没有持久的影响力了。如果比例代表制度被文明社会的政治家和议会采用的话，他关于选举的理论会非常具有影响力，然而有缺陷的得票多者当选制仍然是竞选中更受欢迎的方式。如果道奇森生前出版了关于逻辑符号的完整的三部分专著的话，他在哲学家和逻辑学家中的地位无疑将极其显著。

第六章
摄影家们

摄影术：早期先驱和模特

1890年8月13日，道奇森去伊斯特本观看托马斯·爱迪生新的摄影术，他在日记中记录道：

> 真可惜（……）我们不是在世界历史的50年之后，这样的话就能看到这个精彩的发明处于它完美的状态。它现在还处于幼年期；时代的新奇迹，就如我记得的1850年的照相术。[1]

摄影术是19世纪30年代发明的，但是直到19世纪50年代，湿火棉胶被发明且不需要特许就能得到，业余摄影师们才得以广泛接触到摄影术。有钱有闲的人们现在可以把摄影作为一门业余爱好了。道奇森就是那些接受这一时代奇迹的先驱之一。

不久之前，我们知道了道奇森的摄影作品是简约风格的，至少可以这么说。我们只是大概知道他照了多少张照片。弄清模特的身份是收藏家、拍卖商和编目人员要解决的难题。撰写关于他的摄影作品的人犯了错，相应地，别人重复犯这些错误。而且，要弄清楚照片被拍摄的日期几乎是不可能的，除非洗出来的照片上写着日期。最近几年，掀起了再度评价道奇森作为摄影师的风潮，新的研究里清晰地展现了他的照片。最近出版的一些书籍把道奇森拍摄的照片放进当时的历史角度中考量，暗示他应该与维多利亚早期的摄影家们比肩；首次出现了对他的摄影作品详细的分析。

道奇森很可能在他的舅舅斯凯芬顿·勒特维奇家第一次看到照片，他的舅舅是一位早期的摄影师，他使用的是卡罗法摄影法。他可能是在1851年伦敦世界博览会上第一次看到照片展览。之后，他在牛津大学基督堂学院第一次看到他的朋友雷金内尔·索西使用湿火棉胶法。索西对于道奇森收藏照片起了帮助，道奇森收藏其他摄影师的摄影作品，这是贯穿道奇森一生的一项爱好。

看舅舅斯凯芬顿和雷金内尔·索西照相，道奇森的兴趣也被调动起来。他为这项新科技而着迷，而且从中看到了艺术表达的潜力。他日记中第一次提到摄影是1855年3月，他写道：

> 我去看了索西的照片：他从窗户照出宽阔的林荫道，非常成功——是我见过的最棒的业余作品。[2]

1855年9月8日，道奇森在日记里记录了斯凯芬顿舅舅来克罗夫特对他们家的一次拜访。斯凯芬顿舅舅带来了他的照相机，道奇森饶有兴趣地观察舅舅给克罗夫特教堂、横跨蒂斯河的大桥还有其他的本地景点拍照。道奇森记录说，这些照片不是很成功，我们模糊的感觉只要有机会，他可以照得更好。两天之后，道奇森跟他舅舅去附近的里士满拍照。很显然，道奇森非常享受这样的拍摄过程，他很可能在那时就决定发掘把照相作为自己的兴趣爱好的可能性。然而，有太多的事情要考虑了：他刚刚被任命为基督堂学院的数学讲师，他要为他人生中这个新的角色做很多准备。

第二年，即1856年1月16日，他在日记里写道：

> 去拜访了索西，叫他周五来拍照一天。[3]

两天后，他又说：

> 索西来了，本来今天要照相度过的，但是我们去了萨里疯人院的戴尔蒙德博士家：他给了我两张他最近拍的照片，一张斯凯芬顿舅舅的全身像，还有一张是国王学院的学生弗兰克·弗蕾丝特的肖像照。[4]

自此，道奇森开始收藏照片了。虽然道奇森家族留有伊普斯维奇的R. 凯德给斯凯芬顿·勒特维奇照的肖像照，但遗憾的是，日记里提到的两张照片一张也没留存下来[5]。休·韦尔奇·戴尔蒙德博士（1809—1886）是萨里疯人院的住院主管，主要负责照管院里的女病人。1853年，他成为伦敦摄影协会的秘书。索西也收藏照片，他的一些影集，包括他的摄影作品和收集的照片，现在都是普林斯顿大学劳埃德·克斯顿收藏品的一部分。道奇森现在加入了新的联谊关系：伦敦的业余摄影师们。斯凯芬顿舅舅已经在建筑物和风景摄影方面小有名气，他也已经办了摄影展，展出自己的一些摄影作品。

1856年3月17日，道奇森决定把摄影作为自己的业余爱好，他在日记里记录道：

> 早上去见了索西，同意明天一起去买摄影设备。[5]

第二天：

> 又去了索西家，1点左右到达哈利街。去了家姓奥特维尔的制造商，地址位于夏洛特街、加里东路：带镜头等配件的照相机要15英镑左右。我定了一台送到基督堂去，这个假期时间不够做不好。[6]

1853年的双折叠式相机，由托马斯·奥特维尔公司制造，用玫瑰木和黄铜制作，是件昂贵的设备，摄影用的化学药品也包含在价格之内。道奇森应该是花了年收入的10%来培养自己成为摄影师。照相机于5月1日被送到基督堂学院。就这样，道奇森开始了“一项娱乐”，一项他坚持了将近25年的活动，跻身为维多利亚时代重要的摄影师之一，尤其是在肖像照方面。

他最早期的摄影对象主要是利德尔家的人，主要是他们家的三个女儿——罗琳娜、爱丽丝和埃迪斯——《爱丽丝梦游仙境》的故事也是最先讲给她们听的。保存下来的第一张爱丽丝的照片是1857年6月照的，那时她5岁。她就是天生的摄影模特——有耐心，可以在照相过程中保持静止，而且愿意坐在道奇森的镜头前面。照相的过程既复杂又费时。孩子需要在整个曝光过程中保持静止不动。不同情况下曝光时长不同：有人说在强烈的阳光下要10秒，然而也有人说要在40秒以上到一分钟之间。不管是哪种情况，对于容易坐立不安的小孩子来说，这确实是一段很长的时间。道奇森的方法是在拍照之前让孩子们的肢体活跃起来，然后让他们安稳地待在一个舒适的地方——窝进沙发角落，站在房间的一角，手扶着东西坐进椅子里，假装睡着，等等。整个过程中，他都给他们讲故事以吸引他们注意力，鼓励他们做到静止不动，孩子们也被他的故事迷住了。道奇森拍摄的孩子们都来自中产阶级和上层社会，他们非常熟悉“可以被看到，但不能被听到”的观念，而且他们听着道奇森神奇的故事，保持静止就不是一件难事了。这种摄影师和模特之间融洽的关系是道奇森成功的秘诀。如果你看到这一时期其他人的照片，它们大多数的效果都是僵硬、不自然、正式且不真实的。爱丽丝回忆说：

> 当我们全身心地因为他的故事而高兴和被逗乐的时候，他就给我们摆姿势，待正确的情绪消失之前曝光感光片。他好像有说不完的神奇的故事。（……）所以，对于我们来说，被拍照是一种快乐，而不像多数孩子觉得这是一件苦差事。[7]

1858年道奇森为爱丽丝拍摄了一张非传统的照片：侧面肖像照，照片里她坐在椅子上身体斜向一边，头微微下垂，一只手牢牢抓住椅子背，以免身体无意识地运动。背景是基督堂学院院长花园里的砂石墙。这张照片展现出摄影者的构图和风格品位，他在尝试新的想法。然而，这是道奇森早期的摄影作品。他欣赏艺术之美，经常参观艺术画廊和展览，和他那个时代的艺术家们是好朋友。从某些程度上说，他把摄影看作是对油画和素描的替代。他从来没有对自己的绘画作品满意过，摄影给了他一个机会，可以展示他的审美和艺术水平。后来，当他把照片送给他的模特和模特的家人时，他在照片上的题词都是“艺术家赠”而非“摄影师赠”。

道奇森很多的早年摄影作品看上去就像是在室内布景，可这却是一种错觉。为了最大程度利用强烈的阳光，道奇森会在室外架起照相机。有一张照片是1858年给4岁的埃迪斯·利德尔照的，照片里的背景看上去很像是在室内。然而，这个背景却是在校长花园里布置出来的，道奇森在沙发的背后用毯子做成一面墙，沙发被放在一块地毯上，这样就营造出好像在室内一样的效果。一张铁纱网被安装在沙发上方，这使得太阳光变得散漫，又因为室外阳光充足，所以曝光效果就很好。埃迪斯窝在沙发的一角里，这让她非常舒服，不怎么爱动。即使是最微小的动作都会毁了照片，玻璃底片会变得模糊，使所有的准备工作、曝光和冲印都变成徒劳无功。湿火棉胶玻璃感光板很容易遇到这样的问题。

要照出成功的照片，需要相当的专业技术，道奇森是在索西的指导之下来实践这项艺术的。早期的摄影师需要掌握的专业技巧和灵巧度——这些都是经过大量实践而获得的，实践的道路上伴随着相当多的失败——如下所示。在湿火棉胶成像过程中，照片是呈现在玻璃上的。除了照相机本身以外，摄影师还需要其他大量的器材和化学药品。当拍摄风景照片的时候，摄影师会需要一个帐篷来准备和冲洗玻璃感光片，同时还需要很多不同的化学药品。不然的话，他就要用到一个灯光柔和的房间，比如说地下室或者小棚子，来准备感光片。除了这些以外，还需要毯子和铁纱网，一个三脚架以及准备和冲洗感光片的设备和用具。道奇森的玻璃感光片和各种各样的化学药品都装在一个大大的结实的木盒子里，盒子上还装有铁支架和加固条。他用这个盒子装载和运输他的化学药水到各个地方，通常是通过火车运输。这个盒子被保留下来，盒盖上还清晰地印着他名字的首字母缩写，现在它在位于牛津宽街上的自然历史博物馆做永久展示。

首先，玻璃感光片要被打磨好待用。玻璃片表面要非常干净，然后用黏黏的火棉胶包裹住玻璃片。感光片的尺寸大小不一。道奇森用过的最大的感光片是10英寸×8英寸，适用于拍摄景物照，比如说一幅画、一具雕塑或者平静的天气中的风景，这种情况下曝光就不是大问题了。对于肖像照，他倾向于用更小一点的感光片，一般是6英寸×5英寸，需要的曝光时间则短一些。火棉胶被轻轻地浇到玻璃片上时，要用拇指和食指轻轻拿住玻璃片，浇完之后要把玻璃片仔细地向每个方向倾斜，使得火棉胶均匀地分布在玻璃片上。

在柔和的灯光之下，感光片被泡在化学药水里便变得感光了。在这一过程中，黏黏的感光片一定不能沾上一点点灰尘或其他微粒，因为这样会损坏照片的；还要保证它是湿润的。地下室和小棚子并不是理想的场所：不小心袖子碰到层板或者别的东西会引起一阵灰尘，这样的话一切就全毁了。一旦感光板准备好了，他就要被装进一个框架之中，框架上装有木制的遮光板以挡住光线。再将其放入照相机，遮光板被移开，只要用手移开镜头盖，曝光过程就开始了。绝大多数的照片都是在夏天拍摄的，因为那时光线条件优良；冬天的阳光下照出的照片往往质量差一些。但偶尔，也有的照片是冬天照的，因为没有选择：例如，皇室成员要求在11月份照一张相（就像利奥波德王子那样），便无法拒绝，只好希望照出最好的效果。

接下来，一点时间也不能浪费，感光底片要立刻冲印出来。同样，要用一只手仔细拿好玻璃片，因为显色液体已经被仔细地浇在上面。为了防止衣服和手或者更多飘下来的灰尘弄脏玻璃底片，要把它固定装好，冲洗和弄干。为了保护易损的底片，要给它涂上立凡水。这要求底片用火均匀加热——直至手背不能忍受的热度。立凡水浇到底片表面，再滤到玻璃瓶里，火棉胶和显影液也以同样的方法操作。如果所有的步骤都进展顺利，那么底片就可以正像复印了。道奇森用的是准备好的相纸——通常是买来的已经涂上蛋白或者银盐的相纸——来制作自己的正像照片，但最终，他还是把成像的最后一步交给了专业的摄影商人，让他们从他的底片中冲洗出指定数量的照片。

道奇森在他早期的诗歌《海华沙摄影》中描述了照相复杂的过程，模仿朗费罗而作的滑稽诗，创作年代是1857年。[8]以下是诗的摘要：

海华沙从肩膀上
拿下玫瑰木的照相机——
被制成可以滑动、能折叠的玫瑰木——
把它灵巧地收起来。
它紧凑地躺进盒子里，
折起来几乎就小得没有了；
但是他打开铰链，
直至它看起来方方正正，
就像一个复杂的数字，
欧几里得第二本书里的那个。
他把这东西架到三脚架上，
家里人轮流
坐到他前面照相——
神秘、可怕，整个过程就是这样的。

诗里面，家庭成员轮流坐到照相机前面照相，但是每个人的照片都失败了：

首先，市长——爸爸——
他建议用紫色的帘布
包裹住巨大的圆柱。
还有桌子的一角——
玫瑰木的餐桌。
他要在手中握住一卷东西——
用左手紧紧握住；
他要把右手
深埋在背心里（像拿破仑那样）；
他要盯着远方——
（像一位看着幻影的诗人，
一位构思诗歌的人，
穿着缎子晨衣，
于早上12:30，
在仆人端来午餐之前）——
带着沉思的眼神，
就如同鸭子在暴风雨中将死的样子。
脑子里是伟大英雄的想法，
然而照片失败了，因为他动了一下——
他动了一下，因为他无法控制自己。

道奇森完全理解拍照时的困难，尤其是模特们一时兴起的想法。然而，留存下来的他所拍摄的肖像照作品却都很成功，即使是为他那个时代更加喜怒无常的名人所拍的照片。《海华沙摄影》继续写道：

接着，他的夫人鼓足勇气——
她要照出更好的照片：
她的穿着华丽得无法形容，
珠光宝气，锦缎华服，
比皇后还要奢华。
她优雅地坐下只露出侧面，
假笑不似人类，
手中握花一束，
花束大过甘蓝。
边照相，
夫人边聊天、聊天，
就像森林中的猴子。
“我坐得直吗？”她问他，
“我的侧脸全能照下来吗？
我是不是应该把花束拿高点？
花能被照下来吗？”
照片彻底失败了。

诗歌接着讲述每一位家庭成员的拍摄情况，所有的肖像照不是完全的失败，就只有一部分成功。道奇森本人可能也是造成失败的因素之一，但是失败主要还是由于专业技术造成的，比如说质量不好的化学试剂或者有光渗入照相机里。然而，他在儿童摄影方面却是特别成功的，主要还是因为他决定只照那些他熟知的朋友，以及那些认真听他的话的人。道奇森作为摄影师的声望主要停留在他的儿童肖像照上。那个时代，鲜有业余摄影师试图给孩子拍照，因为他们作为模特总是坐立不安、没有耐心。那个时代的大多数摄影师选择拍摄风景，因为拍照过程中除了风和流水以外，很少会有突然的动作。道奇森也拍摄风景照，但是这只占他作品中很小一部分——大概占他所有拍摄作品的4%。

分析道奇森拍摄的各种照片，发现其中6%是道奇森自己的家人：他的兄弟、姐妹、姑妈姨婶、叔伯舅舅以及堂表亲戚。30%是成人或者家庭合影，这其中包含许多维多利亚时代的名人，如阿尔弗雷德·塔尼森、但丁·加百利·罗塞蒂、威廉姆·霍曼·亨特、塞缪尔·威尔伯福斯、乔治·麦克唐纳、艾伦·特里、夏洛特·扬、约翰·埃弗雷特·米莱、索尔兹伯里爵士、维多利亚女王的第四子利奥波德王子——先只列出十个人名。

有一张是麦克·法拉第（1791—1867）的肖像照，法拉第是科学家和化学教授，发现了电和磁的许多属性。这张肖像照是1860年6月30日照的，当时在牛津举行大英科学促进会。在这场会议上，托马斯·亨利·赫胥黎和塞缪尔·威尔伯福斯争论达尔文提出的物种起源的新理论。道奇森也参加了这个重要会议，同时他邀请了很多参会人去他在院长花园搭建的工作室拍张肖像照。很多人都来了，借此机会，道奇森印出且分发出很多他以前拍摄的照片，还有很多在别的场景中拍摄的照片，他甚至还卖出去一些照片。一般来说，他把照片作为礼物送给模特，然而他也并不反对有人出一点钱购买，以补贴这份昂贵爱好的花费。

拉斐尔前派艺术家威廉姆·霍曼·亨特照的肖像照也是道奇森在1860年6月30日给拍摄的。霍曼·亨特就是《世界之光》的绘画者——这也许是他最著名的作品了——他还和两个朋友，约翰·埃弗雷特·米莱（1829—1896）以及但丁·加百利·罗塞蒂（1828—1882），一起创建了拉斐尔前派兄弟会。道奇森从第一次看到女演员艾伦·特里（1847—1928）在舞台上的演出，就对她仰慕有加。1856年，他去观看她在公主剧院首演的《冬天童话》，她饰演剧中的马米留斯，她那年9岁。他于1865年7月为她照了一张相，她那年18岁。有一些照片是和她姐姐一起照的，有些照片里她穿着精心挑选的服装。

道奇森超过50%的摄影作品都是儿童肖像照。剩下的10%是“五花八门的”类别——为画作、静物和雕塑、活的动物、辅助自拍像和骨骼所拍摄的照片。道奇森拍摄了一张蓝鳍金枪鱼的骨架照片，这只鱼在马代拉岛被渔民捕获，亨利·阿克兰博士把它买了下来，他是基督堂学院院长——爱丽丝的父亲——亨利·G. 利德尔的私人医生。1856—1857年间，院长为了恢复健康住在这个干燥温暖的小岛上。阿克兰把蓝鳍金枪鱼寄回伦敦，在伦敦，它被做成骨骼标本放在基督堂学院的解剖系。1857年，阿克兰让道奇森和索西为它拍照，同时也拍摄其他物种的骨骼标本，作为解剖系物品的记录。后来，这些骨骼标本被运到新牛津大学的自然历史博物馆，这头蓝鳍金枪鱼的骨骼标本在那里留存至今。

关于道奇森的摄影有很多传奇故事。最广为流传的——尤其被作家、传记作家和记者常常用到的——就是道奇森研究成百上千的小孩子的裸照，但是这并未被事实证明。直至1950年，没有人看到他拍摄的儿童裸照，赫尔穆特·格恩斯海姆（1949年写的著作）指出没有一张留存下来。然而，他错了；有一些孩子模特的后代手里还存有照片，而且这些照片从未被公布。卡罗尔研究学者莫顿·科恩出版他的《刘易斯·卡罗尔的儿童裸照》时，发布了罗森巴赫图书馆和博物馆收藏的四份儿童裸照。他写道："名副其实的裸童列队游行，大多数是女孩子，走过他的照相机前。"这暗示出有很多的裸童照片，但事实却并非这样。最主要的事实来源，他的日记、信件、出版的回忆录以及留存下来的他所拍摄的照片，证实这样的照片并不多。虽然像"简陋的服装"和"没穿衣服"这样的照片是裸照，但其他的照片拍摄时，孩子们身上有一部分盖着衣服或者穿着游泳装或者穿着睡衣，但日记和信件里并没有明确说明所提及的道奇森拍摄的照片的类型。研究显示，只有8个家庭允许——有些积极鼓励——道奇森拍摄裸照，其中还包括专业模特（弗雷德雷克·莱顿爵士所用的模特）。拍摄这些照片时，孩子们的年龄在1~9岁；专业的模特是10岁。两张留存下来的照片中，两个男孩其中一个2岁，另一个1岁。第一张裸体肖像照是1867年拍摄的，最后一张是1880年所拍摄——就在道奇森准备放弃摄影之前。从道奇森拍摄的3000多张的相片总量中来看，儿童裸体照所占比例不到1%。

还有传说道奇森只给小女孩照相。这也完全不真实。虽然他的儿童照片中大多数拍摄的是女孩子，但是道奇森也给很多男孩子拍照（现今知道的至少有100张）。1858和1859年的夏天里，道奇森带着相机去到汉普顿郡怀特福德的一所男校。他在那里待了一些日子，拍摄那里的男学生和校长。他给个人、小组、整个班级和板球队照相。他还给校长照相——单人照以及跟学生的合影。

道奇森遇到的一个问题是，当他去别人家拜访时，男孩子们总是在学校上学，女孩子们则留在家里，他只能给她们照相。如果有机会的话，他很乐意为男孩子和女孩子一起照相。有时候，他遇到地主和贵族，就给他们的孩子照相——男孩子和女孩子都有。他照了一张特别好的肖像照，是维克托·亚历山大·里昂内尔·道森·帕内尔（1852—1936），第三任康格尔顿男爵亨利·威廉姆·帕内尔的第五个儿子，和他的第二位太太卡罗莱·玛格丽特·道森的合影。照片中人物所摆的姿势显示出他们是上层社会人士；维克托知道自己在社会上的地位。这张照片是1864年7月7日在兰柏宫照的，道奇森在那里架起照相机，持续好多天，邀请人们去照相。他和坎特伯雷的主教长，查尔斯·T. 郎利，私交颇好，他还为他拍摄了一张肖像照。许多上层社会的家庭坐到他的照相机前拍照。他崇拜男孩子和女孩子的生理美貌，但是他更喜欢和女孩子一起聊天和相伴。

道奇森在摄影构图和风格方面很喜欢尝试新想法。有一次拍摄一个在树上的女孩子，她透过树枝向外看。这是他令人印象深刻的一张肖像照，照片上的女孩子是凯瑟琳·哈利特·泰迪（1851—1926），这是在1858年她7岁生日那天于约克郡里彭为她拍摄的。这样的照片显示出道奇森是一位视角独特、非凡卓著的摄影师，他对于构图有独特的品位，也十分愿意尝试给模特摆出多种多样非凡的姿势。

当涉及人数多的团体合影时，我们可以看出道奇森对模特安排的老练。他的明显特征之一就是把人脸都安排在不同的高度。他非常了解让人如何摆姿势看起来才自然。他特别研究过人们是怎么摆放手的，他还研究了很多的艺术作品，观察这些作品中人物的手是怎么合理摆放的。维多利亚时代的人们并不严肃，这从他们的照片里可以看出来；然而在照片所需要的长长的曝光时间中摆出一脸严肃的表情却要更加容易一些。保持自然的笑容对大多数人来说都是很困难的，今天的人们也一样。然而，道奇森却发现这对于某些模特来说并不是问题。他给弗洛拉·兰金（1855—？）照相，她是乔治·麦克唐纳家的朋友，她笑得非常灿烂。道奇森在伦敦汉普斯特得的麦克唐纳家架起照相机那天，她特意前来拜访。道奇森在日记里写道：

> 又照了几张，我给麦克唐纳家的人都照完了。（……）还有他们带来的三个孩子，弗洛拉和玛丽·兰金，还有玛格丽特·坎贝尔。弗洛拉是三个孩子中最值得被照下来的。

道奇森给弗洛拉照的那张照片被他命名为“今天不上课”，试图表现出学校放大假时孩子们的心情。这张照片是1872年7月31日拍摄的，1872年12月时，道奇森把它发给查尔斯·达尔文，达尔文当时正在撰写《表情》。他认为达尔文会用这张照片来诠释快乐的心情，但是，很可惜，它没有被采用，不过达尔文回了信：

> 我亲爱的先生：
>
> 我真诚地感谢您这张优秀的照片和您友好的来信。
>
> 我现在被雇研究另一个课题，我不再继续表情的研究了；然而，无论如何，我不会忘记您慷慨的给予。我现在身体状况不好，请原谅我去信简短，请相信我。
>
> 您真诚的且感恩的，
>
> 查尔斯·达尔文[10]

达尔文保留了弗洛拉·兰金的照片，它现在被收藏在剑桥的达尔文档案中。

道奇森在摄影方面变得非常独立。他不再受到所参观的展览里其他摄影师的影响。他建立了自己的风格。他知道其他的摄影师，如茱莉亚·玛格丽特·卡梅伦（1815—1879）、奥斯卡·雷德兰（1813—1875）、克里门蒂娜·哈登夫人（1822—1865）还有亨利·皮奇·罗宾森（1830—1901），他甚至购买了一些他们的作品，但他仍然坚持自己的道路。

他通过摄影来收集他仰慕的艺术家的作品。他复制艺术杂志和期刊里的作品，还征得艺术家的同意，去他们的工作室里拍摄他们的作品，如亚历山大·芒罗还有但丁·加百利·罗塞蒂。

1868年，道奇森搬到基督堂学院的新宿舍里。这是汤姆方庭西北部一间二层的大套房。正如我们之前提到的，他看出房顶可以改造成一间摄影工作室，在得到学院领导的批准后，工作室就建起来了。他在这间工作室里拍摄的第一张照片的日期是1872年3月17日。工作室坐落在一个都铎王朝时期的高烟囱后面——一面是窗户——从他的房间里爬梯子才能进去，工作室里还有一间为模特设计的更衣室。工作室有暖气，可以一年四季使用。

在道奇森摄影生涯的后期，他采用了风靡维多利亚时代的舞台造型背景——孩子们穿上舞台服装重现历史或者文学事件。舞台服装摄影是道奇森作品的特点，也是道奇森喜欢的摄影风格。他弄到很多服装，从博物馆借，从演舞台剧的朋友那里买，甚至让人做服装给孩子穿上。有很多照片中年轻女孩身着锁子甲，再现丁尼生的“加拉哈德爵士”，锁子甲是从亨利·霍利戴那儿借来的。另外一张照片里，艾拉·莫妮尔—威廉姆，牛津的梵文教授莫妮尔·莫妮尔—威廉姆的女儿，穿着新西兰土著毛利人的衣服。这套服装是从牛津的一个博物馆借来的，现在是牛津碧河收藏的一部分。我们知道，道奇森还从牛津其他的博物馆借服装；来给他的妹妹们穿：南岛居民的服装、中国人的服装、土耳其人的还有日本人的服装。他的朋友，巴塞罗缪·普莱斯教授的夫人，还做了一套希腊风格的服装供他摄影用。有时候，孩子们穿自己的衣服：7岁的威尔弗雷德·哈奇穿着一套海魂衫照了一张相，那是维多利亚时代男孩子的典型穿着。他这张照片是1872年4月在基督堂学院的工作室里拍摄的，很多换装照片都是在这里拍摄的。

1875年6月26日，一家人拜访了道奇森，这家有4个孩子，道奇森好像给他们讲了“圣乔治和龙”的故事。听了故事之后，他们即兴创作出服装，也许还得到了他们妈妈的帮忙，孩子们分角色演出了这个故事。为了纪念这件事，道奇森提议他为大家照张相，每个人穿着自己角色的服装照。这几个孩子是谢、赫伯特、休和布鲁克，他们是乔治·W. 基嵚和他的妻子爱丽的孩子。不知怎么的，道奇森还搬了一个摇摆木马到他的工作室，为了孩子们可以更好地摆出戏剧场面：布鲁克扮乔治，他两腿分开骑在摇摆木马上，手握木剑，他正要斩杀恶龙解救他妹妹谢，谢扮演的是受害的少女。赫伯特穿着披风躺在地上，他试图杀死恶龙却失败了。休，身披美洲豹皮，饰演恶龙。我们很容易想象得到，孩子们在演出游戏和照相留影中是多么开心。谢·基嵚可能是被道奇森拍摄次数最多的模特。至少有50张她的照片被发现，从1869年她5岁开始，到她16岁，之间每年道奇森都会为她拍摄照片。她似乎性格温顺，而且很享受拍照。

道奇森给谢拍摄的最后一批照片中有一张是1880年5月25日照的，她那时已经是一位年轻女士，还是技艺高超的小提琴演奏家。照片中，她站立着，手里拿着小提琴。几周之后，道奇森就收起照相机，再也不拍照了。对于他放弃摄影的猜测有很多。这看起来像是一个很突然的决定。然而，一般来说，暑假去伊斯特本的海边度假之前，道奇森都会把相机收起来。有时候，他十月份回来以后，也照几张相，但是从1880年开始，照相机就一直被收藏着，工作室也没有再用过。有人说是因为儿童裸照的丑闻使他停止摄影，但这个可能性很小。这样的照片在他的摄影生涯中一直出现，而且他非但不认为这是引发丑闻的原因，还视它们为他作为摄影师的艺术水平的例证。

他真正放弃摄影的原因在1881年12月8日的一封信中被披露，这封信是近些年才被发现的，现在被私人收藏。他写信给格特鲁德·亨特太太（1859—1928），一位伦敦律师的夫人，他之前为了拍照，从她那里借过日本风格的服装：

> 我拍摄的最后一张照片是在1880年8月！今年一张也没照：没有哪一张脸足以引起我的兴趣，让我能够费心费力把工作室收拾出来使用。（……）这是一件非常累人的娱乐，但凡有任何跟它一样有趣，甚至更有意思的，且可以只花几个先令就能在工作室里完成的娱乐活动，我就宁愿选择另外这项娱乐活动，而不愿意自己费大力气摄影了。[11]

我们知道，从那以后，如果他想要为家人或者自己拍摄一张孩子的照片，他就使用专业的摄影师，如怀特岛上桑顿的德伯纳姆摄影工作室以及伊斯特本的肯特摄影工作室。显然，照相的整个过程是件苦差事，既然可以去专业的摄影棚照相，道奇森就不愿意再花费时间和精力维护自己的工作室运转了。

总结一下，道奇森从1856年至1880年期间，照了大概3000张照片。1875年，他决定一定要为自己的照片编一个目录，他花了三个星期的时间整理登记自己照的照片。他选择尽量按照时间顺序来给照片编号。但是他试图用回顾的方式完成这项工作，于是，出了很多错。很可惜，他编目的照片集已经不见了，但是照片的编号留存在影集的目录里，或者被写在存留下来的玻璃底片背后，或者写在散漫的几张照片背后。收集齐全这些照片编号，再重新建立他的照片目录是一件费时费力的工作。这些编号让我们可以更加准确地判断照片拍摄的日期。从照片编号上，我们可以毫无疑问地看出拍摄年份，很多时候，我们还能看出是几月份拍的；甚至有的时候，可以看出具体的日期。

人们记住道奇森是一位摄影师，是因为他拍摄的维多利亚时代的幼年和稍大点的女孩们，以及显赫的维多利亚时代的男人和女人们。但真实情况远非如此，他还因为拍摄了上流社会孩子的罕见肖像照而被纪念。他还因为一些独特的服装照片而被认可，照片中的孩子们身着戏服装扮成历史和文学作品中的人物。他因为拍摄儿童的裸体照片而被中伤，而这其实也是维多利亚时代其他摄影师的通常做法。道奇森的拍摄活动和传世作品不应该为他带来批评诽谤。

有很多关于道奇森摄影的专著，最近，又有很多道奇森摄影作品的展览。摄影历史学家研究了他的照片，传记作家探究了他对摄影全身心的投入。他的一些摄影作品十分有名：比如，爱丽丝·利德尔被装扮成乞丐的那张照片在无数本书中被复制，被广泛用作明信片，在网上也很容易被找到并下载。但是他的大多数照片只被有限的一些人看到过。他的全部照片的目录通过合理排序之后尽快出版，才能让人们，至少，在了解了充分的信息之后，做出判断和评价。

1880年，道奇森停止拍摄之后，他的生活发生了很大的变化。就在这一年，爱丽丝·利德尔出嫁了，露西姨妈去世了——这两个人此前一直对他有非常大的影响。他决定提前从他在基督堂学院的职位上退休。经济稳定，他出版图书的收入足够支撑他的生活。讲师工作的收入一般，但是工作量非常大。他还有很多书——对于他来说十分重要的书——要写。摄影成了一项奢侈的活动，他不得不放在一边。然而，我们得到了从他开始摄影之初长达四分之一个世纪中的作品，这些作品标记了时光的流逝，却也确立了道奇森是他所处的年代中最重要的摄影师之一的地位。

当代摄影师

在摄影术还是新兴技术的年代，道奇森不但是一位成功的摄影师，而且，他也是照片收藏家，这展现了他发现优秀艺术作品的眼光。道奇森收藏新的照片时经常会在日记里记录一番，然而，并不是每次买照片或者获得新的照片时他都做记录。我们从他的一个影集，这个影集被标为{A}. X，现在这个影集是奥斯丁的德克萨斯大学格恩斯海姆收藏的一部分。

1857年2月16日，开始摄影不到一年的时间，他记录说：

给伦敦写信要一幅罗布森没有装裱的照片，还有他在《美狄亚》和《满布的吟游诗人》中的人物照片。[12]

这几张照片在伦敦摄影协会1857年的展览中被展示，是赫伯特·沃特金斯（1828—？）所拍摄的。托马斯·弗雷德雷克·罗布森（1822—1864）是他那个时代的重要演员，道奇森多次观看他的舞台表演，而且非常仰慕他。罗布森出演了罗伯特·巴纳巴斯·布拉夫的《美狄亚》或者称《嫁给野蛮丈夫的最佳妈妈》，这部剧于1856年在奥林匹亚剧场演出。

1857年12月21日，道奇森在日记里记载：

> 买了很多照片，包括科尔纳吉店里的很多精美的照片，以及曼彻斯特展览上的画作的照片。[13]

他于10月14日参观了展览，但是并没有说明哪些照片吸引了他的注意力。我们知道，这个展览上展出了托马斯·盖恩斯伯勒、约瑟夫·马洛德·威廉姆·特纳、威廉姆·马尔雷迪和其他画家的画作。道奇森收藏的照片中最有特色的一部分是画作的照片。1858年2月，他得到了一幅亚历山大·芒罗的名为《儿童玩耍》的雕塑的照片，他之后受邀去拜访芒罗的工作室，他在那里拍了很多雕塑的照片。1858年4月，他再次拜访时，芒罗送给他一张亨利·皮奇·罗宾森照的照片，照片名字为《朱丽叶》，这张照片之前在当年的摄影展上被展示过。这张照片里，一个小姑娘手里拿着一个装着毒药的小玻璃瓶。

此后6年间有一段空白，道奇森没有记录他收集的任何照片，除了他自己的照片以外。道奇森参观展览观察其他摄影师的作品，甚至在《插图时代》上发表了一篇关于1860年摄影展的评论。评论是匿名发表的，署名只是“游手好闲的人”，这篇评论被发表在道奇森家族的内部杂志《大杂烩》上，证明他就是作者。他提到了当时很多摄影师的作品，包括赫伯特·沃特金斯、亨利·皮奇·罗宾森、詹姆斯·马德（1821—1906）、罗杰·芬顿（1819—1869）和弗朗西斯·贝德福德（1816—1894）。总体说来，他并不喜欢那个展览。他写道：

> 今年的照片没有太多特别之处，无论是主题，还是拍摄方式，还是化学处理方式。（……）照片的优点和缺点，总体说来，完全是化学作用，为艺术评论留下的余地很少。[14]

道奇森一直把自己归类为艺术摄影师的行列，而非商业街上的专业肖像摄影师。他崇敬的一位艺术摄影师是哈登夫人，克莱门蒂娜·莫德（本姓艾尔芬斯通—弗利明）。1864年，他很幸运地见到了她。道奇森把1864年6月24日标记为有重大事件发生的一天：

> 去拜访约克的大主教，请他做我的模特拍照，但是他不在家。然后去拜访罗塞蒂，看了一些新照片，他现在正在制作的这张照片将非常漂亮。这张照片展现的是维纳斯（头部和肩膀），有一些蝴蝶围绕她的头部，背景是玫瑰花。
>
> 之后，我便去园艺花园举办的集市了，这个市集是为了肯辛顿博物馆的女性艺术家们而举办的。我在一个摊位上看到了哈登夫人的名字，便想去买一张照片。有一张照片没有副本，我便留下了姓名和地址，让他们给送来。这致使哈登勋爵向我介绍起自己，说他是家父的学生，还把我介绍给勋爵夫

人。她有一个工作室，我决定带几个麦克唐纳家的孩子去，让她给照相。[15]

道奇森得到一些哈登夫人的摄影作品（有五张收集在{A}. X里）。十分可惜，她于次年便英年早逝了，年仅43岁。

这件事发生的前一天，道奇森看到了——第一次——茱莉亚·玛格丽特·卡梅伦拍摄的照片。他对她的摄影作品评价不高。他写道："卡梅伦夫人的照片里人物的头太大，偏离了焦点，我不喜欢。"[16]然而，他后来还是收集了一些她的照片。道奇森对摄影技巧非常感兴趣，而且对于摄影术产生的效果很着迷。例如，1856年，他"买了，在一个摄影师那里（……）一种新的照片，在这种照片上，同一个人两次成像。"[17]显然，这是对一个人两次曝光成像而形成的照片效果。道奇森自己在1863年的时候已经尝试过两次曝光，形成"鬼影"或者"梦影"的效果。我们可以在伦敦的图片商那里找到道奇森购买照片的记录。例如，他于1865年7月拜访索斯维尔兄弟公司，"花了很长时间观看了大量的照片"。[18]这次，他买下了演员特里的家人的照片，他认识特里。凯特和艾伦·特里的三张照片被道奇森收藏在影集{A}. X里。

有时候，其他的业余摄影师也会把自己的作品送给他。1865年12月15日，他在日记里记录到，芒特·查尔斯爵士乔治·亨利·卡宁厄姆（1825—1882）送给他"一张他孩子的照片"。[19]芒特·查尔斯爵士有好几个女儿，但这张照片上应该是最大的女儿，布兰奇，她那时9岁。作为回礼，道奇森于12月送给她一本带签名的《爱丽丝梦游仙境》（第一批印刷的一本）。

道奇森仰慕的另一位艺术摄影师是奥斯卡·古斯塔夫·雷德

兰。他1863年3月拜访雷德兰的工作室，还让他给自己拍摄了肖像照。道奇森还让其他几位摄影师为他照过肖像照，包括里彭的海勒姆·克朗普顿·布斯（日期不详）、牛津的雷金内尔·索西以及伦敦的乔治·查尔斯·沃利克（1815—1899），然而大多数保留下来的照片是辅助自拍照（道奇森准备好玻璃底片，选好座位，另外一个人移开和重装上镜头盖）。他拜访雷兰德的工作室后，在日记里记录道："我还看了大量的照片和底片，有些确实非常漂亮。"[20]至于这次他有没有得到照片，却并没有写明。几年之后，1866年4月6日，他和德纳罗兄弟公司的经销商见面，买了很多雷兰德的照片。其中一些被保存在道奇森的{A}. X影集里。

1867年夏天，道奇森和他基督堂学院的同事亨利·帕里·利登（1829—1890）去俄罗斯旅行，坐火车横穿欧洲。在这趟旅行中，道奇森购买了大量照片，不仅仅是风景照，还有很多俄罗斯人物和小孩子（上层阶级的孩子，当然，不是农民家的孩子）的照片。我们知道他买了很多奥尔加·加里津公主的照片，那时她6岁。很可惜，这些照片好像都没有被保留下来。

道奇森的荒谬叙事诗《蛇鲨之猎》（1876年）就是献给安妮·格特鲁德·查塔韦（1866—1951）的。第一版中有几本写了题赠送给朋友，其中还夹着格特鲁德·查塔韦的肖像照，这张相片是在道奇森的督导下，由怀特岛上桑顿的亚瑟·德伯纳姆（1846—？）拍摄的。1880年，道奇森放弃摄影之后，他雇用专业的摄影师给他的小孩子朋友们照相，尤其爱用伊斯特本的威廉姆·肯特（1820—？），这样，即使在他自己停止这项艺术工作之后很多年，他还继续收集照片。爱丽丝、艾格尼丝、艾维和杰西·赫尔、马里恩·理查兹、梅和埃迪斯·米勒、维尼·豪斯、克莱尔·特顿、格特鲁德·查塔韦还有埃迪斯·里克斯都是由别的摄影师给他们照肖像照，而道奇森收集这些照片。

1882年5月25日，道奇森在日记里写道：

> 晚上去（一段时间之前约好的）科尔曼先生家做客。我和他的会面从8点持续到11点，非常美好的夜晚，我们看遍了他的画作。我选了22幅发给罗宾森先生，让他为我拍成照片。两幅画的是［一幅画的是舞蹈，另一幅是伴奏（原文如此）］康妮·吉尔克里斯。两幅（一幅里面的人物蜷伏在枕头上，另一幅里的人物两只手背在身后）画的是弗朗西斯·梅斯（她后来嫁给了一个牧师）还有一幅（摘花）画的是艾伦·菲尔顿，今年皇家学院的多布森为她（或者她姐姐）画像。[21]

很幸运，威廉姆·史蒂芬·科尔曼（1829—1904）的大部分画作都留存了下来。看来亨利·皮奇·罗宾森不但为道奇森提供他需要的照片，他也为自己制作了一套。后者现在在奥斯丁的德克萨斯大学的哈利·兰森中心。道奇森自己的收藏有些也留存了下来，背后都写着他的编号和用橡皮章印下的他的名字。

道奇森的影集{A}. X展示了他收藏的照片范围之宽广。这本影集主要用于收集“其他摄影师”的作品，其中包括了53张照片。此外，在德克萨斯大学，有一组15张的肖像名片，据说是道奇森的收藏，被热心的收藏家沃伦·威文购得。这很可疑，尤其是因为照片上都贴有一张白色标签纸，上面写着“来自刘易斯·卡罗尔的收藏”，大家都知道这种标签纸是1902年制造的，其中一些标签上面还有道奇森写的他姓名的花押字（伪造的）！而且，照片中的主题也不符合道奇森的品位。[22]

道奇森十分热衷于拥有与他同时代的名人的照片。多数情况下，他说服他们让他拍摄肖像照，但这也不总能实现。影集{A}. X中包括了可以说是维多利亚时代的名人的照片，包括赫伯特·沃特金斯拍摄的查尔斯·狄更斯（1812—1870）的肖像照和剧作家约翰·鲍德温·巴克斯通（1802—1879）的照片，科学家麦克·法拉第（1791—1864）、政治家和首相威廉姆·尤尔特·格莱斯顿（1809—1898）、小说家乔治·麦克唐纳（1824—1905）、作家亨利·泰勒（1800—1886）、诺贝尔桂冠诗人阿尔弗雷德·丁尼生（1809—1892）、演员艾伦（1847—1928）和凯特·特里（1844—1924）、小说家塞缪尔·沃伦（1807—1877）还有牧师塞缪尔·威尔伯福斯（1805—1873）。在舞台剧照片中，一幅由雷兰德拍摄的四个穿水手装的演员的照片也许并非道奇森所喜欢的风格，但是他买这张照片可能是为了它的构图和人物排列——道奇森合影照片的重要特征。影集中还收藏了一张斯托克顿和达灵顿一号火车头（1825）的照片。道奇森家1843年搬到克罗夫特—昂—蒂斯时，他们的住所离这条铁路线很近，所以说，火车和铁道成为道奇森家的游戏和早期写作主题，并不令人惊奇。

从对比中可以看出，道奇森本人的摄影主题范畴大大超出人们的想象，包括风景和艺术作品，但是他收藏照片的范畴却主要集中在人物肖像上。他去世后，他的大多数照片影集都被出卖了，还有一些没有被公开。这使得全面评估他对照片的品位成为一件很难的事情，但是我们可以肯定，和大量生产一堆堆肖像名片的商业图片商相比，他欣赏的是业余艺术摄影师所拍摄出来的照片。在高质量照片鉴赏方面，他眼光独到，品位高雅。

第七章
画家和音乐家

维多利亚时代的艺术世界

道奇森对时间非常着迷。《爱丽丝梦游仙境》（1865）中疯狂的茶会里时间是静止的，永远都是六点钟。绘画和摄影都有这个特质——时光中的一瞬间被抓住，这个场景或者时间就被定住了。疯帽子、兔子还有睡鼠不停地喝茶，渐渐地围着桌子转，直到杯子和碟子都用完了。然而，时间并没有向前走：它们的茶会是永久的。

1856年给一个人照的照片也许可以留存到今天——从底片曝光的那一瞬间起，这张肖像照就不会改变了。当今的人对这张照片的解读也许和1856年对它的解读不同，但是我们现在之所见就和好几十年前摄影师眼中看到的景象一样。

道奇森热爱艺术，他更多的可以说是技术方面的摄影先驱，而非商业方面的。道奇森住在牛津，坐火车去伦敦很方便——维多利亚时代主要的交通方式——这些旅行共同的目的就是去参观艺术画廊或者展览。留存下来的日记显示，他经常在皇家学院的夏季展览上花费好几个小时，观赏当时艺术家的最新作品。比如，1855年（他保存下来的日记中的第一年），6月20日他“在皇家学院待了很久”，[1]然后“去了大英艺术家画廊，在这里没有找到值得我花费的任何收获。”[2]在约翰·拉斯金批判眼光的指导下，他拥有鉴别能力，可以区分好的艺术作品和质量不那么高的作品，他喜欢拉斐尔前派运动的画作以及与他同时代其他几位画家的作品。经过一段时间之后，他认识了维多利亚时代艺术圈子里的人，去他们家里和工作室拜访，甚至为他们拍摄肖像照。

道奇森和拉菲尔前派艺术家的相识始于1857年8月，当时牛津大学的一部分人决定要用亚瑟王的画来装修牛津大学学生俱乐部大楼。牛津大学学生俱乐部成立于1823年，作为自由辩论和讨论的论坛而成立。道奇森的叔叔，哈萨德·休姆·道奇森是俱乐部最早的支持者之一，1826年还是俱乐部的主席。道奇森于1857年3月进入俱乐部，虽然他有一些保留意见，但是在日记里记录道：“现在成为其中一员也许是值得的。（……）迄今为止，我还一直躲避它，因为太容易浪费时间了。”[3]

新的辩论大厅是本杰明·伍德沃德（1816—1861）设计的，1857年2月最先开始使用。半年后，大厅的装修工作开始。负责装修的主要艺术家是但丁·加百利·罗塞蒂，装修的主要设想也是他的，还有威廉姆·莫瑞斯（1834—1896）和爱德华·伯恩—琼斯（1833—1898）。他们三人住在皇后学院对面高等专科学校楼上的房子里。莫瑞斯和伯恩—琼斯是艾克塞特学院的校友。配合他们工作的还有来自默顿的约翰·亨格福德·波伦（1820—1902）、瓦伦丁·卡梅伦·普林赛普（1838—1904）、基督堂学院的约翰·罗达姆·斯宾塞·斯坦霍普（1829—1908）、亚瑟·休斯（1830—1915）和威廉姆·里维埃（1806—1876）。雕塑家亚历山大·芒罗（1825—1871）也成为这一组艺术家中的一员。道奇森对辩论大厅里的大型壁画产生了兴趣，也非常仰慕这些新兴年轻艺术家的作品，此后，他为其中五位拍摄过肖像照，还雇用一位为他画像。

1857年11月的一晚，基督堂学院医学教授亨利·阿克兰博士在家中举办了一场聚会，这场聚会给了道奇森观看一些画作和照片的原稿的机会。阿克兰给道奇森看了拉斯金绘制的一幅骷髅手臂，还有校长亨利·利德尔在本科时代画的一些素描画以及芒罗的一具雕塑的照片，这具雕塑的名字叫《儿童玩耍》。道奇森特别喜欢最后这张照片，阿克兰就送了道奇森一张。

1858年2月22日，莎拉·阿克兰太太请道奇森去她家见芒罗，还建议道奇森给芒罗看一些他的摄影作品。道奇森在日记里记到芒罗“答应我给我寄来他的雕塑群像（……）我请求去参观他的工作室（……）当我下次去伦敦时。他建议我拍摄他雕塑的但丁半身像，这座雕塑在阿克兰那里。”[4]就这样开始了他和芒罗的友谊，这段友谊一直持续到芒罗短暂的生命结束（他于1871年去世，年仅46岁）。

芒罗的绝大部分作品都是名人的半身像和塑像，但是他也受雇于人雕塑雇主孩子的塑像。1858年4月，道奇森和弟弟埃德温拜访了芒罗在伦敦的工作室，他记录说：

> 他带我们参观了工作室，在众多完成了一半的作品中，有四具明天要送去皇家学院。他收藏了丰富的照片，许多都是他自己的雕塑的照片；他送了我一张。（……）他授权给我，6月份来伦敦的时候，可以拍摄他工作室里任何的、所有的东西。这太诱人了，我要把照相机带来。[5]

此后剩下的1858年里道奇森的日记都丢失了，但是一系列芒罗的雕塑的照片证实了道奇森再次参观了芒罗的工作室，而且拍摄了很多他的雕塑作品。

道奇森和芒罗的友谊为他打开了认识其他当时重要艺术家的大门。1863年7月21日，芒罗带道奇森去拜访亚瑟·休斯。道奇森在日记里记录道："我们一起去了旺兹沃斯，拜访了A. 休斯先生，还欣赏了很多美丽的画作，还有他的四个小孩，其中一个孩子被画在《樵夫归来》这幅画中。"[6]这幅画也叫《下班回家》，并于1861年在皇家学院展出。几天之后再次拜访，道奇森记录道："我安排好拍摄他现在正在画的那幅小画。"[7]亚瑟·休斯正在画的这幅画是《女士和丁香花》，可能是为《金银笔画》所作的试画。将近三个月之后，道奇森在10月8日写道："休斯先生告诉我，我买的他的那幅画完成了，我们约好，他把画带来给我（也带他的孩子们来，我给他们照相）（……）星期一来。"[8]这是一位女士的半身像，她的右手举起，好像要摘下一朵丁香花，这幅画挂在他基督堂学院的房子的客厅中，位于壁炉上方。他去世之后，这幅画一直保存在道奇森家族内部，直至一次拍卖会上被售出，最终进入加拿大多伦多安大略艺术画廊。道奇森在1863年10月12日给休斯一家照了相。

亚历山大·芒罗还帮忙介绍道奇森和但丁·加百利·罗塞蒂认识。1863年9月30日，芒罗带道奇森去罗塞蒂在切尔西的家中拜访，在那里，道奇森"看到了很多精美的图画，大多数还是半成品。"道奇森接着说："他非常热情慷慨，让我在房子和花园中拍照，我约好了周一带照相机去。"[9]就在同一天，道奇森还去工作室拜会了威廉姆·霍尔曼·亨特（1827—1910），看到他正在绘制《埃及的余晖》。

1863年10月6日，道奇森开始了在罗塞蒂家四天的拍摄工作，给罗塞蒂家族还有他们的朋友照相。其中还包括法语、意大利语、圣经和古典文学翻译家查尔斯·凯利（1823—1883）——亚瑟·凯利的弟弟——法国画家和雕塑家阿方斯·勒格罗（1837—1911），还有罗塞蒂的一些模特。他还为罗塞蒂的很多画作拍了特写。显然，道奇森是如鱼得水，很享受地在全新的艺术世界中徜徉。他此时即将成为小有名气的业余摄影师，但是作为作家刘易斯·卡罗尔却还未被人知，因为《爱丽丝》丛书此时还没有出版。

到了1863年底，道奇森已经跟拉斐尔前派兄弟会的两位创立者熟识——罗塞蒂和霍尔曼·亨特——但他还是很想见到第三位创立者。他对约翰·埃弗雷特·米莱（1829—1896）的作品非常熟悉，他经常在展览会上观赏，1864年4月7日，带着霍尔曼·亨特的介绍信，道奇森出发，亲自去见米莱。他在日记中写道：

> 我一开始走错了，去了7A，在门口等待的时候注意到一位先生在隔壁房子里走来走去，我觉得他看上去很像照片中的米莱。我们交谈了几句，还讨论怎么半天没人来开门。这时，几个孩子和一个家庭教师走了过来，我对自己说："《我的第一次布道》[①]来了。"但是他们走过了我所站的门口，匆忙跑向那位先生（显然他是他们的父亲），然后就进了隔壁的房子。最终，我才发现自己出了错，那位先生正是米莱先生本人：他特别友好，带我进了他的工作室（……）还叫来他的孩子们——

① 《我的第一次布道》是米莱的一幅画作。

两个男孩和三个女孩。[10]

这次见面之后，1865年7月道奇森为米莱一家拍照，在摄影期间，道奇森为米莱先生和夫人以及两个女儿拍了照。

道奇森崇拜的另一位画家是索菲·安德森（1823—1903）。生于法国，出生时取名扬扬布赫，1854年来到英格兰，频繁地在英国学院和皇家学院展览画作。道奇森在1864年4月的展览中看到了她的《愉快的早晨》，他把这幅画描述为所展出的画中“最可爱的一幅”——“一个孩子的头和胳膊靠在手肘上，躺在枕头上，眼神如梦如幻，很像桑特画中的眼神。”[11]他这里指的是画家詹姆斯·桑特（1820—1916），道奇森在1866年4月和他见了面。

就在道奇森短暂拜访米莱家的同一天，他决定去拜会索菲和她的丈夫，沃尔特·安德森，他也是一位著名画家。他记录道：“我去时他们在家，非常友好的人儿，但是家里没有太多画作，只有几张颜色涂了一半的头部速写——都非常漂亮。”[12]这是道奇森最初几次拜访艺术家。

1864年6月，道奇森购买了一幅索菲·安德森的画作，名为《米妮·莫顿》，并把它挂在了基督堂学院的家里。妹妹玛丽在1869年结婚时，他决定把这幅画送给她作为结婚礼物，但是他请求索菲·安德森又为他画了一张。他也给这幅画照了照片，所以，很明显，这是他非常喜欢的一幅画。1865年，他又从索菲·安德森那里买了一幅画。在7月6日的日记里，他写道：

又去了一趟皇家学院，然后去了安德森家，在他家看到了很多漂亮的画，对安德森先生一幅画的视角给予了一些提示，这能帮助他把这幅画改得更好。我买了安德森太太的一幅小画，是一个孩子的头部特写：这个孩子就在他们家，她被叫到房间里来，是一个12岁的漂亮孩子，名叫伊丽莎白·特纳。我想给她拍一张照片，就跟画里的表情一样的一张照片。[13]

这张画被命名为《丁香花姑娘》，1865年7月21日，道奇森给这个小模特照了相。这张小肖像一直摆放在道奇森在基督堂学院家里的壁炉台上，直至他去世，他去世后，这张肖像一直被保留在道奇森家族内部，直至1998年3月在克里斯蒂拍卖行被拍卖。

1858至1862年之间的一段时间（这段时间的道奇森日记丢失），道奇森见到了画家亨利·达瓦尔（鼎盛时期1848—1889）。他在皇家学院的展览上看到过他的画作，非常仰慕，于是雇他为艾琳·麦克唐纳画像，艾琳是作家乔治·麦克唐纳的女儿。这幅画像，可能是在照片的基础上画的，却至今没有找到。1864年4月1日，道奇森参观了这位画家的工作室，1864年7月12日在兰柏宫为他拍了照，道奇森那段时间在兰柏宫架起照相机，邀请他的朋友们来拍照。至少有两次，道奇森和达瓦尔一起参观大英艺术家画廊的展览，达瓦尔为他做向导。

1867年4月10日，他们看到托马斯·赫菲（1813—1873）的两幅作品。

一幅叫《给父亲写信》，画中一个孩子横卧在地上，用一个小旅行皮箱当桌子，另一幅是《费尔法克斯上将在迁徙途中》，上将在小棚子里休息，他的小女儿晕倒了，躺在他的腿上：她的头和柔顺的黄头发，衬托在深蓝色的背景之下。

道奇森描述说：“非常美丽。”[14]

和他往常的做法一样，几天之后，道奇森登门拜访赫菲。他在1867年4月23日的日记中写道，赫菲很亲切地接待了他，还说：

我们聊了很久，话题非常有趣，只是他耳朵听不到，要带一个号角形助听器。[15]

三天后，道奇森给他妹妹写信，描述了这次拜访：

我上一次进城还拜会了一位非常有意思的画家，赫菲先生。你还记得那个奇妙的鬼魂—女士的故事（《家喻户晓》或《一年四季》）里，那个鬼魂—女士给画家做模特吗？这叫《H先生的故事》，他就是故事的作者。这个故事一出版，不是威廉姆就是亚瑟·威尔科克斯（我忘了是谁）就与他就这个主题通了一两回信。这件事，加上我今年在“大英艺术家画廊”看到了他的画作，而且非常欣赏，促使我去拜访他。他特别热情地接待了我，我们聊了那个鬼魂的故事，非常有趣，这确实是我听到的最神奇最难以解释的故事了。

托马斯·赫菲因鬼怪和灵异现象的画作而出名，这也是道奇森感兴趣的话题。他的信里继续说道：

赫菲先生还给我看了他在海外收集的一组非常有趣的画作。他一直在寻找最早最可信的关于我主的图片：有些只是线条轮廓，有些是彩色的画。这些画在脸部特征上无疑都有共同之处，他说其中一幅肯定是在150年之前画的。他还写了一些相关的论文，发表在《艺术期刊》上，上面还刊载了他手里的这些画作的副本，但是他有意出书，更系统完整地列举这些画作。从他的语气中，我可以肯定，他是带着无与伦比的宗教热情做这件事的，我认为这本书将会非常有意思。[16]

赫菲并没有活着看到他的书出版，但是一帮朋友，包括道奇森和拉斯金，在他去世之后，帮助他出版了这本书。赫菲的《相似的基督》于1880年问世。

1868年4月4日，再一次去赫菲那里拜访，道奇森看到。

一幅非常美丽的图片，他正要寄给皇家学会，画里面一个孩子正在为早餐沏茶，画的名字叫作《只是在歌唱》。我跟他说明，让他再给我画一幅（做一些必要的修改）他去年画的晕倒的孩子。[17]

这幅画最终被称为《梦游童话世界》。道奇森还得到一幅赫菲的画，画的是婴儿时期的圣西西里亚。这两幅画都是1869年4月完成的。两幅画好像都是在道奇森去世之后，1898年处理他的遗物过程中被卖掉了，现在这两幅画不知所踪。

赫菲的一个女儿也是画家，她叫西奥多西娅“西奥”（1859—1920），是一位有自己风格的画家，她在伦敦托马斯·哈瑟利位于纽曼街的工作室学习，道奇森经常登门造访，有时候还为了摄影借一些服装。哈瑟利将自己的工作室开放给希望学习艺术的大众，这里教授的课程包括写生和服装模特摹画。1881年12月21日，道奇森记录道：

> 我去了哈瑟利先生的工作室，大概11点到的，待在那儿和西奥聊天，有一点是想看她画画，还有一点是想自己练练手，还有一点是想看十多个学生们“写生”——一个穿着华丽长袍的漂亮埃及姑娘——我1点钟左右才离开。[18]

道奇森非常热诚地支持新的艺术家，尤其是年轻女艺术家，他甚至用《爱丽丝》丛书销售的收入来帮助他们交付学习费用。例如，一个邻居的女儿，露西·沃尔特斯（1856—？），给道奇森的两位侄女画像，内拉和维奥莱特。道奇森在1887年5月3日写信给她表达感谢，还说：

> 考虑到我们对您画作的评价，以及您愿意和赫科默先生学习，我想到支付您（如果您愿意的话）在布希和他学习一或两个学期的费用。[19]

露西·沃尔特斯当时31岁，没有支付这笔学习费用的经济能力，她接受了道奇森的资助。休伯特·冯·赫科默（1849—1914），他家位于赫特福德郡的布希，1883年11月，他在家开设了一间艺术学校，以学期为时间单位接收学生。他自己本身是一位有所成就的艺术家和肖像画家。机缘巧合，道奇森过世之后，他在基督堂学院的朋友雇用赫科默先生画一张道奇森的肖像画，这张画现在还悬挂在学院大厅。

道奇森计划资助的另外一位年轻画家是埃塞尔·哈奇（1869—1975）。道奇森和哈奇一家交往颇深，还给他们家所有的孩子都照过相。他们的父亲在牛津大学教授基督教历史。道奇森试图帮助安排埃塞尔跟随赫科默先生学画，但没能促成。最后，她去伦敦斯莱德艺术学校学习，成为插花和异域风景画艺术家，活到105岁高龄。她的画作在画商之间交易频繁，但是在当今并不出名。

道奇森自己的艺术水平是通过摄影这个媒介得到发展的，但他确实时不时练习作画，他在速写本上的习作也有一些留存了下来。他从来没有真正对自己的画技满意过，毁掉了很多自己的画。科林伍德评论道奇森的画。

> 无论从哪方面说，都很一般。他在艺术素养方面请求拉斯金的建议，拉斯金告诉他，他在这方面才华不足，不值得他花费这么多时间练习画画。[20]

然而，当对插画提出想法和建议时，他的艺术眼光却又起到非常重要的作用，拉斯金对他绘画能力不足的批评不算完全公平。很多他小时候画的画都还存在。从这些画中，我们可以看到创作幽默画和为诗歌以及故事配插画的明显技能。留存下的最早的画作是为道奇森家内部杂志《有用有益的诗歌》而画的。这些画是1845年左右创作的，那年道奇森13岁，是他为一个弟弟和一个妹妹而画的。这幅画显示出那个年纪的孩子惊人的绘画能力。人物身材比例合理，视角准确，并且画的是一个双腿交叉的人，这并不简单。很显然，这幅画展示出他早期的绘画天赋，这种天赋在合理的培养和鼓励之下才能够发展。

作为一位作家，他的头脑中可能有很多种形象，帮助他描述故事。他的描述很有画面感：读者可以想象到背景、人物和事件。他的很多童年伙伴记得道奇森是如何边讲故事边画画的，还有一些他画的故事情节串联画留存了下来。

道奇森把他的插画加入《爱丽丝地下漫游记》中时，他30岁。我们知道他费了很大劲才完成这些画。基督堂学院图书馆藏档案里有他的练习画作。虽然画到神秘动物的时候，他放纵自己的想象，但为了确保书中的动物看上去真实，[21]他查阅自然历史图书。他把插图的位置空出来，直到他确定每一幅插图应该是什么样子，这时，他才将插图誊上去。就是这样，他明白了为一个故事创作插画的艺术，在文字中安排插画，增加文字的趣味性，为读者提供故事的视觉背景。坦尼尔自己的插画好多都是沿用的道奇森的想法，可能是接受了道奇森的建议而作的。

很多年后，当道奇森考虑复制出版手稿的时候，就是这些插画让他担心。在1885年3月1日写给爱丽丝·哈格里夫斯的信中，他写道：

> 如果您能把它借给我（挂号信是最安全的，我想），我将不胜感激，我要考虑一下可行性。我已经有二十年没有看到它了：我一点也不确定那些插画是不是画得差劲极了，复制它们也许是个荒谬的想法。[22]

当然，他的担心是没有必要的。也许这些插画很古怪，业余，且缺少专业画家的技巧，但无论如何，它们传递出了他本人幻想出来的仙境中的形象。在给爱丽丝·利德尔姐妹第一次讲这个故事的时候，他可能只想象出这些角色的大致形象，当他把这本书送给她当作1864年的圣诞礼物时，所有的形象都完成了。

道奇森精明的一点就在于，他知道“顶尖的”插画家对于他的书的销售会有重要的影响，尤其是当他自己还是一个不知名的作家时。选择坦尼尔是聪明之举。坦尼尔非常出名，而且早期的一些书评中提到的都是坦尼尔，而非作者！毫无疑问，坦尼尔的插画对于两本《爱丽丝》图书的畅销做出了重大贡献。

然而，道奇森是从哪里获得他的艺术灵感的呢？我们知道他经常参观画廊和艺术工作室。他是维多利亚时代艺术的行家，尤其是对拉斐尔前派艺术家的画作很了解，他的一生观赏了很多的画作。他甚至还出钱让画家重画他喜爱的画作，把它们挂在他基督堂学院的家里。简单介绍道奇森观赏且称赞的四幅画作，可以看出他的艺术偏好。

一幅早期的道奇森在画廊观看到的画作是米莱的《救赎》，这是1855年6月他在皇家学院看到的：

> 我们先是匆匆忙忙地赶到画家学院的画展上，米莱的《救赎》让我震惊，它是展览中最好的一幅。[23]

在这幅富有戏剧性的画中，一位消防员正从一间燃烧的房子里救出两个孩子——一个被他夹在胳膊下，另一个趴在他背上，一只手搂着他脖子——消防员正要把孩子们安全地送回他们母亲的怀里。

1857年7月，道奇森看到威廉姆·戴斯（1806—1864）名为《提香准备撰写第一篇关于上色的论文》的画，印象深刻：

> 非常富有诗意的脸庞，整幅画构想巧妙。我刚开始还以为是拉斐尔前派画家的作品。[24]

道奇森把它错以为是拉斐尔前派画家的作品，原因可能是画作颜色光亮，而且采用了自然的木头背景。年轻的提香坐在椅子上，速写本已经准备好，从花瓶里探出头来的花朵似乎是他的主题，但是他却看着《圣母玛利亚和圣婴》而分心了。

道奇森很喜欢亚瑟·休斯的画，他在1864年4月2日和5月17日的两篇日记里都评价了他名为《音乐聚会》的画作：

> 去拜访A. 休斯先生，看到他的两幅为画家学院画的画几乎就要完成了,一幅画中有一位女士在给丈夫和孩子弹琴（孩子们是参照托蒂和艾格尼丝画的）。[25]

休斯本人的夫人，特丽菲娜（本姓福尔德，1831—？）是主要模特，他的儿子亚瑟·福尔德“托蒂”（1856—1934）还有女儿艾格尼丝（1859—1945）为画里的孩子当模特。画中丈夫的模特身份不明。这幅画的背景是中世纪时代，颜色绚丽多彩。

> 先去了皇家学院，没发现比亚瑟·休斯的《音乐聚会》更漂亮的画了。[26]

道奇森对这幅画印象太深了，以至于他想为休斯一家照张相，就摆出和画里一样的姿势照，休斯在一封信中提到了这件事，这封信可能是1864年下半年写的：

> 我们已经有了您所提到的所有的照片——或者说，已经有了孩子们所挑选的照片——除了像《音乐聚会》一样的多人照，我想要一张，因为我还从来没有这样的照片。[27]

有一张照片，其中包括他们家的另一个女儿艾米·休斯（1857—1915），艾米取代了画中丈夫的角色，其他角色保持不变，这张照片拍摄于1864年7月19日。这幅画作是1861到1864年绘制的，1864年在皇家学院展示，而且之后还多次展出，现在它是日光港的利弗女士艺术廊的收藏作品。

道奇森还欣赏埃德温·朗斯登·朗（1829—1891）的作品，他不止一次去参观他的画。1884年5月27日，关于《安诺·多米尼》，他写道：

> 然后带西奥去看朗的优秀画作，关于迁徙到埃及的一幅画，叫《安诺·多米尼》；我觉得圣母和圣婴与装饰元素相比弱化了一些——一大排的埃及人，等等。[28]

这幅画，也被称作《跋涉至埃及》，1883年完成的大幅作品。图画的显著位置上，至少有50人出现在行进的长长队伍里。队伍中包括伊西斯女神的金塑像还有她的儿子荷鲁斯，荷鲁斯在远处被很多奴隶和其他人高高地抬在空中。中心人物是骑在驴子上的玛丽，她手里抱着圣婴耶稣，约瑟夫走在她的身边，这一家人正逃往埃及。1884年5月，道奇森再次去观赏这幅画；1893年3月，第三次去看，这次，他写道：

> 然后去了邦德街，看埃德温·朗的画。他最好的一幅画，我认为，是《跋涉至埃及》和另一对画作，另外这对画的是，宙克西斯从六个少女中画维纳斯的像。[29]

后来说的这一对画作是1885年完成的《寻找美丽》和《被选中的五位》。以上的例子是道奇森看过之后喜爱的画作，它们只是被选择出来作为代表，以便大家了解道奇森的喜好。从很大程度来说，道奇森和维多利亚时代盛行的见解一致。

我们知道，道奇森是在1880年放弃摄影的。他感觉到摄影开始占用他太多的时间，使他没有那么多时间可用了，尤其是商业摄影师已经在主要的城市里普遍出现，需要的时候可以雇用他们来照相。1882年，道奇森又重新开始画画，尤其是写生。他和专业艺术家的联系使得他可以接触到模特，还有一些熟人为他提供对裸体儿童写生的机会，他很喜欢。其中一个熟人是埃塞尔·贝尔（1854—1933）。她是格特鲁德·查塔韦的姐妹，她和记者查尔斯·弗雷德雷克·莫伯利·贝尔（1847—1911）结婚，他后来成为《泰晤士报》的经理。他们有几个孩子，其中两个孩子，艾尔利斯（1883—1968）和辛西娅（1887—1961），都给道奇森当过儿童模特。

道奇森的模特通常都是富裕家庭里的小女孩。他很费力地创造从解剖学上来说准确的且看上去令人愉悦的形象。他看到小女孩的时候，非常开心，维多利亚时代的大多数人认为小女孩代表着纯真无邪——外形上跟天使一样。我们没有发现道奇森所画的成年女性的裸体画。

在1893年10月8日写给格特鲁德·汤姆森的信中，他约她来跟他一起画画：

我已经约好下周六一过10点半就到贝尔家，画艾尔利斯和辛西娅。您是否方便前来一起作画？我想，我的绘画结果可能是“零”，但如果您也可以来画上一两张的话，孩子们不会觉得自己作为模特的努力白费了。[30]

10月14日，他在日记里写道：

8点半到城里。10点半过一点点到达贝尔家。E. G. 汤姆森小姐过一会儿也到了，直到过了12点，她已经完成，我也试着画，艾尔利斯和辛西娅的速写。她们俩自愿配合，是非常耐心的模特，外形也很漂亮，然而，更多的是纯洁。看到这样的纯洁无邪，人都被净化了。[31]

接着他在1893年6月23日又给格特鲁德·汤姆森写了一封信：

我亲爱的汤姆森小姐：

我很高兴给您寄去这张支票：很快，我会再寄去一张，支票数额越大，我越高兴！您对于艺术的评论越来越有意思了，虽然我不明白什么是失去“优雅风范”的仙女，如果说和人类的孩子的情况一样的话。当然，我认为这就像一些现实生活中的孩子不优雅那样，因为没有一个孩子的外表是完美无缺的：很多都不如上帝所创造他们时的样子。然而，完美的身形，没有这些缺陷的身形，也适用于人类、仙女和天使吗？也许这正是您的意思，即艺术家可以想象和设计出比我们在现实生活中能发现的更完美的外形吗？

谢谢您对我关于艺术品位的评价。我热爱绘画时付出的努力：但是即使在满足我自己眼睛这一方面，我都失败了，虽然当有可爱的小孩做模特时，我有时候也能画出几乎正确的一两道线条。但是我现在已经没有时间干这些事了。接下来，我真希望我们不仅仅观赏美丽的外形，这个世界没有那么多美丽的外形，但是要能够把它们画出来。[32]

格特鲁德·汤姆森，在她写的回忆道奇森的文章中，描述他：

不但是一位令人钦佩的业余摄影师，还是一位热情的儿童画家，尤其是当他们“穿着虚无”时，这是他对这种情况恰当的表述；关于这一点，他还曾经告诉我诺埃尔·佩顿爵士的一个孩子所说的让人好笑的话。佩顿爵士的孩子们非常漂亮，在他们父亲为金斯利的《水宝宝》创作插画时，还给他们父亲做模特。在仙女们漂浮在水上的那幅插画里，正视角度里的人物明显是照着他的一个小女儿画的。一天，一个朋友看着那幅画说：“哎呀，这不是你嘛。”“是的，”她回答，“是我，不过我不经常穿成那样！”

我认为他天生具有绘画天赋，但是他完全没有接受过训练，所以，虽然他的画里带有对美的感觉，可是，当然，他的画是很粗糙的。[33]

道奇森画的另外一个孩子是在伊斯特本的海滩上——是1877年7月23日，为艾玛·路易莎“路易”沃迪在海边画的。[34]她是大律师塞缪尔·丹克斯·沃迪（1830—1902）和妻子艾玛（1898年逝世）的女儿。这张画展示了道奇森有在室外作画的能力，可能用时还不到20分钟，然后进屋完成画作且上色。道奇森在用色方面的能力也得到展现，但是我们必须记住，他早在为家庭杂志所作的插画中就用水彩上色了；他后来为自己的画作上色时，并不是新手了。

道奇森雇用与他同时代的专业艺术家为他的书创作插画，这是正确的。他们的作品帮助他的书吸引了公众的注意力，尤其是坦尼尔为《爱丽丝》的两本书创作的插画。然而，他凭借自己的艺术眼光，有能力向插画师表达自己的观点，这也使得他的书受益匪浅。他在维多利亚时代的艺术家圈子中很有名气，大家视他为赞助人、朋友和支持者。

亚瑟·沙利文

1867年4月11日，道奇森在圣詹姆斯大厅的音乐会上，第一次听到亚瑟·西摩·沙利文（1842—1900）的音乐。夏洛特·海伦·圣顿—多尔比（1821—1885）演唱由沙利文作曲、阿德莱德·安·普罗克特（1825—1864）填词的歌曲《你是否会来？》。道奇森描述这场音乐会是“一场盛宴”。[35]沙利文这时以严肃音乐而著名，但是他也尝试为喜剧歌剧编写音乐。1867年5月11日，道奇森去伦敦参观皇家学院的展览，但是下午去阿德尔菲剧场看了一场业余演出，也把这场演出描述为“一场盛宴”：

> 第一部是非常好笑的歌剧版《箱子和舵手》。“箱子”由昆顿·特威斯扮演（基督堂学院的教师），“舵手”由乔治·杜·莫里哀扮演（很久以来我见过的最聪明的演员和歌手），“保镖”（声名狼藉的军人，总是唱着击鼓般的曲调出场）由A.（亚瑟）·布伦特扮演。[36]

这是由弗朗西斯·考利·伯南德（1836—1917）编写的喜剧——音乐由沙利文创作——这部剧的音乐剧版重新命名为《箱子和舵手》。沙利文直至1869年才跟威廉姆·施文克·吉尔伯特（1836—1911）见面，两年之后二人才开始合作，当时沙利文为吉尔伯特的《泰斯庇斯》作曲。

1875年，伦敦皇家剧院的经理理查德·D. 多伊利·卡特（1844—1901）雇请吉尔伯特撰写喜剧清唱剧《陪审团的审判》，并且建议由沙利文来作曲。这部剧看来是个巨大的成功，但是好像道奇森并没有去看过。他们二人的下一次合作是《男巫》，1877年11月在喜剧歌剧院首演。道奇森1878年1月14日看了这场歌剧，认为它“糟糕，但是格罗史密斯演的男巫非常棒”。[37]乔治·格罗史密斯（1848—1912）因为在这部轻歌剧中扮演“约翰·威灵顿·威尔斯”而成名。

早在吉尔伯特和沙利文的合作出名之前很久，道奇森就曾在1877年3月跟沙利文联系过，请沙利文为他作曲，然而同时，他脑子里的想法是把《爱丽丝》改写成轻歌剧。在没有提供什么细节的情况下，他可能要求沙利文为他的一些诗歌谱曲。1877年3月22日，沙利文回信说：“我很高兴您称赞我的音乐。但我不接受为既有歌词谱曲，我更喜欢买下歌词的版权使用。”[38]道奇森收到这个回复并没有气馁，1877年3月24日，道奇森再次写信给沙利文：

亲爱的先生：

谢谢您的回信。我想在得知我的建议是否可能之前，我不想用任何细节信息来打扰您。如今，虽然您的回答让我感觉希望渺茫或者全无，但在完全放弃希望之前，我想我还是应该告诉您我所想要的是什么，或许这可能改变您对我的问题的看法也未可知。我写了一本给孩子读的小书，《爱丽丝梦游仙境》，这本书非常受欢迎，把它改编成剧本的想法多次出现在我心里。如果真的要实现这个想法，我希望能做到最好，不惜费用——我认为最重要的特点之一就是好的音乐。所以，我想（我知道您的音乐非常迷人）最好其中有2或3首歌曲出自您手，已备它被改编成剧本时可使用（如果能够实现的话）。如果改编成剧本的想法被丢弃的话，我们会安排连带音乐一起出版。请尽快回复，

您真诚的，

C. L. 道奇森

（“刘易斯·卡罗尔”）

此时，沙利文意识到自己在跟一位成功且著名的作家通信，他变换了口气。1877年3月30日，他回信说：

我匆忙回信，没注意到您就是那位让老老少少欣喜愉悦的刘易斯·卡罗尔。我经常想到《爱丽丝》被改编作音乐剧，但

是我认为它需要很多来自舞台布景和音乐的协助。它将成为非常美丽的“童话乐章”。如果您将为您的想法投入实际的努力的话，我愿意和您一道加入这项工作。我现在可以跟您解释一下，作曲是我最大的收入来源，我实在无力承担完全卖掉一首乐曲，除非是在严苛到荒谬的条件之下卖出。如果您的文字由我或者别的作曲人谱曲，我将非常高兴提供我能力范围之内的任何信息，以确保您得到与文字相匹配的音乐。[39]

绊脚石仍然存在——二人都希望保留对自己作品的版权——但是道奇森已经做好准备接受沙利文可能提出的条件，即每一次演奏他的音乐都要收取版税。3月31日他回了信：

我亲爱的先生：

我要再次感谢您的回信，就像上一封，虽然看似不可更改，但是又留下一道微小的希望之门。请原谅我提出更多问题打扰您，但是我想知道具体数额是多少，就是您说到的您认为“严苛到荒谬的条件”下，一首音乐剧歌曲的版税是多少；另外，具体的条款又是什么，我猜每次音乐在公众场合被唱响，您都要收取版税。对于我来说，我认为“版税”这一块是最合适操作的，通常来讲，但是另外的条款具有决定性作用。

您说到，如果我开始实施把《爱丽丝》改编成剧本的行动，则您很愿意加入，可我并不想等到那时。我们可能要等待很久，然后，直至事情确定了，又要匆忙地准备音乐——更糟的是，那时您也许不能或者不愿意再为它谱曲了。这是我希望事前就准备好一部分音乐的原因：而且我知道您的音乐太动听了（他们说我对音乐没有鉴赏力——所以恐怕我对音乐的批评并无价值），我想先确保您为我谱写一部分音乐，现在，趁着还有时间。[40]

沙利文对这封信保持沉默。他似乎不愿意讨论从他发布的歌曲中取得的版税收入，而且看上去并不着急为《爱丽丝》改编为歌剧一事和道奇森建立合同。当然，他当时正和吉尔伯特合作《男巫》，所以手头有足够的工作。道奇森不愿意拖延时间，1877年5月12日，他给沙利文发去一封温婉的提醒信，提醒沙利文还没有回复他3月31日写的信。这得到对方5月17日的回信：

我仍然认为应该把这个项目看作一个整体的歌剧，而非一首首单曲。我的想法是通过各种各样精巧的音乐形式，如独唱和合唱等，把它打造成宜人的小型华丽表演。通过仔细的准备，它将在艺术上和经济上都获得巨大成功。[41]

可行性或者版税等问题都没得到回答。显然，道奇森又写信追问财务安排问题（这封信丢失了）。沙利文5月23日回信说：

至于《爱丽丝》的歌曲（……）每首歌曲收费30畿尼，只需要明确规定，如果每首的销售达到5000次，超过5000那部分，则每首每次我收版税6便士。[42]

此时，轮到道奇森无话可说了——至少沉默了好几周。他仔细地考虑之后，于7月5日给沙利文写了回信：

我亲爱的先生：

一个想法（贯穿您上封信的想法）非常值得怀疑，即如果《爱丽丝》的音乐是为舞台表演而作，那我很怀疑它们是否能够被大量购买作为客厅背景音乐。它们脱离了存在的背景，就失去了很多意义。这样的话，版税就少之又少：音乐在每次剧场演出的版税，对您来说，更加合算。

现在，我想到一个问题（从经济的角度看），假设《爱丽丝》被改编成舞台剧，我要为剧中的8首歌每首付出30畿尼，而且（假设）为多加的歌曲和附属的音乐另外支付160畿尼，即是说，我要为这部剧的音乐总共支付400畿尼。我现在不知道戏剧作者的版税费用是多少，但是我想一晚演出的版税10先令应该不是非常规的数额。这就要求演出持续两年，才能把音乐这部分的费用还清。这样合理吗？

我自己的感觉是，这样的项目最终都会有高额损失，我应该考虑这样的冒险是否值得，但是我还是想问问您，如果计划制作这部舞台剧，我们是不是可以这样安排，我提供剧本，您提供音乐，我们分享利润，如果有利润的话，咱们平分；如果有损失的话，由我承担。

然而，这只是愿景。作为对我信件的实际决断，如果您不介意承担一小部分任务，我希望您能试谱一曲《爱丽丝》中的歌曲——您喜欢的任何一场（除了为已有的旋律写就的歌词，比如《您是否愿意走进我的客厅？》以及《美丽的星星》）——或者《镜中》的任何场景。

音乐不会被公开（至少现在不），会被存储起来，希望等到书的内容被写成剧本的那一天。[43]

至此，通信结束了。道奇森提出的建议对沙利文并没有吸引力，道奇森和沙利文合作制作一部歌剧的建议就像柴郡猫的身影一样消失而去——只是这个想法仍然存在。沙利文的侄子很多年之后回忆说："我叔叔和我关于这个话题进行了一次长谈。他告诉我说，卡罗尔写信给他的时候，我叔叔正因为我父亲的离世而悲痛不堪，卡罗尔信中提出要合作。"他还说沙利文：

一开始并不知道卡罗尔。《爱丽丝》当时刚刚问世不久，可以说，他还不了解。由于卡罗尔坚持不懈，（沙利文）就买了一本来看，而且非常喜欢。然后，他很努力想为之谱曲。他坐了一整夜，创作乐曲。但是谱出的旋律并不理想，他很失望。他说无法作出与之协调的乐曲。[44]

虽然道奇森开始放弃这个想法了，可是他的出版商亚历山大·麦克米伦却没有。1881年11月，作曲家安妮·E. 阿姆斯特朗（1853—1918？）联系麦克米伦，想获得允许为《爱丽丝梦游仙境》和《镜中》里所有的歌曲谱曲，但是麦克米伦认为沙利文是一个更好的选择，可以使这个想法在商业上取得成功。11月29日，他写信给道奇森：

阿姆斯特朗小姐要求获得准许为所有《爱丽丝》和《镜中》的歌曲谱曲。我不确定您是不是应该给予准许。一首单曲就另当别论了。如果您能让沙利文为歌曲谱曲，然后和您的文字一起出版，这将是共同获利的——您和他。我建议拒绝大量授权，但您可以允许她为一首或者两首谱曲。[45]

道奇森知道沙利文已经拒绝了这个想法，所以他很愿意授权安妮·阿姆斯特朗为歌曲作曲。1885年，《爱丽丝梦游仙境歌曲集》由F. 皮特曼·哈特公司在伦敦出版。

道奇森仍然很热切地想看到自己的书成为一部完整的歌剧，要有专门谱写的音乐配合演出，于是他决定试试其他维多利亚时代著名的作曲家。7月份，他联系了詹姆斯·泰勒（1833—1900），他是牛津大学新学院的风琴手。泰勒推荐作曲家亚历山大·坎贝尔·麦肯齐（1847—1935），1883年8月6日，道奇森在日记中写道："关于今后为《爱丽丝》作一部歌剧的问题，给A. 麦肯齐先生写了信。"[46]他的这封信大意如下：

亲爱的先生：

我去信是为咨询一项商业问题，然而我必须先自我介绍。我将用我的真名落款，但是我用"刘易斯·卡罗尔"的名字写了两本儿童书，书名是《爱丽丝梦游仙境》和《爱丽丝镜中世界奇遇记》。大家建议，鉴于这两本书广受孩子的喜爱，应该改编成一部舞台剧，收录书中的内容，并且要为该剧配乐，做成一部轻歌剧。我在舞台剧方面有很多朋友可以帮忙。现在首要的问题当然是作曲家，不但是有人向我推荐您，而且推荐人是一位顶级的专业音乐人，然而，我自己也听过非常多的您的作品，我肯定您是一位极具天赋的独特的音乐家。若您愿意且能够承接此项目，我将非常有信心地将它托付于您。

我有一个问题，在这里提出，“有没有可能，比如说在两或三年的时间里，您愿意为这样一个项目而工作？”如果您的答案是不，则我将不再叨扰您；如果答案是“是”，我将写信告诉您更多细节。相信我

您真诚的，

C. L. 道奇森[47]

回信非常积极。道奇森记录道：

收到麦肯齐先生（在佛罗伦萨）的回信，他很愿意承接《爱丽丝》轻歌剧的工作——1884年底或者1885年初开始。这样，我现在就有动力尝试写作剧本了：但这是一项非常艰巨的任务！[48]

道奇森花了好几个月的时间考虑这项“非常艰巨的任务”，也许也试着构建剧本，但是1884年5月14日的日记里，他写道：

给麦肯齐先生写了信，我最终放弃为歌剧《爱丽丝》写剧本。我觉得自己没有足够的才能构建剧本的框架。我授权他来尝试创作剧本，他可以寻找他喜欢的任何一位剧作家，我还告诉他我不需要酬金，而且给予他“准许”。[49]

麦肯齐如果不是不愿意，那就是没能力继续这个项目，他并没有为《爱丽丝》歌剧谱曲。1886年，这个工作落到一个几乎不为人

知的作曲家手中。

虽然道奇森没有获得沙利文跟他的合作，他仍然去观看吉尔伯特和沙利文的歌剧，基本上都是在歌剧首演那年去看。《皮纳福号军舰》的首演是在1878年5月，道奇森却是在1881年1月14号看的一群孩子的午场演出，他评价说“整体很不错，但让人难过的是，一群甜美的小女孩被教说脏话。这是唯一的缺点”。[50]他于1881年12月31日看了《耐心》，在日记里写道：

> 这部剧（……），我想，整体上都没什么意思：然而剧中却有一些好笑的地方，音乐是非常不错的。整体来说，无可厚非，可以看出这是吉尔伯特的歌剧，舞台布景和服装非常迷人。[51]

这部剧是1881年4月首演的。道奇森之后还去看了五次，写道：“每次都那么好。”[52]道奇森在1882年12月30日去看了《贵族与仙女》，他记录道：“非常漂亮，但是没什么意思——比《耐心》差远了。格罗史密斯先生饰演大法官。”[53]《贵族与仙女》的首演是在1882年11月25日。道奇森于1883年6月2日又看了一遍。《彭赞斯的海盗》的首演是在1879年12月，但是道奇森直到1885年1月13日才去观看，他评价道：“演出非常迷人，有些演员的声音很美，特别是饰演梅布尔的‘艾尔希·乔’，她看上去像犹太人。”[54]大概一周以后，他又看了一遍，这次他说：“和上次一样好，可惜艾尔希·乔病了，艾米·布劳顿饰演梅布尔，她的声音不如前者。”[55]1885年6月13日，道奇森看了《日本天皇》，他觉得这部剧“令人陶醉，音乐十分悦耳，情节有趣。”[56]这部剧1885年在萨沃伊剧场首演。道奇森之后又看了四次。1889年4月20日，道奇森观看了《禁卫军》。他写道："有些歌曲很不错，也有一些有趣的场景，但是没有《耐心》优秀。"[57]这部剧1888年在萨沃伊剧院首演。至此，道奇森对于吉尔伯特和沙利文合作推出的轻歌剧已经有些厌烦了。1890年8月2日，他看了《船夫》（首演在1889年12月），记录说："没什么值得记忆的，不像沙利文早期的音乐那么好记"，[58]最后在1894年1月6日看了《乌托邦》（限观看人数）（首演在1893年10月），他说："演出很棒，音乐动听，但是达不到吉尔伯特以往作品的水平。"[59]

维多利亚时代的音乐圈

从演奏乐器和谱曲方面说，道奇森并不是一位音乐家，但是他歌唱得不错。他非常喜欢音乐，而且主要欣赏在伦敦和牛津演出的音乐会——业余的和专业的他都听。他的节奏感强，可以分辨出美好的旋律，从他的诗歌写作中可以洞察这一点，尤其是他的滑稽模仿诗，精确地反映出其诗歌的韵律和节奏。他有些朋友、家人和同事弹钢琴，他非常喜欢听他们演奏古典乐曲和现代歌曲。他还有好多的音乐盒用以娱乐客人。他还有一个小型手风琴，一种机械化的乐器，通过摇动一个手柄，使得被打了洞的纸条蜿蜒穿过乐器发声。这是另一种让各个年龄段的客人开心的新鲜玩意儿。

在基督堂学院完成本科学习且获得了经济独立之后，他常借去伦敦的机会听音乐会或者歌剧。现存的日记中所记录的第一次听歌剧是在1855年6月20日，他和一个朋友去了。

> 位于德鲁利巷的人民歌剧院。演出的剧目是《诺玛》——音乐非常动听——舞台背景、服装，尤其是表演，一般。阿尔加夫人演出了诺玛的神韵。接着，是大型芭蕾舞演出，兰肯没有留下来看芭蕾舞，我看了，但我对演出彻底地失望：演员表演牵强难看是最让人受不了的。更别说舞蹈的诗意了！乡村孩子们天真的舞蹈美丽非凡：我再也不想看芭蕾了。[60]

显然，道奇森对这场表演的印象并不好。歌剧《诺玛》由文森佐·贝里尼（1806—1835）作曲。他的歌剧在19世纪上半叶非常受欢迎，尤其是《梦游女》、《清教徒》和《诺玛》。女中音阿尔加夫人是皇家歌剧公司的一员。第二天，道奇森去科芬园的歌剧院，再次听了《诺玛》的第一幕，这一次是吉利娅·格里希（1811—1869）演唱的，米兰来的歌剧首席女歌手。在看这场演出之前，道奇森还看了罗西尼的《塞维利的理发师》，道奇森在日记里记录它：

> 对我来说更是单调乏味，因为我对其中的音乐知之甚少。然而，《永恒之城爱无言》的合唱非常美妙，拉布拉契非常好玩——福尔麦斯先生的演唱我很喜欢。[61]

道奇森日记里记录的是两位男低音的精彩表现，一位是路易吉·拉布拉契（1794—1858），声誉极高的歌剧男低音，弗朗兹·舒伯特于1827年为他专门创作了三首歌曲；另一位是约翰·福尔麦斯（1816—1889），歌剧男低音演员，当时伦敦最主要的歌唱家。

在他的一生中，道奇森记录下所观看的20至30场完整歌剧，这些歌剧跨度从加埃塔诺·多尼采蒂的喜剧，比如《唐帕斯夸勒先生》和《军中女郎》，到朱塞佩·威尔第的大型歌剧，如《吟游武士》。他最喜欢的作曲家是雅克·奥芬巴赫。道奇森看过他的轻喜剧，如《两个盲人》、《路雷特》、《生活》和《法瓦尔夫人》，最后一部剧看了不下四遍。

在牛津欣赏音乐的机会很多，而且音乐形式多种多样，学位授予仪式和传统的庆典活动上都有音乐会表演，如创立庆典、学习结束的纪念仪式等。1856年3月5日，道奇森记录自己去谢尔登剧院。

> 听蒙克根据格雷的《吟游诗人》所作的歌剧，这是他的音乐博士学位毕业演出。剧场拥挤，人员密集：有些音乐是非常不错的。我最喜欢咏叹调《被大胆的酵母束缚》。独唱演员是一位姓托马斯的先生。[62]

埃德温·乔治·蒙克（1819—1900）1848年被艾克塞特学院录取，他组织了牛津的赞美诗和合唱社团。他编辑了《教会咏唱曲目之书》和其他的一些音乐著作，是拉德利学院的创始人之一，后来成为约克大教堂的管风琴师。蒙克所创作的音乐是以托马斯·格雷的《吟游诗人》（1757）为基础的，其中包括男中音和合唱。主要歌唱者可能是刘易斯·威廉姆·托马斯（1826—？），男中低音，生于威尔士巴斯，1850年在伍斯特大教堂做职员，1852年掌管唱诗班。他的处女秀于1854年在伦敦上演，1856年被选入圣保罗大教堂唱诗班。1857年加入伦敦圣殿教堂唱诗班，是皇家教堂的一员。他主要是宗教题材的清唱剧的歌手。道奇森喜欢听宗教清唱剧和大合唱，尤其是乔治·弗雷德雷克·韩德尔作曲的。他的日记里记录他听过：《亚历山大的盛宴》、《弥赛亚》（很多次）、《耶夫他》、《犹大马加波》、《艾吉欧》、《约书亚》、《亚他利雅》以及《扫罗王》的一些片段，还有韩德尔的歌剧，比如《奥兰多》和《阿尔希那》。

基督堂学院的院长宅邸成为音乐演出的中心场所，道奇森作为院系的资深成员，经常被邀请参加。比如说，1856年3月8日，他记载：

> 晚上去院长住处参加音乐聚会：半个学院的人都到了。表演的主要内容是《麦克白》里的歌曲。谢瓦利埃·本生的一个儿子唱得非常出色，尤其是唱布鲁彻的《战歌》。合唱由彭博和他的兄弟、米特福德、特威斯、埃尔文等演唱。聚会11点半结束。我通过这次机会和罗琳娜·利德尔，他们家的老二，成了朋友。[63]

谢瓦利埃·本生的儿子就是欧内斯特·德·本生（1819—1903），他在普鲁士军队和普鲁士使馆效力之后，定居于伦敦，因他的文学才华、宗教学学识和音乐才华而出名。布鲁彻的《战歌》是莱茵部队里的德国士兵所唱，由A. B. 法尼（1870）和简·王尔德翻译成英文，名为《希望》（1874）。基督堂学院的很多学生都参加了这场大合唱，包括爱德华·亨利·彭博（1833—1911）、弗雷德雷克·彭博（1838—？）、阿尔杰农·博特伦·米特福德（1837—1916）、老里兹戴尔爵士、昆丁·威廉姆·弗朗西斯·特威斯（1835—1900）和约翰·威廉姆·埃尔文（1836—1906）——道奇森为这些学生中的绝大部分教授数学。虽然道奇森在1856年2月

25日就和罗琳娜·夏洛特·利德尔（1849—1930）见过第一次面，但是这一次是他可以和她加深了解的第一次机会。他这次还要见到爱丽丝·利德尔；利德尔家刚刚搬进装修好的院长宅邸。

第二年，基督堂学院的管风琴手，同时也是赞美诗和重唱歌曲的作曲家，查尔斯·威廉姆·科夫（1814—1883）于1857年2月24日晚上奉献了一场音乐会，道奇森在日记里记录到演奏的乐曲包括。

> 《亚历山大的盛宴》——贝多芬的《降E大调管乐七重奏》——歌剧《奥伯龙》里美人鱼的唱曲——还有打猎合唱曲。《降E大调管乐七重奏》很好听，其他的过于激烈。韦斯女士是唯一的专业歌手，（但并不是好歌手），其他的都来自合唱社团和唱诗班。[64]

贝多芬的《降E大调管乐七重奏》（或七重奏）是1800年完成的，为弦乐和管乐器而创作的。《奥伯龙》或者说《精灵国王的誓言》是卡尔·玛利亚·冯·韦伯的音乐剧，1826年在伦敦创作的，故事背景是在查理曼大帝时期，跟《仲夏夜之梦》的奥伯龙没有任何关系。乔治亚娜·安塞尔·韦斯（本姓巴雷特）（1826—1880）于1842至1845年间在皇家音乐学院学习，但是“未能保持她事业早期的辉煌，沦为一位不错的二线歌手。”[65]道奇森尖锐的耳朵已经察觉到她的演唱达不到最高水平。

1867年下半年，道奇森加入了牛津的合唱社团，可能是为了去听他们的演唱会，而非积极加入到合唱之中。1857年5月20日的日记中记录道：

听杰尔夫说我今天将被选为合唱社团的一员，我那天以为只是要被提名呢。晚上去了音乐会，很喜欢其中几部。我们听了德莱登的“如果你敢就来吧”、门德尔松的四声部歌曲“夜莺”，大学学院的达克沃斯还唱了两首歌。[66]

乔治·爱德华·杰尔夫（1834—1908）是基督堂学院的同事；罗宾森·达克沃斯（1834—1911）当时在大学学院攻读学位，后来成为三一学院的研究员，但他之所以成名，是因为他参与了1862年那场孕育了《爱丽丝》的乘船游览。“如果你敢就来吧”是亨利·博塞尔的歌剧《亚瑟王》中的歌曲，由约翰·德莱登填词，1691年首演。菲利克斯·门德尔松的《夜莺》是1843年作曲，由约翰·沃夫冈·冯·歌德填词。

维多利亚时代的音乐演奏形式并不丰富，但是很多中产阶级家庭都有钢琴，家里也有人会弹钢琴。利德尔家的三姐妹都会弹钢琴和唱歌，道奇森曾记录1862年8月1日听她们演唱《美丽的星星》。[67]这是詹姆斯·M. 赛尔斯作的曲子，非常受欢迎，后来，这首歌被道奇森模仿，写成《爱丽丝梦游仙境》中的滑稽诗《美丽的汤》。道奇森的妹妹玛格丽特会弹钢琴，在她的帮助下，也可能还有一个妹妹的帮助，道奇森完成了一首包含很多流行曲调的歌曲，他称之为《琼斯小姐》。这首歌里面包含了从21首歌里提炼出来的调子，比如说《成熟樱桃》《安妮·劳丽》和《统治大不列颠》。1863年5月1日，道奇森在日记里记录了表演《琼斯小姐》的情况：

11点到院长家，准备我们去河上的远航，在那里玩槌球游戏，一直玩到1点。2点半，我和达克沃斯、利德尔家的三个女儿还有普利科特小姐下河了：我们并没有到小岛那么远的地方，只是在河里来来去去，根据孩子们唱的歌曲变换表演。（我给他们唱了《琼斯小姐》）。[68]

《琼斯小姐》的手稿被道奇森的家人保留了下来，还被巴黎的仙境工会将其录音收录在《刘易斯·卡罗尔的歌曲》中。道奇森曾经试图说服专业歌手和演艺人员把《琼斯小姐》收录在他们的表演曲目中，但他没有成功。

道奇森对于音乐的态度有时候会被环境所影响。门德尔松成为约翰·塞巴斯蒂安·巴赫音乐的拥护者，从今人的眼光看，这件事令人费解。他组织多场巴赫音乐的演出，维多利亚时代的人们尤其喜欢巴赫的大合唱，其乐曲充满宗教的热情。道奇森在1873年3月20日的日记中写道："巴赫的'热情音乐'在大教堂演奏，有大约1200名听众，但我没去。我认为教堂被如此使用，实在是遗憾。"[69] 道奇森之所以反对，是因为这场演出的形式是音乐会，凭门票（付费购买）入场，而且听众们在演出结束时还要鼓掌——这些行为，在他眼中，都不适合出现在做礼拜的场所。所以，他抵制这项活动，而且在他的小册子《三个T的愿景》中发表负面的言论，小册子里有一首诗《酒神颂歌》，第三节的内容是：

敬全体歌声动听的成员！
你们的和声诚然意愿良好：
虽然开头"有害"，但确实
它的主题句就是"结果好则一切都好！"
这份爱，我相信，

能够移转乾坤！

因为“得到一分即是得到一镑！”[70]

十分可惜，这件事使得道奇森对巴赫作为作曲家产生了偏见。作为数学家，他本应该欣赏巴赫在乐曲中频繁用到的比喻法，尤其是序曲和赋格曲中。

《爱丽丝梦游仙境》和《镜中》里的诗歌激起了无数作曲家要为它们谱曲的灵感。最先尝试的是伍斯特学院的威廉姆·博伊德（1845—1928）。他的要求也取得了作者的同意，为其中很多诗歌谱了曲，就这样于1870年出版了《〈爱丽丝梦游仙境〉歌曲》，1872年《〈爱丽丝镜中世界奇遇记〉歌曲》。阿尔弗雷德·斯考特·加蒂（1847—1918），玛格丽特·加蒂（1809—1873）的儿子，《朱迪姨妈杂志》的编辑，也得到了准许为其中一些诗歌谱曲，他创作了《你能否加快步伐？》（1871年3月）《小猪和胡椒》（1871年8月）和《海象和木匠》（1872年5月）——所有这些歌曲都在他母亲的杂志上发表了。

道奇森允许一些作曲人为《爱丽丝》的诗歌和歌曲谱曲后，有更多的作曲家写信给他，要求得到相同的授权。1872年，C. H. R. 马里奥特在授权之下出版了《仙境的方阵舞曲》，之后又推出《镜中的方阵舞曲》，其中的乐曲是为钢琴而作，由伦敦伯灵顿街上的罗伯特·考克斯公司出版。E. C. 卢埃林在同年出版了《爱丽丝梦境华尔兹》。看上去道奇森很乐意作曲家们出版《爱丽丝》里他所写歌曲的音乐版。他可能把这视作良好的广告推广，让大家一直记着这本书。1887年3月24日，他写信给麦克米伦，在信中例数已经被授权谱曲的作曲家：

以下的作曲家都已经得到准许出版了歌曲（为一首或者多首配以音乐）。

1. 格拉顿·库克先生（出版商地址不详）

2. W. 博伊德先生（威克斯公司出版，丽晶街、汉诺威街16号）

3. S. 加蒂先生（发表于《朱迪姨妈杂志》）

4. F. 阿里斯小姐（波特曼街22号）

5. F. 奥利弗小姐（斯隆街95号）

6. A. F. 曼宁先生（纽约第4大道，337，凯布尔会堂）

7. 朱利安·芒特先生（牛津街、王子街7号，W. 马歇尔兄弟公司）

8. 培生太太（布莱奇利，德雷顿·帕斯洛教区长官邸）

9. F. 赫尔墨先生（新邦德街78号，马斯特斯公司）

10. A. 阿姆斯特朗小姐（圣皮特公园，沃尔特顿路37号）

11. W. 斯劳特先生（为威尔士王子剧院的一出舞台剧所作，但是音乐现还未出版）。

您可以保留这张清单，若另外有人向您申请准许时，可以作为参考。[71]

这些作曲家是否全部都谱写出乐曲，现在不得而知，但是其中一些人确实谱出了乐曲。比如说，菲利帕·培生（A. 西里尔夫人）出版了《来自仙境的歌曲》（1882年伦敦威克斯公司出版），道奇森在8月29日的日记中记录，拜访一家熟人，“下午去赫尔家，

（……）让爱丽丝读培生夫人的书（刚刚收到），这本书里是《爱丽丝》和《镜中》歌曲的音乐”。[72]里面有十首曲子。弗雷德雷克·约翰·奥特利·赫尔墨（1852—？）出版了《小孩子的书，含〈爱丽丝梦游仙境〉、〈爱丽丝镜中世界奇遇记〉中的歌曲以及摘选的韵文诗》（1882年J. 马斯特斯公司）。这本书里分别从《爱丽丝》和《镜中》选出八首歌词谱曲。安妮·E. 阿姆斯特朗于1885年出版了《来自〈爱丽丝梦游仙境〉的20首歌曲》。

1882年，道奇森的朋友，布雷其诺斯学院的查尔斯·爱德华·哈钦森（1855—1926），跟他讨论自己做的一个梦，梦中他看到“战士、圣人和智者”并肩行进，一同合唱着一首独特的歌曲。他醒来以后就把旋律记了下来，让道奇森填写相应的歌词。这次合作的结果就是《梦乡》——典型的维多利亚时代赞美诗一般的哀伤曲调，歌词也多愁善感，最后一节歌词是：

> 我看到幽灵降临，
> 旧的回忆之形：
> 强大的死亡在我身边行进，
> 却又慢慢走远。[73]

道奇森的一个小孩子朋友，艾莎·鲍曼，1899年在她的回忆录中写道：

> 他从来不去音乐厅，但是他认为，如果音乐厅管理得好的话，对大众很有裨益。只有当他听到一些俗气的音乐厅里歌曲的副歌时，他才允许自己发表对这些综艺剧场的严苛的观点。[74]

她还描述了道奇森在基督堂学院的房子。

> 那里收藏着世界上最精美的音乐盒。有很大的乌木做的音乐盒，上面是玻璃盖，通过玻璃盖可以看到里面所有的零件。还有一个带很大手柄的大音乐盒，对于一个小女孩来说摇动手柄是很费劲的，还有20到30个只能播放单一旋律的音乐盒。[75]

艾莎的叙述中可能有些夸张的部分，而且是非常有可能。例如，她去伊斯特本拜访道奇森的时候，早已不是一个小女孩了，她和道奇森第一次见面时至少14岁，一年或者两年之后她在伊斯特本和道奇森常见面。两三个音乐盒收藏在道奇森家人手中，然而他是否拥有30个音乐盒还是有些值得怀疑。在伊斯特本时，道奇森经常去德文郡的帕克花园听音乐会，但非常不幸，他几乎没有做什么记录。娱乐形式很多样，但如果是音乐的话，风格上很可能是古典轻音乐。他还去德文郡的帕克剧场观看歌剧，例如作曲家埃德蒙德·奥德兰（1842—1901）和阿尔弗雷德·塞利尔（1844—1891）的歌剧，其中很多作曲家都已经被现代人所遗忘。

终于找到道奇森在日记里写下的关于音乐的看法。1857年3月12日，他写道：

> 那天晚上我试图模仿音乐的效果写一节诗歌，但是并不成功，今天我把这首诗歌里的注文部分整理成一篇论文的一部分，我想称之为“文字音乐”。[76]

很可惜，这篇论文并没有被保存下来。道奇森对于音乐的品位是开明的，他总是喜欢尝试新鲜事物。1867年在巴黎旅行时，他记录下在国际博览会上听到的东方音乐。9月12日的日记中，他写道：

我们在室外的展览场地漫步，走过一个展馆，听到里面在演奏中国音乐，花了半个法郎进去靠近一点听：显然，在室外和在室内听到的差别值得那半个法郎——室外听到的才好听。这种音乐属于那种听过一次就再也不想听的类型。[77]

早在1855年9月1日的日记中，道奇森就评价过听音乐的功效，需要集中的注意力的程度，听到的音乐是优秀的或者中等的，则效果也不同：

聆听我所谓“不令人满意的”音乐时，有一种特别的乐趣，我想，这种乐趣来自这个实际情况：我们并不觉得要将它享受到极致，只是因为听到了它，我们就听听而已。

听到一流水平的音乐时，我们有一种焦虑和努力之感，努力享受这段音乐到极致，焦虑着不要浪费这次欣赏的机会；我真诚地相信，我们得到最高级的愉悦时会有痛苦的直觉，知道这种快感很快就要结束了；我们宁愿通过延长焦虑的感觉而延缓快感消失。实际上，我们并不愿满足于停留在这世上的任何一种愉悦中，无论这种愉悦多么强烈；我们被睿智地授予渴望，这种渴望引导我们寻求永恒的快乐，唯一的可能的快乐。[78]

道奇森对于后世音乐的影响比他自己所期待的大很多。《爱丽丝》书中的歌曲仍然启迪着作曲家们。这些音乐伴随着舞台剧的表演或者成为电影配乐。有些乐曲则成为音乐会的选曲，而其他的则成为流行歌手或者组合的演唱歌曲。古典和爵士作曲家们同样受到《爱丽丝》的启发，作曲家们为以《爱丽丝》为基础的歌剧和芭蕾舞作曲。道奇森本人创作的文学作品，从它第一天被出版以来，就和音乐家们产生了共鸣。

第八章
演员和剧作家

维多利亚时代的舞台名人

还是小男孩的时候，道奇森就对舞台表演非常感兴趣，在克罗夫特—昂—蒂斯当地的一个木匠的帮助下，他搭起一个牵线木偶的小剧场。他不但给弟弟妹妹表演木偶剧，逗他们开心，还自己编写剧本。1855年4月11日，他在日记中写道：

> 我们装扮起来，为了木偶剧场建成派对演出。我选的是《约翰国王的悲剧》，演出非常成功。

他在这篇日记后面还说：

> 为孩子写的圣诞图书应该能卖得好。关于搭建木偶剧场和剧院，有一些实际的点子（我们二十个人就把剧场搭起来了，才花了很少几个先令）——之后可能会有几场代表木偶剧或者孩子们的剧本。现有的给孩子的剧本，在我看来，都存在以下两个缺陷的其中之一——要么1.为了真正的剧场而作，不适合孩子，要么2.抵挡不住的无聊——一点儿都没意思。为我们

的剧场写出的三部剧至少已经被检验过，而且受到大家的欢迎。[1]

从这里我们可以肯定，他认为真正的剧场不适合孩子，这个观点很有可能受他父亲的影响——在今后的岁月中，这个观点有了改变。留存的档案中显示，1855年前，道奇森的真正舞台经验非常有限。他听说范尼·肯布尔夫人1855年2月19日要在牛津市政厅背诵《亨利五世》，道奇森在日记里记载他从未看过莎士比亚剧作的舞台剧，但是他感觉，有舞台背景和服装的剧场版会极大增加欣赏表演时的愉悦感。1855年6月20日，他第一次体验了舞台剧，那是在科芬园德鲁利巷的剧场观看贝里尼的《诺玛》。我们已经知道，他评价说音乐“很动听”，但是舞台布景、服装，尤其是表演，“一般”。[2]

但是这并没有阻止道奇森第二天又去了这家剧场，观看了另外一名演员扮演“诺玛”，他描述她“音色和表演都很出色，只是脸色发红且粗糙，虽然她对于一个50岁的角色来说显得年轻很多很多。”[3]为了完成三天集中沉浸于剧院中的目标，第三天，他去王子剧场看了约翰·麦迪逊·莫顿（1811—1891）的滑稽剧《带着犹豫离开》。但对他影响最大的看剧经历是这次滑稽剧之后观赏的莎士比亚的《亨利八世》。他在日记里用热烈的词句写道：“我所看到的或者期望看到的最好的舞台表演。我从来没想到过舞台上可以看到这么优美的布景和服装。”接着，他描述了激动人心的经历，布景转换、专业灯光效果以及出色的演技等因素精湛搭配，看得他热泪盈眶。他对这次观看演出的经历的总结是：“我一生中从没有过如此美妙的享受。”[4]从此，便开始了他终生对舞台演出的热爱。

在那个年代，视觉艺术主要局限于展览展示和舞台表演，道奇森对两种创作形式都非常关注。他经常参观艺术展览，但是他观看舞台表演比他沉迷于其他视觉艺术的时间都长（不包括他作为摄影师的创作天赋）。从那以后，在他的一生中，每年都要去剧院，他的日记里记录了几乎400种不同的舞台演出——有些不只看过一遍。如果他喜欢一场戏剧，他可以去看很多次。他喜欢莎士比亚的大型戏剧和他那个时代的轻型喜剧，这些喜剧一定不能粗制滥造、亵渎神灵，但是还要有趣。他希望能够带他的小孩子朋友去看舞台演出，但是不想遇到言语粗鲁或者语气反常的尴尬情况。他很享受音乐剧，尤其是吉尔伯特和沙利文的歌剧。一出好的适合家庭一起看的圣诞节儿童剧最能让他开心了。

道奇森不但喜欢去剧院，而且他很喜欢和同时代的主要演员见面和聊天。很多时候，他应演员或者制作人邀请去到后台，在他晚年时，他常常为他的小孩子朋友创造这样的机会，尤其是那些有志向的小演员们。在这方面最乐于提供帮助的一位重要的舞台剧界的人物，就是维多利亚时代伟大的演员艾伦·特里（1847—1928）。我们之前提到过，道奇森第一次见到她是1856年6月16日，在伦敦的王子剧院，他看她演出《冬日传说》里的马米留斯。即使是那么早，道奇森已经看出她的才华。他写道：

> 我特别欣赏小马米留斯的表演，艾伦·特里，非常漂亮的小家伙，她的表演中的那份自然放松和兴致精神引人注意。[5]

即使在她很小的时候，才华横溢的舞台前途就已经显现无疑。

几年之后，道奇森有机会亲自和艾伦·特里见面。他关注着她成长为一线演员，很明显，他被她的舞台表演才华所吸引。1864年，带着朋友汤姆·泰勒的介绍信，道奇森拜访了特里先生和太太，那时，汤姆·泰勒已经是颇有影响力的剧作家了。起初，他并没有见到家里主要两位演戏的女孩——凯特和艾伦，她们当时不在家。然而，道奇森很快就成为这家人的常客，而且和家里的孩子们成为好朋友。那年的12月，他在日记里写道：

> 珀莉和本杰明与我在大堂见面，在休息室我见到了凯特·特里小姐（……）让我高兴的是，还有一位我一直希望见到的这家的一员，沃茨夫人。[6]

道奇森和这家人说话的时候，汤姆·泰勒来和凯特·特里读剧本，是她在他的新剧《结算日》中的部分。道奇森记道：

> 我留下来听他们读剧本。我很高兴从沃茨夫人身上看到了活力和愉悦，她的脸庞显得孩子气，但是她整个人却非常淑女。她妹妹似乎身体欠安，没有精神。我猜她昨天还很开心，还有沃茨夫人今天也非常高兴，不过这都是我的一些猜想。然而，姐妹俩都非常迷人，我想我运气很好，两天里认识了她们两位。[7]

道奇森终生和这姐妹俩保持联络。凯特·特里和亚瑟·刘易斯结婚后就离开了舞台，搬到肯辛顿坎普等山的马里小屋居住，在那里，他们建立起了伦敦的艺术和喜剧交际中心。道奇森时不时到访。他和刘易斯家的孩子成了朋友：珍妮特、凯蒂、露西和梅布尔。艾伦·特里和乔治·弗雷德雷克·沃茨的婚姻只维持了几个月，之后和爱德华·威廉姆·戈德温组建了家庭，他们有两个孩子：埃迪斯和爱德华。曾经一度，道奇森被中伤卷入婚外关系，他很多年都避开艾伦。最终，艾伦和戈德温的关系瓦解，1876年，她和查尔斯·克拉弗林·沃德尔结婚，沃德尔的艺名是查尔斯·凯利。艾伦·特里和查尔斯·沃德尔的关系更加为社会所接受之后，道奇森很乐意地原谅和忘记过去，而且重新恢复和沃德尔夫人的友谊。道奇森在这方面确实异乎寻常：那时候很多母亲都为艾伦·特里的生活方式感到震惊，而且很多人还是很排斥她的。道奇森非常积极地支持她重新恢复社交地位，而且认为，如果人能做出弥补且遵循当时的社会道德，他们就应该被原谅。他甚至还写信给那些担心的妈妈，她们很担心道奇森把自己的女儿介绍给艾伦·特里，道奇森在信中明确说明，他并不认为这样安排有什么问题，既然艾伦·特里又结婚了，则应该再给她第二次机会。这对于艾伦·特里本人来说并不是那么重要。她具有做演员的极高天赋，这就保证了她未来能够成功。

1893年6月，道奇森写给他的表妹多拉·威尔科克斯的一封信里记录了一件和艾伦·特里的名誉相关的事件：

> 我亲爱的多拉：
>
> 我不认识在俱乐部见到的那位女士，但是我发现，当我们谈到艾伦·特里小姐（沃德尔夫人）时，她的表情立刻就变得不高兴了；我想，很有可能，我走开之后，她就好像有凭有据似的，跟你讲，如同我常听到的，关于E. T小姐和欧文先生的有违道德的故事。这对于我来说，只能让我感到纯粹的震惊，人

们邪恶且满不在乎地重复传播关于女演员们的丑闻，却根本不愿付出一丝努力去查明真相。我曾经不止一次调查这些传闻故事，发现它们（就我所知道的，证据确凿，包括这个故事）根本就是假的。

如果那位女士确实跟你讲的就是这个故事的话，你是否能够在这件事上，坚决把我看作比她可信的证人呢？而且，如果你在听到有人跟你讲这个故事，你是否能够说你认识可靠的消息来源，声明这件事是编造的呢？

我知道艾伦·特里小姐的一切，我很骄傲，我仍然把她当作我的朋友。我已经介绍了好几个女孩子朋友给她认识——在介绍之前，我总是跟这些孩子的妈妈讲述整件事，得到她们的准许把孩子介绍给她；每一次，我都得到了准许。

永远爱你的，

C. L. 道奇森[8]

道奇森是艾伦·特里的坚定的支持者和朋友，他做了很多努力驱逐围绕着她的流言蜚语，这些流言蜚语都是人们猜想的她的不伦行为。这种情况下，关于她和亨利·欧文（1838—1905）一段毫无根据的关系成为流言的主要内容。艾伦·特里和亨利·欧文是舞台搭档，在舞台上表演很多“互为恋人”的角色，这加剧了大家关于他们在现实生活中也是情人的谣传——显然，根据道奇森所说，这不是真的。

道奇森观看了很多艾伦·特里的主要演出，还经常带别的朋友来看这位女演员。尤其是，他知道他的一些朋友非常崇拜这位维多利亚时代的舞台明星，他可以为他们带去回味良久的经历：去后台探访特里小姐。他总是保持着感恩的心，以下这封信写于1894年，是一个很好的例子，展示出他的动机和感谢：

> 我亲爱的艾伦·特里小姐：
>
> 我想感谢您，用言辞所能表达的最深程度地感谢，谢谢您让他们把多莉带到后台见您。不用我说，您一定知道，这位热情的小女孩有多么开心，您从她那里得到多少爱（我想，比起纯粹的崇拜，您一定更珍视这种热爱：我知道我想的没错！）。[9]

过去，舞台剧女演员经常被指责生活作风不检点。然而，维多利亚时代的社会在变化，戏剧越来越成为健康的娱乐形式，尤其是有了皇家的资助和扶持，以及亨利·欧文和艾伦·特里这样的演员的高质量的表演。然而，传闻还是四处流窜。牛津的社会氛围比英国其他地方更加严苛。在大学圈里，舞台仍然被认为是邪恶之所在，在这个偏执的世界中，那些少数鼓励业余舞台剧发展的人步履维艰。戏剧继而发展成为娱乐和教育的场所，那时上演的很多剧目都本着善良的目的，鼓励人们行道德之事。但还是有一些成分达不到当时社会的道德标准，比如说综艺剧场、低劣的演员和粗制滥造的剧目，道奇森总是远离这些，当他不巧在剧场看到了这种不符社会道德标准的事情，他还写文章加以抨击和批评。大家都知道，如果他在剧场看到不体面和粗俗的表演，会立刻离开剧场，而且，很快，剧场经理就会接到来自道奇森的投诉信件。然而，他又是戏剧的强烈支持者，特别是孩子在舞台上表演。他知道很多贫穷的家庭依赖孩子做演员挣钱，只要孩子们待遇好且工作不超负荷，他觉得这没什么不好。他很多牛津的朋友还在家里举办戏剧演出，道奇森经常出席，有可能的话，他还为这些演出写开场白。

托马斯·科（1822—1886），一位剧院经理，在道奇森心中栽下了一颗种子：他建议把《爱丽丝梦游仙境》改编成舞台剧，说一定会大获成功。几年后，1872年，道奇森又得到建议，把两本爱丽丝图书（《爱丽丝镜中世界奇遇记》刚刚出版）改编成戏剧搬上舞台。他被提醒说这两本书的戏剧版权并不在保护之内，1872年11月26日，他很着急地给他的出版商，麦克米伦，写信：

> 亲爱的麦克米伦先生：
>
> 可否请您收到这封信后，迅速雇佣两位版权专员，把《爱丽丝梦游仙境》和《爱丽丝镜中世界奇遇记》两本书中所有的人物对话和说话人的名称全部写出来，格式按照“白兔进来了”“女王出去了”这种基本的戏剧形式，而且要把这两本书登记为两部戏剧，分别用和书名一样的标题登记。有人告诉我说，这是唯一可以保留版权的途径，可以禁止他们被任何其他人改编成戏剧。我信任您可以根据法律要求实现这一点。请囊括所有的对话。速办。
>
> 您非常真诚的，
>
> C. L. 道奇森[10]

道奇森12月26日去了伦敦，在伦敦出版工业公会把两本书都登记为戏剧。至此之后，道奇森授权很多业余以及专业人士将两本书改编成戏剧：1874年4月，托马斯·阿诺德一家在牛津上演了《疯狂的茶会》；1876年，伦敦皇家理工学院的乔治·巴克兰推出《爱丽丝漫游记》或《红心女王和丢失的馅饼》。4月18日，道奇森带他的两位妹妹，卡洛琳和亨丽埃塔，去看皇家理工学院改编的戏剧，他记录道：

> 这场戏持续了1小时零一刻钟。大部分背景都用渐隐画面处理，故事摘要被朗读出来或者和着博伊德先生的音乐唱了出来，但是后半场场景清晰真实，五名演员演出默剧（爱丽丝、女王、骑士、疯帽子和白兔），台词由巴克兰先生朗读。“爱丽丝”（玛莎·伍尔德里奇）是一位非常漂亮的孩子，她大概十岁，演出朴实而优雅。有一首歌是猫演唱的，内容关于男仆和女仆，非常不合适，我已经写信给巴克兰先生要求取消它。[11]

也许对于道奇森来说，这首歌曲的暗示性太强了。巴克兰取消了这首歌，又增加了一首关于一个淘气男孩的歌曲，道奇森6月10日看了演出之后，认为这首歌太糟了，不好笑，再次抗议。6月21日，道奇森又看了这部戏剧，这次没做出什么评论。巴克兰的作品一直演出到1876年8月19日。

1877年12月，道奇森听说一个叫作“埃利斯顿家族”的剧团想在没有得到作者许可的情况之下，演出《爱丽丝在仙境》。他让麦克米伦索要一份剧本，但是这个要求被拒绝了。1878年9月28日，道奇森去看了在伊斯特本的迪普洛克会场的演出，他描述这是非常低水平的演出，念白含混不清，演唱严重跑调。

道奇森本想写出一部舞台剧版的《爱丽丝》，但是发现这实在超出他的能力范围。这听起来让人吃惊，因为书中大部分的故事已经呈对白形式，而且他观看戏剧的经验完全可以引导他完成一部适合舞台演出的作品。我们已经知道，他甚至在1877年联系亚瑟·沙利文，想说服他为将要改编成舞台剧的作品谱曲，但是沙利文当时忙于别的项目。亚历山大·麦肯齐（1847—1935）是他联系的下一位作曲家，1883年开始联络的，然而，他却没有能力完成这项工作。沙利文和麦肯齐位于那个时代最杰出的作曲家之列，这说明，每当计划要为大众奉献一部作品时，道奇森总是要寻找最专业的人士合作。

1886年8月，亨利·萨维尔·克拉克（1841—1893）联系道奇森，请求将“爱丽丝”丛书改编成戏剧。虽然此时萨维尔·克拉克还并非是家喻户晓的人物，但是他作为一名记者和剧本作家，已经在改编儿童文学成为戏剧方面非常成功。道奇森回了信，并且列出了他的条件：

> 亲爱的先生：
>
> 当我的名字出现在“授权”《爱丽丝梦游仙境》和《镜中》被改编成任何舞台剧版本的合同里时，只有一点，仅仅这一个条件，我认为是最必要的。在这个项目上尚且有一或两个希望，我会列举出来，供您考虑，但是唯一的必要条件，我将要求您白纸黑字写出来予以保证，无论是剧本里或者是和舞台表演相关的一切，任何粗俗言行的或者对粗俗言行的暗示均不可以出现。[12]

道奇森接着列举出自己的希望，不要有哑剧中的滑稽表演（这种表演常常很粗俗。道奇森想要的是吉尔伯特和沙利文那种风格的歌剧）；只改编一本书，因为孩子们不喜欢把所有东西掺和在一起

（萨维尔·克拉克不接受，但是他把两本书分成了第一幕和第二幕，中间有一场休息）；对白要尽量使用原文；滑稽模仿诗的配乐也要用原来的音乐，不要创作新的。几天之后，萨维尔·克拉克回信说他接受这些条件（除了前面提到的他所不接收的条件），他开始去准备改写剧本了。道奇森对整个创作过程非常感兴趣，两人之间通信频繁，话题主要涉及谁来创作音乐，"爱丽丝"由谁扮演等等。最终，他们于1886年10月30日在伦敦见面了，讨论《爱丽丝梦游仙境：给孩子们的梦幻戏剧》。菲比·卡洛（1874—？）被定为爱丽丝的演员，音乐由年轻的音乐人沃尔特·斯劳特创作（1860—1908）。1886年12月23日，该剧在威尔士王子剧场开演，广泛受到媒体关注，而且媒体评价积极，如同《戏剧报》的报道：

> 萨维尔·克拉克先生取得了令人称赞和惊奇的成功。他在这个冬天，为小孩子们献出一部真正的童话剧，而且这部剧以那本神奇的让人愉悦的书为基础，从来没有人厌倦读这本书——《爱丽丝梦游仙境》。人们对于这部舞台剧的出现抱以巨大的兴奋和好奇，还用发自内心的掌声以及笑声迎接它的首演。（……）这个想法非常棒，令大家都十分开心。[13]

道奇森12月30日去看了演出，他认为第一幕非常好，但是第二幕很"平淡"。他特别称赞了"疯帽子"和"睡鼠"，而且对菲比·卡洛塑造的"爱丽丝"尤为喜爱。在他后来为《戏剧报》（1887年4月1日）写的名为《舞台上的爱丽丝》的文章中，进一步评价了菲比的演出："仅仅靠着记忆演出，这对于一个孩子来说已经是卓绝的技艺了，要背诵不下两百五十句台词（……）几乎实现了我心目中最理想的女主角。”道奇森接着批评了第二幕里两位皇后的演出，而且发现《海象和木匠》的结尾并不好。鉴于此，他又为这首诗加了一节，结尾的语气更加积极乐观，为此，萨维尔又给牡蛎鬼加了些对白。整体说来，这部剧取得了巨大的成功。直至2月16日，演出计划结束的时候，首轮演出达到50场，转移到布莱顿的皇家剧院进行预订的短期演出，至3月2日，演出又延长了两周 。然后又回到伦敦，演出到3月18日。1887年7月，又在布莱顿的皇家剧院演出，道奇森于7月14日观看。8月，演出转移至伊斯特本的德文郡公园剧场，虽然道奇森已经买了8月17日的票，但是玛格丽特·威尔克斯表妹去世的消息还是导致他改变计划。演出最终完全结束之后，道奇森安排每位演员都收到一本由他题辞的《爱丽丝》，作为演出高度成功的纪念。

萨维尔·克拉克的这部作品于1888年12月在伦敦的环球剧院重演，艾莎·鲍曼（1874—1958）扮演“爱丽丝”，这是道奇森个人的选择。她在第一轮的演出中扮演一个小角色。以后重演以及根据这本书改写的戏剧在伦敦多次上演，基本都是在圣诞节前后，作为其他经常表演的儿童剧的替换，1888年至1940年间，总共有24个作品被创作出来。今天，我们很难数清舞台演出的《爱丽丝》有多少版本，因为有太多的业余团体演出过这部剧，而且很多演出是在学校举行的，有时，专业公司也重新演出这部剧。

虽然道奇森没有改编他自己的“爱丽丝”丛书，但他在1879年确实写过一部戏剧。原本是打算写一本严肃的数学方面的专著，但是《欧几里得和他的现代劲敌们》被重新以戏剧的形式编写，以求得更加广泛的受众。道奇森的计划是将现代几何教材和《几何原本》比较，展示现代几何教材的不精确之处。在剧中，“倪德曼先生”（即无足轻重的人）评断十二位“劲敌”（现代几何教材编写者）的逻辑结构，系统地将它们拆解开来，以证明欧几里得的系统已经没法再被改进。剧中充满智慧和幽默，但是要求观众受过教育且拥有数学背景知识，否则这部剧对他们来说没有价值。这部剧的演出次数少之又少。

道奇森对于舞台的热爱贯穿他的一生。他强烈支持孩子上台演出，甚至在剧作家和演员们的帮助下，试图为孩子们建立一所国家级的剧院。除了《舞台上的爱丽丝》以外，他还写了很多推广文章发表在《戏剧报》上，1888年7月的《舞台和敬畏心》、1889年的《舞台上的孩子们》。后一篇最初是1889年8月4日发表在《星期日泰晤士报》上的。1887年7月19日，他还为《圣詹姆斯公报》供稿《剧院里的孩子们》。根据他在戏剧方面的经验，道奇森反对19世纪80年代出现的一些改变，这些新的观念认为要禁止10岁以下的孩子上台演出。道奇森认识很多家庭里的小演员，男孩子和女孩子，而且他深知这份工作对于养家来说是多么重要。有人认为这是父母在剥削孩子，这种想法不一定总是准确的：许多孩子完全享受表演，而且道奇森也见过很多很好的事例，即剧院经理在教育和经济方面强力支持有天赋的孩子。小艾伦·特里就是从做童星开始，慢慢成长为她那个时期最成功的女演员。在道奇森写给《星期日泰晤士报》的信中，即我们上面所提到的，他支持孩子上台表演，但是他也呼吁要保护他们的福利，以缓和那些要求完全制止儿童演戏的人。他写道：

在我看来，可行的法规可以有以下内容：

每个受雇于剧场的十六岁以下的孩子（十岁太小）应该持

有准许证，而且准许证每年更新。

准许证只颁发于通过考试的儿童，此考试必须达到一定的“标准”，标准根据不同年纪而变化。

限制每年之中儿童演员工作的星期数量，每天他或她待在剧院的时间也应有限制。（此规定在彩排期间可放宽）。

在演出期间，孩子应该在下午的某具体时段进入学校，如果是在寄宿学校读书，一年当中其他非演出时间也应该入校。（高中也可以按照同样的规定，演出期间上学半天）。

十六岁以下女孩子应有适当陪同人员陪其往返剧院。

然而，我并不相信法律可以完全禁止十岁以下的孩子在剧场演出，这对于很多在贫苦中挣扎的家庭将是非常残忍的，对于这些家庭来说，孩子演出所挣得的薪水是天赐之物；同时，这将禁止孩子们接触到自己深爱的健康且无辜的职业，会使他们感到痛苦。[14]

在他的有生之年，孩子们仍然在剧场演出，但是今天，现代工作的实际环境已经与往昔大相径庭，在儿童演员的年龄限制、资格证书、监护人、一年中的工作天数等方面都有规定。

汤姆·泰勒：多才多艺之人

汤姆·泰勒（1817—1880）和道奇森是维多利亚时代两位有很多共同点的绅士，但是他们的人生路径却截然不同。两人都才智卓群、兴趣广泛、多才多艺。两人都努力实践维多利亚时代的义务责任和公共服务准则。两位都充满创意创新的能量。他们有许多共同的朋友。两人之间的友谊的最大特点就是互相愿意为对方提供建设性的意见和支持，接受方永远心怀赞同和感激。

汤姆·泰勒比道奇森大15岁，在两人友谊的初始阶段，年轻的这位仰仗年长这位丰富的经验和成熟的常识。道奇森第一次见到汤姆·泰勒时，泰勒的角色是剧作家，1856年6月的一个晚上，道奇森在伦敦的奥林匹克剧院待了一晚，看了很多场剧，其中有汤姆·泰勒的《复仇》。这是汤姆根据一部法国小说改编的英国戏剧。道奇森评价说："我从来没看过这些，觉得它们都非常棒。"[15]

汤姆·泰勒是托马斯·泰勒（1769—1843）和出身德国的妻子玛利亚·约瑟芬娜·阿诺德的儿子，托马斯是坎伯兰郡的农场工人，后来成为达拉谟一家酿酒厂的合伙人。泰勒在桑特兰的格兰齐学校学习，之后进入格拉斯哥大学，在大学里他得到了三枚金奖章。1837年，他进入剑桥三一学院继续学习，1840年取得了学士学位，毕业考试时数学获得荣誉学位考试第三名，文学学士荣誉学位考试第一。1842年，他成为剑桥大学研究员，并于1843年取得硕士学位。在他职业生涯早期，他在剑桥大学当"教师"，这使得他在经济上和学术上都获得了成功。1844年底，他离开剑桥，并于1845年被委任为伦敦大学的英语语言文学教授。他还研习法律，1846年被接纳为律师，在北方巡游从业。1850年，因为公共健康法案的产生，健康委员会成立，他被指定为副秘书长。1854年8月，他晋升为秘书长。直至1871年他提前退休，泰勒一直在公共事业领域服务，他的退休金数额可观。他在健康委员会工作时，撰写出一本艺术家本杰明·罗伯特·海登（1786—1846）的传记，这本传记于1853年分三卷出版。

1855年1月3日，道奇森在他的日记里记录道："读了《海登的一生》第一卷的上半部分。"[16]这成为他在里彭这段时间中后两周的主要读物——泰勒的叙述把他迷住了。他很多次留下评论，如"他极力主张，我想这是很对的，在大学里培养艺术氛围很重要"以及"这本书能够激励任何一个人"。[17]1月19日，他回到牛津的时候，已经读完了前两卷。半年之后，7月中旬，他记录道："这段时间，读完了海登的传记，我认为这是出版的所有传记中最有教育意义的一本，其中有颇多关于毅力和不屈的例子。"[18]

泰勒还是一名记者，是《纪事晨报》和《每日新闻》的主笔。他还是《泰晤士报》和《绘图》的艺术评论员。他还出版了其他很多著作，但基本都和美术相关。泰勒一生都不规律地为《潘趣》供稿，1874年成为《潘趣》的编辑。此外，他还是一位成功的剧作家，1844年间，他的4部滑稽歌舞剧在伦敦上演，之后还有很多部成功的演出。1855年6月19日，他和劳拉·威尔森·巴克尔（1819-1905）结婚，托马斯·巴克尔才华横溢的女儿中的一位。她在作曲方面有着特殊的才能。他们养育了两个孩子：约翰·维克利夫（1859—1925）和劳拉·露西·阿诺德（1863—？）。

1857年4月，道奇森又在奥林匹克剧院待了一晚。这一次，他看了汤姆·泰勒的《一只披着狼皮的羊》，一出历史独幕剧，在经常光顾剧院的观众里非常受欢迎。1863年7月，道奇森观看了他另一场非常成功的戏剧《假释犯》，他评价这是一部"绝妙的戏剧"。现在，道奇森非常渴望见到这位才华横溢的剧作家，并且为他拍张照。道奇森总是很热切地把维多利亚时代的名人添加进他的人物肖像照档案中。观看《假释犯》的第二天，机会来了。1863年7月21日，道奇森在日记里记道："去拜访芒罗先生，约好了，我从麦克唐纳先生那里把照相机拿来。他答应我带汤姆·泰勒先生来。”[19]

汤姆·泰勒的朋友圈子包括很多著名演员，特里姐妹也在其中：凯特和艾伦。他跟《潘趣》的同事们也保持着良好的关系——包括作者和插画家。1863年7月24日，在圣詹姆斯剧院，道奇森第一次见到汤姆·泰勒在自己的剧目《人生中的一课》中演出。这是为了一个朋友的特别演出，但是在所有参与演出的演员中——业余的和专业的——道奇森记录说“他的表演是最好的”，[20]这指的是汤姆·泰勒的演出表现。道奇森决心见到泰勒，他于1863年7月31日去泰勒家拜访，还带着玛丽·麦克唐纳，但这次登门拜访注定失败了：他发现，泰勒已经离家很多天了。1863年8月30日，亚历山大·芒罗给道奇森写信，安排拍照事宜，信中说：

> 我在两周前看到了汤姆·泰勒一家——如果您回来的时候，他们也正好在城里的话，他们将非常高兴，他们那时候很有可能在——他还会把特里姐妹叫上。您拜访时他不在家，他对此感到非常抱歉。[21]

一个或两个月后，当道奇森回到伦敦完成一项摄影任务时，他们见了面。在10月1日的日记里，他记录道：

> 下午去看汤姆·泰勒先生，他非常真诚地接待了我，我跟他约好，我周日再去，他和他的家人、亚历山大·达夫·戈登爵士的一个小孩、纳骚·西尼尔夫人、特里家最小的两个女儿、玛丽（马里恩）和弗洛伦斯都有可能做我的摄影模特，如

果他能把他们都请来的话。[22]

这次见面对于两个人来说，一定都感到非常愉快，他们分享了戏剧方面共同感兴趣的话题。第二天，泰勒把自己在奥林匹克剧院的私人包厢提供给道奇森使用，他在那里又看了一遍《假释犯》，还有一部泰勒创作的名为《灵魂的可怕复活》的戏剧。

约好的在泰勒家拍照的那天是1863年10月3日。道奇森记录道：

8点之后匆忙赶往旺兹沃斯，大概用了半小时到达，我到时他们还没有吃早饭。在场的有泰勒先生、他的夫人和妹妹、维克利夫（原文如此）和拉尼（别名乌拉尼亚）·戈登。我用地下室作为暗室，用暖房作为摄影棚，很成功地拍到了几张肖像照。我和泰勒先生讨论他的戏剧，谈话非常有趣，我还提出《假释犯》中的两处瑕疵，都是算数方面的，一个是“山姆”三年来都保持15岁的年龄，另一个是梅·爱德华在那段时间好像以一周1先令的速度攒到了2英镑。[23]

道奇森批评这位超级成功的剧作家的作品，这完全是在冒险，然而，好像他学究的气质被毫无问题地接受了。两人之间并没有因此产生裂痕。道奇森两天之后又去了泰勒家，拍了更多的照片，还在他家落下几本影集，第二天这些影集被归还。

这两天的拍照日程中，道奇森遇到的唯一的问题就是他们的小儿子，维克利夫，那时他才4岁。他记录说给这个“难对付的孩子用的是常规场景”，[24]主要是因为他无法安静地坐着照相。尝试用了几个场景，但是在曝光完成之前，有些场景里显示出男孩刚才所坐的位置有鬼影——他已经跑掉了。绝望中的泰勒夫人亲自用胳膊抓住维克利夫，这样才给他照成。道奇森是不轻言放弃的人，他发现只要给这孩子打扮成骑士，穿着闪闪发光的盔甲，他就更加愿意配合拍照过程。很显然，维克利夫是个被宠坏的孩子，在各个方面受到溺爱，特别是被妈妈宠爱。道奇森并不完全赞同她的做法。在之后的一篇日记里，道奇森写道："T. 泰勒夫人看上去，在我上一次拜访时，言辞太过于'莽撞'和严厉"，但是又说维克利夫"有所改进，似乎比以前服管教"。[25]虽然道奇森自己没有做父亲的经验，但是他深知家长教育的前后一贯性非常重要，而且意识到维克利夫的行为变化和他母亲对他的教育方式有关。跟当时普遍的做法一样，几年之后，维克利夫被送到学校寄宿——牛津的萨摩菲尔德。在一封写回家的信中，维克利夫忙着提出各种要求："谢谢您即将寄给我的徽章集子"以及"请寄给我一些小顶针——半分钱一个——这儿有些同学已经有了"。在他的信件背后，老师给他妈妈留了一条信息："维克利夫又恢复了健康，很强壮，他继续做一个好孩子，在学习上也让我们非常满意。非常感谢您上次亲切的来信和寄来的橘子。"[26]显然，即使远在学校，他还是收到妈妈寄去的好东西，然而，学校似乎成功地让这个孩子在远离爱他的母亲时，安下心来努力学习。

也许道奇森和泰勒的友谊之中最重大的事件发生在1863年底。1863年12月20日，道奇森给泰勒写信，提出如下要求：

您是否对坦尼尔先生有足够的了解，能够判断他是否有能力为一本儿童书画十二幅木版印制插画，如果可以，您是否能帮我联系上他呢？我之所以问这个问题（如果您的回答是否，那么这其中原因也就不重要了），是因为我给一位小朋友写了一个故事，而且用铅笔和钢笔画了插画。很多孩子读了这个故事，并且非常喜欢，我被频繁地建议出版这个故事，我现在决定这样做了。我自己试了试在木板上作画，发现我没有那么多时间，而且效果也不好。我想要一些纯轮廓画法画的人物形象画，或者与之接近的画，在所有画家中，我更喜欢坦尼尔先生。如果他愿意承担这项工作，我将把画稿寄给他看看，他并不需要完全按照我的画，这只是告诉他我想要的是什么样的画。如果您能帮我询问到他的想法，我将不胜感激。[27]

我们没有泰勒的回信，但是，很显然，他非常愿意帮忙。此时，他是《潘趣》的职员，而坦尼尔是主要插画师之一。一封过去没有被公开的，泰勒于1月19日写给道奇森的信件展示了两人进一步加深的友谊，这封信上没有明确写出年份（信上的通讯号码是1459，这表示这封信是1864年发出的）：

亲爱的道奇森先生：

除了干草剧院的圣诞戏剧之外，我什么也没看，干草剧院的那些演出已经很好了。我想，如果您还没有看《利亚》或者《贝尔·德莫尼欧》的话，作为一位“在城里以智慧和享乐闻名的绅士”，您不应该还背负如此污名，即仍没观看过大家都应该已经观赏过的剧目。我很想听到您关于贝特曼小姐的看法。

虽然我们一家人都感冒了，还患上了黏膜炎，而且我们家保姆还在多佛，但如果您能周日来拜访，或者任何一天来，我们都将非常高兴。维克利夫非常怀念他的小伙伴。

我们非常感激你为他照的大头照，对此非常满意。

替我妻子和妹妹带好。相信我

您真诚的

汤姆·泰勒

附言：特里家的姐妹这段时间都病了，无法演出。凯特受伤了，艾伦胸腔发炎。凯特无法出演是《贝尔·德莫尼欧》的损失。[28]

作为剧作家，泰勒非常珍视道奇森作为戏剧评论家的声望，而且很显然，他十分喜欢听取道奇森关于戏剧和演员的观点。然而，道奇森的日记里并没有找到记录证明他根据泰勒的建议去拜访。《被抛弃的利亚》是奥古斯丁·戴利（1838—1899）创作的五幕戏剧，1863年10月在亚德菲剧院开演，凯特·贝特曼（1842—1917）饰演利亚一角。《贝尔·德莫尼欧：一个爱情故事》是一部四幕戏剧，由约翰·布鲁厄姆（1810—1880）创作，1863年10月在兰心大剧院开演，凯特·特里饰演莉娜。信里提到的维克利夫的"小伙伴"，毫无疑问，指的是他的妹妹，劳拉，她出生于1863年底。"大头照"当然指的是道奇森为维克利夫拍的照片。

1864年1月25日，道奇森在日记里写道：

去"健康委员会"拜会汤姆·泰勒先生，我们谈了一下我复活节拍照的可能性，他请求我进城前两周给他写信，他要看看能不能找到模特。他还给我一封写给坦尼尔先生的介绍信（他之前已经代我向他提出《爱丽丝地下漫游记》插画的请求）。[29]

带着介绍信，道奇森一分钟也没耽搁，当天就去坦尼尔家拜访——“我发现他在家：他特别友好，而且似乎很赞成接受这项工作，但是做决定之前要先看看书。”[30]《爱丽丝地下漫游记》的文字稿是1863年2月完成的，道奇森很可能把他亲手写下故事内容的手稿纸张借给了坦尼尔，以帮助他决定是否接受这项工作。1864年4月5日，坦尼尔欣然同意为这本书画插画。道奇森似乎把《地下》的文字稿排了版，便于坦尼尔工作，他在5月2日记录到给坦尼尔寄去了第一批散页。基督堂学院图书馆留存了一页《地下》的排版页，上面还有道奇森亲手作的修改。非常遗憾，坦尼尔那份并没有找到。他有一个习惯，即解决了信件和文件上的问题后就把它们销毁。

1864年6月10日，道奇森给泰勒写信，应他的要求提前通知他要去照相的行程，泰勒好找一些朋友来做模特：

我亲爱的先生：

您非常热心，让我在进城开始摄影之旅前通知您，您好确定是否能为我诱捕一些被害人来。我的计划还未十分确定，但是，目前看来，我将于20日或者之前到达城里（当然如果有必要，我可以更早去）。进城之后我将在多个朋友家拍照，这将持续2~3周。我不得不含糊地告知您，因为我的计划会随着每天的不同情况而变化。

我已经确认了很多儿童模特，其中还有米莱先生的孩子们，他们将照出独特的照片。请相信我。

您永远真诚的，

C. L. 道奇森[31]

道奇森的手稿故事能够成书出版，更重要的因素在于这封信的附言，这篇附言和信件正文分开了：

> 附言：如果您可以帮我的童话故事确定一个标题，我将非常高兴，坦尼尔先生（在您的热心引荐之后）正在为我的书创作插画，我希望在圣诞节之前出版这部书。书中女主角在地下停留了一个小时，遇见了各种各样的小鸟、野兽，等等（没有仙女），这些动物还会说话。整个故事是一场梦，但我想到故事最后再透露这是梦境。我最初想到的书名是《爱丽丝地下漫游记》，但它读出来像一本教科书，指导如何用架子搭出矿井；然后，我用《爱丽丝的黄金一小时》作标题，但是我放弃了，依稀感觉*有一本书叫作《丽丽的黄金时刻》。这是我想到的其他的书名：
>
> | | | | |
> |---|---|---|---|
> | | 精灵们之间 | 时光 | 精灵土地上 |
> | 爱丽丝在 | 爱丽丝的活动 | 于 | |
> | | 小妖精们 | 梦游 | 仙境 |
>
> 在这些所有的标题中，我现在喜欢《爱丽丝梦游仙境》。除了您提到的“美德”，我还想要一些令人感动的元素。或许您还可以建议一个比这些标题都好的书名。[32]

因为故事里并没有仙女或者妖怪，所以最合适的莫过于道奇森喜欢的《爱丽丝漫游记》了，虽然书名并没就此确定，但是，好像泰勒支持这个选择。1864年6月22日，道奇森如约而至，并且记录说“他没办法帮我安排摄影。他的岳父跟他们在一起，所以房子里没有空间可用，特里小姐和孩子们都生病了，没有来。”[33]7月14日，他去泰勒办公室找他也没成功，泰勒不在，但是他留下一张字条，请求泰勒帮他介绍画家乔治·弗雷德雷克·沃茨（1817—1904），可能希望请他做自己的摄影模特，但是也没有实现。然而，泰勒确实于8月13日给道奇森发去一封介绍信，介绍的是表演王朝之父本杰明·特里（1818—1896）。

道奇森去伦敦时仍然继续拜访汤姆·泰勒——不是在他旺兹沃斯的家，就是在他健康委员会的办公室。下面记录的拜访是在1864年12月21日，道奇森“就许多事情跟他进行了一番长谈，包括特里家人和沃茨夫人”。[34]此时，艾伦·特里和G. F. 沃茨的婚姻出现问题，泰勒很有可能是建议道奇森远离小荷兰屋，这是他们的居所，道奇森本来想去那里拍照。那天晚些时候，道奇森去特里家在斯坦诺普街的房子拜访。

道奇森在接下去的几个月中看了泰勒写的几部剧，包括《结算日》《农奴或爱情战胜一切》和《一只披着狼皮的羊》。并不是所有这些剧都对道奇森的胃口。泰勒根据玛丽·伊丽莎白·布拉登（1837—1915）的小说改编的戏剧《亨利·邓巴：女儿的审判》被道奇森认为是“令人反感的煽情戏剧，虽然演员都演得不错”。[35]泰勒的戏剧不但在英国广受欢迎，而且在美国也很流行。1865年4月14日，就是在华盛顿自治区的福特剧院上演他的戏剧《我们的美国表亲》中间，约翰·威尔克斯·布斯刺杀了亚伯拉罕·林肯总统。

泰勒于1865年7月15日收到了道奇森寄来的《爱丽丝梦游仙境》第一版的赠送本。不到一周之后，我们已经知道，坦尼尔提出图片印刷质量的问题，这个版本就停止印刷了。8月3日，道奇森给泰勒写信说：

亲爱的先生：

我写信是请求您，如果您对于所收到的我寄给您的那本《爱丽丝梦游仙境》有任何评判，请将您的评判保留到我能够给您寄去更好的版本之时。我们在重印这本书，因为图片印刷得太糟了。

我有几张特里的极好的照片，希望很快能给您寄去一些。请相信我。

您真诚的，

C. L. 道奇森[36]

泰勒是否退回了印刷不好的那本书，我们不得而知，但是1865年11月第二版重印好之后，他收到了一本，道奇森在上面题词“汤姆·泰勒，作者亲切致敬。”（这本书现在收藏于奥斯丁的德克萨斯大学亨利·兰塞姆中心，和带有题献的《镜中》收藏在一起）。

1866年1月，道奇森尝试写剧本，草拟出一部他称为《清晨云彩》的戏剧。1月25日，他在日记中写道：“花了两三个小时写出来，寄给了汤姆·泰勒，一部生活剧的梗概”，[37]而且和剧本大纲一起寄给泰勒的长长的信件也被保留了下来，以下是这封信的摘要。信的开始交流了一些关于特里姐妹的八卦新闻，接着说道：

亲爱的泰勒先生：

……那个典型的英国评论家注意到了我的童话故事，显然有一些秘密信息，他说“刘易斯·卡罗尔当然是笔名”，还说这本书提供了证据证明数学和写作所需之想象力并非有矛盾——暗示到，虽然在剑桥，学生和教师因为数学导致想象力枯竭，但“牛津的古典文学气氛”中有些特别的东西抵消了这种邪恶的影响，这使得它的姊妹大学黯然失色。您愿意承认这种区别吗？

那天看了珀西·罗塞尔在儿童剧中的演出，让我想到他演生活剧或许也能成功，剧中的兴趣点可以主要集中在他身上，我当时脑海里就浮现出一部剧的大纲，我想这部剧将会是非常独特的，现在的观众们已经被供给了太多将主题集中于爱情和谋杀之上的戏剧。我将给您寄去这部剧的梗概，如果您鼓励我且希望在它的基础上改编出一部喜剧的话，我将再试着更进一步细化它。剧中将有一个非常适合特里小姐的角色，我想。

这部剧的主要内容是，有个男孩出身高贵，从小被偷走，（当然）最终被归还给他的家人。剧里将展现他于穷困环境中生活，和小偷们一起生活，但他在这种境遇中却展示了与他的出身相匹配的英雄气概。这一部分应该像奥利弗·特维斯特那样，当然，要避免太过相像也很容易。在告诉您大纲之前，我将粗略描述两件小事，它们让我浮想联翩，令人同情却又充满诗意。

其中一个场景中，这个男孩子在伦敦的冬夜里游荡（雪花正飘落），他做梦都没想到他妈妈来城里找他，他就坐在她住的那栋房子的门槛上。这里他有段独白，独白以他演唱小时候在家学到的一首童谣收尾，就这样他游荡着消失在夜色之中，口中还唱着儿歌。然后，场景转换到温暖明亮的室内，妈妈和小女儿坐在一起（我想让珀莉或者弗洛来演），她们聊天的同时听到了外面轻柔的哼唱声。小女孩立刻想到是哥哥的声音，想要打开窗户。一开始，妈妈阻止了她，但后来，在一种瞬间的直觉作用下，匆忙且兴奋地让女儿打开窗户。然而，已经太晚了——什么也看不到了，只有黑暗的夜色和簌簌而下的白雪，她回到炉火边，心中安慰自己，那万万不可能是自己的儿子。

另外一个是剧终的场景，这个场景（我特别希望您能认同我之所想）将为本剧画上完美的句号，而且这个结尾和现在流行的终场有鲜明的不同，不像现在的末尾，不顾任何可能性，让所有的演员都出现，形成盛大的场面。

这是一个有火光的场景，四个人（我想，没有什么比红色火光照亮四个人更有画面感了，红光从下往上照）——那位母亲（顺便提醒，是一位寡妇）、她上了年纪的老父亲、她的小男孩儿和小女孩儿。剧中所有矛盾冲突都已经过去——恶棍们得到惩罚——她获得了平静的生活，和她寻回的孩子团聚，在父亲生命的最后几天陪伴他。几句描述他们幸福生活的念白，然后老人要求孩子们给他唱歌（我之前提到的那首小曲）。他坐在安乐椅里，她坐在他脚边。孩子们站起身（他们一直坐在妈妈脚边，一起读插画书）走过来站在她身边，三个人眼神越过那本书，唱过一节或者两节，歌声很低（应该是一首悲伤抽泣的歌曲），她环顾周围，发现老人已经睡去，手指压在嘴唇上示意孩子们停止歌唱。他们无声地回到她脚边的位置，她也回到她刚才的姿态，头倚在手上，如梦似幻的目光盯着火焰。此处无声，一段时间后，幕帘静静滑下来。

我希望这场景就跟我脑中想象的一样被搬到舞台上，而且我认为它一定很独特——用您的文字，泰勒夫人的音乐。[38]

道奇森继续详细描述故事情节，介绍他设想的四幕剧里的每一个场景。他在信的结尾请求泰勒告知自己的想法，还建议说希望特里小姐也能做出评论。汤姆·泰勒的回复非常礼貌。1月27日道奇森记录说："收到了汤姆·泰勒的信，他对我的戏剧的评价非常积极，还要给特里小姐看，以确定珀西·罗塞尔是否能参演。"[39]珀西·罗塞尔（1856—？）是一位非常有天分的儿童演员，道奇森已经观看过他在舞台上的表演。两周后，受到泰勒最初的反馈的鼓舞，道奇森写出这部戏剧的叙述版，还开始写了一些对话的片段，他把这些内容都发给了泰勒。但是，1866年4月5日，道奇森在日记中记录了一次他对泰勒的拜访，关于这部戏剧的进展就戛然而止了：

> 讨论了我寄给他的《清晨云彩》的大纲。他已经读过了，还把它给特里小姐看过了，他们似乎都认为不太切合实际（……）大众的口味要求更加耸人听闻的内容。[40]

这个项目就被放弃了。

这次挫折并没有影响两人之间的友谊。几天之后，泰勒陪同道奇森去画家詹姆斯·桑特（1820—1916）的画室，道奇森好像鼓励汤姆·泰勒和他的太太开始收藏艺术品。他们应该还去拜访了其他的工作室。伦敦的画家和演员圈子成为两人见面的地方。

道奇森对于儿童舞台演员的兴趣成为他和泰勒联系的另一个原因。道奇森热衷于向这位剧作家朋友推荐他的儿童演员朋友，他经常鼓励泰勒观看他们的演出，希望他能专门为他们创作一些作品——这样做的目的是为了促进他们的事业发展。下面这封1878年6月27日的信件印证了他的这些做法的动机：

我亲爱的泰勒：

我写信给您是为了告知您，我的小朋友莉齐·库特小姐（不久之前我给您写信说过她的情况）将于7月8日在奥林匹克剧院扮演“奥利弗·特维斯特”。我特别希望届时您能去观看，如果无法去看首演，最近去看任何一场都可以。这是她饰演的第一个重要角色，我认为这能给您提供充分的信息以判断她是否具有表演才华。如果您确实可以去观看演出，我很感兴趣倾听您的想法。

谢谢您上次的来信。我对于您对《这就是法律》（虽然在我有机会去看之前它就停演了）和您提到的那个孩子凯蒂·布朗的看法非常感兴趣。您认识她本人和她的家人吗？他们是“好人”（用一个含糊但是有用的词语）吗？

顺便说一下，卡丽·库特（8岁）现在正在艾德菲剧院参演《证据》。她是个非常聪明的小家伙，但如果您准备写信介绍姐姐的话，还不如两位都介绍一下。

您真诚的，

C. L. 道奇森[41]

莉齐·库特（1862—1886）是道奇森支持和鼓励的几个儿童演员之一。《这就是法律》是汤姆·泰勒和保罗·梅丽特（1895—？）创作的三幕剧，凯蒂·布朗扮演“小乔治”。该剧于1878年4月在圣詹姆斯剧院开演。

最后一封写给汤姆·泰勒的信是1880年2月24日，在他去世前几个月：

这个小朋友你可能认识，我曾经代她写信问你《潘趣》上评论文章的作者名——小莎莉·辛克莱（实际扮演的是公证人），她的父亲几个月前去世了（他是个演员，主要在的路利巷、王妃和艾德菲等剧院演出），母亲大概一年前去世了，如此一来，莎莉、她的两个姐妹和她的小弟弟都成了孤儿。我第一次见到莎莉的时候，她是艾德菲剧院儿童剧的领舞——优雅温柔的小孩。当我跟她的家人成为朋友之后，我发现，她在现实生活中和在舞台上一样迷人。她现在8岁或者9岁；她姐姐，杰西，大概12岁，她的脚是跛的（恐怕终身都是这样了），但据说她朗读能力很强；其他的两个孩子大概7岁和6岁。

我十分担心，他们父亲去世之后，身后留下很多债务，却没留下一点儿财产，这些可怜的孩子将成为真正的穷人——然而，很多热心的朋友都来帮他们——莱昂内尔·布罗还有其他人——听尼特夫人说，还包括一个和我一样通过看莎莉舞台演出认识她的女士。

演舞台剧的孩子总是对我有一种特别的吸引力。我上一次给您写信，我想，是要向您推荐莉齐·库特。我不知道她是否拜访过您。就在那时，她在奥林匹克剧院扮演“奥利弗·特维斯特”，这是最让人憎恨的现实主义角色之一。谋杀“南希”的情节太残暴了。我担心莉齐不可能在专业戏剧表演方面再提高到新的水平。她参演太多滑稽模仿剧和儿童剧，没有太多机会得到进一步锻炼。她的小妹妹凯利是我的另一位朋友，我想，她扮演的《汤姆叔叔的小屋》中的“伊娃”技巧较高。

我很想看看水族馆儿童剧，特别是您大加赞扬的黑眼睛的小孩子：近在咫尺我却从未听说过。“艾达·布兰奇”这个艺名对我而言并不是头次听说。我在儿童音乐剧中看到过她的表演，非常欣赏她演唱的《这里站着一根柱子》。下次您再知道任何好的儿童演员，我希望您能及时让我知道，以便我在牛津的工作把我淹没之前能去观赏。

我去年修补了和沃德尔夫人的关系。希望过去悲伤的一切永远过去，我也非常乐意完全忘记它，对于她现在作为一位太太感到很开心。（……）我还见了那两个孩子。可怜的小家伙！我希望他们永远都不知道自己悲伤的过去。（……）我们上周在斯坦韦庄园和她见面时（大约一个月前），我认为，她看上去很健康，但是有些疲惫，她说她“特别累”。波西亚是我要考虑的头疼问题。另外，我很好奇（如果您可以毫无保留地告诉我）每周1800英镑中，有多少给了波西亚？她应该得到大部分。

附言：我想您从来没来过牛津吧？而且也不远。我随时能为您安排晚餐，以及住宿。随信附上我在牛津的一位小朋友的照片。[42]

汤姆·泰勒的牛津之行永远未能成行。1880年7月12日，他突然在旺兹沃思拉文德街的家中去世了。

第九章
朋友和小孩子

罗宾森·达克沃斯

道奇森在大学里的朋友们通常是数学家或者基督堂学院的成员。他和罗宾森·达克沃斯（1834—1911）的友情却不同。达克沃斯非常聪慧、博览群书，是古典文学学者和颇具天赋的歌手，他作为文学教师和牧师都达到了事业的最高水平，这使他有很多机会接触到皇家成员以及英国国教领袖。然而，他全然不知，1862年7月4日一次偶然的河上泛舟之旅决定了他未来的名望。

罗宾森·达克沃斯1834年12月4日出生于英格兰的商业和工业中心利物浦港，是联邦银行利物浦分行董事罗宾森·达克沃斯（1794—1875）和妻子伊丽莎白·福布斯·尼克尔（1868—？）的二儿子。他在利物浦的皇家学院学习，后来考入牛津大学的大学学院，而且获得了奖学金。1857年获得学士学位，取得古典文学考试第一等级。之后几年，他在马尔伯勒学院任助教，期间，为了任圣职，他还研习了相关学科，1858年成为索尔兹伯里大教堂的执事，1859年成为牧师。1859年获得硕士学位，并被授予牛津三一学院的研究员职位，他在这个职位上任职到1876年。这期间，他被指定为学院讲师（1860—1862）、三一学院古典文学助教（1861—

1866）、初级财务主管（1862）和院长（1863）。这证明，他作为老师的能力被认可，而且被充分利用以利于大学发展，然而其他的履历则证明他在教育领域的力量。1864年，他被任命为彼得伯勒地区主教的督查牧师，之后（1870），成为马里列本地区汉密尔顿社区圣马可教堂的教区牧师，他在这个职位工作到1906年。

维多利亚女王最小的儿子，利奥波德王子（1853—1884），身体羸弱，患有血友病。女王采取种种保护措施，以免儿子的健康受到威胁，导致他从小在庇护和限制中长大。这孩子没有任何机会扩展自己的心智，天生聪颖和对知识的渴望加重了他的挫败感。1866年，罗宾森·达克沃斯被威斯敏斯特学院院长亚瑟·彭林·斯坦利（1815—1881）和基督堂学院院长亨利·乔治·利德尔（1811—1898）引荐给皇室家族。他被特别赋予教导13岁的利奥波德王子的任务。他到达温莎城堡时，发现他是个特别可怜的小男孩，几乎不能活动，完全和社会脱节。达克沃斯开始了教导利奥波德王子的工作，不仅仅是在学习知识方面，而且还教授他在社会上生存的各种技能。很快，相互尊敬和友好的情谊在两人之间产生。第二年，达克沃斯被指定为利奥波德王子的主管人，他担任这一职务一直到1870年，这期间，他把一位内向自闭的男孩转变成充满自信和雄心壮志且好奇上进的年轻人。维多利亚女王给自己的长女写信，信中说达克沃斯是：

> 真的是一位极具天赋、充满魅力的人（……）我唯一不喜欢他的一点就是，他是一位牧师。然而，他大彻大悟，完全没有从事他那个职业的人所带有的偏见，我认为我必须摒弃我不喜欢他是牧师的这个想法。达克沃斯先生是一位出色的布道牧

师，此外，还非常英俊。[1]

当他们在怀特岛的奥斯本宫时，达克沃斯还鼓励这孩子出去散步过几次。这极大地增强了王子的行动能力，几个月之内，他就可以在拐棍的帮助下四处活动了。达克沃斯的职责还包括为皇室家族操持宗教仪式，1866年8月4日，《泰晤士报》报道罗宾森·达克沃斯牧师大人在奥斯本宫主持宗教仪式，女王和皇家成员均出席了此仪式。在巴尔莫勒宫时，达克沃斯还带利奥波德出去给穷孩子送玩具，试图让王子看到社会上所存在的困境。

达克沃斯那时给王子介绍的一项活动就是收集当时社会杰出人士的亲笔签名信：政客、作家、画家、神职人员和政治人物。就这样，不需要亲自登门拜访，达克沃斯就把社会重要人物介绍给王子了。利奥波德王子的签名信收藏来自包括：查尔斯·金斯利、查尔斯·哈利、埃德温·兰西尔、阿尔弗雷德·丁尼生和本杰明·迪斯雷利。利奥波德对这项活动充满热情，还专门为这项收藏做了一本收藏本——真皮装帧，还在封面上烫金印上他的名字和小皇冠图章。（现在，这本收藏本被藏于牛津大学图书馆）。显然，达克沃斯是这些签名的主要来源，他动用在牛津的各种关系建立起这份收藏。他曾请求提供帮助的就是道奇森，当时因为《爱丽丝梦游仙境》越来越有名气，而道奇森的反馈也是最积极的。道奇森在日记里写道：“12日（1867年11月）我给达克沃斯发去一批亲笔签名的信件，是送给他的学生利奥波德王子的。”[2]道奇森不但寄去自己的签名信件，他还把自己收到的乔治·麦克唐纳、夏洛特·扬、亨利·P. 利登、亚瑟·休斯和威廉姆·霍尔曼·亨特的寄去，以便王子扩充收藏。道奇森的签名是从一封给达克沃斯的信里剪下来的，信上说："请相信我，下午1点30分，您的困意正浓却非常真诚的，C. L. 道奇森。"[3]道奇森寄去的信中有一封很重要，是他的插画师约翰·坦尼尔写的信，坦尼尔是《潘趣》的一位重要画家。坦尼尔写给道奇森的信件中只有很少数几封留存了下来，虽然他俩之间应该有大量通信，因为他们在《爱丽丝梦游仙境》的插画方面有合作。[4]

此时，值得提醒的是，达克沃斯在《爱丽丝地下漫游记》创作中起到的积极作用。在牛津期间，他加入了大学唱诗班。我们之前提到过，道奇森也是唱诗班的成员，虽然他加入唱诗班的目的更多的是为了能够出席各种音乐会，而非成为唱诗班中积极的演唱成员。然而，牛津大学唱诗班的经历将两人联系到一起。1857年5月20日，道奇森在日记中写道：

> 听杰尔夫说我今天将被选为合唱社团的一员（……）晚上去了音乐会，很喜欢其中几部。（……）大学学院的达克沃斯还唱了两首歌。[5]

这是道奇森在日记里第一次提到达克沃斯。道奇森很快和达克沃斯建立起友谊，不久，他就邀请他一起陪伴利德尔家的孩子（利德尔院长最大的三个女儿——罗琳娜、爱丽丝和艾迪斯）泛舟伊西斯河，并帮忙划船。有可能，利德尔家是这次聚会的邀请人。他们也许早已听闻达克沃斯是一位优秀的歌手，他们在温暖的夏日中缓慢摇船游览伊西斯河时，达克沃斯的歌声能给他们带来更多乐趣。一封由道奇森写给达克沃斯的信件被留存下来，信件里没有日期，但是在道奇森的通信中编号685。从其他与其编号类似的信件看来，可以较准确地计算出这封信的日期。日期是1862年6月11日（早一天或者晚一天）。这封信是一个简单的邀请：

亲爱的达克沃斯：

周三可以帮我为我的朋友们划船吗？

你真诚的，

C. L. 道奇森[6]

这次泛舟游河就在第二周的周二。道奇森的两个姐妹范尼和伊丽莎白还有他的露西姨妈当时正在牛津游览，道奇森招待她们。她们6月14日到达，在牛津待到6月20日（星期五）。道奇森把她们介绍给基督堂学院的同事，还带他们参观了牛津的其他学院。她们参观了莫德林学院、艾克瑟特教堂、三一学院、华顿学院和新博物馆，道奇森陪同她们参观了其中一些学院。1862年 6月17日是个周二，他的日记记录了这次河上泛舟的经历，然而，事情并没有按照计划发展：

去钮纳姆远足。达克沃斯（三一学院）以及艾娜、爱丽丝、艾迪斯和我们一起去。我们12点半出发，大约2点到达钮纳姆：在那里午餐，之后去公园散步，大约四点半左右往家返。经过钮纳姆大约半里地，下起一场大雨，我们在雨中忍受了一会儿之后，我决定下船步行。走了三里地，我们都被浇得湿透了。我和孩子们走在最前面，她们比伊丽莎白走得快，我带她们去了我在斯坦福认识的唯一的人家，鲍顿家，兰肯就租住在那里。我把她们留给她，让她们把衣服弄干，我出去找马车，

> 但是一辆也找不到，其他人都到了之后，我和达克沃斯走到了伊夫利，找到一辆快马车去接他们。大约8点半时，大家都到了我家喝茶，此后我把孩子们送回家，中途去贝恩那里听音乐唱歌，唱的是《阿杰莱达》，等等。[7]

达克沃斯唱了贝多芬的《阿杰莱达》（德语名称是*Einsam Wandelt Dein Freund*），弗里德里克·冯·马西森填的词，也许他的演唱是为6月28日的音乐会预演的。道奇森出席了这场音乐会，他认为达克沃斯的演唱是“优秀的演唱”。[8]毫无疑问，这次去钮纳姆的河上探险对于几天之后他即兴创作《爱丽丝地下漫游记》有很大影响。被雨淋得湿透和弄干衣服的情节被糅合进他的手稿里的第二章，之后这些情节在正式出版的书里成为“眼泪湖”和“无谓的竞赛”。

6月27日，弗兰西斯·霍姆·阿特金森（1840—1901）来剑桥拜访，出席一些大学的“学年末”庆典，也被称为学期末纪念。他不久才从剑桥毕业（1861年，学士学位），但是我们不太清楚他和道奇森之间的关系。和勒特维奇家族一样，他的家族也是英格兰西北部拥有土地的绅士，也许他们俩是因为这个关系被联系起来。要不然就是因为阿特金森是阿尔弗雷德·丁尼生的朋友，他和丁尼生住在怀特岛的法灵登，很有可能道奇森在某次他来牛津拜访的时候见过他。道奇森和阿特金森在学年末庆典上玩儿得非常开心，包括一次顺伊西斯河的船队游行、在霍利韦尔草坪看烟火、查尔斯·布隆丹表演走钢丝（就是在尼亚加拉大瀑布走钢丝的那位）以及大学的业余音乐会，就是在这场音乐会上，达克沃斯演唱了《阿杰莱达》。6月30日周一，他们顺河划船而下到达伊夫利，又划了回来。

7月3日，道奇森在日记里记录道：

> 阿特金森和我在院长家吃午饭，本来打算午饭后带孩子们去河里划船，但是下雨了，我们只好留在家里听音乐唱歌——他们三个人特别卖力地唱《莎莉快来》。然后玩槌球，达克沃斯这时候和我们一起玩，此后，他和阿特金森与我共进晚餐。今天我要用白石头标记。[9]

因为天气原因，本来计划好的泛舟游玩被推迟了——道奇森可不想只是重复两周之前做过的事。“莎莉快来！莎莉快去！”是一首美国吟游诗歌，T. 拉姆齐填词，E. W. 麦克尼谱曲。道奇森模仿这首歌，尤其是副歌部分，在第二天讲《爱丽丝地下漫游记》时把它改编成“三文鱼快来！三文鱼快去！”用“白石头”标记一天是道奇森的表达方式，是指这一天非常愉快，十分值得被记住。

到了第二天下午，即1862年7月4日，牛津的天气迅速转好，计划好的行程可以开始了。阿特金森在忙着招待自己的客人，无法参加划船了。而达克沃斯却在最后一刻加入了利德尔三姐妹溯流而上去歌德斯托的旅程——这是被记入了文学历史的一天。道奇森的日记内容非常简单，并没有提及这件事后续的重要性：

> 阿特金森带了朋友来我这里，皮特斯夫人和小姐，我给她们照了相，她们还看了我的影集，并留下来吃午饭。之后，他们去了博物馆，我和达克沃斯以及利德尔家的三个孩子溯河而上，划船到了歌德斯托。我们在那里上岸，喝了些茶，直到8点过一刻我们才回到基督堂学院，然后我们把她们带到我家看微

照片，9点之前把她们送回了院长家。[10]

道奇森的日记写在一个笔记本上，他一般把日记内容写在右手页上，在左手页上添加后续的笔记以及追加的内容。之后，1863年2月10日，他附上了以下笔记：

> 我就是这时给她们讲了《爱丽丝地下漫游记》的故事，这个故事现在已经完成（文字稿），但是插画还没有画好。[11]

很多年后，达克沃斯回忆起这次特别的河上远足，就是在这次行程中产生了被世界上无数人知晓和喜爱的故事《爱丽丝梦游仙境》——这本书已经连续出版了一个半世纪，而且似乎将在接下来的许多年继续出版。达克沃斯的回忆被道奇森的侄子斯杜尔特·道奇森·勒特维奇，在《刘易斯·卡罗尔插画书》中发表：

> 35年前，我还在牛津做讲师，我经常收到C. L. 道奇森神父的信件，但恐怕这些信都被毁掉了，自从我1866年离开了牛津，我跟他就几乎没有联系了。
>
> 在《爱丽丝梦游仙境》的创作和出版上，我和他有紧密的关联。在那次著名的去往歌德斯托的长假旅程中，我划船尾，他划船头，利德尔家的三位小姐是我们的乘客，这个故事实际上是临时编撰，越过我的肩头讲给爱丽丝·利德尔听的，她是我们快艇上的舵手。我还记得我扭过头说："道奇森，这是你即兴编出来的故事吗？"他回答说："是的，咱们边划我边想

出来的。”我还记得很清楚，我们把三个孩子送回院长家，爱丽丝跟我们道别时，她是怎么说的，她说：“噢，道奇森先生，我希望你能为我把《爱丽丝漫游记》[12]写下来。”他说他会试一试，后来他告诉我，他几乎工作了一整晚，回忆他为了活跃那天下午的气氛而编出来的故事，努力写出手稿。他还在这本书里加入了自己画的插画，经常能在院长家书房的桌子上看到这本书。

一天，亨利·金斯利去拜访校长，拿起手稿通读了一遍，他非常高兴，催促利德尔夫人说服作者出版此书。听到夫人的劝告时，道奇森就给我写了信，让我去读一下《爱丽丝漫游记》，并让我坦白地告诉他这本书是否值得出版，因为他还存有疑虑，如果亏损，他无力承担这笔费用。我对他保证说，如果他可以劝说约翰·坦尼尔为这本书创作插画，那么这本书一定能够成功，在我的鼓励下，他把手稿发给了坦尼尔，坦尼尔很快就热情洋溢地回复了他，觉得为这样一个令人愉快的故事画插画是他的荣幸。每次道奇森收到坦尼尔的一批画作，他都邀请我一起吃饭，饭后尽情欣赏那些插画，现在世人都很熟悉这些画了。

我是《漫游记》中的“鸭子”，罗琳娜·利德尔（现在是斯基恩夫人）是“红色吸蜜鹦鹉”或者鹦鹉，埃迪斯·利德尔（已经不在了）是“老鹰”。

我真希望我保留了道奇森在这本书出版前后给我写来的信，这本书让他声名鹊起——但在那时，没人能预见和他的名字联系在一起的利益。[12]

道奇森1898年去世，那时达克沃斯65岁。此时，他的记忆有可能已经没那么可靠了，然而，达克沃斯在牛津时和离开牛津之后两人之间的往来通信确定被记录下来。事实上，还有其他的信件留存了下来，比如说下面这封1864年4月12日的信：

亲爱的达克沃斯：

周四你可以跟我在宿舍用餐吗？或者周六？你近期能确定哪天去划船？我可以带上利德尔家的人为伴。

你永远真诚的，

C. L. 道奇森[13]

达克沃斯所陈述的道奇森决定出版该故事的过程与我们所知的事实并不完全符合。我们知道，他把故事手稿借给了他的朋友们，即乔治·麦克唐纳一家，而且故事被读给孩子们听后，受到了极好的赞扬。我们还知道道奇森原本准备出版他在手稿中亲自绘制的插画。然而，当他咨询约翰·拉斯金、大学出版社的托马斯·库姆和托马斯·伍尔纳（一位拉斐尔前派雕塑家，他当时正好在为库姆雕塑半身像），他们的回应却是一致的：强烈建议他使用一位专业的插画师。达克沃斯可能推荐过约翰·坦尼尔，但是作为《潘趣》的热心读者，道奇森可能已经看到过他的作品，而且我们已经知道，他还通过另外一个朋友寻求引荐：剧作家汤姆·泰勒。是泰勒写了一封介绍信，道奇森就立刻去约翰·坦尼尔在伦敦的家里拜访了他，邀请他为《爱丽丝漫游记》创作插画——坦尼尔接受了这项工作。

达克沃斯还暗示到，现实中发生的事情被融合到故事里：那天在船上的所有人都被安排在故事的种种场景之中，比如说之前所发生的和利德尔家孩子相关的事情——具体举例，划船去纽纳姆的糟糕旅行，大家被浇得透湿，在手稿版里被原样照写在故事中，然而出版时对这段进行了修改。达克沃斯告诉我们，他就是第三章《无谓的竞赛和长长的故事》里的“鸭子”；罗琳娜是鹦鹉，埃迪斯是鹰雏。我们还知道道奇森自己是“渡渡鸟”。在1886年发行的《爱丽丝地下漫游记》赠送本的副本上，道奇森写着“赠鸭子，来自渡渡鸟。1887年6月9日。”[14]在第七章《疯狂的茶会》里睡鼠讲的故事中又出现了利德尔家的孩子；糖浆井里的三姐妹是艾尔希（L. C. —罗琳娜·夏洛特）、莱斯（爱丽丝的字母颠倒组合而成的名字）和蒂里（玛蒂尔德的简称，玛蒂尔德是埃迪斯的昵称）。随着道奇森发挥想象力，一定还有船上的人所认识的其他人在故事里被安排了角色。“疯帽子”已经被认为是牛津的一位奇怪的售货员，西奥菲勒斯·卡特尔（1824—1904），他总是戴着挂着价签的帽子，实则为这些帽子做广告。最近，有人提出，托马斯·兰德尔（1805—1887）是“疯帽子”的原型。利德尔家的人认识他，而且他确实是一位帽子制造商。[15]人们把“睡鼠”和托马斯·琼斯·普劳特（1823—1909）联系起来了，他是滨色村（糖浆井所处的位置）的牧师还是基督堂学院的同事，他帮助改革派和教士们角力，使得权力被更加公平地分配给学术职员；他参与了讲师们举行的大量会议，讲师们被要求为改革委员会提供一本报告，以便委员会审核基督堂学院的管理体制。虽然普劳特积极支持变革，但是他有开会睡觉的习惯，人们称他为“杀戮教士的人”。巧合的是，达克沃斯的表弟威廉姆·爱德华·尼科尔（1846—1914）于1873年11月20日在米德尔塞克斯郡和凯瑟琳·尼科尔·刘易斯·普劳特（1848—

1914）结婚，凯瑟琳是尼斯登庄园的约翰·威廉姆·普劳特的女儿。约翰·W. 普劳特是托马丝·琼斯·普劳特的弟弟。

还有更多的关于道奇森、达克沃斯和利德尔家孩子河上泛舟的记载。例如，1863年5月1日，道奇森在他的日记里写道：

> 11点到院长家，准备我们去河上的远航，在那里玩槌球游戏，一直玩到1点。2点半，我和达克沃斯、利德尔家的三个女儿还有普利科特小姐下河了：我们并没有到小岛那么远的地方，只是在河里来来去去，根据孩子们唱的歌曲变换表演。（我给他们唱了《琼斯小姐》）。大概5点钟回来的，达克沃斯可能是回三一学院了。我和孩子们在院长家待到快6点。[16]

5月28日，道奇森被邀请到三一学院和达克沃斯聚餐，他们可能讨论了出版《爱丽丝梦游仙境》的可能性，但此时道奇森已经完成了故事的手稿，就差他自己作的插画了，而且插画的空位已经留好了。1863年年底做出出版这本书的最终决定，1864年初邀请坦尼尔做插画师的工作也开始启动。1864年5月6日，道奇森写道："和达克沃斯一起散步，跟他一起回家喝了下午茶。给出版社寄去完整的《爱丽丝漫游记》的手稿。"[17]作为游船上的一员和被珍视的朋友以及导师，达克沃斯证实了自己积极支持出版这本书。

道奇森送给达克沃斯很多自己著作的赠送本，有一些留存至今，被人收藏。毫无疑问，他收到首版《爱丽丝梦游仙境》（1865）五十本中的一本，但是这本书至今未被发现。首版被1865年年底新印刷的那版替代，而且新印出来的书也被送给了朋友们，然而所有的这些书的标题页上都写着1866。达克沃斯的那本书上的题献是："R. 达克沃斯，带着作者真诚的问候，纪念我们的航行。"（罗森巴赫）。达克沃斯还收到了翻译成德语和法语的首版，时间是1869年，两本书上都写着："R. 达克沃斯，带着作者真诚的问候"。（这两本都被贝罗尔收藏）。其他的书还有《幻象》（1869）："R. 达克沃斯神父，带着作者真诚的问候。1869年1月。"（比尔收藏）；《三个T的愿景》（1873）："R. 达克沃斯神父，来自作者。"（哈佛）；《一个牛津青年的笔记》（1874）："R.达克沃斯，来自作者，1876年6月17日。"（摩根）；《蛇鲨之猎》（1876）："R. 达克沃斯，带着作者真诚的问候。1876年6月17日"（贝罗尔）。达克沃斯的名字还出现在道奇森赠送《幼年"爱丽丝"》的名单上，但是现在这本书下落不明，而且，毫无疑问，他应该也收到了《爱丽丝镜中世界奇遇记》（1872），可这本书也还没有找到。达克沃斯确实在1892年收到了一个《镜中》的饼干盒。

接下来三年，达克沃斯仍然是利奥波德的家庭教师，三年后，王子就17岁了。达克沃斯意识到，在女王的眼里，他的任务已经完成了，他将被别人替代。他已经成功让王子意识到自身的能力，并因此变得自信，也许还鼓励他追随哥哥威尔士王子的脚步，进入大学深造。1870年4月，达克沃斯卸任。4月21日，利奥波德给他妹妹爱丽丝公主写信说：

> 妈妈认为，鉴于我身体状况欠佳，我需要一位医生经常伴我左右，因此，伴随我四年的达克沃斯先生不得不离开。对于我来说，他一直都胜似兄长，你知道，我真的非常喜欢他，这次分离对于我俩都将十分痛苦。[18]

利奥波德的另一位妹妹，路易斯公主，还代表她和利奥波德设计了一款金戒指，送给达克沃斯作为离别礼物。为了纪念达克沃斯作为他们的家庭教师，戒指上刻着以下献词："不要忘记我们。Le. Lo.'67'。"

作为补偿，维多利亚女王于1870年指定达克沃斯为她的常任牧师，他担任这个职务一直到1901年女王过世。5年之后，1875年，威尔士王子指定达克沃斯为他的荣誉牧师。达克沃斯定期为他们布道，还在温莎、奥斯本和巴尔莫勒主持宗教仪式。1875年，他陪同威尔士王子去印度进行国事访问，他发觉这次任务很艰难，因为他被要求在印度传播对于基督教保持中立态度，而且不要在印度的教育和宗教活动中引起当地各种传教组织的注意。然而，他在访问勒克瑙的驻军教堂时，找到一个机会强调在印度人民中传播基督教的重要性。威尔士王子当时也在场。达克沃斯顺着王子的访问路线拜访了许多传教点。

同时，利奥波德王子实现了自己去牛津大学学习的目标，虽然女王对此焦虑不安。他是1872年11月27日被录取的，成为基督堂学院的一员。利奥波德可以不为了获取学位而学习，他可以选择自己喜欢的学科，他的选择非常广泛：约翰·拉斯金（1819—1900）教授的雕刻艺术、蒙塔古·伯罗斯（1819—1905）教授的现代历史、罗伯特·贝拉米·克利夫顿（1836—1921）教授的人类眼睛的专业知识、约翰·菲利普（1800—1874）教授的地质学、奥古斯塔斯·乔治·弗农·哈考特（1834—1919）教授的化学、亨利·威廉姆·钱德勒（1828—1889）教授的道德以及形而上哲学。作为导师，达克沃斯激起了利奥波德王子对学习的渴望，王子决定好好利用自己在牛津的时间。然而，并非所有的时间都用于学习了；还有时间用来交朋友，尤其是女性朋友。利奥波德成为基督堂学院院长家的常客，利德尔姐妹让他神魂颠倒。罗琳娜·利德尔已经和威廉姆·贝利·斯基恩订婚，埃迪斯·利德尔和奥布里·哈考特是恋爱关系，只剩下爱丽丝·利德尔成了利奥波德王子的主要关注点。

道奇森非常热切地想要得到为王子拍照的机会，1875年5月，他写信给罗伯特·霍索恩·柯林斯（1841—1908），当时王子的内务助理，问自己是否可以为王子拍照。5月24日，道奇森遇到了“达克沃斯，他那时正要去王子的住处”，[19]后者可能为道奇森说了些好话。要求被准许了，但是首先，道奇森被邀请到威克姆庄园觐见王子，那里是皇室在牛津的行宫。5月26日，道奇森和王子共进午餐，他记录道：

> 我发现自己被当作重要的客人，不得不坐在年轻主人的身边，他特别谦逊低调，对人和蔼可亲：他一定被大多数人喜爱，这一点我并不怀疑。[20]

6月2日，王子去到道奇森的摄影工作室，柯林斯随后也来了，道奇森拍了两张照片，“但没有一张里面的人是没有晃动的”[21]（可能利奥波德的身体状况的原因）。王子挑选了一些道奇森的照片——有些可能是利德尔姐妹小时候所拍摄的——接受它们作为礼物。利奥波德迷恋爱丽丝的传言传进了维多利亚女王的耳朵，王子被命令离开牛津。然而，爱丽丝和利奥波德保持着联系。1880年9月15日，爱丽丝在威斯敏斯特教堂和雷金内尔·哈格里斯夫举行婚礼，她在婚纱上佩戴着利奥波德送她的胸针。1882年4月27日，利奥波德于瓦尔德克和皮尔蒙克的海伦·弗雷德里卡·奥古斯塔公主、奥尔巴尼女公爵（1861—1922）结婚。他们的第一个女儿名为爱丽丝。爱丽丝·哈格里斯夫为自己的第二个儿子命名为利奥波德，大家都叫他“雷克斯”①（和皇室的关系显露无遗）。这两个孩子都是1883年出生的。

1875年，查尔斯·金斯利去世，达克沃斯被本杰明·迪斯雷利首相任命为威斯敏斯特教堂的教士，顶替金斯利的职位，这也许是得到了来自皇室内部的支持。他还被任命为威斯敏斯特教堂的副助理主教。他仍然执掌在汉密尔顿地区的教区牧师职务，同时担任两个教堂的工作职责。他有两个住址：伦敦西南威斯敏斯特教堂小回廊6号，以及伦敦圣约翰森林教堂路5号。1891年，他被任命为马里波恩的乡村教区司铎，他在这个职位上工作到1905年。他在教区信众心中威信极高。一份警察的报告展示了达克沃斯的性格。1872年10月11日，一位21岁名叫弗雷德雷克·莫尔斯的人拜访达克沃斯，要求他命令穷人守护组织接收他，因为他极度贫困而且饥肠辘辘。达克沃斯给了这位年轻人一些钱，还在《泰晤士报》上花钱登了一则广告，试图找到他的家人和朋友。这位年轻人说自己刚刚从印度归来，和家人朋友都失去了联系。结果发现这都是他的谎言和伪装，只为了得到善款。之后，这个人被逮捕，还被判从事重体力劳动一个月。达克沃斯是个值得信任的善良人，他做事心怀善念，帮助那些经济困难的人。[22]

第二年，道奇森的作品中又加入了达克沃斯的肖像照。1876年6月16日，道奇森在日记里写道：“达克沃斯来参加学期末庆典，我

① 雷克斯英文是Rex，即王、君主之意。

给他腾出一张床。”[23]第二天，道奇森借此机会带达克沃斯去楼上的摄影工作室，给达克沃斯拍了照。几年前，在一本影集里发现了一张达克沃斯的肖像照和几张别的照片，这张达克沃斯的照片可能就是那天拍的。[24]

我们发现，虽然记录显示达克沃斯1866年离开牛津之后和道奇森往来相当之少，但这并非真实情况。他们之间的一些信件被保留了下来。举例来说，1879年6月2日的这封信和达克沃斯的弟弟戴斯·达克沃斯（1840—1928）有关，他那时是伦敦圣巴塞罗缪医院的咨询医师：

> 亲爱的达克沃斯：
>
> 麻烦你把这封信转给你弟弟。我听说他离开莱克斯哈姆花园，我没有他的新地址。
>
> 你真诚的，
>
> C. L. 道奇森[25]

写这封信的目的我们不得而知，但可能跟道奇森的露西姨妈相关，她在这一时期开始出现记忆衰退现象。道奇森向多个医生朋友和熟人寻求建议——他选择的大多是声望最高的医生。戴斯·达克沃斯是一位备受尊敬的医生，后来成为威尔士王子的医生，1909年还因工作杰出被授予男爵爵位。

达克沃斯于1879年获得神学博士学位，1887年4月，皇室洗足礼上发放救济金，要发给68位为教堂和社区贡献了长期且有价值的服务的成员，达克沃斯推荐了若干人。这个人数代表了君主的年龄，而仪式在白厅教堂举行。1895年，他成为威斯敏斯特学校主管机构的一员。1910年，他被指定为威尔士王子的常任牧师，当时威尔士王子已经是爱德华三世国王了，他是1902年在威斯敏斯特教堂加冕的。他是耶路撒冷圣约翰修道会的施赈人员，公务员步枪志愿者（他因此于1901年获得了志愿者奖章）和伦敦音乐家团体的牧师。因着后者的职务，他出席了1904年10月25日的庆祝会晚餐。1902年，因为对皇室家族的服务，他被任命为皇家维多利亚奖章委员会负责人。

达克沃斯喜欢出国旅行，有一次还去了巴勒斯坦。此行归来，他写下了《圣地》，并于1903年被拉斐尔·塔克父子公司在伦敦出版，W. J. 韦伯配制插画。很多个暑假，他都是和一个弟弟在苏格兰度过。在伦敦，他是雅典俱乐部和格罗夫那俱乐部的成员。他的很多布道被出版，他去世后，一本名为《特殊的布道》于1913年出版。他在大学期间，出版了《希腊皇室教授的公开课》（牛津，1861），这本书是关于本杰明·周伊特（1817—1893）的，他关于宗教的独特观点引起了许多争议。道奇森也加入了争论，同年还发表了讽刺性的小册子《希腊教授的天赋》。

达克沃斯终身未婚，1911年9月20日去世。《泰晤士报》第二天的讣告写道：

> 我们很遗憾地记录，罗宾森·达克沃斯牧师，威斯敏斯特教堂副助理主教、副院长和教士与世长辞，他到肯特霍克赫斯特桑德赫斯特教区长宅邸拜访，并于昨天早上六点在此离世。自去年秋天，严重的心脏衰竭现象出现，其身体状况脆弱。然经过治疗，在加冕仪式以及暑假期间，其友人发现他体力渐长。八月上旬，他赴苏格兰度假，如同往常，其弟随行，近期

归来。上周日早，他在威斯敏斯特教堂圣玛格丽特厅布道，周一离城。

讣告接着说：

> 他职责多样，也许因为青年时期晋升迅速，对其学者以及思考者的工作效果却起到令人失望的影响。他在牛津攻读学位的既定功课并未圆满完成。他永远是令人愉悦的伙伴，他如饥似渴地用多种文字阅读，但他在学术上所取得的成绩比预想的少。他的布道简洁却缺乏力量，好像他缺失了高水平思考的动力。

维多利亚女王可不这么想；她和皇室其他家庭成员对于达克沃斯的布道给予了极高的评价。讣告还说：

> 伦敦鲜有牧师如此幸运地享受到来自信众这般的热爱和信任。没错，改革措施改变了很多富庶教区的社会状况，圣马可教区也未能幸免；也许他任期的后期里没有保留住任何经济优势，但是他因对自己人民的爱和改革措施而被人记住。[26]

葬礼在威斯敏斯特教堂举行，在戈尔德斯格林火化后，他的骨灰被埋葬在副助理主教小房间附近的一个墓地里。来参加哀悼的人有国王的代表和奥尔巴尼女公爵（利奥波德王子遗孀）、牛津大学三一学院的院长，以及其他和他生前职位相关的人物。据我们所知，并未提及他是《爱丽丝梦游仙境》中的“鸭子”。

爱丽丝·利德尔

爱丽丝·普莱曾斯·利德尔于1852年5月4日出生在威斯敏斯特学校，他父亲是学校校长。她是亨利·乔治·利德尔和妻子罗琳娜·汉娜·利弗的第二个女儿兼第四个孩子。爱丽丝有一个哥哥爱德华·亨利（1847—1911），人们都叫他哈里，还有一个姐姐罗琳娜·夏洛特（1849—1930）。另外一个哥哥詹姆斯·亚瑟·查尔斯，在爱丽丝十八个月大时，染上猩红热夭折了。在住宿学校的环境里生活的最大问题就是疾病在社区蔓延迅速，此外，旁边社区的健康状况也不好。威斯敏斯特学校的周边环境肮脏：下水道排出的污物直接倾入泰晤士河。很多穷人就住在附近。1848年，伤寒症爆发，爱丽丝的妈妈差点丧命。学校的两位学者因此丧生。此后，利德尔家继续壮大：爱丽丝有了六个弟弟妹妹：埃迪斯·玛丽（1854—1876）、阿尔伯特·爱德华·亚瑟（1863，8周时夭折）、罗达·卡洛琳·安妮（1859—1949）、维奥莱特·康斯坦斯（1864—1927）、弗雷德雷克·弗兰西斯（1865—1950）和莱昂内尔·查尔斯（1868—1942）。

为了让孩子们的生活更有乐趣，利德尔先生和太太在威斯敏斯特学校为社会上有文化有地位的人组织音乐会和其他娱乐活动，这也让孩子们接触到恰当的圈子。威斯敏斯特学校的名声在亨利·利德尔的经营之下一路上扬，教育学家和家长们对他的评价甚高。他对学校实际工作的改革以及对校内建筑现代化的改造或许把学校从关门的危险中解救了出来。

1855年6月2日，基督堂学院院长托马斯·盖斯福德去世，利德尔被指定为他的接班人。利德尔曾经是基督堂学院杰出的学者，取得了两个学科的第一，因此被指定为讲师。他和罗伯特·斯科特同为图书馆副馆长。在编纂《希腊语—英语辞典》中，两人承担了主要的学术工作。这本辞典的编纂花了九年时间完成，当1843年辞典出版之时，两人都得到了学术界的认同。

搬家到基督堂学院之前，利德尔校长为校长宅邸进行了很多改造和现代化改进。利德尔一家直到1856年才搬进去住。其中一项主要改变就是在住宅里安装了一套新的巨大的木质楼梯，楼梯的支柱被雕刻成狮子的样子，此外还有别的精美的装饰。利德尔院长先生用《辞典》销售获得的利润支付这套木楼梯的费用，至今，这套楼梯都被称作辞典楼梯。

道奇森很快就跟新院长熟识了。他时常去院长家拜访，讨论学术问题，甚至预约使用院长家的花园作为他的摄影场所。1856年4月的一天，他和朋友雷金内尔·索西想拍几张大教堂的照片。院长家的花园视角很好，然而他们尝试了几次，拍摄都失败了。但从另外的角度来说，那天却又是成功的。这是道奇森第一次见到利德尔家所有的女孩：罗琳娜·夏洛特、爱丽丝·普莱曾斯和埃迪斯·玛丽。

最初，道奇森和院长的儿子是朋友，即爱德华·亨利·利德尔（1847—1911），大家都叫他哈里。他试图教这个男孩算数，为他上公立学校做准备。但这并不成功。之后，他又带哈里和牛津的同事去划船，他教哈里划船。这项活动较为成功。哈里被送去上学以后，道奇森的兴趣就转向院长的女儿们了。

道奇森成功地为利德尔家人照了很多照片。据传丁尼生，著名诗人，曾经评价说爱丽丝·利德尔装扮成小叫花子的那张照片是他所见过最美的照片。随着时间的推移，很明显能看出，虽然道奇森很喜欢三个小女孩的陪伴，但他最喜欢的还是爱丽丝。利德尔家的女孩都没去学校上课。她们有家庭教师，玛丽·普利科特（1833—1916），她是她们的主要教师，此外，这家人的其他朋友也为三个女孩提供特别的教学。爱丽丝的艺术课是约翰·拉斯金教授的。她甚至说得一口流畅的法语，她大一点之后还用法语给道奇森写信。从外貌上看，爱丽丝黑色的头发，和根据她虚构出来的人物并无关联。她是短头发，还有刘海。她的一双眼睛也是黑色。三个孩子经常穿着同样质地的衣服，当她们行走在基督堂学院里时，一定是与众不同的。

道奇森去院长家看她们，还跟他们一起用餐。他给她们讲故事，跟她们玩游戏逗她们开心，教她们下象棋和玩槌球及他自己发明的各种游戏。他带她们绕着基督堂的草坪散步，还带她们到本地其他让人开心的地方玩。有时候，他还为她们准备野餐篮子，或者为她们在阿尔达特街上的综合商店买蛋糕和糕点吃。她们长大一点后，出行就变得更刺激、更冒险，时间也更长了——有时一出去或许就要一天。有一次特别的出游时乘船溯伊西斯河而上到达歌德斯托，这用了整整一个下午和傍晚一些时光。我们已经知道，道奇森还邀请了自己的朋友罗宾森·达克沃斯跟他们一起，达克沃斯美妙的歌声为他们的旅行增添了乐趣，他主唱，船上其他人合唱。所有当时流行的歌曲和曲调他们都唱了。我们知道，道奇森的想象都是建立在真人物、真地点、真事件的基础之上的，很自然，故事应该是和爱丽丝相关的，她跟随一只白兔钻进兔子洞，进入了仙境。她遇见了其他可以辨别出来的角色，正如我们之前已经大致描述过的。糖浆井也真的存在，在去歌德斯托的路上，滨色村教堂的庭院里。这口古井最近被发现，以前被称作圣玛丽井，人们盛传这口井里有带治愈功能的泥土，即“糖浆”。孩子们去过这口井，也许不是这次，而是和道奇森在其他时候去过。

爱丽丝·利德尔晚年时被请求回忆这个场景，以下的回忆录在她的手中。时间久远，回忆中有一些不准确：

> 你们中有多少人没听说过《爱丽丝梦游仙境》呢？少之又少，我想——如果是没听过这本书的人，那么应该对此不感兴趣，但是我想请那些深入探究且真正知道爱丽丝的人能够容忍我一下，允许我先跟他们说一说书作者和他的女主角更多的真实情况，这些读者可能还并不知晓这位女主角。我这么做是希望让他们注意到一些新鲜细节，将他们跟真正的爱丽丝距离拉近一些。
>
> 一八六几年某个炎热的夏天（爱丽丝没有说出具体的年份；应该是1862年），更确切一点，是那年6月开头的某一天（实际上是7月4日），人们可能看到开心的4个人（加上达克沃斯实际上是五个人）从院长家门口走过基督堂学院的汤姆方庭，他们朝河边走去，手里拎着的篮子泄露了秘密，他们整个下午都要愉快地发呆。如果我们看得更仔细些，我们将发现这四个人中有C. L. 道奇森先生，基督堂学院的数学讲师，还有三位利德尔家的小姐，基督堂学院院长的千金。道奇森先生的面庞英俊又有趣，至于那三个姑娘，最高的那位头发浅棕色，脸部轮廓特征鲜明；中等个子的女孩头发很黑，胖胖的笑脸天真无邪；而第三个姑娘非常美丽，头发是红色的，引起了我们的

注意；然而，我们最应该关注的是第二个姑娘。让我们跟着这几个人：他们沿着一条狭窄的小路走到河边，很久以前这条小路就因修建宽街而被遗弃，那条宽阔的大道两边是雄伟的两排大树；他们来到了索尔特斯港边，划艇都停在这里：我们可以看到这几个人选了几个舒服的靠垫带上了船，当一切都准备就绪，划船的任务也分配完毕，接下来的竞赛就是争坐在这位数学家身边，他脑子里的想法错综精细，有人告诉我们，他可以通过完美无缺的逻辑证明人不是人！就是这样一位神奇的监护人慵懒愉快地划船，带着三个开心的小女孩在伊西斯河上来来回回畅游，不仅仅是这一天，很多个炎热的午后都是这样。他们可以想象他并没多少安静的时光：有哪个孩子在认为自己可以掌控局面的时候，不是立刻说“给我讲个故事”呢？孩子多了更是这样，三个孩子同时要求是不是更加无法抗拒呢！在我们了解的这个情况下就发生了这样的事——用刘易斯·卡罗尔自己的话怎么说的呢？如果你不知道，我就引述他的话：

一切发生于一个金光闪闪的午后
我们在河上轻轻掠过，完全放松；
啊，三个残忍的孩子！就在此刻，
在这如梦如幻的天气里，
请求我讲故事，我的气息微弱
尚不足以吹起最轻巧的羽毛！
然而，一束虚弱的声音怎能对抗齐声请求的三张嘴？

她专横的第一条指令闪现
“开始”——

温柔的声音说出第二条指令
“故事不能胡编乱造！”——
第三条指令又打断了故事
不到一分钟打断一次。

我们可以看到，他们坐在船上，道奇森先生时不时划动小船，同时，他用自己微弱的声音给他们讲故事，还伴随着他奇怪的口吃——有时候他假装睡着，让三个女孩很丧气——有时候又说：“且待下回分解”，然后接着又讲，算是已经到下一回了。

就这样，这个永远让人开心的故事开始了，它之后走入了许多许多人的心里。[27]

旅程末尾，是爱丽丝恳求道奇森为她把故事写下来的。近两年半之后，道奇森完成了写作——亲手用最漂亮的字书写下来，还仔细地为文字加配了插画——1864年，他把一个绿色真皮装帧的小笔记本送给爱丽丝·利德尔作为圣诞礼物。书的标题是《爱丽丝地下漫游记》，道奇森还在里面附上了留言：“送一位孩子的圣诞礼物，谨以此纪念某个夏日。”在故事的结尾，爱丽丝从她的梦中醒来了，整个故事就是一场梦，她告诉她姐姐梦中许多的历险。最后一页的内容如此：

但是她姐姐在那里多坐了一会儿，观看着日落，并没有多想爱丽丝和她的冒险，过了一阵子，她也开始做梦，她的梦是这样的。她看见一座古城（牛津），一条平静的河流（伊西斯）在它附近蜿蜒，顺着平原流下去（河湾草滩，在牛津以北往歌德斯托方向），一艘小船慢慢划着，逆流而上，船上有一群小孩子——她可以听到他们的欢声笑语，飘荡在河水上，犹如音乐一般——这群孩子之中，有另外一个小爱丽丝，她正睁着闪亮的渴求的双眼聆听着故事，她倾听着故事的一字一句，瞧呀！这不正是她自己妹妹所做的梦嘛。小船缓慢蜿蜒行进，在夏日明亮日光之下，载着它那群开心的船员和他们音乐般的声音和笑声，直至小船在河流众多拐弯处之一转了过去，她再也看不到它了。[28]

这本小笔记本保存在院长家，参观者可以自己取阅。我们已经知道，道奇森受到极大的鼓励出版这本书，他也出版了该书，而且采用了新的书名《爱丽丝梦游仙境》。第一版因为牛津的印刷商而出了问题，之后这本书在伦敦重新编排和印刷，于1865年11月上市销售。渐渐地，书的销售量开始变大。被成功所激励的道奇森决定用他为利德尔家的孩子所杜撰的其他故事出一本续集。其中的许多故事的灵感来自1863年6月皇室家族到访牛津。新婚的威尔士王子和王妃选择访问牛津，王子攻读本科学位的时候牛津就是他的家。很自然地，访问期间，这对新人住在院长利德尔家，接下来就要做很多精细的准备。爱丽丝，此时11岁，和她的姐妹们在庆典中扮演很重要的角色，她们学习了在皇室成员面前举手投足的规矩。她们在婚礼当天参加了一个仪式，在仪式上植了树。整个小镇也都积极参与庆典，组织了许多活动并燃放烟火。其中许多活动和娱乐，比如说“说话的鱼”，都能在第二本“爱丽丝漫游记”里找到。这本书是以一盘棋为基础的——有雨的下午，道奇森和孩子们就在院长家下棋。但故事里却有一些辛酸和悲哀，因为爱丽丝长大了，抛下了她儿时的伙伴，包括道奇森。当爱丽丝一步步走过棋盘，从一个小卒子变成皇后时，白骑士，根据道奇森创造的角色，和她挥泪告别。在现实生活中，爱丽丝已不再是爱开玩笑、爱问道奇森先生问题的、早熟的思想活跃的孩子，她长大成为一位有自制力的年轻姑娘，她的家庭准备将她嫁入个好人家，而且嫁入皇室的可能性还未完全被排除。她那年轻人所具备的顽皮天性被限制，她更多地参加严肃的活动。《爱丽丝镜中世界奇遇记》出版于1871年12月，那时爱丽丝已经19岁了。书的结尾是一首离合字母诗，每一行诗句的第一个字母拼起来就是爱丽丝的名字。虽然道奇森一直把那个活泼好奇的7岁小孩作为他的灵感和缪斯，但是她和道奇森的关系越来越淡薄。

道奇森之后再未能重新获得爱丽丝·利德尔带给他的灵感体会，这些灵感造就了儿童文学史上最受欢迎和长盛不衰的两本书。爱丽丝渐行渐远，他们很少再见面。虽然，我们知道，她和利奥波德王子一度恋爱，但她并没嫁入皇家。28岁那年，她嫁给了富庶的乡绅雷金内尔·杰维斯·哈格里夫斯（1852—1926），他曾是基督堂学院的本科生。他们住在哈格里夫斯在乡下的家里，卡夫内尔斯，位于新弗罗斯特的林德赫斯特。他们婚后育有三子：艾伦·内伊弗顿（1881—1915）、利奥波德·雷金内尔（1883—1916）和卡里尔·利德尔（1887—1995），第二个孩子取了王子的名。有人猜测爱丽丝是否用道奇森那著名的笔名为第三个孩子取名，但终其一生爱丽丝都对此予以否认。那个名字和卡罗尔非常相近，而且发音几乎一模一样。前两个儿子都参加了一战，非常悲惨的是，他们都在军事行动中牺牲了。这对于爱丽丝来说是具有毁灭性的打击。

随着时间的推移，她过起了乡村淑女的生活，享受在此种社会地位上的社交活动，受到自己仆人的敬畏，受到当地社区的尊敬。几乎无人知晓她就是那本世界闻名的儿童图书的灵感来源。《爱丽丝梦游仙境》持续取得巨大成功，销量巨大，而且被翻译成很多种不同的语言。当爱丽丝步入75岁之后，她决定卖掉道奇森送给她的很多财富，包括那本最原始的《爱丽丝地下漫游记》。她出席了1928年4月3日在苏富拍卖公司举行的拍卖，看到手稿被拍卖到令人震惊的15400英镑时，她惊讶极了，这是那个年代儿童书拍卖的最高纪录。手稿被一位美国的书商A. S. W. 罗森巴赫博士买下了。人们做出很多努力想把这本手稿留在本国，但这些努力都失败了。书被卖给一位美国的收藏家埃尔德里奇·里夫斯·约翰森（1867—1945），大家都说他是个奇怪的人，他通过投资留声机唱片而发财。他把这本书和他其他的珍贵手稿一同放在保险箱里，不管走到何处都带着这个保险箱，即使是在他的游艇上。他还复印了这本书，五十多本副本被送给他的重要朋友。埃尔德里奇·约翰森去世之后，这本书再次通过在苏富买下它的那位书商卖出。这一次，在一群美国捐助者的帮助下，这本书被买下来并且送回英国，作为象征物以纪念英国在二战时期所做出的牺牲。1948年，《爱丽丝地下漫游记》被赠予坎特伯雷大主教，现在可以在大英图书馆看到它，它在那里作永久展示。

1932年，爱丽丝·哈格里夫斯被邀请去美国参加刘易斯·卡罗尔诞辰一百周年纪念活动。哥伦比亚大学意欲向她颁发荣誉博士学位。此时，79岁的爱丽丝已经非常虚弱，但是思维敏捷，她不适合远距离旅行。然而，她同意去美国——但并不是在冬日严寒的一月期间去参加纪念活动，而是五月去，那时她可以庆祝自己的八十岁生日。她在儿子卡里尔和妹妹罗达的陪伴下，乘坐冠达游轮公司的RMS贝伦加利亚号横穿大西洋来到纽约。她到达时，媒体大批出动报道，对她大做文章。她被礼物和各种活动邀请所淹没。爱丽丝非常惊讶自己受到如此的关注。在英格兰，她想办法过着平静和不被打扰的生活。她在这个国家逃过了媒体的注意力。一到纽约，她还没有下船就做了一番简短的发言：

> 我非常荣幸和开心能够来到美国，我想，我现在跨海的冒险和我在地下的冒险一样有趣。我认为，不管从哪方面来说，我都将非常愉快，就像我在兔子洞里那样。[29]

此时，来迎接她的代表团中一位成员打断了她，问道："那就是说您真的是仙境中的爱丽丝的原型咯，哈格里夫斯太太？"

> 嗯，是的，这个故事是讲给我听的，还有我的姐妹们——我们都在船上，和道奇森先生一起，他为我们划船，船顺着河漂流而下。

在哥伦比亚大学的学位授予仪式上，她做了一番演说，演说内容是关于她童年生活中关于道奇森的故事，以及促成爱丽丝故事诞生的一系列事件。从留存下来的残片来看，她似乎选用的是作为解释《爱丽丝历险记》来源的惯用回答，但是为了这次特殊场合，也在其中增加了一些内容。她的家族保留的文件中包含一张她在RMS贝伦加利亚号上做笔记的一张便笺纸，可以看出新增的那部分内容是在横跨大西洋的航行中完成的。在这番演说中，她对美国的孩子说：

他们很可能回头再次观察我们，想知道我们是不是一群非常普通的孩子，进入兔子洞里，和睡鼠一起喝茶。我要带着所有想跟随我的孩子一起下到兔子洞里，然而我却做不到，但我要给你们读几封刘易斯·卡罗尔之后写给我的信。从这些信里，你们可以注意到他对于帮助孤儿院和儿童医院都非常热心，因着这层关系，当听说在纽约和伦敦都募集到许多相关基金，着实很吸引人。[30]

爱丽丝·哈格里夫斯提到的那些信件的其中一封的日期是1885年7月15日，大致内容如下。道奇森问爱丽丝他是否可以借用《爱丽丝地下漫游记》的手稿，以便他制作副本准备出版。起初，爱丽丝犹豫不决，但是当道奇森解释说所有的利润都将用于支持儿童慈善，爱丽丝就动了慈悲之心。

亲爱的哈格里夫斯太太：

经过对大量摄影师和锌板技师的筛选，我应该是找到了可以用一流技术复制《爱丽丝地下漫游记》的那个人了。他把自己的设备带到牛津来了，我在我的工作室里拍摄所有的照片，所以除了我以外再没有人碰这部手稿。这样，我希望当我把它归还给您时，它仍然处于您将它出借给我时的良好状态——甚至更好，如果您允许我归还之前重新装订。我可以吗？

这本书是否能够成为盈利来源，还不好说：但是如果它将要盈利，考虑到这本书现在归您所有，我不想独自占有所有利润，我考虑过把一半利润分给您。但是我又想到一个更好的点子，我现在提出来等待您的批准：把收入送给医院、孤儿院，那些照顾生病孩子的机构。

以下是我在书的开头所要做的宣言（如果您同意的话），这段宣言也会附在所有关于该书的广告后面：

“本书的销售利润，如果产生任何利润的话，将捐赠给医院和孤儿院，为了那些生病的孩子：截止到每年6月30日的账目都将于第二年12月份的第二个星期二公布在《圣詹姆斯公报》。”

我希望一周内能将本书归还于您（或者寄给装订商，如果您愿意）。请相信我。

您真诚的，

C. L. 道奇森[31]

此行之后，爱丽丝很多回忆录都由他的儿子卡里尔记录，通过文章的形式在大西洋两岸出版发表。突然间，爱丽丝发现自己成了名人，然而这不是她喜欢的身份。但她确实资助了很多慈善活动以及纪念刘易斯·卡罗尔生平的活动，其中许多是1932年为了纪念道奇森一百周年诞辰而举办的活动。

回到英格兰之后，她试图再回归默默无闻的生活，但是从那时起，大家已经认识到她就是刘易斯·卡罗尔手稿的灵感来源。她人生的最后几年在离她妹妹罗达位于肯特威斯特勒姆的家很近的地方度过。1932年关于道奇森一百周年诞辰的纪念活动之后，人们对道奇森的兴趣越来越浓厚，许多人开始撰写关于这位作者的传记和文章。爱丽丝被传记和文章作者们追随，但是她尽量避免和他们接触。即使是她当时住在苏格兰的妹妹罗琳娜，也受到传记作家的打扰。关注的焦点集中在这位牛津大学教师和院长女儿的关系上，因为这两人的关系促成这部儿童文学经典诞生。爱丽丝和利德尔家的其他在世成员均保护各自隐私，在这件事情上保持沉默。毫无疑问，道奇森非常喜爱爱丽丝。两人之间关系的结果是喜爱和仰慕的象征：1862年的一个夏日，为了逗一船人开心而即兴创作的一系列故事，最终被收录在一个小小的笔记本里。然而，以这个小笔记本里的故事为源泉创作的故事，成为有史以来最受欢迎的儿童作品之一。

爱丽丝·普莱曾斯·哈格里夫斯于1934年11月上旬染病，11月15日病逝，享年82岁。《泰晤士报》从她生病开始即发布公告，直至她去世。她的尸体被火化并埋葬在林德赫斯特教堂里的哈格里夫斯家的墓地，葬于她丈夫雷金内尔身旁，雷金内尔于1926年过世。教堂里还有两个纪念牌匾，纪念她那两位牺牲于一战中的儿子。卡里尔·哈格里夫斯结了婚，和妻子育有一女，爱丽丝·利德尔的后代延续至今。

儿童朋友

自童年起，道奇森就有一种自然禀赋，擅长讲好笑有趣的故事，他有很多兄弟姐妹，何时何地都不缺观众。他有能力抓住他那些小观众的注意力——一种稀有的创造性的天分。很可惜，他创造的很多故事都没有写下来，我们只收集到他的观众们的回忆，这些回忆告诉我们，会讲故事是他性格特征很重要的一部分，而且他一生中都用讲故事的方式逗孩子开心。很幸运的是，他早期编纂的一些故事刊登在道奇森家族的内部杂志上，在12岁至13岁的时期，他已经展现出这方面的天赋了，他可以写出令人激动的故事、模仿滑稽诗以及文字游戏和双关语。他甚至还发明新单词——这在他那首无厘头的诗歌《无意义的话》中达到顶峰，这首诗是1855年他23岁的时候创作的。最原始的那节诗歌用作诗的开头和结尾，中间又加了五节，这首新的诗被用在1871年的《爱丽丝镜中世界奇遇记》里。像“galumph”和“chortle”这样的词都被收录到英语词典里了。[①]家庭内部杂志主要由道奇森撰写和编辑，这显现出他年少时就具有的幽默感和童心。

以后，大家要求他讲故事，尤其是当他造访有孩子的家庭时。甚至是在别墅里举行的连日聚会里，比如说首相索尔兹伯里勋爵在他赫特福德郡的哈特菲尔德住所举办的聚会上，道奇森经常被邀请去娱乐一大堆的孩子。他的日记里透露出，在今后的岁月中，他储备了一大摞令人激动的故事，他可以瞬间讲出故事来逗一帮孩子开心——这些故事包括《三只小狐狸》和《淘气鬼和铁匠》，故事也许不是原创的，但是他讲故事的特别方式足以吸引他的小观众们。

道奇森的一生都和孩子们保持了友谊，这让许多传记作者和评论家大费脑筋，有些人甚至得出了谬误的结论。事实证据总是被忽视。1852年圣诞前夜，道奇森被基督堂学院提名获得学者奖学金。若接受这个附带少量薪俸的职位，他就只能居住在基督堂，就要履行圣职，保持独身。道奇森接受了这项严肃且具有约束力的义务。当他1856年接受基督堂学院数学讲师的职务时，这项承诺被延展至

① Galumph即“笨拙的人”；chortle是“哈哈大笑”的意思。

终身——或者于他在该学院任该职位期间。他可以自由选择在大学以外工作，但这就意味着要放弃奖学金和从事另外一项职业。他没有选择这条路。1861年12月，他继续担起执事的圣职。虽然他自内心深处信奉宗教，但是他没有继续承担起完全的牧师圣职。他对自己是否值得承担这项职责而自我怀疑，这也许是他做出此决定的背后原因，然而他的口吃问题也让他很难做牧师，这可能也是促成他做这番选择的原因。他和院长以及全体牧师进行商议，经过充分考虑之后，院长接受了道奇森的数学讲师是“世俗的”职位，他成为完全牧师的需要被免除。

道奇森的职位如此，如同他大多数的同事一样，他不得不放弃正常的家庭生活。他和十个兄弟姐妹在舒适温暖的家庭氛围中成长起来，他还是家里孩子的领头羊，起到主要的娱乐和引导他们的作用。他和孩子们在一起的时候特别放松。他有足够多的机会和维多利亚时代大家庭的孩子结成朋友，这样的大家庭在牛津以及其他的地方有很多很多。基本上，男孩子在很小的时候就被送到寄宿学校去了，所以道奇森的关注点通常在这些家庭的女孩子身上。他所交的朋友都是中产阶级和贵族家庭：教士、大学职员、律师、艺术家、作家和政治家。和孩子们的友谊一般从面对面的接触开始——讲故事、玩游戏和谜题、脑筋急转弯和照相——和很多孩子后续就发展成通信交流。道奇森写给孩子们的信有自己独特的风格——充满风趣和愉悦，叙述结构巧妙，总是逗人开心。这也许是这么多信件被保留至今的原因；他的信件被接收人视为至宝。此处再举一个例子，是他写给孩子们的信中的一封——写给作家乔治·麦克唐纳的女儿玛丽·麦克唐纳（1853—1878）的。收到这封信时，玛丽11岁：

基督堂学院，牛津

1864年5月23日

我亲爱的孩子：

这里一直热得可怕，我太虚弱了，连笔都拿不起来，即使我有力气拿起笔来，也没有墨水了——墨水都蒸发成一团黑色的云朵了，这团黑色云朵就在房间里四处漂浮，把墙壁和屋顶染成黑色很难看：今天天气凉爽一些，有一些墨水变成黑色的雪下回到墨水瓶里——很快就有足够的墨水供我写信和下单购买你妈妈想要的照片了。

这种热天气让我心情低落、闷闷不乐：有时候我都无法控制自己的脾气。打个比方吧，刚才牛津的主教来看望我——他是为了一件世俗事情而来，并不想伤害我，可怜的人：但是看到他来我太生气了，就把一本书朝他头上扔去，我想这让他疼得够呛［（记住：这不是真的，你不必相信。下次别这么快就信了——我将告诉你原因。如果你准备好了相信一切，你脑袋里的相信肌肉就会极度疲劳，你会变得十分虚弱，以至于连最简单容易的事情都无法相信了。就在上周，我的一个朋友准备好了相信杰克巨人杀手的故事。他确实做到了相信这个故事，但这实在太让他心力交悴了，当我告诉他说外面下大雨了的时候（这是真的），他无法相信，却没有带帽子或伞就跑到街上去，这样做的后果就是，他的头发被打湿了，有一绺卷发直到差不多两天之后才恢复。（记住：恐怕这个故事里有些事情也不是真的。）］你可不可以告诉格雷维尔，我正在裱他的画（你知道的，就是用那个椭圆形的框），我希望在一两天内寄给他。还有，请转告你妈妈，我很抱歉地告诉她今年夏天我一个妹妹也不来伦敦。

对你的爸爸妈妈致敬，爱你和其他的小婴儿，我永远是

你亲爱的朋友，

查尔斯·L.道奇森

上周五我遇到的最不幸的事就是你给我写的信。就是这样！[32]

和孩子们的友谊有时候只持续几年的光景。当孩子们不再给他写信，他也就停止给他们写信。孩子们长大成熟后就不再给他写信了。但是还有其他的情况，友谊持续了一辈子，作为他的儿童朋友的小孩子成为新的一种朋友。他给他们大量地送去自己图书的赠送版和其他礼物，记住他们的生日，可能的话还给他们照相。从某种程度上来说，他和儿童的友谊对于他儿童作家的工作来说很重要；他需要知道他们对什么感兴趣，什么能逗他们开心以及什么对他们有益。

我们从这些儿童朋友的叙述——可供选择的有很多——发现在一段时间里，他们觉得和他的友谊不但很重要，而且对于他们来说影响很大。这是他们发展出善良温和的态度的关键，为他们提供了一个维多利亚时代绝大多数孩子所没听到过的声音，也为他们提供了许多睿智的建议。1898年他去世后不久，他的许多儿童朋友就给报社写信，用极其积极的方式证明他与他们的友谊是多么宝贵。1928年出现了相似的一大批信件，当时《爱丽丝地下漫游记》的手稿被拿出来拍卖，他的许多儿童朋友希望手稿能够留在英格兰。第三波儿童朋友大量书写回忆的浪潮是在1932年，是为了纪念道奇森

一百周年诞辰。以下的例证来自埃拉·比克斯特斯（本姓莫妮尔—威廉姆斯）：

> 先生——我们这群人幼时曾在牛津和刘易斯·卡罗尔先生建立了友谊，我们的人数现在急剧减少，作为这群人中的一员，请让我热切地向您表达感谢，感谢您今天所写的那篇重要的文章，文章中您表达出希望4月3日《爱丽丝漫游记》可以找到一位英格兰的买家，并且留在大西洋此岸。
>
> 我最后一次见道奇森先生是在他去世前不久，我们在牛津的印度研究所，和往常一样，他很喜欢逗趣，他试图向我这个有六个儿子的妈妈证明，在他看来，女孩子是如何无限地优于男孩子的，这是他随时准备好来捍卫的信念。
>
> 我是
>
> 您的，
>
> 埃拉·C. F. 比克斯特斯[33]

埃拉·科罗拉·费斯福尔（1859—1954）第一次见到道奇森是1866年5月在他父亲家里举办的晚宴聚会上。她的父亲是牛津的梵文教授。她多次被当作模特拍照。

另外还有来自伊妮德·格特鲁德·肖叶（本姓史蒂文斯1882—1960）所讲的关于和道奇森的友谊的故事，这是道奇森在牛津最后一个重要的儿童朋友。1893年，道奇森将《西尔维和布鲁诺完结篇》献给她，同时还附上一首离合诗，每行诗句的第三个字母拼在一起就是她的名字。她接受BBC广播电台的采访，谈论了她对于刘易斯·卡罗尔的记忆，摘要如下：

我第一次见到他，我想，是在我9岁的时候：那是1891年，我的感冒非常严重，他们让我上楼去睡觉。他来拜访我妈妈，我当时正在用最大的声音唱《海象和木匠》，他听到了我的歌声。在那之前，他不知道我的存在。那天我被禁止下楼，但是第二天早上我收到了一张绝对让人开心不已的小纸条，用最小的手写字书写的——请我喝下午茶。这是我们友谊的开端。此后，他常常带我——他常称之为借我——出去，一周有两三次，带我长时间地散步，再带我回他家喝茶。

他不断地讲故事，一个接一个地，我却一个也记不住，因为没有任何一个故事被重复过。在我们散步的过程中，他编造出《西尔维和布鲁诺》里所有那些疯狂的花匠和半圆形保护器之诗歌，还有比所印刷出版书的更多的内容。但是，当他发现真的值得印刷出来的内容，他就记下来，我们回到他家之后，他就让我把这些内容打出来——这是极大的乐趣。[34]

道奇森有一台哈蒙德打字机，是一项新的发明，由美国雷明顿公司制造，他于1888年购买了一台。这台打字机被保留至今，被私人收藏，还有很多打印出的信件也被保留下来。从很大程度上来说，购置这台打字机也是为来道奇森家拜访的客人提供了一项娱乐。

1958年，BBC播出了许多儿童朋友对刘易斯·卡罗尔的回忆。《听众》上刊载了他们陈述的文字稿，音频节目在BBC三台播放，其中包括奥德丽·富勒、梅·巴伯以及依妮德·史蒂文斯的回忆。奥德丽·富勒（1885—？）是赫伯特·亨利·富勒和妻子玛丽·“米妮”·弗兰西斯·德鲁利（1859—1935）的女儿。他的妈妈也是道奇森的儿童朋友，他们第一次相见是在1869年8月她和两个姐妹坐火车旅行途中，奥德丽描述道奇森遇见德鲁利姐妹时的情形：

> 有一天，（……）我妈妈，米妮·德鲁利，她的姐姐埃拉，还有另外一个姐妹埃米，和她们的家庭教师正坐在火车车厢里，暑假结束了，她们坐车回绍斯沃尔德。这时她们看到站台上有一位牧师，路过且再次路过她们的车窗。就像我的孩子会做的那样，她们希望他不要进这节车厢。但是他进来了，并且一路上跟她们猜谜题、玩纸做的玩具，还给她们讲故事，把她们逗得很开心。他有一个棕色小包，里面放着剪刀用来剪东西，还有很多新奇的玩意儿，他用这些东西逗孩子们开心。（……）我母亲结婚之后，他们的友谊也一直保持着，我记得我还非常小的时候，他来看我们。[35]

玛丽·“梅”·巴伯（1877—1962）应该算是比较晚的一位儿童朋友了，她直到1894年10月才在伊斯特本遇到道奇森，那时她17岁。她记得他去他妈妈的学校：

> 我知道他是因为他的假期全是在伊斯特本度过的。我妈妈在那里经营一所学校，我结婚之前一直都待在那儿。他以前常常到学校来。他对学生们好极了。他以前总是来喝茶吃晚饭，还跟大家玩“大杂烩”——他教你玩的逻辑游戏。然后，他给孩子们讲故事。（……）他特别擅长跟很小的孩子相处。但是我认为，当孩子没有像他们应该的那样举止礼貌得体，他就倍

感惭愧。他们常常三三两两地去他家喝茶，他家在勒欣顿路上。他总是有好喝的茶，我想他们肯定一直都举止优雅。你永远也不会想到他是一个中年人：其实，你永远也不会想到他具体多大年纪。他就是一个朋友。因为我觉得他变成跟他对话的孩子一样大的年纪。他似乎能够鼓励孩子，他们跟他交谈的时候确实非常高兴。我看到过很多很多次他跟孩子们在一起，他们很喜欢他。[36]

这样的友谊在当今社会就会遭到误解，但是在维多利亚时代，一位牧师给一群一群的孩子提供茶饮，这会被看作是纯洁善良的举动，而且毫无疑问，确实如此。

有很多新闻报道和儿童朋友写的信清楚地声明，跟道奇森的友谊是他们生命中非常重要的一部分。没有持反对意见的报道出版，很可能是因为根本没有人写。

伊莎贝拉·“艾萨”·鲍曼（1874—1958）是位儿童演员，参与了1886年12月《爱丽丝漫游记》第一次舞台演出。她在首演时扮演一只牡蛎精，但是在1888年12月的改进版舞台剧中扮演主角。这些儿童朋友中，只有她写出一本完整的关于刘易斯·卡罗尔的传记（都是关于她自己亲身经历的），这本传记出版于1899年，他去世一年之后。就像其他的孩子一样，她想象自己是他最重要的儿童朋友，这是因为道奇森总是把自己所有的注意力都投入到孩子身上，让他们觉得自己在跟他的友谊关系中很重要且特别。他很小心地避免他的儿童朋友们相互妒忌。艾萨·鲍曼描述他：

努力记住一个人所有的生活小事并不容易，我十分敬爱这个人，也得到他的许多友爱。但是，到某种程度上，向世界讲述这样一个著名人物的内心生活也是一种义务；刘易斯·卡罗尔有着令人赞叹的品格，一个大好人，如果我的笔触拖沓缓慢，但我感觉我至少可以讲一些他的生活中值得讲述的故事。

她接下去描述了道奇森的外貌特征，因为她是为数很少的几位真正熟知道奇森的传记作者，我们把她的描述列举如下：

刘易斯·卡罗尔中等个子。我认识他的时候，他的头发是银灰色的，头发比当时普通男子的发型长，他的眼睛是深蓝色的。他的胡子刮得很干净，他走起路来的行动总让人觉得不稳当。在牛津，他是一位知名人士。他的衣着有点奇怪。最冷的天里他也不穿大衣，他有一个让人难以理解的习惯，即一年四季都戴着一双灰色和黑色的棉质手套。[37]

戴手套可能是25年来拍照的结果：拍照时使用化学试剂把他的手弄黑了，所以他戴上手套遮盖。他放弃摄影之后，这个习惯仍然保持着。

比阿特丽斯·舒尔德（1866—1947）、埃塞尔·夏洛特（1869—1975）还有伊芙琳·莫德（1871—1951）是牛津圣玛丽堂的副堂长兼基督教历史讲师埃德温·哈奇的女儿。他的妻子是贝茜·卡特莱特·托马斯（1839—1891），她对舞台表演很感兴趣，在家里为志同道合的朋友表演——对于那些更加古板和传统的大学同事来说，这是很无理的行为。道奇森很支持她的想法，甚至为她的几部剧写了开场白。1870年11月，在巴塞罗缪·普莱斯家的舞台剧演出中，道奇森见了其中的儿童演员。之后，他给那些孩子照了很多次相。比阿特丽斯在《河滨杂志》（1898年4月）发表了他对于刘易斯·卡罗尔的回忆，伊芙琳编辑了《刘易斯·卡罗尔通信选集》（1933）。以下是从比阿特丽斯的回忆录中所做的摘要：

> 他从来不忽视自己身上的任何细节；做一切事情都非常利索，有条不紊。他的纸张的摆放、书籍摆放的顺序、为收纳任何可以想到的事物所做的清单和登记——所有这一切都展现出他的思维条理清晰。
>
> 他自己发明了一个很棒的信件登记方法，这个方法不但记录了通信对象和日期，还归纳了每次通信的内容，所以道奇森先生可以在几秒之内告诉你几年前的某一天你写给他的信的内容。
>
> 另外一个记录本记下了在道奇森先生的餐桌上为每一位客人上的每一道菜！这听起来好像是一位美食家的做法，但道奇森先生并不是讲究饮食的人——远远不是。他的晚餐非常简单，从来没有超过两道菜。但是他所做的任何一件事都必须完美；如果他能够帮助别人或者为他们带来欢乐，他对于别人的事情也施以同样的耐心和关注。如果他带你去伦敦的剧院看演出，你很快就会发现自己坐在一节火车车厢里，同时他会从袋子里拿出一个游戏，包厢里的所有人都会被邀请玩他发明的“哈尔马棋”或者“国际跳棋”，游戏在一个很小的木板上玩，这板子是特别根据他的设计做出来在火车上用的，一定要保证“人”不摔倒，因为它们会从板子上的洞里掉下去！跟他

在一起的其他日子里都非常开心，他总是对你的舒适和欢乐表示极大关心。

有时候，我整个晚上都只跟道奇森先生聊天。他谈话中充满幽默，但是他对待人生却十分认真，思考问题严肃。他的信仰单纯，他的敬畏深沉，他如孩童一般对上帝之善的信任引人注目。[38]

这段叙述给人留下的印象是，这个人的生活井然有序，有时候在行为上有些偏执，但永远都是有条有理的。他是一个“爱列清单的人”，也是一个爱编纂“登记册”的人，所以他的个人信息文件都是整理有序且容易查找的（令人伤心的是，他去世时毁掉了许多亲手做的登记册）。如果他要找一个地址、一个孩子的生日或者一封过去的通信摘要，便可信手拈来。

下一段回忆来自埃迪斯·爱丽丝·立顿（1849—1919），道奇森较早期的一位儿童朋友。她在留存下来的日记中出现次数并不多，这可能是因为他俩友谊关系的高峰处于1858年至1862年间，而这段时间的日记丢失了。那时，她的父亲爱德华·亚瑟·立顿（1813—1897）是牛津圣克莱蒙特的教区长。

我第一次对他有记忆是在我七岁的时候，（……）他是最让我高兴的朋友之一。我永远也忘不了我和道奇森先生在植物园里，坐在美丽树下的原木小凳子上，我第一次听到汉斯·安徒生的《丑小鸭》这个让人愉悦且经久不衰的故事。我非常爱读书，而且在低幼孩子里，我的阅读能力是很强的，但我无法解释听道奇森先生阅读和讲故事所带来的那种愉悦：随着他的

> 朗读，故事里的人物变得有血有肉——都活了起来。尤其是这个故事让我印象深刻，因为我自己非常敏感，认为自己是个难看的小孩，所以这个故事让我非常感兴趣。他教我最好做一个善良、诚实的人，而不要总是想着自己而变成一个漂亮却自私、任性和坏脾气的孩子，这给我留下非常深的印象；根据这个故事，他给我起了“鸭仔”①的名字，这名字跟了我很多年。（……）道奇森先生对我说过很多很多次，他说：“别担心，小鸭仔；有一天，你会变成天鹅的。”
>
> 就是他甜美的微笑和脸庞让他的年轻朋友如此爱他，他对于他们天真的喜悦和忧伤孜孜不倦地予以关心。道奇森先生非常低调矜持，对于社交，比如说大型聚会和招待会，不太关心；但是他喜欢跟那些与他关系密切的家庭来往，他允许自己去这些家里拜访，这也让他感到愉悦。[39]

道奇森于1869年在雷丁的某个公共花园里遇见伊莎贝拉·茱莉亚·斯坦德（1859—1941）和她的家人，当时他正在等待转乘火车，以便继续从牛津去吉尔福德。这次见面结识后，他们成为朋友，道奇森给她寄过《爱丽丝漫游记》的赠送版本。他还给伊莎贝拉以及她的姐妹们照过很多照片，但是他们之间的友谊大部分是靠着通信维系的。她在《女王》杂志上刊登了一篇名为《刘易斯·卡罗尔：我对他的回忆》的文章。摘要如下：

> 道奇森先生不仅慷慨，而且善良，随着时间推移，他总是

① 英文原本是Ducky，作为名词有小鸭子的意思，作为形容词则有可喜的、极为愉快等的意思。

按时给我们这些女孩子寄来他出版的新书，我们家一共八个女孩子呢！有些是翻译成德语、法语和意大利语的等等，家里最小的孩子得到一本荷兰语的译本，但是她以为那不是一门真的语言，而只是一些莫名其妙的话，所以对那本书缺少尊敬。

我很骄傲，我们的友谊始于我的童年时期，但是在我"抛弃了幼稚的东西"以后，我们的友谊还维持了相当长的时间。在一封他写给我的信中（用他最喜欢的紫色墨水写的），他说："我总是对于像你这样的朋友特别感激，你们带给我和孩子的友谊，以及和女性的友谊。有九成的可能性，我想，我和孩子的友谊在'小溪与河水交汇'的关键点上触礁，那些曾经挚爱的小朋友们变作淡漠的熟人而已。"

他天性中很有魅力的一面就是他热爱、帮助并且鼓励努力学习的年轻人。（……）我记得自己学习歌唱的时候，他是怎么帮我的。

我感觉享受到和这样一个人的友情是我的殊荣，这些记忆此生都不会消逝。[40]

我们以安妮·格特鲁德·查塔韦（1866—1951）离世之前所写的回忆录作为儿童朋友回忆摘选的终结。她是汉普顿郡罗瑟威克的教区长詹姆斯·查塔韦（1827—1907）和妻子伊丽莎白·安·德林克沃特（1833—1893）的女儿。道奇森第一次和这家人见面是1875年9月，在怀特岛的桑顿，此后他们的友谊延续多年。

格特鲁德，人们如此称呼她，成为《蛇鲨之猎》（1976）的受献人，在这本书中，道奇森创作和发表了一首关于她名字的离合诗(她的名字的字母出现在每一节的第一个词和每一行的第一个字母）。她的完整的文章再现于此：

想象一下怀特岛上桑顿的海边，用于出租的小房子沿海岸延伸下去，每栋房子的楼上都有一个阳台，房子位于一个小花园之中，顺花园中的步梯往下就走到了海边。想象一个8岁半的小女孩，为隔壁的租客所着迷。对她来说，他似乎是一位上了年纪的先生。早晨，他出来到阳台上呼吸大海的气息，好像他永远也吸不够一样；无论他什么时候来到阳台，她都急匆匆地跑到阳台上和他相见。几天后，他跟她说话了："小姑娘，为什么每次我出来，你也这么快出现在你家阳台？""来看您深深地吸气，"她说，"看您这么吸气很好玩。"——她把头昂得高高地吸进一大口空气。

就这样，一段长久的友谊开始了，一直持续到他去世。

那是我童年中最幸福的暑假，1875年的夏天。他那时候正在写《蛇鲨之猎》，同时，也在构思《西尔维和布鲁诺》，还有他后来写的《韵歌？理智？》当我们坐在台阶上，或者在海边走来走去的时候，他都跟我讲这些书里的很多故事，以及他想到的其他故事。我喜欢冲到海里玩水，但这些故事太让人着迷，我有时候把玩水都忘了。我相信了他讲的故事，小孩子总是这样，认为那些故事都是真的，而且时不时会问到一些细节。当我问够了问题，又开始一连串新的想法时，他立刻能抓住我的思维，然后开始讲一系列新的冒险故事。我很高兴，因为我妈妈让我穿着小泳裤和渔夫衫在海里上来下去，那时候很少听说有人让孩子这么做的。他认为这么做很合理，还告诉她别听那些大惊小怪的母亲们的话。他和我妈妈成了非常要好的朋友，那个暑假之后，他经常邀请她带我一起去牛津跟他待一段时间，他帮我们在牛津租房子住，每顿饭他都让我们跟他一起在他位于基督堂的家里用餐。他也来罗瑟威克跟我们住一段时间，罗瑟威克离贝辛斯托克不远，我爸爸是那里的教区长。

《蛇鲨之猎》

我现在81岁，但当我拿起我这本《蛇鲨之猎》，阅读里面献给我的那首迷人的双重离合诗，还是十分有趣，这是当时格特鲁德·查塔韦说的话。

赠一位可爱的孩子，以纪念金色的夏日时光和夏日海洋呢喃。

为完成一项男孩子的任务而被男孩子着装所束缚，
她焦急地挥动铁锹；然而，也很喜欢
躺在一只友好的膝盖上休息，要求
他讲述他喜欢讲的故事

火热的外部争斗所蕴含的粗鲁气
不适合阅读她那纯粹且简单明快的宣言
如果你认为这样的时光是虚度光阴
毫无生趣可言

谈论甜美的少女，用更有趣的对话解救烦闷的内心
并没有多少乐趣。
啊，多么幸福呀，他拥有一个孩子最温柔的愉悦
和发自心底的爱

喜悦的想法渐行渐远，不要再惹我生气
工作让我夜不能寐，白日繁忙，
虽然关于那个阳光普照的海岸的明亮记忆
仍然萦绕着我如梦的凝神。

他那么久以前的儿童朋友中，仍然在世的已经很少了。孩子们迷恋他的魅力，是因为他独特的共情能力，他可以抓住孩子闪现的想法，并且让她觉得自己就是故事的一部分。此后的那么多年里，他给我写了很多信——没有意义但是非常有趣的信。有些被发表在他的侄子斯图尔特·道奇森的那本《刘易斯·卡罗尔生平及通信》里，还有E. M.哈奇小姐的书里。

以下这封是我们在桑顿开始了友谊之后的第二年写的：

我亲爱的格特鲁德：

请告诉我，没有你，我该怎么做，待在桑顿才能开心。我如何独自在海滩散步？我如何独自坐在木台阶上？你看，没有你，这些我都做不了，所以你要来这里。如果维奥莱特来的话，我会让她邀请你来和她住，然后我就去希瑟—贝尔接你。如果我真的去了，就无法当天回；这样，你就要给我在斯沃尼奇找个过夜的地方；如果你找不到，我只好期待你在海滩上住

一晚，把你的床让给我。客人，当然，比孩子优先得到照顾；我肯定在这么温暖的夜晚，海滩对你来说应该是不错的。如果你真的觉得有些寒凉，你可以去游泳更衣车里，大家都知道在那儿睡觉很舒服。你知道吗，他们用软木做地板就是为了让人睡的。送你七个吻，一周都够了。

你亲爱的朋友，

刘易斯·卡罗尔

还有更多的来信：

1876年1月2日

我最亲爱的格特鲁德：

我祝你和身边所有人新年快乐，十分感谢你寄给我的卡片；至于你的其他礼物，我不确定是不是应该感激——你说祝我“在槲寄生下得到一个亲吻”。问题是，谁吻我？这个问题要看我是不是想要这个吻。现在，我怕的是你信中意思是桑顿的那些男孩子中的一个（……）你第一次穿着你的泳装出来时，那些朝你扔东西的那些男孩子中的一个。所以，我想我的答案是：“谢谢你，我还是不要了。”

现在几乎是晴朗的夏天了。你的夏天开始了吗？天气真正再次热起来（我们可以说4月或者5月），你得苦苦请求被再次带到牛津来。我想给你再照一些更漂亮的照片；我之前照的都不算真的好（……）当时天气不好。希望你还没有长大，我想让你穿上同一件衣服再照相；如果可能的话，你甚至可以再变得更幼小一点（……）只回到你去年生日的时候就好了。

永远爱你的朋友，

C. L. 道奇森

1878年4月，我妈妈请他来和我们待一段时间。

我亲爱的格特鲁德：

我在雷丁车站要等半个小时，所以我一直在研究全英火车时刻表（几乎所有你知晓的东西都应该被研究；即使一棵树干上也嵌满钉子），我研究的结果是，我下周应该任何一天都可以去温奇菲尔德，到达时间应该是1点左右，6点半左右离开温奇菲尔德，我还可以赶上去吉尔福德吃晚饭。下一个问题是，温奇菲尔德距离罗瑟威克多远？别骗我，你这个坏孩子。如果是远于100公里，我就不能去看你了，也就不用讨论这事了。如果不到100公里，那么下个问题是，有多近？这都是很严肃的问题，你回答的时候必须跟法官一样严肃。你的笔触下不可以有微笑，或者说你的墨水也不能眨眼睛。也许你说墨水不会眨眼睛，但是也许“眨眼睛的时候眼里有墨水”，[①]然而这不重要：我告诉你要严肃的时候，你一定不能开这样的玩笑。你回答我这两个问题的同时，请告诉我你是否还住在罗瑟威克（……），你是否在家，你是否收到了我的信，你是否还是一个孩子或者已经长成大人了，以及你知道的其他的事情（除了字母表和乘法口诀表）。送你100万个吻，我是你亲爱的朋友，C. L. 道奇森。

---

① 墨水的英文是ink，而眨眼睛或者眼色（表示愉快的）的英文单词是wink。

许多人说他只喜欢孩子小的时候，如果他们长大，他就不再关心他们。我的亲身经历并不是这样的，我们一直都是很友好的朋友。我想有时候会产生误解，是因为很多女孩子长大之后不愿意还被人像10岁孩子那样对待。从我个人来说，他一直都有这个习惯。在他生命的最后十年间我并不经常见他，因为我有很多时间是在国外度过的，但是关于他的记忆将永远是我最大的幸福。[41]

很自然，这些回忆录是关于很久以前就停止了的友情，且写在道奇森1898年去世之后，而我们应该谨慎对待。人的年龄增大，记忆开始出现恍惚，非常有可能，所叙述的事情被蒙上伤感的情绪，偏离了真实情况。这些被甄选出来的回忆录，主要都是神志清晰、严谨精确的作者所写，而且这些回忆录是以第一手资料以及和道奇森日记内容相符的记忆为基础的。

在过去的二十年中，出现了两个疑问——这两个疑问都必须被消除。第一个是，道奇森只喜欢小女孩。第二个是，他和她们的关系并不健康。关于道奇森对于孩子不健康的态度的看法在我们现代非常流行——我们这个时代质疑大人和孩子之间的任何关系。我们生活在一个充满怀疑和互不信任的世界里。对于那些工作中接触孩子的人来说，比如老师，生活总充满危险。在维多利亚时代，生活和态度都非常不同。如果一个男人带着一群孩子——这群孩子都跟他没有关系——去划船，他们可以一起划船玩一个下午，没有任何人会有丝毫的介意。如果一个男人带着一位17~25岁的年轻少女同样去划船，那么他会给这位少女的名誉以及婚姻前途带来难以估量的损害。而今天，两种情况却要反过来才正确。带着一群跟自己没关系的孩子出去远足，这个人将被很多人怀疑虐待孩子。一个人和一位年轻少女一起划船玩一个下午，没有人会担心。社会的标准变了。

那么关于道奇森对小孩子特别热爱的怀疑从哪里而来呢？在他的传记《刘易斯·卡罗尔生平及通信》（1898）中，斯图尔特·道奇森·科林伍德用了两章的篇幅叙述他叔叔对于小孩子的喜爱。无意间，他可能就为道奇森对于小姑娘的特殊喜好这种怀疑启了开端，他在书中描述说："这是他天性中非常重要的和突出的一面。"他接着解释说："刘易斯·卡罗尔性格中这美丽的一面"的成因有两方面：孩子们对他强烈的吸引力；以及作为老师，他很喜欢研究孩子们未被破坏的思想。他还谈到道奇森被孩子们外表的美丽所吸引，并对他们的智力发展很着迷。这样无害的想法在今天却被误解，甚至被曲解。几年之后，其他的传记作家利用了科林伍德的说法，然而他们所强调的重点却完全变了。在"嘲讽挖苦"的文章《爱丽丝在仙境之精神分析》（1933）中，安东尼·M. E. 戈尔德施密特写到道奇森对于儿童朋友"不正常的本能"。他说："很难说是因为对于孩子普世的爱而激发了他对孩子的兴趣。"他宣告说，道奇森厌恶小男孩到了一定程度，以至于转变成一种恐惧（可能是误解了道奇森写给埃迪斯·布莱克莫尔的信，信内容见后）。戈尔德施密特写这篇文章的时候是一名本科生，他的论文观点并没有得到太多人认同，但影响了他之后的很多作者。

最近，我们又听到关于道奇森和年纪稍微大一点的女性的关系——从某种程度说，这是反驳了他对小孩子过于感兴趣的指控。道奇森在和女性的社交中感到轻松愉悦。他的学院是男性的领土，几乎没有女性。她们被禁止在学校食堂用餐或者进入公共休息室。

道奇森很多时间都是在学院以外度过的，这样他就可以发现女性朋友——但是他一直记得自己取得奖学金时的承诺。因此，他被那些更为安全的女性所吸引：已婚女士，寡妇，主要是带着孩子的寡妇。道奇森对这样的家庭展现出父亲般的本性，想要帮助那些母亲抚养没有父亲的孩子。许多家庭都可以作为例证：索菲亚·巴尔弗（1830—1902）夫人和两个女儿、利蒂希娅·巴里夫人（1824—1911）和五个孩子、索菲亚·德鲁利夫人（1830—1886）和三个女儿、玛丽·哈林顿夫人（1815？—1886）和两个女儿、埃丽莎·赫菲夫人（1818？—1895）和十一个孩子、路易莎·米勒夫人（1844—1919）和两个女儿、伊丽莎白·奥特利夫人（1817—1902）和十六个孩子、弗兰西斯·史密斯夫人（1835—？）和三个孩子，以及奥尔巴尼公爵夫人（1861—1922）和两个孩子——他们都是道奇森的朋友。还有其他的寡妇，如玛丽·贝恩夫人（1805—1888）和伊丽莎白·赫西夫人（1810—1896），以及终身未婚者，如凯瑟琳·劳埃德小姐（1824—1898），道奇森把她当作密友和顾问。还有很多已婚女士似乎也吸引了道奇森，但是因为别的个人原因（也许是崇拜的女作家或者牛津大学的资深同事或者是因为他的善良和热心），比如说康斯坦斯·博奇夫人（1855—1937）。我们别忘了，道奇森把很多演员和画家也当作朋友，例如艾伦·特里、凯特·刘易斯、库特一家、鲍曼姐妹、埃迪斯·舒特太太以及索菲亚·安德森太太，还有很多。毫无疑问，无论和什么样年龄的女性在一起，道奇森都感到舒适愉快。所以说，在书籍、报纸、杂志和电视节目中广泛流传的“以喜欢小孩为核心”的观点是非常过时且不准确的。

道奇森向这个世界隐藏了很多事情，他自己也要为人们得出这样的结论而负责。他试图严密地保护自己的隐私，躲避任何宣传，导致很多世代猜测，他在隐瞒什么——某个黑暗的秘密，一旦被公布天下就会永远败坏他的名誉；或者是可怕的判断错误，将导致社会遗弃他；或者是某种糟糕的性格，导致思想最开放的人都厌恶他。他的名号很有名，他的样貌却不为人知。他去世后，他的文学遗产监护人基本没有透露任何事实。他们谨遵维多利亚时代后期和爱德华时代早期的社会敏感度——刘易斯·卡罗尔的私人生活并不该被公众消费。他的文学遗产整理进展很糟糕：很多文件和私人物品都毁坏了，仅仅是因为时间不够和不方便，但鉴于其他目的，整理工作还是继续进行。重要级别高的文件已经从未来研究的领域中移走：自1860年以来，二十四卷信件登记册，包含信件内容摘要；1856至1880年间，他所拍的所有照片最齐全的照片目录；许多出版图书的草稿和审校稿以及他的十三卷日记中的一本日志。就这样，传记作者被剥夺了最基础的资料。但是毫无根据的猜测则不是未来研究的方法。

和男孩子的友谊

道奇森曾经写道："我喜欢孩子（除男孩子以外）。"作家们和传记作者们很久以来紧紧抓住这句话，认为这意味着道奇森不喜欢小男孩。这句评语出现在他写给12岁的凯瑟琳·埃施韦格（1867—1934）的一封信中，也许是他的独特的玩笑的一部分。[42]毋庸置疑，道奇森确实更喜欢小女孩，但是小男孩也是他的朋友；他和他们见面，享受和他们在一起的时光，给他们写信，给他们寄去礼物，在送给他们的自己的出版书籍上题词，还给他们照相。他并非喜欢他认识的所有男孩。女孩子也是这样。他喜欢聪明的孩子。他为小男孩和小女孩美好的外貌而着迷。1856年3月6日，他写道："和小亨利·利德尔交了朋友，（我上周在船上第一次跟他说话）：他绝对是我目前所见过的男孩中最漂亮的。"[43]1857年9月18日，他评价丁尼生勋爵的儿子们："我还见到了他的两个孩子，哈勒姆和莱昂内尔，他们分别是5岁和3岁，在同龄人中，他们是最俊俏的。"[44]

1881年11月23日，他给已婚朋友玛丽安·理查兹（1843—？）写了一封信，信中解释了他为什么偏爱女孩子，理由充分且合乎情理：

> 您的儿子对于您来说，跟您的女儿一样重要：但是我肯定您一定不会介意我如此坦率地告诉您，我甚至无法假装我喜欢男孩子跟喜欢女孩子一样多。这从某种程度上说，就是人性。[45]

和男孩子比起来，道奇森更被女孩子吸引。然而，这并不妨碍他欣赏既礼貌得体又外表帅气的男孩子。1857年12月，他去汉普顿郡的特怀福德学校看望几位基督堂的老同事，他们在那里教书。他写道："茶点过后，科林斯像以前一样让吉米（道奇森的表弟）和亨利·利德尔来他的宿舍，还有两个男孩也来了，马利特和曼宁，前者是一位非常好看且举止颇具绅士风度的男孩。"[46]克莱门特·德雷克·埃尔顿·马利特（1845—1930），一位热情的板球运动员和击球手引起了他的注意，在他1858年和1859年随后的拜访中给他照了很多相。第二年，在里彭，他注意到里彭的主教罗伯特·比克斯特斯（1816—1884）家俊朗迷人的孩子们。1858年1月14日，他写道：

在主教宅邸用晚餐，和这一家人在一起，孩子们都出现在当晚的晚餐上。我特别喜欢最大的男孩，罗宾。他深思和聪慧的面部表情使他看上去比真实年纪大两岁。最小的那个孩子也特别漂亮。其他的几个孩子就没那么好看了。[47]

几年后，他给这两个孩子都拍了照。

在大家耳熟能详的道奇森的作品中，主要角色总是小女孩——“爱丽丝”和“西尔维”是最重要的两个角色。但是他也创造了很多男孩子的角色。“布鲁诺”第一次出现在1867年道奇森的短篇故事《布鲁诺的复仇》里，这个故事于同年12月发表于《朱迪姨妈的杂志》。1866年，道奇森想到写一出多愁善感的戏剧，其中的主角是一个走失的小男孩，由儿童演员珀西·罗塞尔扮演（1856—？）。在他生命的尾声，道奇森常常给一大群一大群的孩子讲故事——有时候是在学校里，听众是150个至200个男孩子。其中有一个故事叫《维克多和阿尼翁》，是一个有关道德的故事，道奇森在伊斯特本的一次教堂活动上第一次讲，可能还带动了两个礼貌善良的男孩子做善事。很可惜，这个故事没有被记录下来；任何地方也没找到对于这个故事的记载。道奇森创造的一些男孩子的角色并不令人愉快，就像“阿格格”，《西尔维和布鲁诺》里副监狱长的儿子和他愚蠢的妻子。创造儿童形象——有男有女，有好有坏——都是一位优秀作者工作中必要的一部分；从根本上说，这无法向我们证明道奇森本人的偏好。

在他的日志里，提到了很多其他吸引了道奇森注意的男孩子。举例说明，以下甄选出的摘要相当充足：“和辛普森一家度过了一晚，我见到两个更小的孩子，弗朗西斯，大概6岁，还有一个大概两岁非常漂亮的小男孩（珀西）。”（1865年7月2日）[48]“在海滩上和一位来自威特利的斯托普福德先生聊天，他有五个孩子，最大的叫梅布里，大概7岁，是个美丽的‘金发碧眼’的小家伙，下面就是乔治，我所见过的最帅气的男孩之一。”（1875年9月25日）[49]“孩子们让人着迷，他们很快就不害羞了。我特别喜欢威利，一个2岁的极其漂亮的小男孩”（他弟弟威尔弗雷德的儿子，1878年7月23日记）[50]；“默多克一家人晚上来了（包括默多克先生和他儿子——一个非常好看的8岁孩子）”（1880年8月12日）[51]；以及“亚瑟，那个好像是画出来的小男孩，也在那儿。”（1889年3月19日）。[52]我想我们必须公平地说，道奇森不喜欢粗俗多动的男孩子，那些让他感兴趣的都是更加安静和爱思考的男孩，而且都是来自贵族阶层和中产阶层有文化、受过教育的圈子。比如说，他喜欢考文垂·帕特莫尔的儿子“皮菲”（弗兰西斯·皮法尼乌斯），因为他是个非常聪明的小家伙，他教我用纸折出花瓣。[53]

1863年3月，道奇森的日志里出现了一个长长的女孩子的名单，单子的标题是“已拍过照或者将要拍照的”。[54]名单上有107个人名，包括六个康斯坦斯、七个埃迪斯和十四个玛丽。但是没有针对男孩子所做的类似的名单。这也许意味着道奇森只想给女孩子照相，但这远远不符合事实。道奇森照了很多男孩子的相片，我们所知道的肖像照就至少有100幅。这些给他当模特照相的男孩子中，有一些被照了很多次。这些男孩子中大多在拍照的时候还不到10岁。有两个孩子的是裸体照，但是他们那时还不足两岁，可能是应他们父母的要求所拍摄的。另外一些男孩子的照片是家庭照、男校的班级照以及板球队合影。他还给基督堂的男声唱诗班照了合影。这确实证明了男孩子在道奇森的摄影作品里也占有很重要的地位，与此同时也帮助反驳了关于他只给女孩子拍照的谬论。

我们理解道奇森真实情感时遇到的问题是，他经常用他不露声色的幽默欺瞒我们。信件里的表达，即使写信对象是大人，也经常交杂着讽刺。当我们读到观点直率的话语时，要特别小心，比如说："男孩子不符合我的标准，我认为他们是个错误，女孩子们更加招人喜欢。"[55]如果我们真的按字面意思去理解的话，我们就掉进了他的圈套。同样的技巧用在一封写给埃迪斯·布莱克莫尔的信中："有时候，他们（孩子们）真的让我害怕——特别是男孩子：我偶尔还能和小女孩好好相处，当她们人数不多时。"[56]道奇森随后就解释说一个牛津的朋友说要带儿子来拜访。道奇森写道："他以为我爱所有的孩子。可我并非杂食动物！——像只猪一样。我是要挑选的。"他确实是精挑细选——不论男孩还是女孩。

第十章
专业人士

律师和法官

道奇森对于陪审团审判的兴趣被翔实地记录下来了。他对法律程序，特别是律师所用到的语言和逻辑非常着迷。很多次，他都在牛津的巡回法庭里待上半天或者更长的时间，旁听正在审讯的案件——从小职员的几颗蔬菜被窃案到精神失常的母亲谋杀自己的孩子。我们可以感到道奇森旁听案件的时候并没掺杂个人情感。他的兴趣显然是围绕着审判的仪式以及为提供证据所做的讲演，直至判决完成。道奇森非常欣赏案件的审判过程。1865年3月3日，在法庭里待了一天，他在日记中写道：

> 我很欣赏审案时简单直接的方式，就像教堂里朗读日课时使用的平实而纯粹的英文，完全无法引起听众一丁点关于恶之联想。[1]

他那天旁听的案子一件是关于猥亵袭击，另一件是财产破坏。

关于法庭的梦境出现在《爱丽丝梦游仙境》结尾的场景中。这个场景的重点并不在于犯罪和惩罚，而在于法庭程序和语言：首先是宣判，之后是陪审团裁决。从王后那里偷走果酱馅饼的罪责似乎显得不合时宜，因为主要证据就在法官大人的桌子上摆着，一目了然。馅饼被偷之后又被还了回来或者被找到了。然而不管怎样，案件还是按照惯常的复杂程序和仪式被审判：十二位正直善良的人组成了陪审团（他们有时候很吵，让人分心），前来举证的证人以及为了保证流程完整的法庭官员，这些人在法庭上享有很高的优先权。道奇森用上了自己旁听审讯的第一手经历，但是他戏仿嘲讽了这种场合的庄严、公正和严肃。

道奇森和一些律师以及法官关系不错。他的表妹艾米·美尼拉·道奇森（1842—1922）嫁给了查尔斯·爱德华·波洛克（1823—1897），高级法院的法官以及财务法院的最后一位男爵。道奇森于1866年12月23日出席了他们的婚礼。时不时地，他还去波洛克一家人在帕特尼的住所和他们聚餐。查尔斯·波洛克去牛津视察巡回法庭的时候，道奇森还经常邀请他上门做客。例如，1877年2月22日，道奇森记录道："C. 波洛克（男爵）晚上来拜访，带着他的'执法官'（他的外甥，名叫汉密尔顿）。（……）巡回法庭明天开庭。"[2]那个外甥是弗雷德雷克·亚历山大·波洛克·汉密尔顿（1852—1878），一位出庭律师，是波洛克法官妹妹艾玛·波洛克的儿子，艾玛嫁给了亚历山大·汉密尔顿·J. P.。道奇森第二天也去法庭旁听了，案子是一个劳工偷了20只家禽、1.5蒲式耳①的小麦、1.5配克②豆子和10个麻袋，总共价值3英镑。这人因自己的罪过被判半年苦力。之后，波洛克以及另外一个法官，还有他们各自的执法官参观泰勒画廊和万灵学院时，道奇森和他们一起共进晚餐。大学

---

① 蒲式耳（英文Bushel,缩写BU）是一个计量单位。
② 配克（英文Peck），是容积单位。

副校长当天也跟他们一起用餐。

另一位挚友是乔治·德曼法官（1819—1896），他是德曼男爵的儿子，也是审判长大人，他于1843年在林肯律师学院接受培训成为律师，1846年被授予律师资格。直至1851年，他都是御用大律师，1881年被任命为最高法院的大法官。道奇森第一次见到德曼法官的女儿格蕾丝（1858—1935）是在1864年，在麦克唐纳家里，当年晚些时候他就见到了她的父母。1864年7月8日，夏洛特·德曼夫人（本姓霍普，1830—1905）带着她自己6个孩子中的3个到兰柏宫，让道奇森给他们照相。自此以后，道奇森都跟德曼一家人保持联系，还给他们寄去自己的图书的赠送版。1869年1月，收到了道奇森寄给他的《幻象》，德曼法官写道："我把整本书通读完之后才把它放下；读书的时候我会心地笑了出来，还哭了一两次。"[3]收到《爱丽丝镜中奇遇记》后，格蕾丝于1871年12月写道："我收到了您寄给我的书，非常惊喜——它真是让人开心，跟《爱丽丝梦游仙境》一样棒。"[4]

1873年7月12日，听说德曼法官要来牛津，道奇森给他写信：

我亲爱的法官：

（也许您能够原谅我对于法律礼仪的完全无知，我对您的称呼不对。）写这封信就是想告知您，我会一直待在牛津，处于隐居状态，待在我家里。我担心，您的日程安排繁忙，即使我表明您的到访将让我感到十分开心，也是枉然，更不用说，我在屋顶有一个摄影棚，穿着法官长袍的法官形象非常罕见，我的照相机前从来没有出现过这样的形象。[5]

三天之后，道奇森收到了德曼法官的回信：

> 看起来，我今天整个白天都要在法庭工作，但我明天上午10点可以去拜访您。（……）我是应该戴长假发还是短假发，还是两个都戴？您今天可以来法庭旁听后半场吗，可以看到我平时工作所穿的衣服？如果您可以，请一定来跟我打个照面握握手。[6]

这张照片如期拍摄，照片里，德曼法官穿着全套法官长袍，带着一个大大的假发。[7]

最近，有一封信被公开，展现了道奇森和德曼法官之间的关系。很明显，两个人经常通信，而且道奇森——运用自己所掌握的法律知识——对于以证据为基础且通过合理的法律程序而做出的裁决，道奇森并不惧怕予以反驳。道奇森的表亲，威廉姆·爱德华·威尔科克斯，1876年在自己和妻子位于惠特本的家里接待道奇森，并给妹妹露西写信，讲述道奇森的来访情况，威廉姆记录道：

> 查尔斯还跟我们待在一起，他特别能逗大家开心。他带了很多照片来给我们看，每天晚上拿出几张。他收到了一封很长很有趣的信件，是德曼大法官昨天寄来的，关于一个案子，大法官最近审判了这个案子，法官和陪审团都认定是过失杀人罪，但是查尔斯·道奇森认为（基于报纸上的新闻报道）是精神失常导致杀人，他立刻就此事给法官写了信。[8]

1883年1月26日，道奇森在自己家接待格蕾丝的姐姐夏洛特·埃迪斯·德曼（1855—1884）和她的未婚夫威廉姆·亨利·德雷珀（1855—1933），奥尔弗里顿教区牧师。他那天用了两个小时和他们欣赏照片，并且用“白石头”标记那一天。他俩的婚礼在当年晚些时候举行，1884年9月，道奇森去德贝郡奥尔弗里顿拜访他们，他停留期间，在德雷珀先生的邀请下，还发表了公开演讲，题目是“充实思想”。埃迪斯·德曼怀上了第一个孩子，马克·德曼·德雷珀，孩子于1884年12月15日出生，但是她却在12月30日去世，原因是产后的各种并发症。埃迪斯·德雷珀29岁就过世了，这让道奇森悲痛不已。

道奇森可以亲眼看到在他的国家，法律体系是如何运作的，他和法官以及律师的朋友关系让他得以进入法庭和法庭律师的办公室。道奇森的许多朋友都是训练有素的律师——他还在牛津给其中一些人上过数学课。

有一次，道奇森成为验尸陪审团的一员，从另一个角度观察到法律审判的程序。他并没有在日记中详细地提到这件事，也许是因为这场经历带来的情感冲击太过强烈。道奇森并不喜欢他被安排的这个职位，虽然这为他提供了体会审判过程的独特体验。基督堂学院里发生了一场悲剧，有人死亡，道奇森被指定为验尸陪审团的一员。案件发生于1872年5月2日，道奇森的日记里没有这一天的记录。事实上，自从道奇森4月12日休完复活节假期回到基督堂之后至5月底，在这将近7周的期间内，只有两次简短的日记。他记录下4月底拍的几张照片，还记录到5月5日星期日，他错过了在教堂的读日课，于是自己在家里读了。事后看来，他当时一定正经历一段沉静的反省，一位天资聪颖、能力卓著的专科学生的死亡：这对于他和他的同事一定造成了不小的精神创伤，在此创伤之后，道奇森进行反省。

现在，本地报纸可以帮助我们了解当时的时代背景。发生于1872年4月30日的惨案在《牛津大学先驱报》上有报道。报道称验尸是在5月2日星期四进行的，学院的一位学生溺水而亡：“在汤姆方庭的某图书馆里，对乔治·W. M. 达森特的尸体进行检验，他是在桑福德堰中游泳时溺水。”乔治·W. M. 达森特于1868年被基督堂学院录取，当时毕业于威斯敏斯特学校，被指定为专科学生。大学副校长（利德尔院长）也在验尸现场，罗伯特·戈弗雷·福赛特是验尸陪审团的领队，其成员还包括威廉姆·布莱特教士、亨利·刘易斯·汤普森、托马斯·维尔·贝恩和道奇森。报道还披露了事件的一些细节以及溺水现场的环境。亨利·斯考特·霍兰德（1847—1918）是悲剧事件的最关键目击人。一篇关于基督堂的这位专科学生的传记里，透露了霍兰德给他妹妹的长信，信里描述了他亲眼所见的悲剧现场：

> 达森特和我一起吃了午餐，之后他和弗里曼特尔还有我一起划船，顺河而下去游泳。那是一年中最美的日子——但是桑福德大坝（河塘就在奔流急下的大坝之下）因为最近大雨，水流非常猛烈——我游完就上岸了，那时，达森特还没下水。他头朝下先入水，很快又浮了上来，开始游泳，一切正常，但是我看到他原地打转，而且无法游出那股水流，所以我给弗里曼特尔做了手势，让他和达森特保持近距离——他一开始没有注意到我的手势，最后我看到达森特听任水流流动，开始往下漂，我对着弗里曼特尔喊起来，弗里曼特尔转过身向着达森特

游去。他还要有一段距离才能撵上达森特，他追上达森特之前，达森特在水中的位置逐渐下沉，他的头有两次都没到了水面以下——我几乎都开始担心他已经离开了我们，但弗里曼特尔最终抓住了他的头发，然后开始拽他：这个过程中，我从陆地又下到水里向他们游过去，当我追上他们，我用胳膊围住达森特的腰，他已经毫无意识，往水中下沉，弗里曼特尔被解放出来，他已经累坏了，此时他上岸去求救——我游起来很容易，因为有水流推着我，直到我游到离岸还有10或12码时，水流变了方向，又开始把我向大坝主水流的方向卷（……）水流好像要把达森特从我的胳膊中吞噬走一样，在我来得及弄清楚怎么回事之前，他就被水流从我胳膊里卷走了——我转过身，刚好看到他沉了下去，但是他再也没有上来。[9]

第二天，搜索大坝之后，达森特的尸体被找到并打捞上来。整个基督堂学院都被震惊了。学院的三个本科生选择在一个阳光明媚的日子泛舟游泳。但23岁的乔治·达森特却再也没有回来。他的哥哥，约翰·洛奇·达森特（1847—1914）也是基督堂的专科学生。两位和乔治·达森特一起游泳的是史蒂芬·詹姆斯·弗里曼特尔（1845—1874），讲师和大四学生，以及亨利·斯考特·霍兰德，大四学生。

验尸可能就是在法律图书馆里进行的，这个图书馆就在基督堂大堂的上面，在汤姆方庭的教师交谊厅旁边。验尸陪审团的成员都是基督堂的资深成员。检验程序和证据都没有对媒体透露，除了以下事实，即弗里曼特尔和霍兰德都试图营救达森特，但是最终失败，他还是被河里强劲的水流卷走了。可以想象验尸陪审团忧郁低沉的情绪。陪审团聆听了举证，道奇森是陪审团的一员，验尸陪审团的判决是“意外溺水而亡”。

第二周周六，达森特的葬礼在大教堂举办。亨利·斯考特·霍兰德写到，他们在棺材里放满了新鲜采摘的圆叶风铃草。道奇森没有对此事做任何评价。今天，在基督堂的大教堂里有一小块献给乔治·达森特的牌匾，以表明一个才华横溢的生命英年早逝——一个蕴含优秀学术前途的生命未能实现其价值。

道奇森的家族本身和法律界就有关联：他的哈萨德叔叔（他父亲的兄弟），以前是基督堂学院的学生，1827年去林肯律师学院学习。之后，他成为内殿法律学院的出庭律师，做了很多年的诉状草拟人，之后，于19世纪70年代被指定为民事上诉法庭的法官助理，1879年被指定为英国最高法院的法官助理。我们已经知道，哈萨德叔叔的三女儿，艾米·美尼拉，嫁给了高级法院的法官查尔斯·爱德华·波洛克（是他的第三任妻子）。道奇森的舅舅斯凯芬顿（他母亲的兄弟）在剑桥圣约翰学院取得了学位（数学方面），但是之后在林肯律师学院学习成为律师，并且于1827年被授予律师资格。1842年成为因精神问题导致犯罪方面的专员，1845年成为精神病院委员会的秘书。道奇森跟两位保持着紧密的联系，经常拜访他们。他们时不时地讨论一些法律方面的问题。

在道奇森无厘头的叙事诗《蛇鲨之猎》中有一章的标题是《与第六章相符，一个律师的梦》，又是戏仿了一个法庭的场景。律师就是那十个船员中的一个（在生活中每个人的职业都是以字母B开头的单词[①]），这一队船员要锁定鲨的位置，但是在第六章里，他睡

---

① “律师”对应的英文单词是barrister。

着了，梦到了那只鲨，它穿着律师的衣服，正在为一只抛弃猪圈的猪辩护。他的辩护词至少陈述了三个小时，他驳回对于猪叛国、无力偿还债务、擅离职守的指控，虽然他也承认猪现在已经不住在猪圈了。鲨现在又成了法官，总结陈词之后判决猪有罪，没经过与陪审团商议，就通过判决“终身流放”，还要“罚款四十英镑”。陪审团欢呼：

> 然而他们狂野的欣喜却受到阻碍
> 狱卒告诉他们，他是含着泪说的，
> 这个判决一丁点作用都没有，
> 猪很多年前已经死了。

道奇森总是热心地阅读报纸上对重要案件的审讯过程的报道，而且一直对结果充满幻想。其中一个吸引道奇森注意力的案件是蒂奇伯恩案，从1871年5月开始，这件案子审了将近两年，之后又被上诉到民事诉讼法庭。这件案子涉及一位失踪多年的准男爵继承人和价值24000英镑的财产。原告声称自己是罗杰·蒂奇伯恩爵士（1829—？），是詹姆斯·道蒂·蒂奇伯恩爵士的长子，1852年乘船去了南美，1853年到达瓦尔帕莱索[①]。1854年4月，他乘船回英格兰，但是船翻了，船员和乘客都找不到了，大家猜测这些人都溺水丧生了。蒂奇伯恩的财产都传给了富兰克林·勒欣顿，他是第二继承人，小婴儿阿尔弗雷德·约瑟夫·蒂奇伯恩的受托人的佃户，阿尔弗雷德是罗杰爵士的侄子。

① 瓦尔帕莱索，智利的一个港口城市。

原告称，他被8个船员救了上来，被带到了澳大利亚墨尔本，在墨尔本的内陆隐姓埋名生活起来。罗杰爵士的母亲，遗孀蒂奇伯恩夫人，并不相信自己的儿子已经死了，且到处张贴广告寻人。澳大利亚沃加沃加的一个律师给她写信，说她的儿子还活着，而且状况很好。原告就乘船回到英格兰，据说遗孀认出他是自己的儿子，但她不久便去世了，这使法庭失去了向她取证的机会。原告接着便控告富兰克林·勒欣顿，要拿回财产所有权。爱德华·沃恩·基尼利（1819—1880），为原告辩护，于1873年完成他的开场词，他一共说了二十一天辩护词；取证在1873年10月27日，即审讯的第124天完成；基尼利的总结陈词又用了二十四天。亨利·霍金（1817—1907）先生，作为控方，于1874年1月开始陈词。法官的总结于1月29日开始。审讯经历了188天。陪审团们用了半个小时斟酌，最终达成一致判决，驳回原告的起诉，2月28日，法官、审判长博维尔大人宣判原告有罪，判十四年劳动改造，并被发送到纽盖特监狱。这件案子引起公众极大的兴趣，成为媒体上热议的话题。道奇森相信大英法律体系的力量，而且很多时候，信任其审判的公正性。

医生和牙医

道奇森小时候遭受过小儿发热的折磨，而且在拉格比学校的时候得过腮腺炎。这两种病的后果就是他的右耳失聪，此后一生都受其困扰。和朋友边走路边说话的时候，他总是走在朋友的右边，这样，他那只好用的耳朵就离朋友最近；当他买戏票的时候，他总是选择剧场右半边的座位。他去牛津上学之前，百日咳发作，除此以外，他年少时还是很健康的。偶尔，他会犯神经痛，这影响他的脸部，会让他疼上几天。长大成人之后也遭受过一般成人会遭受的疼痛。当他工作时间过长以及压力过大时，有时候会产生“行动阻碍”，因为他的眼神变得模糊，眼前还有锯齿形的线条出现，不过安静地休息几个小时就好了。他特别能走，有时候一天可以走18或者20英里。当他一个人时，他会走得很快并计时，而且在日记中记录下来。当他和朋友在一起时，他走路速度就慢多了。1881年8月5日，他记录自己的体重是10英石①3½磅②，而他的体重可能一直在这个数值上下小小浮动。[10]

道奇森的日记里有几件事情值得注意，那应该是他健康状况不好的时候，但是这些事件都是孤立的，而且他的一生中，身体状况相对良好，这些事件应该是比较特殊的。第一件发生于1885年底，道奇森在吉尔福德和他的兄弟姐妹共度圣诞和新年。他写道：

> 在12月31日早晨或者新年那天晚些时候（我觉着是这个时间），我感到疾病侵袭（莫斯黑德医生称之为“癫痫状表现”），我感到头疼，而且和平时感觉不一样，这种状况持续了一周或者10天。埃德温听到我的叫声，他和范尼进来看我：他们找来了莫斯黑德医生和斯特德曼医生（！）。似乎病情并不严重，而且我认为并不是家族遗传病。我认为斯图尔特·科林伍德的病，应该是家族遗传，因为查尔斯·科林伍德就有相似病症。[11]

---

① 英石（英文：Stone，缩写st）是不列颠群岛使用的英制质量单位之一，1英石等于14磅。
② 英美制重量单位，一磅合0.45359237公斤。

在维多利亚时代，癫痫并不被人理解，因此被社会冠以污名。日记里的这一段被不知名的人用笔狠狠划过，但是仍然可以依稀辨认其中文字。然而，医生的观点认为，这可能并不是癫痫病，而只是症状相似，道奇森在吉尔福德的医生欧内斯特·加斯廷·安德森·莫斯黑德（1851—1912）就是这么认为的，他和亨利·夏普·泰勒医生（1817—1891）协作，都是吉尔福德工会的健康医生。家里人把詹姆斯·雷明顿·斯特德曼医生（1817—1891）也请来复诊，这让道奇森非常吃惊，可能存在这样的顾虑，即莫斯黑德医生相对年轻，经验并不丰富（虽然他已经行医十年）。

道奇森的膝盖好像得了关节膜炎——关节发炎红肿。1888年3月29日，他写道：

> 正在收拾行李准备去吉尔福德过耶稣受难节和复活节，我发现右膝盖不舒服，所以去咨询多因医生，他称之为“关节膜炎”，并让我在沙发上休养一周。在腿上涂了碘以后，他给我绑扎了膝盖（从脚部向上）。[12]

这一次，他咨询的是自己在牛津的一位医生罗伯特·沃尔特·多因医生（1857—1916），他曾经是皇家海军军医，于1885年5月在牛津创立第一个分区眼疾药房。他曾是考利的圣约翰医院的外科医生，之后在牛津拉德克里夫医院担任眼科顾问医师。道奇森的膝盖毛病时不时就会犯，他长时间地走步也许使病情恶化。

接下来的一年，道奇森接连经历了一连串的健康问题，当他在伊斯特本度假时，他在1889年9月2日的日记中写道：

> 我现在是各种疾病的受害者！左手腕脓肿，已经持续了一个月，现在还没有完全好。出现了一个脓肿“堆”，我周六不得不去舍伍德医生那儿，现在已经好多了。“关节膜炎”是一年前在右膝盖上发作的，现在开始在左膝盖上发作，今天我开始了一轮抹碘酒和扎绑带。
>
> 今天我还看到了“障碍”：但是之后并没有头疼。[13]

这次，他咨询的是亚瑟·保罗·舍伍德医生（1852—1923），他在伊斯特本创办了爱丽丝王妃纪念医院，而且是驻院的外科医生。虽然这是在假期，但道奇森也许在长时间地努力工作，创作《西尔维和布鲁诺》以备出版（1889年12月上市）。

1891年，道奇森在基督堂学院的主教堂里第一次经历昏迷不醒的状况。在礼拜仪式快完结的时候，他完全不省人事了。这是他在2月6日写的日记：

> 我应该是在早上的礼拜仪式尾声之时昏倒的，一小时之后，我发现自己躺在小隔间的地板上；我的鼻子可能撞到了跪垫上，因为鼻子一直在流血。这是我第一次如此昏迷不醒。我被送到布鲁克斯医生那里。之后，我的头很疼，但是并没有感觉更不舒服。有可能是癫痫，而非晕倒，但是布鲁克斯医生认为是后者。[14]

沃尔特·泰瑞尔·布鲁克斯医生（1859—1942）是道奇森在牛

津的医生之一。在1891年4月26日，道奇森写给埃迪斯·布莱克莫尔的信中对这次发病做了更细致的描述：

> 两个多月前，我从非常让人心神不安的梦境中醒来，对自己说："枕头太不舒服了！"，而且发现自己躺在地板上，在主教堂的小隔间里。起初我并不相信，以为自己还在做梦，但是过了一会儿，我就完全清醒了，而且发现真的是这样。我躺在一堆鲜血里，从鼻子里汩汩流出鲜血，我敢肯定我倒下的时候鼻子被狠狠地撞了一下（事实上，医生说鼻骨被撞得有点松散，要过几个礼拜它自己才能重新长紧实），而且我已经躺在那儿一个小时了。我清晰记得晨祈朗读者还有几个词就读完了，其他人离开教堂的时候，我还跪着。最后走的两位讲师注意到我没有起来，但他们以为我还要像往常一样再做一会儿个人祈祷，也没再多想。教堂管理人并没有注意到我没有离开，就把门关上了，他自己从另外一个门走了。所以我一个人待在那儿，沉睡着，直至病症消失（肯定是癫痫），然后我自己打开门出去了。很幸运，我回家的路上没遇到什么人，我的形象非常漂亮！我满脸和衬衣前襟全都是血。我的医生发现我的整体健康情况下滑——至少消化功能不好了——也许就导致了这次病症。而且，后果是严重的头痛，大脑不能工作，学院的神职人员礼拜管理人决定这学期不让我布道了。我敢说这是很明智的，医生认为我脑力工作过度，而且伏案工作时间太长。你笑我说我"即将来临的布道"让我遭受"可怕的痛苦"，但是我认为这真的跟我的病有些关系。我上个月布道3次，我觉得准备布道的过程消耗我太多生命力。但是我并不会改变工作方

式：如果布道真的能起到好作用，这项工作需要布道者全身心地投入。

我一直都“很放松”，现在，已经过了一段时间，我的头疼好多了，我的大脑也重获以往的力量。我现在想知道在今年什么时候合适做这个耽搁太久的发言。[15]

再一次，道奇森提到了癫痫，但是现代医学证实有两个可能的病因，为此，我要感谢塞尔温·古达克医生分享的观点。他告诉我有两个可能的原因导致道奇森昏迷：1.血管迷走神经性晕厥，或者是2.短暂性脑缺血发作（TIA）——这两种病症都是无先兆发病。他解释说这两种现象都源自脑部血管突然间痉挛，导致瞬间丧失意识。当痉挛逐渐消除，人也就恢复清醒了。从道奇森的病案来看，他可能是在身体虚弱不支时摔倒而导致昏迷，这样就可以解释他自己记录的在受到外伤后的头疼现象了。另外一种可能是，颈动脉窦道受到压力，但是古达克医生认为这个可能性较小。他也支持昏迷和癫痫无关的看法。（可以参阅S. H. 古达克医生撰写的《刘易斯·卡罗尔的疾病》。）[16]

同年，道奇森记载自己是“腰痛的囚犯，还有左膝盖的关节膜炎”（1891年11月15日），而且之后又记录说：“到现在，我几乎已经在沙发上待了一天了，是缠了很多绷带和涂了很多碘酒的结果，毫无疑问，情况已经好多了”（12月6日）。[17]道奇森不得不放弃他以往去吉尔福德过圣诞的计划，他在12月25日的日记里写道：

这是我生命中第一次，一个人过圣诞节：在基督堂学院，

> 天气太冷了，布鲁克斯医生建议我不要出行。我的两次癫痫病发作都是在冬天，第一次（1885年底）发作有一部分原因就是伦敦冬天的冷空气。我的膝盖（我相信，多亏我改变了治疗方法，不再绑绷带，也不再用布鲁克斯医生给做的盒子，那个盒子保持腿总是处于笔直状态——我只是简单地让它休息，每天涂上碘酒）似乎都快好了：我被迫孤单一人度过的休闲时光让我有机会写作和阅读。我的头痛也消除了，我工作的充实力量又回来了。[18]

重申一下，道奇森大多数时候是很健康的，上述列举的只是短时间内影响他健康的几个例子。

道奇森结识了许多医术高超且备受尊敬的医生朋友，包括詹姆斯·威尔克斯，他于1856年和斯凯芬顿·勒特维奇一起被指定进入国家精神病院调查委员会。1865年5月31日，道奇森在日记里写道："去米特尔酒店和斯凯芬顿舅舅共用晚餐，他正在这里视察疯人院，还见到了威尔克斯先生，疯人院的医生。"[19]米特尔是位于牛津高街上的一家酒店。斯凯芬顿舅舅在索尔兹伯里严重受伤时，是威尔克斯给道奇森发的电报。当有朋友或者熟人在精神方面出现问题，道奇森想要寻求建议的时候，他时不时都会咨询威尔克斯。1883年10月19日，在伦敦拜访威尔克斯的时候，道奇森见到了精神病院的另一位委员，约翰·戴维斯·克利顿（1825—1901），约克郡西区疯人院的驻院医疗主任，也是兰开夏郡县疯人院的医疗主任。道奇森长久的朋友兼基督堂学院的同事雷金内尔·苏西，在他的医生生涯末尾时，也成为精神病医院的委员。

不清楚道奇森是怎么和詹姆斯·佩吉特爵士（1814—1899）有

了关联，他是伦敦圣巴塞罗缪医院的医生，女王所称的“非凡的”医生（1858—1867）、“非凡的”军士医生（1867—1877）、“常任医生”（1877）以及1867年开始担任威尔士王子的医生。道奇森在日记中第一次提到他是因为佩吉特去探望斯凯芬顿舅舅，斯凯芬顿在索尔兹伯里的疯人院被病人袭击。道奇森是1873年5月22日到达的，而且在日记里记下说他遇到了詹姆斯·佩吉特爵士（他于1871年被封准男爵）。斯凯芬顿舅舅恢复好些了，道奇森就回到了牛津，但是6天之后接到了一封电报。当时，道奇森在日记里写下：“去索尔兹伯里，半路上和詹姆斯·佩吉特爵士会合，我们到达时，我舅舅刚过世几分钟。”[20]佩吉特的一个儿子是弗兰西斯·佩吉特（1851—1911），基督堂学院的讲师（1875—1882），1855年作为皇家牧师神学教授和教士，他在1892年至1901年期间接任亨利·利德尔成为基督堂学院的院长。道奇森可能是在牛津见到詹姆斯·佩吉特医生的。无论怎样，他们之间的友谊越来越深厚，道奇森还送了他一本复印的《爱丽丝地下漫游记》，书上的题献是：“詹姆斯·佩吉特爵士，来自作者，1887年4月29日。”他还送给佩吉特太太一个《镜中》饼干盒。她还收到了《西尔维和布鲁诺》以及《西尔维和布鲁诺完结篇》的赠送版。根据道奇森写给佩吉特太太的一封信可知，她先生对这个故事还有所贡献（具体没有说明，但是和第二本书相关）。[21]道奇森和佩吉特之间的通信被保留下来，包括1887年5月1日这天所写的信，信的内容是关于无痛杀死一只猫的办法：

亲爱的詹姆斯·佩吉特爵士：

非常感谢您的来信。为了一只宠物猫这样的区区小事占用您的时间和精力，真是非常抱歉：但是您所建议的所有方式，除了下了毒的肉以外，其他都不合适。把它放进笼子里会产生令人恐怖的痛苦，皮下注射（这应该由一个陌生人来干，我想）也是一样，最不合适的是一场去伦敦的旅程。有没有什么药不会被呕吐出来，而只是让它毫无痛苦地睡去呢？我个人的想法是用鸦片酊（我知道要用多少剂量，用打兰奇姆①衡量的话）和肉或者鱼混在一起。这样可以吗？[22]

我们没有发现佩吉特医生的回信。道奇森的问题一般都和人类朋友有关，以下这封信（日期是1891年11月9日）是道奇森接到的回信中的一个例子：

亲爱的道奇森先生：

我十分乐意见一见你信中所说的这位女士，如果她提前一天告知我，任何一天的10点钟或者将近10点钟都可以。

您真诚的，

詹姆斯·佩吉特[23]

因为道奇森一生中住所很多，他向许多医生寻求过医学建议。在牛津，他和亨利·温特沃斯·阿克兰（1815—1900）相熟，他自1857年至1894年都是皇家医学教授，阿克兰还是亨利·利德尔院长的私人医生，但是道奇森并没有把他当作医生寻求专业建议。他的医生是我们已经提到的W. T. 布鲁克斯医生。他还时不时向乔治·查

---

① 打兰奇姆，英文是drachm，也简称做“打兰”，即dra。

尔斯·亨利·希钦斯（1822—？）咨询，他是牛津霍利韦尔大街上的从业医生。道奇森在吉尔福德时候，他的医生是詹姆斯·珀西·阿尔文·加布（1853—1934），道奇森去世之前就是他在身边。在伊斯特本的时候，道奇森向查尔斯·诺顿·海曼咨询病情（1852—1908）。

道奇森相信应该规律地去看牙医，他也鼓励他的家人这样做。他在牛津宽街46号埃德蒙德·贝弗斯牙医那里看牙。贝弗斯去世之后，诊所由他的儿子埃德蒙德·奥古斯丁·贝弗斯（1850—？）接管，道奇森有任何牙齿方面的问题，还是继续来这里看。道奇森在伊斯特本时，他的牙医是杰克·亨利·沃特福德（1855—？），他的诊所开在海边大道上。有一个儿童朋友记得，她跟道奇森在伊斯特本待在一起的时候，几乎每天都去牙医那里。在她关于道奇森的回忆录里，伊萨·鲍曼写道：

> 我正在德文郡公园的公共泳池学游泳，我们总是相互讨价还价。他不让我去游泳池——但是我特别喜欢去——除非我特别衷心地保证在公共泳池游泳之后去牙医那里。
>
> 他认为规律地以及几乎是天天去看牙医很重要。他去牙医那里就像去理发店那么勤，他还坚持让我们这些小女孩也要去看牙医。这样的预防措施听起来挺奇怪的，而且不禁会让人们觉得刘易斯·卡罗尔坚持这么做太频繁，没有必要；然而，我只能说，我有很强壮的牙齿，而且一生中从来没有牙疼过。[24]

当然，其中有夸张的成分，因为伊萨是一个儿童演员，她极易对事实添油加醋。道奇森在1892年9月24日给杰克·沃特福德发了一封信：

亲爱的沃特福德先生：

出现了一个小的牙龈脓肿，就在您认为解决了的那个复齿的对面，我想，这个脓肿就是我疼痛的根源。门牙疼痛可能仅仅是因为牙与牙之间的意气相投，然而，无论牙齿之间如何互相信任，这无疑给它们的主人带来了极大的不便！

您真诚的，

C. L. 道奇森

我附上了您应得的5个畿尼。[25]

道奇森高度具有创造性的思维和写作风格让许多人怀疑，就像其他的维多利亚时代的人一样，服用药物以刺激想象力。他们拿《爱丽丝梦游仙境》中的毛毛虫做例子，毛毛虫懒洋洋地从水烟袋里吸烟，并认为道奇森也可能服用尼古丁或者更加强烈的药物。但是我们知道道奇森并不抽烟。他在教师联谊室做监管人的时候，他有责任确保他那些抽烟的同事得到充分照顾，而且他为了他们专门设立了一个吸烟室。作为监管人，向学院供货的各种零售商给他提供试用装香烟。1890年10月14日他写信给联谊厅的成员亚瑟·哈斯尔，信中展现了纯粹的幽默：

亲爱的哈斯尔：

“亚历山大卷烟公司，亚瑟街4号，新牛津街”给了我一些他们的“兹拉古米斯”香烟（售价未标）。您也应该试试：

“吸烟室委员会”也许想买一些。我诚实地说，我从来没尝过味道这么好的香烟。[26]

最后一句中的关键词是“从来没尝过”，因为大家都知道道奇森一生中从来没有抽过烟。然而，道奇森确实一生都在吃药，而且他总是带着一个药箱子。他不但自己吃这些药——他还把药给别人——有时候甚至是孩子们！合理的解释是道奇森是典型的顺势疗法的热心追捧者，他的小盒子里带着顺势疗法的药——确实令人震惊——以对应突发情况。而且众所周知，他还尝试其他的疗法，如草药。细节都在他的日记和信件里。他服用剂量非常小的顺势疗法的药物以及其他的草本精华药物。他和其他采取顺势疗法的人很要好，其中包括采用这种替代疗法的医生，例如爱德华·巴顿·舒尔德姆（1838—？），他也是基督堂的学者。道奇森的图书收藏里有相关的书籍。他甚至还把顺势疗法的书籍送给朋友和家人。他因为病情需要可能用过鸦片酊（鸦片）——例如，为了消除牙疼——但这只是少量使用，在现在来说也不是非法服用。即使他为交谊厅设计和建造了一个新的酒窖，而且是基督堂交谊厅酒协会长达十年的成员，他饮酒也非常有节制。虽然他喜欢晚餐的时候喝上一杯，但他对于交谊厅的酒的兴趣主要在于满足同事的需求，以及批发买酒可以节省的开支，他喜欢让酒经过数年时间逐渐成熟。

我们在谈论一个想象力极其丰富的人、一个真正的会讲故事的人、一个需要很小的灵感就能点燃他创作天分的人。终其一生，他不但构思出令人着迷的故事，而且创造出新的令人激动的数学学科的分支，这些分支延展出当下的知识，还设计出沿用至今的真正实用的发明，如带插画的图书封面以及被称为比例代表制的选举流程。这个人生来就是一位发明家。他不需要药物刺激他的想象力——他的想象力是与生俱来的。

这里举几个例子证明他服用顺势疗法的药物。例如，1878年4月20日，他在日记里写道：

> 进行了两天顺势疗法的（乌头和砒霜）的治疗，好像治好了我的感冒，感冒之后我已经好几天没出门了。我周四去接受舒尔海姆的治疗。[27]

这里还有一个给孩子们用药的例子，日记的日期是1879年9月1日：

> 下到海滩去了，发现艾格尼丝被碎瓶子弄伤了脚。我把她抬到路上，用浴椅把她抱回家，有机会做个业余医生，给她用了点“金盏花”。[28]

另外一次服用顺势疗法药物是在1880年1月19日：

> 感冒太严重了，周六、周日和今天都过得如同囚犯，我想是刚刚到这房子里染上的凉气。吃了乌头、水银溶液已经两天了，今天换用砒霜和水银，后者促生津，帮助呼吸。[29]

日记里还有很多关于类似活动的记载。道奇森所采用的顺势疗法里永远有乌头（附子），水银作为消毒剂以及对抗咳嗽和嗓子哑的方法，砒霜（白色氧化坤）是用来治任何病症的通用药物。当然，这些都是毒药，但是服用的剂量非常小。

道奇森的一个外甥，贝特伦·詹姆斯·科林伍德（1871—1934），他妹妹玛丽的儿子，在剑桥大学冈维尔与凯斯学院学习，而且成为医生，之后在帕丁顿的圣玛丽医院工作。在道奇森对自己葬礼安排的指示里，他附加了一个说明，这个说明是1891年6月11日加上的：

> 既然我的外甥，贝特伦·科林伍德，在学习医学，我想把他喜欢的书都送给他，这些书都是关于解剖学、生理学、病理学以及相类似的学科。[30]

道奇森的私人图书馆包含了很多医学和生理学方面的书籍；这些都是他感兴趣的学科。他去世时，科林伍德接受了这些书，但在二战期间的伦敦闪电战中，这些书好像被毁掉了。

简单提一下威廉姆·“威利”·哈尔斯·里弗斯（1864—1922），道奇森的语音治疗师亨利·弗雷德雷克·里弗斯（1830—1911）的儿子。他还是小孩的时候，道奇森就认识他了。威利·里弗斯之后拥有非常辉煌的人类学家的职业历程，后来又进入了医学领域。他从1887年起，在奇彻斯特医院做了两年驻院外科医生；1889年至1890年，在圣巴塞罗缪医院做驻院内科医生。直到1916年，他学习了生理学和实验性心理学，还有感官生理学。大战期间，他在皇家陆军医疗队服务，做了很多事情帮助受伤的士兵，特别是那些饱受震弹症①和心理创伤的士兵，为此，他受到了许多嘉

① 士兵因战争而得的一种精神疾病。

奖。帕特·巴克斯的《重生三部曲》就是以里弗斯医生为主角创作的，道奇森出现在最后一本《鬼途》里。

轮船经纪人

《爱丽丝》图书带来的盈利被道奇森很大程度上用于对轮船的投资。他的表亲，赫伯特·弗兰西斯·威尔科克斯（1844—1918）在森德兰造船厂担任轮船部经理。他的初衷更多的是要帮助家族亲戚，而非挣钱。他在轮船方面的第一次投资是在1875年9月。他当时在怀特岛度假，要找一位地方法官见证他在文件上签名，这份文件是关于塔特萨斯号的利润分成的。1877年12月，道奇森把自己在塔特萨斯号的投入增加到六份股权。那时，他应该分获的利润丰厚，而且这个投资看来是有保障的。

到1879年，道奇森至少在两艘轮船里有投资：塔特萨斯和另外一艘被称作“科西嘉”的轮船。这两艘轮船都是由威尔科克斯打理的，他就是轮船经纪人。那年的4月，赫伯特陷入财务困境，原因不详。随着事情进展明朗化，道奇森在自己的日志中记录了这次财务危机。日记是1879年4月19日写的：

> 赫伯特·威尔科克斯来信说他被“停止付款”因为“强制出售”科西嘉亏了钱。他要求我同意售卖时，愿意自己承担所有“损失”，他欠我1000英镑作为借贷，我当时付给他的1000英镑购买了三分股权。[31]

我们不知道为什么科西嘉被售卖，但是我们可以肯定这艘船的经营亏本，赫伯特的债主们决定停止亏损，卖掉这艘船。我们所知道的是，科西嘉继续航行，塔特萨斯的船长，戴船长，被委任为科西嘉的船长。情况越来越糟。道奇森过了几天在日记中写道：

> 收到杰尔德和查尔顿兄弟公司的来信，他们将负责调查威尔科克斯的事情，他的贷方们将在5月2日开个会。费尔兄弟公司将管理塔特萨斯号。
>
> 按照杰尔德和查尔顿兄弟公司的要求，把我作为贷方的详细情况寄给了他们。他们以“科西嘉售卖损失”借走我1039英镑（！），这是我不能允许的。随后，这个项目被取消——我的索赔也被承认是正当的。
>
> 给杰尔德和查尔顿兄弟公司发了一封信，让他们在5月2日的贷方大会上读出来（如果他们认为合适的话），请求延长一个月时间再变卖赫伯特·威尔科克斯的财产（他只赔得起6分钱）。[32]

道奇森声援他表弟赫伯特的信件并没有留存下来。然而，这封信似乎没有起什么作用，因为赫伯特的财务困境比最开始认识到的还要严重。道奇森在5月5日的日记里记录了赫伯特的破产情况：

> 我收到了关于赫伯特·F. 威尔科克斯破产的消息。我还失去了在他手上投给塔特萨斯的60英镑，我的所有损失达到1100英镑！他损失了13000英镑，看起来，科西嘉的损失还不占他所有损失的一半。[33]

赫伯特的经纪人生意垮掉之后，塔特萨斯的管理权就交到费尔兄弟公司手上，但是在6月份，即不到两个月之后，就草拟出计划书，要将管理权转移给桑德兰的船舶经纪人托马斯·基什先生（1836—？）。道奇森仍然是股东。他就管理权转交基什先生这件事咨询了另外一个表弟弗雷德雷克·休姆·威尔科克斯（1837—1880），他那时在约克郡的斯托克斯利做诉状律师。

从此以后，道奇森关于轮船投资的业务都是通过基什先生办理的。大量的和此事相关的通信和股权文件都留存了下来，保存在普林斯顿大学的莫里斯·L. 帕里什藏品以及其他的机构和私人收藏中。这些资料展现出道奇森对于利用股份建造新的轮船相当感兴趣，但是每当没有按时分红以及他的投资组合供不应求时，他还是感到惶恐。在卖出更多股权方面，基什先生是一位更优秀的写信人，而且道奇森也时不时能找到愿意投资的同事。

道奇森买了一艘名为“克劳迪亚斯”的新船的股份。这艘船于1880年在桑德兰由东北海事工程公司建造，这艘船有两个桅杆的纵帆船，还备有索具，两层甲板都是用铁做的架子。它有250英尺长，两个引擎能够为该船提供180匹的马力。

1882年初，有灾难发生。道奇森在1月7日的日记里记载了：

收到基什先生的来信，塔特萨斯在毕尔巴鄂搁浅，勘测人员已经检测认定了搁浅原因：保险公司将赔偿股东。[34]

就在同一天，道奇森给基什写信：

C. L. 道奇森先生感谢基什先生的来信，且相信塔特萨斯的船长以及船员个人没有受伤或者在事故中丧生。

如果基什先生能够让其知晓他可获得的保险赔偿金额几何，告知基什先生管理下的其他轮船之现状（不包括克劳迪亚斯），且各个轮船的股份多少，则他将不胜感激。[35]

道奇森还保持对轮船投资的信任，他又把保险公司的赔偿款投资于一艘新的双桅杆纵帆船，名叫“克罗伊斯”，他于1882年3月购买了64份股权中的5份。就在这段时间，道奇森还购买了名叫“格劳克斯”和“塞勒斯”的轮船的股份。道奇森的分红开始增加，正如他1883年5月31日的日记作的描述：

十分感谢，我附上了那75英镑的收条（克罗伊斯的账）。至于那226英镑，我想是12月份到期，到12月份再付给我，这样比在此之前付要方便。[36]

另外一封1883年7月30日的信件展现出，道奇森作为一位数学家，试图清楚地记录他的轮船投资组合情况，混合了托马斯·基什不定期给他发来的零星信息：

我试图把我对4艘轮船的投资账目分别记录：但是非常复杂，我还没有把它们成功分类。你是否可以帮我把4份账目清晰地整理出来（向我收取费用，为您将为这项任务付出的时间和精力）？从每一艘轮船最开始的投资开始整理，包含开始和结束的日期。

我发现我只有一张股东清单，是克劳迪亚斯的。可否劳烦您把其他三艘船的股东清单发给我？

我还有一个问题。我最近收到完全陌生的人的申请，想要转让或者买入这些轮船的股权。我没有回复他们中任何一位：但是我想问的是——这种股权转让，在经理不知情的情况下发生的交易，可能以及合法吗？如果可能以及合法，在我看来，你随时都会发现自己在为一群新的股东管理轮船，而你对他们毫不了解，甚至其中一些人还是“稻草人”，如果需要“召集”股东的话，都找不到他们。[37]

在接下去的七年间，道奇森和他的经理人之间通信稳定。最终，托马斯·基什为了两个亲戚（也许是他的儿子）而辞职——詹姆斯·基什（1864—？）和爱德华·基什（1868—？）——他们俩掌控了轮船的生意。但业务交接的过程并不顺利，因争夺控制权而出现了还价情况，但是还价最终失败。道奇森仍然忠于新的经理，但是他越来越关心他到期的分红。终于，道奇森的耐心用光了，1890年10月，他卖掉了手中所有的股权，把它们卖给了一个新的股东，威廉姆·J. 约翰逊先生（1833—？），盖茨黑的一位保险经纪人。道奇森先是收到了一封来自约翰逊先生的询问，他于10月18日回了信：

C. L. 道奇森先生将文件回发给约翰逊先生，文件已经填写完毕。减去经纪人的佣金后，他所投资的各项船只将产生以下的费用：

克劳迪亚斯，5份股权——1000英镑

克罗伊斯，5份股权——600英镑

塞勒斯，1份股权——130英镑

共计：1730英镑

然而，该11份股权整体卖出，他收取1600英镑。[38]

约翰逊先生商量要一个更低的价格，道奇森于10月26日回信说：

道奇森先生感谢约翰逊先生的来信。

回复他所提出的要求，股权的现价中有1460英镑是股份的价格。

他发现，在上封信中，他并没有重复前面信中的内容，他要求得到克罗伊斯去年的分红，该分红现已到期：但是，当然，这就算重复了一遍。[39]

11月9日，道奇森写信给约翰逊先生：

C. L. 道奇森先生已经收到约翰逊先生的两封信件、1413.15英镑的支票，以及三张抵押证券。他将出席周一的交割。[40]

他在克劳迪亚斯的5份股权为他带来800英镑，克罗伊斯的5份股权550英镑，而塞勒斯的1份股权100英镑——一共1450英镑，不包含经纪人佣金。1890年11月15日，道奇森在日记里记载：

我现在完全从轮船股份中解放出来了——令人非常不满意

的投资方式，我由衷地高兴，我在这方面的投资已经结束。[41]

这是道奇森的信件和日志中最后一次提到和轮船投资相关的事情。

仔细查看杰妮·伍尔夫编辑的《刘易斯·卡罗尔的账目》（杰博沃克出版社，2005），我们可以判断他的支出与分红。假设，一艘船搁浅或者退役，道奇森将保险补偿金再次投资购买股份（看起来他正是这样做的），我们可以看出从1877年到1883年，他一共投入了2078英镑。虽然他表弟赫伯特·威尔科克斯的破产，使他损失严重，但道奇森小心翼翼地继续增加他的投资比重。他在14余年间收到的分红达到1853英镑左右。他把股份以1413英镑转卖，获利1188英镑。这可以达到当时情况下4%的利息率。

道奇森的银行账目还显示他投资铁路股份以及其他股票彩金。他管理他父亲为他的姐妹们建立的信托基金，照管家族的整体财务。他是一个精明的投资人，从不为股市的起起伏伏而惊慌，而是屏息凝神等待好时机到来。

酒商

1881年底，道奇森从基督堂学院辞去数学讲师的职务。除了这个重要的职务以外，他没有在学院里担当其他的职务。1855年他被指定为图书馆副馆长，任期两年，也是为了确保他收入稳定，这样就可以继续作为基督堂的驻院教师，教授本科生数学。他从来没有担任过学监、财务主管、管事、监考人（牛津大学的）、图书管理员等职位，或者在基督堂学院有权管理的教区担任牧师（比如滨色）。然而，他是学院管理机构的积极成员，这个机构是1867年由利德尔院长设立的。有人认为道奇森接受教师交谊厅管理员的职位是为了安抚他的同事们，因为很多同事在教学任务之外，都承担了额外的职务。管理员的责任并不是很繁重，看门人已经承担了很多日常的组织工作。

不过，道奇森把管理员的角色发挥出不同的作用。刚开始，他彻头彻尾地改变了记账系统，花了好几周的时间建立新的流程，还准备了新的记账本。一大捆以前的信件被整理出来，用新的信件编号系统编号管理归类。教师交谊厅的会员制度得到严密监控。道奇森发现，毕业生们取得基督堂硕士学位时，就已经自动成为教师交谊厅的成员——不论他们对使用交谊厅的服务是否感兴趣。道奇森的公道感立刻发作，他发出许许多多的信件给基督堂的会员们，告知他们这种情况，邀请为他们享受交谊厅的服务，或者给他们一个机会终止交付每年的会费。交谊厅的档案非常全面，然而是从道奇森担任管理员这九年开始，档案才变得丰富全面起来。和他的任何前任和继任者相比，可能他为这个岗位花费的时间和精力比他们都多。

管理者的重要职责之一就是管理酒窖。虽然我们认为道奇森对饮食要求不高，饮酒适中——他的日记和朋友的回忆录中展现的事实——但是，当道奇森于1882年被指定为基督堂教师交谊厅的管理人时，依据他典型的做法，他决定成为品酒专家，以便为他的同事们提供最好的酒。他获取了关于各种餐桌用酒的知识，如何保存酒以保持它最好的状态，酒应该被保存在何种温度之下，如何为酒通风，何时把酒从酒桶倒入杯子里，如何大量储藏酒以便今后使用，以及如何组织同事品酒。但是所有这些知识被用于实践中，却好像是例行公事一样，在交谊厅的档案中我们有大量的保留下来的信件，从中可以得到了解。

为了帮助他，一个酒协会被指定成立，酒协会的活动准则就留待这一小组交谊厅会员来制定。道奇森很快就意识到，酒协会的活动准则冗长累赘，一点作用也没有。他形容准则“越来越复杂和严格，现在管理员谦卑地认为，在准则变得过于苛刻前，应意识到这一点。”[42]因此，他的第一个任务就是重新制定规则。规则执行起来非常困难，在他就任管理会员职务的第一年底，他威胁要辞职时，才将规则贯彻执行。

经道奇森建立的登记系统管理的交谊厅信件被留存下来，最后一封的编号是5326（这跟道奇森的私人信件编号系统完全不一样）。这里的许多信件都没有公开，几乎没有人有机会看到它们。信件的大致内容被登记，让我们十分清晰地观察到道奇森在19世纪80年代代表交谊厅而进行的活动。很多信都是用碳拷贝复制纸张写的，留下了他的很多交易记录。

教师交谊厅过去是（现在仍旧是）一个独立的机构，自我管理，并不从属于基督堂的日常管理。院长、全体教士和管理委员会共同管理学院。本质上说，教师交谊厅就是驻校资深学院成员的“家”——在这里可以社交、吃饭、看报纸、招待朋友，以及寻求由管家带领的一队雇工的照顾。任何得到基督堂硕士学位的人都可以申请成为会员。会费，又称作“季度费”，可以每年一缴。交谊厅的财产之一就是酒窖——它对驻校以及非驻校的所有成员开放，里面收藏着最好的酒。

道奇森，作为管理员，早期发出的很多信件都是给酒商的。这些商业信件都是用第三人称写就的。道奇森遵循维多利亚时代“贸易”沟通的方式——有礼貌地保持距离，以区分社会地位。以下的信件都是1883年1月发出的。第一封是写给奥古斯塔斯·赫尔墨斯的，伦敦高塔街42号的酒商：

牛津基督堂

1883年1月2日

C. L. 道奇森神父，以教师交谊厅管理员的身份来信，感谢赫尔墨斯先生供应6打摩泽尔香槟，与往年所提供数量一样。[43]

下面一封是写给位于伦敦蓓尔美尔街5号的坦克里兄弟公司的：

牛津基督堂

1883年1月2日

C. L. 道奇森神父，代表教师联谊厅（他现在是管理员），感谢坦克里兄弟公司提供他们一直供应的各种香槟酒各6打。他发现两种香槟酒一直由坦克里兄弟公司供货——一种售价78先令，另一种60先令。[44]

他信件中所用的货币单位是旧制，代表先令，一先令相当于今天的5便士。下面一封信是写给伦敦免治巷7号的马克斯·格雷格先生的：

牛津基督堂

1883年1月2日

C. L. 道奇森神父，他目前是教师交谊厅的管理员，代表交谊厅感谢马克斯先生提供24打马蒂亚诺酒，跟他一直以来所供给的数量一样多。[45]

相似内容的信被发给了伦敦十字修士街23号的冯思特兄弟公司（购买赫恩特赫勒葡萄酒）；伦敦圣詹姆斯，莱德街11号朱丽叶·迪厄多内夫人（寻要红葡萄酒样品）；以及伦敦伯灵顿街24½号巴拉特和克雷兄弟公司（也是寻要样品）。

从这些信件中，我们可以看出交谊厅所消耗的酒量。此时，交谊厅中的驻校成员大概50人，是非驻校会员的5倍。作为会员的一个好处就在于可以从基督堂学院交谊厅酒窖直接买酒。有时，非驻校会员还可以买了酒之后让人把酒送到家里。在道奇森的小册子《管理员努力尝试的一年》中，他也提及了酒窖中的藏酒和交谊厅对酒的消耗量：

大概说来，每年初始，我们的酒窖里有23000瓶酒：一年时间里我们会增加5000瓶，使藏酒量达到28000瓶。这些酒里，我们已经消耗掉3000瓶，剩余25000瓶。（……）我们现在有700瓶陈年波特酒（已经够30年了），11000普通波特（已经满20年）。顶级雪莉酒，570瓶（满60年）；白雪莉酒，1500瓶（9年）；黑雪莉酒，6000瓶（30年）。顶级红葡萄酒，200瓶（5年）；甜红葡萄酒，600瓶（1½年）：这两种都要大量增加收藏。至于其他品种的酒，我们都有藏，只是量较小，除了赫恩特赫勒有900瓶（满11年）以外，从现在看，还有马德拉白葡萄酒存量也还比较充足，比我没有提到的酒类可以供应的时间更长。[46]

道奇森小心翼翼地记录酒窖的藏酒量，每学期都在一个同事的帮助下查点数量。他发现马德拉白葡萄酒在一年之中的消耗量为零。他苦笑着说："经过仔细的计算，我估计，如果酒的消耗量保持在这个水平的话，我们现在的藏酒量就可以维持无限久远。"[47]

不久之后，道奇森购进"大桶装"的酒——很大的酒桶，一次最多容量在52加仑。另外一封信可以证明大量的酒被买进，交谊厅的会员们也消耗了大量的酒。下面的这封信是写给查尔斯·卢巴特的，他是波尔多夏特朗斯港88号A. 德鲁泽父子公司的代理：

牛津基督堂

1883年3月13日

道奇森先生感谢卢巴特先生的来信，而且认为他所言实为理由充分，因此，接受他的提议，购买全部8只酒桶：4桶1875年的碧尚·朗格维尔（装瓶安排如下：48打品脱装，加收3英镑费用，剩下的夸特装；也就是说总量多于72打夸特），趁天气条件有利尽快送来；4桶1881年的罗森雪格拉（同上面的方法装瓶，但不额外收费），明年运来，明年同时运来的还有已经预定的"玛歌酒庄"。他知道"玛歌酒庄"的收费会是（72英镑+5.5英镑=）77.5英镑，"罗森雪格拉"（56英镑+5.5英镑）61.5每桶，即245英镑。他判断一只桶里有超过290瓶酒。碧尚·朗格威尔的费用，当然，要依照大桶里的具体瓶数而定。[48]

所有这些酒都需要充足的收藏空间。交谊厅的酒窖很快就酒满为患，需要重新改装了。道奇森跟酒商商量好，酒商先储存这些酒，等藏酒空间腾出来之后再把酒运来。但这项服务产生了额外费用。道奇森意识到，更好的解决方法是增加酒窖的储藏能力。

交谊厅坐落在汤姆方庭的南翼，建于16世纪。仅有的可利用空间就是现存房间的地下。工程事关重大——并不仅仅是因为这些建筑拥有古老的历史和建筑学方面的价值。在交谊厅上面是基督堂学院的大厅。道奇森从合作伙伴托马斯·阿克斯特尔（1826—1901）那里寻求专业的建议，他工作于牛津的西姆公司（这家公司至今仍然存在，由托马斯的重孙马尔科姆·阿克斯特尔掌管）。道奇森当时已经跟西姆公司熟识了。1882年底，他雇请托马斯·阿克斯特尔建一个新酒窖供交谊厅使用。道奇森给阿克斯特尔寄去以下信件：

> 基督堂交谊厅
>
> 1886年3月31日
>
> C. L. 道奇森先生将感谢阿克斯特尔先生勘测交谊厅的酒窖以及周围房屋，以便确认酒窖可以向哪边扩展，扩展至多大。
>
> 福赛特先生认为财务处之下有空间建一个新酒窖，但这样做需要凿穿一堵厚墙。
>
> 道奇森先生想知道，每一个方向所需凿穿的墙体厚度。
>
> 他将离开牛津几天，但是6日或者7日回来。也许到那时，阿克斯特尔先生已经完成勘测。[49]

托马斯·阿克斯特斯对场地进行了勘测，而且制定了在交谊厅下面修建新酒窖的计划图。这些图纸在基督堂交谊厅的档案中留存。道奇森从管理委员会那里得到批准，工程可以开始执行。一位建筑咨询师菲茨威廉联系了道奇森，提议去监理工程。不清楚两人是怎么联系起来的，但从以下这封信看来，好像是管理委员会的一位成员建议采用这项服务。这封信展示了道奇森谨慎仔细的态度，以及在确保执行之前任何条件都讲明白的良好的商业意识：

牛津基督堂

1886年7月5日

道奇森先生非常感谢菲茨威廉先生的来信，而且非常高兴能在周二早上与他见面，11点之后的任何时间。他认为，为基督堂工作时，必须要清楚地理解相关事项，而且写下他想说的内容，以便菲茨威廉先生和他作为参考。

他不知道谁告知菲茨威廉先生与他联系：他的到访让他惊奇，以至于忘了说，虽然他本来想写信请他来，但是还没来得及这么做；而且，请菲茨威廉先生不要认为自己和交谊厅已经定有合约。无论谁告知他这个工程项目的消息，此人并非享有决定权。

菲茨威廉先生若要承接这项服务，需要清楚了解以下事项：

1. 菲茨威廉先生想要承接的工作仅仅是交谊厅的项目，除了交谊厅管理员所交代的事宜，其他的事情都不要做。若管理委员会指挥他做任何工作，这都与交谊厅管理员无关。

2. 当足够的渣土被清除，可以清楚看到场地情况，他被要求做的工作仅仅是提供意见，如在对不危害房间墙体稳固的前提下，图纸计划的门道是否可以被删掉，所计划的挖掘工作是否可以进行。

3. 签订合同使用他的服务之前，道奇森先生必须被告知他去场地勘察和提出建议的费用。他认为这一步对于双方都有好处，雇主和受雇方。受雇方如果不满意雇主的条件，可以拒绝提供承接这项工作，雇主如果不满意，也可以雇用他人。此后不会产生任何纠纷，比如像当工作做完之后再谈条件。

菲茨威廉先生信中的口气（或者按照道奇森先生的理解）好像是有人希望他不断来工地监察，就像“工程职员”一样。道奇森并不要求他这样做。对于他所列举的问题给出合理观点，这是他希望菲茨威廉先生所做的全部。一次视察现场就能提出合理的观点。[50]

我们并不知晓菲茨威廉的回复是怎样的，但很显然，他的回复并没有让道奇森满意。于是导致道奇森写了下面这封信：

（牛津）基督堂

1886年7月11日

通读菲茨威廉先生的信件之后，道奇森先生发现，信件并没回答他所提出的问题。

这些问题是：

1. “图纸上计划的门道是否可以被取消”

2. “所计划的挖掘计划是否可以进行”

“在不危害房间墙体稳固的前提下”，这些墙体是地下新酒窖的四面墙。“图纸上计划的门道”从特林先生房间的门口延伸到新酒窖。菲茨威廉先生声称说“打通现有酒窖的墙，形成一条门道，把酒窖按照现在的计划延伸”。然而，并没有计划修建这样的门道。

其次，是关于可能的危险。问题主要涉及“房间的墙体”，即，当然，所有的四面墙，主要是东面和西面的墙体，其中一面计划是要打通的，另外一面是共用墙，有墙基，但很浅。菲茨威廉先生的观点主要涉及“北边和南边的墙”，这让人无法理解。

菲茨威廉先生建议说加强“延伸区域西边绝大部分墙体”的墙基，道奇森先生推测他指的是“新交谊厅西面的绝大部分墙体”。原本计划想要在交谊厅的几英尺外建造“计划延伸区域西面绝大部分墙体”，但是经慎重考虑，道奇森先生决定不建造新墙，而是加固现有的交谊厅的墙体，并将加固的墙体作为酒窖的一面墙。

道奇森先生将感谢菲茨威廉先生来信表达他关于新交谊厅东西墙体安全方面的建议，且随信把账单发来。[51]

到此为止，菲茨威廉的服务似乎画上了句号，交谊厅的档案中再没有找到两人的通信。工程工作被交到能力卓绝的托马斯·阿克斯特尔手中，并于1887年初动工。在工程开工之前，道奇森咨询了为交谊厅供酒的另一名酒商：艾克瑟特的甘迪街上斯诺兄弟公司的弗兰西斯·斯诺先生。道奇森借此机会确保酒窖的建造按照最适合藏酒的方式建造。

牛津基督堂

1886年7月12日

亲爱的斯诺先生：

我们正在建造新酒窖，这样就有机会增加一些更加可取的功能，如果您能够提供一些建议，我将不胜感激。

1. 我现在的想法是全部用砖排列砌起墙面，而且禁止碰触。我看肖的书里建议要把墙刷白。您认为这可取吗？

2. 楼上的葡萄酒储藏库用石块制还是石板制？多厚合适？

3. 通风。怎么做才最好？通风口是直接从墙上打通通向露天，还是仅仅通过和其他房间和通道相通的门通风？

4. 保温。我们用的是煤油炉，燃烧产生的水汽没办法排放至室外，因此水汽集结在墙上且从房顶上滴下来，包裹酒瓶的纸被打湿而且变得褶皱，包上这层纸是为了保持果肉的湿度，水汽和水滴也使得酒瓶塞和储酒层的橡木板腐烂。我们正试图使用锌制弓形管子，就像这里展示的（道奇森画了一个图表）（A）作为炉子，（B）作为接水的管道。这样可以冷凝一部分水，但并非所有的水。您是怎么避免潮湿的？您是怎么给酒窖保温的？我自己想，带石棉材料以及排水烟道的瓦斯炉效果会好。

5. 您用纸包裹酒瓶吗？

6. 还有什么比橡木更适合用来做酒瓶间的隔层吗？

7. 什么尺寸的葡萄酒储藏库，您认为，是最方便的？

您真诚的，

C. L. 道奇森[52]

挖掘交谊厅地下的空间出现了大问题：发现有些墙的墙基不充足，特别是汤姆方庭内部的支撑墙，这面支撑墙的上面就是学院的大厅。西姆公司向道奇森汇报了此事：

> 在挖掘新酒窖的过程中发现了一堵墙，就在餐厅的顶头，这堵墙承担小交谊厅的房顶（……）而且，有明显痕迹可以看出最近修补过房顶裂缝、墙体角度和壁炉腔等。我们认为，为了建筑结构的安全，很有必要支撑以及加固这面墙。（……）在新酒窖做好之前，这项工作必须尽快完成。[53]

道奇森咨询威廉姆·贝利·斯基恩，基督堂的财务部长（1874年成为罗琳娜·利德尔的丈夫）：

> 基督堂教师交谊厅
>
> 1887年2月13日，
>
> 亲爱的财务部长：
>
> 在修建我们的新酒窖的过程中，新酒窖位于新的交谊厅下面，阿克斯特尔先生发现东面的墙体只深入地下两英尺，他认为，为确保建筑结构安全，加固这面墙的需要是如此迫切（这面墙不得不承担铁制大梁的重量，这个压力在建筑这堵墙的时候并没有被考虑进去），以至于他在没有和管理员商量的情况下，就要开始动工了。他估算了因此将产生的费用，是50英镑。鉴于此举是为了学院主厅的安全，而非为了交谊厅特别之利益，您认为，管理委员会是否会公平地要求

承担此费用呢？

您最真诚的，

C. L. 道奇森（管理员）

管理委员会考量了这个问题，并于1887年3月9日决定贡献30英镑用于新酒窖建设中产生的额外费用。这项加固工作在3月底完成，档案中包含1887年4月4日道奇森亲手制作的新酒窖的规划图，规划图中18个藏酒的储藏库的位置都已经安排好了。

根据道奇森制定的规格所修建的藏酒窖至今还在使用，但是经过彻底巡查，都没在酒窖里发现马德拉白葡萄酒。

第十一章
皇室

维多利亚女王和皇室家族

道奇森和皇室家族中很多成员相熟，与维多利亚女王在基督堂院长宅邸曾见过面，虽然他没有记载他们之间的任何对话。然而，有些时候，他和皇室成员的相熟程度可以形容为亲密和友好。

他的两本《爱丽丝》图书版税收入都非常丰厚。书里的角色包括国王、王后、皇家幼童、信使以及与皇室家族有连带关系的人，如一个侯爵夫人（在原始故事里有这个角色）和一个公爵夫人。一部分原因是因为道奇森在书中用扑克和象棋游戏构建起两个故事结构。皇室家族成员都是重要角色，他们的角色对于故事情节很重要，而且他们的对话意义重大、令人回味，举《镜中》一段为例：

> “你从哪儿来？”红桃皇后问，“你又要去哪儿？眼睛往上看，说话要温柔，别总是心不在焉地捻弄你的手指头。”
>
> 爱丽丝听遍了所有这些指路说明，而且尽量解释说她迷路了。
>
> “我不知道你所说的你的路是什么意思，”皇后说，“这里所有的路都属于我——可是，你到底为什么到这儿来？”接

着，她又用更轻柔一些的语气说，“你在思考该说什么的同时要行屈膝礼。这样节省时间。”

爱丽丝对此寻思了片刻，她太敬畏皇后了，不敢不相信。“回到家以后我也要试试，”她想，“如果下次吃完饭我又迟到一点点的话。”

“现在你该回答了，”皇后边看着她的表边说，“说话的时候把你的嘴张大一点，而且永远要说‘女王陛下’。”

这一段看起来好像是道奇森在戏仿大人们对孩子的训导，重点在于突出“训导”而不是“与之对话”。也许这是家庭女教师的教育方式。玛丽·普利科特小姐，利德尔家孩子的家庭教师——或者，如孩子们所称呼的“普利克斯”——就以管教严格而出名。1887年，道奇森为《剧场》杂志写了一篇文章，名为《舞台上的爱丽丝》，在这篇文章中，他描述说：“红桃皇后（……）作为复仇女神（……）她的热情必须被冷却，保持冷静；她必须庄重且严格，但是又不至于不够亲切；爱卖弄学问到了极致，所有家庭女教师共有的特点。”[1]爱丽丝和她的姐妹们可能看出红桃皇后所影射的人物了。然而，从另外一个角度说，这姐妹几个也是皇室家族的熟人。道奇森可能是嘲笑她们无论何时被介绍给皇家成员时，都要接受的教导。院长家经常接待皇室成员，维多利亚女王也常常以基督堂的参观者之身份去他家。牛津大学的每一所学院都被参观过（重要的参观者）。通常参观者是社会地位很高的人。被提名的参观者对学院进行非常正式的访问，确保所有的程序都适应传统的要求、礼仪和习惯，此人是作为中间人和顾问而来的。这个重要的基督堂访客通常是在位的君主，有时候是大法官。维多利亚女王作为访客，在位期间，曾多次参观基督堂学院，总是作为现任院长的贵宾下榻于院长宅邸。

1546年，基督堂学院由亨利八世创立，且拥有特许证书。然而，学院的建筑是1525年就开始修建的，当时沃尔西红衣主教正处于权力和名望的顶峰，他决定在皇室的特许之下创立这所学院，且命名它为红衣主教学院。学院的建造计划非常宏大，而且沃尔西主教用自己的私人财富支持学院的建造。1529年，沃尔西主教失宠于国王，他的所有财富都被国王没收，红衣主教学院还未完成，却也只好停工。然而，1532年，亨利在同一个地址上建立起一个新的学院，称其为牛津的亨利八世国王学院。1546年，为我们今天所知的基督堂成立，将专业院校和牛津的大教堂结合起来，大教堂在此建立是为了取代奥斯的老教堂。皇室家族和这所学院的渊源颇深，且延续至今。我们现今的女王就是基督堂的访问者，她的头部雕像位于霍尔班雕刻的亨利八世像之下，亨利八世雕像位于学院大厅的最里面。她经常私下拜访院长宅邸。

维多利亚女王的叔叔威廉四世去世后，她于1837年即位。因此，当道奇森1851年被基督堂录取为本科生的时候，她已经是学院的访问者了。托马斯·盖斯福德于1831年担任院长，所以，他担任院长跟维多利亚女王关系不大。但是，他1855年去世后，新任的亨利·利德尔由帕默斯顿男爵指定，且得到了女王的肯定。1846年，利德尔被指定为亲王的宫内牧师，这个职务要求他在温莎堡为皇室家族布道。同年，他还被指定为威斯敏斯特学校的校长，这给他带来皇家的赞助，女王捐献了800英镑，如此一来，官费生可以享受新的食宿条件了。

作为本科生，道奇森不太可能见到女王，但当他1855年被指定为数学讲师时，他的职务和地位都发生了变化。利德尔家人经常在家招待大学里的同事，包括重要的来访者，道奇森也收到了邀请函。他第一次和皇室家族的见面是1860年。然而，他第一次在日记里提到女王是1855年。5月17日，他写道：

> 我听说今年皇家艺术学院展出的米莱的《拯救》反响很好：莱顿的画《契马布埃的圣母玛利亚》也是，女王为此出价600畿尼，但据说这是近几年来最差劲的一次展览。[2]

1858年夏天，维多利亚女王和艾伯特亲王赐予基督堂一项特殊的荣耀。他们决定把威尔士王子送到牛津上学，而且选择了基督堂。利德尔院长接到皇室传召，去奥斯本面见女王，具体商讨相关安排。亨利·阿克兰，利德尔的私人医生兼朋友也被召见，他将成为威尔士王子的医学顾问。王子于1859年10月18日被录取。利德尔在给父亲的信里记录了当时的仪式：

> 迎接威尔士王子的盛大仪式结束后，我昨晚便再没有时间写信。他大约4点钟从皇室车厢下来（并非特别专列）。我在站台上迎接了他，跟着他去了他的宿舍。副校长和学监来拜见致敬；随后是市长和两位市议员，还发表了一番致辞；我站在一旁，分别介绍他们。之后，我便回到基督堂，我们关上所有的门，所有人到四方院集合。5点钟，他来了，他进场的时候，钟声响起。他穿过夹道鼓掌的人群，走进我家。我出来迎接他，当我们走进屋子，同时传来喝彩声。街上人潮涌动，欢呼声回荡，大家都在为他喝彩。我带他上楼进了客厅，在饮食

服务登记册上登记了他的名字。之后，他跟他的家庭教师费希尔先生，在门廊穿戴上贵族的帽子和长大衣，回去继续接受大家的致敬。自亨利五世以来，他是被基督堂录取的第一位威尔士王子。他还被介绍给副院长们和学监们。此后，我带他穿过四方院，穿过街道，去彭布洛克学院，副校长正在学院门口等我们。他把他带到楼上去，依据应有的形式录取他。今天早上8点，他从家步行来到小教堂。他的主管老师是布鲁斯上校，埃尔金勋爵的弟弟，一位非常友好的人；他的主要武官侍从蒂斯戴尔少校，卡尔斯英雄之一，是一位招人喜欢的年轻人。现在您要问，进展得怎么样。非常好，非常好。布鲁斯上校今早来见我，他说一切都很奇妙，整个仪式就是一个榜样，展现了这样的活动应该怎么办，女王和艾伯特亲王看到他将要发回去的描述，会极其感激的。王子自己本来就是最可亲的，那么单纯、纯良、朴实和谦虚，此外，还非常聪明，拥有身为皇族的本能，即从来不会忘记任何一个人的长相。[3]

毫无疑问，道奇森也目睹了这一盛事。很可惜，他这段时间的日记遗失了，所以我们并不知道他对这件事的描述。王子在牛津的中心地区弗里温厅住了两年，参加教堂活动、上课，偶尔在食堂吃饭。

1860年12月12日，女王去牛津拜访，也许是去和院长讨论她儿子的进步的。这一次，道奇森在场，他详细地描述了这件事：

女王到访牛津，让所有人都感到惊奇，就好像是一个保留到最后一刻的秘密。她大约在12点到达基督堂，和校长进了大厅，大厅里的考试还在进行，大概有12个人在大厅里。进来的那群人中有女王、艾伯特亲王、爱丽丝公主和她的未婚夫、黑森—达姆施塔特王子、威尔士王子、阿尔弗雷德王子和随从们。他们停留了一两分钟，观看了厅里的画作，副院长被介绍给他们，之后，他们参观了大教堂和图书馆。晚上的招待会在院长宅邸举行，场面宏大。我是8点半过一点去的，发现已经有一大堆人了——到那时王子还没来。他9点之前到了，我找了个机会提醒布鲁斯上将，他曾许诺把我介绍给王子；并且在H. R. H.和费洛斯夫人的间隙把我介绍给了王子。他非常优雅地跟我握手，我一开口就向他道歉，因为我为了拍照的事情总是叨扰他。他说了些关于天气不利之类的话，我问他是否因被美国人拍照而痛苦不堪；他说他们要求他拍照了，但是他们没有成功，然后我告诉他美国新发明的照相工艺，可以在一小时内照一万两千张照片。就在此时，埃迪斯·利德尔过来了，我评价说招待会的布景非常美丽，这些布景可能是孩子们布置的，他也十分赞同，作为对我的话题的回答，他还说他看过我的照片并且十分喜欢它们。之后，我说，因为我没有机会为他拍照，所以我希望至少他可以在我的影集里签名，他答应了。我想我应该结束谈话了，于是我说，如果他想要我的任何一张照片，他的接受是我的荣幸；他对我表示感谢，因为他看上去并没有兴趣接着谈下去。[4]

道奇森在日记中关于这次访问的平淡叙述和他写给弟弟妹妹的信完全相反，他的信中描写了同一件事，然而却更加坦率，更别提对皇家的尊敬了。很不幸，信的第一张已经丢失——从信的中间的某句话开始，很明显，这段内容描绘了道奇森为了画作展览在检视一位本科生的作品：

（……）我们一直从事的工作啊！——他受女王到来的影响更小，还记得。她在大厅里只待了一两分钟，在此期间，院长指出厅里几张重要的画作，还介绍了副院长。和她一起来的有艾伯特亲王、爱丽丝公主、威尔士王子、阿尔弗雷德王子以及随从们。我以前从来没有这么近地见过她。我非常惊讶，因为我发现她特别矮，更别提有多胖了（带着我所有的忠心），是那么平常。她就跟那些印刷出来的小小的全身照片里面一模一样。我有一整套皇家成员的照片，回家的时候我会带着。

你们知道我最终完全没有能够说服H. R. H.做模特拍照时，一定会难过。我给你们讲讲这件事里我的努力过程，你们可以看出我并不是没能提出此要求，如果说粗鲁无礼和纠缠不休应该获得成功的话，那我则成功了。

当皇室家族一行回到弗里温，我去拜访，在访客记录本上登记了我的名字（和平常一样），进去见了布鲁斯上将，我提醒他曾答应我请王子做我的摄影模特，还让他在机会合适的时候向H. R. H.引荐我，因为我还从来没有机会感谢他答应做我的模特。他答应了做模特，而且还说他会安排的。

几周过去了，我再没听到消息。当接近学期末尾，到了“除非现在，否则永远也不可能”的地步了，我写信告诉他我已经把我的化学试剂拿出来了，发现它们的功效已经有所减退，希望他不要拖延，马上来。他回信说，王子担心这样的雨天里，照出来的效果不好。我立刻写信说，如果这是唯一的反对理由的话，这个可以克服，如果还有另外原因的话，那我收回我的请求。我恰好遇到了布鲁斯上将，他立刻就开始谈论这个话题，而且承认王子拒绝的真正原因是他非常厌倦照相，经常被弄得很难过。虽然我觉得这不是一个充分的理由来解释他为什么不信守承诺，然而，当然，我也只能请他不要再为此事烦恼。

上周三，我们被邀请去院长宅邸参加晚会，会见王子。不用说，我抓住了布鲁斯上将，让他实现承诺，把我引荐给王子，他非常容易就做到了。王子优雅地和我握手，我一开口便开始道歉，因为拍照的事情，我给他找了很多麻烦。他看上去似乎有点难为情，说了一些天气条件不好之类的话。我问他，那些美国人是不是要给他照相，让他很苦恼，他说："是的，但是他们没能照成。"我们又就摄影交谈了两三分钟，还谈论了我照的利德尔家人的照片，还有当晚如此宏大的晚会布景。当我说"我们"，其实应该是，我跟他说话，他特别不善于提起话题，看起很害羞，也少言寡语。

我告诉他，我虽然不能给他照相，但想照一张已经出版的他的照片（里奇满摄）放进我的影集，希望他至少可以在上面签名，他同意了。我还说，如果他喜欢任何我照的照片，我都很荣幸他能接受它们，他谢了我，而且说他想要一些。

当对话暂停，而他看上去并不愿继续往下聊，我退到一边，这次谈话就结束了。你们知道和皇室成员的一次交谈对我来说是多么特别的事情，但是你们可能想象不到这些细节。

作为对王子的回应，我写信给布鲁斯上将，问他我是否可以带一些我的影集去弗里温堂，并且亲眼看着王子签名，说这样会增加签名在我眼中的价值。他回信约定周六10点，而且说与此同时，王子会挑选一些照片。我让人把一盒影集送去了，10点钟我也过去了。布鲁斯上将也在厅里（相当于一个晨课厅）陪同我一起，王子直接进来，看起来非常友好，比在院长宅邸看上去自在多了。他发现我注意到了他的狗（一直巨大的纽芬兰犬，在美国时别人送他的），开始跟我谈论它，回答我的问题，告诉我说它还不到一岁。装影集的盒子打开了，他看完了第二个影集里的照片，特别欣赏“荔枝”那一组照片，中国人的那一组还有哈林顿一家人的那两张大照片。

他说没有时间把影集看完，建议我把影集留下，但是当我说（严重违反宫廷礼仪，毫无疑问），我那天上午正等着几个朋友来看这些照片（约翰·斯莱特一家人），他约好周二（今天）把影集给送去一次。他当时同意签名，但是不愿意如我所想用我的金笔签，说他用鹅毛笔写字最漂亮，就去取来一只很好的鹅毛笔，用这支笔签了名，而且在我的建议下，加上了签名的地址和日期。我和皇室王子的见面结束了。我今天早上让人送去了影集，布鲁斯上将将要给我发来一张单子，列出他想要的照片。如果可能的话，我们一定要在复活节假期印出这些照片。我期待有人自愿为王子印刷这些照片——当然不会有人自愿的，不过还是要把底片发给最好的印刷商。

至此，你们已经知道这个故事的所有过程。

我现在出去付钱，这项愉快的工作将一直持续到包裹邮寄出去之时，我现在要结束我这段时间写得最长的一封信了。希望你们喜欢。[5]

按照道奇森自己的说法，女王又“胖”又“平常”。他对于女王的这个看法就写在开始创作《爱丽丝漫游记》的一年半之前，在这个故事里红桃和黑桃女王角色突出，而且远非平常的人物。至此，道奇森已经给利德尔家的孩子照过很多照片了，很明显，威尔士王子已经看过了一些他们的照片，也有可能是在院长宅邸的影集里看到的。三姐妹的那组照片中，其中一张里，爱丽丝伸手试图够到罗琳娜拿着的樱桃（IN—0611）；还有一张，爱丽丝和罗琳娜两人都穿着中国服装（IN—0540），这两张都是1860年在院长宅邸的庭院里照的。比阿特丽斯·西西莉亚·哈灵顿（1853—1936）和爱丽丝·玛格丽特·哈灵顿（1854—1901）两人的大尺寸照片也是1860年照的，可能是在院长家的庭院里（IN—0667）。王子在道奇森编号为{A}II（现存于普林斯顿）的影集里看到了这三张照片。

当时威尔士王子的家庭教师是尊敬的罗伯特·布鲁斯（1813—1862），亨利·利德尔称呼他为“上校”，道奇森称他为“上将”。他是英国近卫步兵第一团的一员：中尉（1830）、上尉（1833）、中校（1844）、上校（1854）、少校（1856）和少将（1860）。他的妹妹是奥古斯塔·弗雷德雷卡·伊丽莎白·斯坦利（本姓布鲁斯）（1822—1876），亚瑟·彭林·斯坦利的妻子，还是维多利亚女王的侍女。

我们一定不能不把道奇森想作是女王的忠实臣民。他从小所受的教育让他既尊重他的天主，又尊重他的君主。这一点上，他是不会动摇的。他十分尊敬真正的维多利亚女王，他将皇室家族奉为社会行为楷模。他非常清楚自己的社会地位，他来自社会中高级的教士阶层、法律专业阶层和军官阶层。他的先辈们来自这三个阶层。

他自己在基督堂学院做讲师，也同属于中高级阶层。我们一定别忘了，他说他有“一整套”皇室成员的照片——这可以证明他对他们的敬仰。

买一套专业印制的皇家成员的照片和说服他们坐到道奇森自己的镜头前可不是一回事，而道奇森特别热切地想要实现后者。我们知道，他邀请威尔士王子拍照失败。我们可以认为他并没有对女王提出该请求。然而，他成功地邀请到威尔士王子的内兄拍照。弗雷德雷克，丹麦储君，从基督堂学院毕业的本科生。他的妹妹，丹麦的亚力山德拉公主和威尔士王子在1863年结婚。道奇森的另外一个重要的摄影模特的名字就是依照公主的名字而起的：她就是亚历山德拉·“谢”·基嵌。基嵌夫人的父亲是驻哥本哈根的领事，而她自己跟丹麦的亚力山德拉公主是私交好友。公主成为谢的教母。储君在牛津的学习中断了，因为丹麦和普鲁士之间因为石勒苏益格—荷尔斯泰因问题而爆发了战争。但在他离开牛津之前，道奇森成功地邀请到王子坐在他的照相机前。基嵌一家人帮忙布置摄影背景。1863年11月18日，道奇森在日记里记录下那一天：

> 值得纪念的一天。基嵌今天大约11点半时打电话来说他12点半带王子来照相（他之前已经答应过）。去了趟巴德科克的店，他们到的时候我已经把一切准备就绪。他们待了半个小时左右，我给他照了两张底片，一张6×5半身像，还有一张10×8全身像。在拍照间隙，他看了插在卡里的照片，他还在我的影集里签名了，说他这样是第一次用他的新头衔。（他现在是储君，老国王去世的消息是周一传来的）。他愉快而理智地跟人交谈，充分证明，和他的妹夫比起来，他是皇族中更聪明愉快

的一位。[6]

很明显，威尔士王子拒绝做他的模特拍照，道奇森对于这次挫败仍旧耿耿于怀。弗雷德雷克，丹麦王子，则更加配合。他站着拍了一张全身像（IN—1197），又坐在桌子前照了一张（IN—1196？）。

1863年初，道奇森跟皇室家族有了更加深入的接触，据推测，这个经历对他创作《爱丽丝镜中奇遇记》有影响。梅维斯·贝蒂，《爱丽丝牛津奇遇记》的作者（皮特金，1980）是第一个发现《镜中》再现了1863年3月10日公主和威尔士王子婚礼的人。

牛津以彩灯和植树仪式来庆祝他们的婚礼，利德尔家的三个孩子参与了植树仪式：罗琳娜、爱丽丝和埃迪斯。婚礼前一天，道奇森的弟弟从拉格比学校来到牛津参加纪念。道奇森写道：

> 收到爱丽丝的一封信，让我明天陪她去看彩灯。古迪夫要陪艾娜、比格陪埃迪斯。[7]

路易斯·亚瑟·古迪夫（1841—？）和查尔斯·比格（1840—1908），像道奇森一样，他们也曾是基督堂的学生，之后留校做了讲师。在婚礼那天，道奇森记录道：

> 10点到达院长家，为了准备我们今晚的探险，还要借一本自然历史的书帮助画《爱丽丝漫游记》的插画。之后，埃德温和我去宽街上看利德尔家的三个小孩沿着切维尔河植树，植树是为了纪念今天，每个人都在自己的小树旁边发表了简短的致辞“祝这棵树长命百岁，希望它从今天这吉利的一天开始繁茂

生长”，她们把树命名为“亚历山德拉”（罗琳娜种的树）、“艾伯特”（爱丽丝种的树）和“维多利亚”（埃迪斯种的树）。植树完之后，我们陪利德尔一家人和利弗太太去伍斯特学院附近看烤整牛，那并不是让人开心的场面。最后的划艇比赛三点钟开始，我们上了游艇，当然，又见到了利德尔一家人。从学院大堂出来之后，我们去了院长家，接孩子们，然后出发。我们很快就和其他人走散了，爱丽丝和我，还有埃德温，我们逛遍了主要的街道，花了大约两个小时，九点半之前把她送回了家。街上人特别多，但是井然有序。我很开心看到爱丽丝无拘无束地享受这一切。

威尔士王子大婚这天，我要用白石头标记。[8]

标记白石头是因为公主和威尔士王子大婚，还是因为那天其他的活动（也许是晚上陪爱丽丝出游）呢？我想我们可以肯定是后者。而且非常肯定不是烤全牛！孩子们种下的树苗并没有长大，它们死于20世纪80年代爆发的荷兰榆树病灾，宽街上的绝大多数树木都死于这场病灾，榆树以及梧桐树之类。

皇家婚礼之后，这对幸福的新人在全国各地观光，这样民众也可以看到他们。其中一场旅行就是6月份去牛津，随行人员都住在院长宅邸。1863年6月15日，道奇森写道：

午前去到院长家，他们带我看了为皇室成员准备的房间（布置得极为豪华），还有为义卖准备的东西。我还发现了一个很华丽的大影集（夹艺术照的），是从豪厄尔和詹姆斯店里租用的，这个相册原本做好以后就是让伴娘送给这对皇室新人的（还有羽毛装饰在黑玛瑙上）。我提议用我自己影集的照片填充这本影集，我是带着我的影集来院长家的，用了一两个小时完成了照片转移的工作。[9]

关于这本被装满道奇森摄影作品的影集有一个疑问。威尔士王子和王妃保存着它吗？在温莎城堡的皇家档案中做了一番搜索却并未找到它。也许只是为了展览展示，皇室新人离开牛津之后，照片也就归还道奇森了。

王子和王妃是第二天6月16日到达牛津的。道奇森的日记从他的视角讲述了事件的细节：

充实精彩的一天。王子和王妃1点左右到达。我在贝恩家，还有他的一群朋友（他去教室监考了）。我把我的望远镜架在他家（为了架上望远镜，他把一个窗户的窗框打破了），通过望远镜我们可以非常清楚地看到他们，他们就站在对面的遮阳棚下，王子给义工们发奖章。然后在交谊厅吃午餐。然后我跟贝恩夫人等一起去了剧院，之后我独自去了义卖场。我本来只想去花园的，而非进到义卖区域，但我到的时候，义卖还没开始，所以我想我应该进去，帮帮利德尔一家的忙。我在他们的小摊位上帮忙，没一会儿，皇室一行人员到来。和他们一起被请进来的人很少，所以这个地方相对比较干净。我从柜台下面爬出去，和孩子们待在一起，王子殿下（我不知道他是否知道我在那儿）鞠了一躬，评价了一幅画。孩子们卖的是白色的小猫（像波斯猫），爱丽丝不敢把自己的小猫卖给王妃，我主动要求帮她向王妃提出请求，我问王子，王妃是否想要一只小猫，她转过身，对我说：“噢，但是我已经买了一只这种小猫了，”（她好像永远都是这么回答我的）。艾娜是她最喜欢的。我和孩子们四处溜达着，试图把小猫卖出去，就这样过了一阵子，义卖集市突然开场了，这里挤满了人。罗达不见了，我准备去找她，埃迪斯坚持要跟我一起去，过了一会儿，我们发现她在一个小摊子上。我请求摊子上的人把她递给我，我一手抱着罗达，一手推着埃迪斯，艰难地穿过整个义卖场，奋力挤过熙攘的人群，终于回到她们自己的摊子上。我整个下午都待在那里，有时候在柜台上工作，最终叫了一辆快车把她们送回了家。晚上8点在学院大厅举办晚宴，场面豪华壮丽，贵族大公蜂拥而至，女士众多，席间还伴有音乐（声音太大），大家为女王、威尔士王子和王妃、德比勋爵、大学的议员和基督堂的健康长寿干杯之后，俄尔普斯俱乐部为大家演唱。今天值得纪念，非常特殊，又极其有趣。[10]

道奇森有个习惯，如果某一天发生的事情值得记载，他在日记里喜欢过分赞扬。这天，他遇到了一些皇室成员，并且和他们交谈。几天之后，6月23日，道奇森回到院长宅邸，带着：

两张有着火棉胶干版的照片（……）其中一张照片里有院长家为皇室成员准备的房间里的床架，另外一张的背景是院长宅邸和大教堂，是从桑德福德家拍摄的。在后一张照片里，爱丽丝和艾娜坐在为皇室成员准备的房间的窗户下，照出的照片效果非常好。[11]

拍摄这两张照片的相机是借来的，照片现在也找不到了。

那么，所有这一切跟《镜中》有什么关系呢？我们回忆一下，在最初的几个段落中，爱丽丝说：“让我们假装是国王和王后吧”，然后接着对她的猫说：“让我们假装你就是红桃女王。”就这样，我们进入了棋盘游戏的世界，棋盘游戏的结构把整本书紧密地组织为一个整体。本章的开端有一段关于这本书的摘选，那就是红桃女王指导爱丽丝在皇室成员面前该如何举止得体。我们可以想象，当王子和王妃要在利德尔家待上两天，他们家的孩子被训练得要说和做举止得体的事。“如果想不起来用英语怎么说，就说法语——走路的时候脚尖要朝外——记住你自己是谁！”红桃女王给了爱丽丝更进一步的建议。大家可以想象普利科特小姐或者利德尔夫人在给予这番训导时的语气语调。

彩灯、烟火、游园和盛宴是两位皇族新人游览牛津时的重要组成部分，同样地，它们也是爱丽丝于镜中世界的探险里的重要组成部分。皇室新婚夫妇离开之后，一首华丽的诗歌诞生，给人们取乐。矮胖子唱道：

我给鱼儿留下口信：
我告诉他们：“这是我的愿望”

海中的鱼儿呀，
它们回应我的话题。

鱼儿的回答是
“我们做不到，先生，因为——”

我又对他们说：

“你们最好服从”

鱼儿们咧嘴笑起来，

“为什么，你脾气真大！”

我们不清楚道奇森是否在牛津的会场或者他是否带着利德尔家三个孩子，去观看了这“奇妙的场景”，然而看起来，这是很有趣的巧合，娱乐项目和诗歌都选取了同样的异乎寻常的主题。

梅维斯·贝蒂指出，庆祝活动期间，牛津的建筑上有很多狮子和独角兽被彩灯装饰，这些狮子和独角兽也出现在皇室盾形纹章上。基督堂的坎特伯雷大门之上，悬挂着一个巨大的旋转的王冠，爱丽丝从院长宅邸的位置很容易看到它。梅维斯·贝蒂的书和她写的续篇，《爱丽丝的冒险》（麦克米伦，1991），指出了更多小说和事实之间的联系。

我们知道皇室成员也看了《爱丽丝》丛书。道奇森在1865年11月22日送给维多利亚女王最小的女儿比阿特丽斯公主一本《爱丽丝梦游仙境》。道奇森在日记中记录了接受赠送本的人的名单，比阿特丽斯公主在名单上仅排在爱丽丝之后。道奇森收到了奥古斯塔·斯坦利女士、女王的贴身女侍以下这封来信，对他赠送比阿特丽斯公主《爱丽丝梦游仙境》予以回应。信件的日期是1865年12月18日：

威斯敏斯特总铎区

亲爱的道奇森先生：

查尔斯·菲普斯爵士并未告知您，女王陛下很高兴地允许比阿特丽斯公主接受那本小书，这是很大的疏忽。

他要求我向您表达她的感谢。我必须补充说，家中很多人都把这本书列入孩子的书单中，这已经证明它是大家最喜欢的书。

您真诚的，

奥古斯塔·斯坦利[12]

道奇森还给比阿特丽斯公主寄去其他语言版本的“爱丽丝”丛书。温莎城堡的皇室档案中包含一本德语版的《爱丽丝》（1869），书上的题献是“赠予殿下，比阿特丽斯公主，自她忠实的仆人，作者。”书中夹着比阿特丽斯公主的书签，绿色摩洛哥羊皮整版装订，封面与封底上都有一条装饰线和三条普通线围绕封面四边（非这本书的普通装帧）。

有一则传说关于道奇森和维多利亚女王，但是几乎可以肯定这不是真的。道奇森指出，他看到报纸上关于此事的报道，他在第二版的《符号逻辑学：第一部分：基础》的跋中对报纸报道的事情予以否认，这篇跋的目的是为这一系列逻辑专著的另外两部分做广告。他写道：

我利用这个机会尽我所能向公众公布情况，我要反驳一则非常愚蠢的故事，这个故事在报纸上传播，说我曾向女王陛下赠送我写作的书籍。这个故事一直被重复传播，而且简直就是虚构，我想很值得我做一次彻底澄清，故事里所包含的任何信息都是虚假的：任何与之相似的事实都从未发生过。

托马斯·班克斯·斯特朗（1861—1944）回忆了这个故事和对于它的否认，他撰写长篇回忆录《道奇森先生：刘易斯·卡罗尔在牛津》时，是牛津的主教，斯特朗主教，他和那个时代的任何人一样，对道奇森都非常了解，他说：

> 这个（……）传说，被频繁重复，我对它持非常怀疑的态度，我怀疑是有人把《爱丽丝梦游仙境》送给了女王，女王又要求把这本书的作者的其他著作也送给她，而此人又把关于数字理论等如此专题的书送给了她。（有可能是道奇森关于行列式的书。）我不相信这件事是真的，原因有两个：首先，我和道奇森对于王权的整体态度相反，对女王加以讽刺的行为方式有悖与他对王室的态度。其次，这完全不符合他对自己著作的态度。他一直否认自己是刘易斯·卡罗尔，除了向少数几个特别的人承认过。（……）这和他对于自己是“爱丽丝”丛书的作者的认同方式，与他对于自己是数学类专著的作者的认同方式，明显背道而驰。[13]

至今，无人能够找到那个时期的任何刊登这个令人不悦的谣言的报纸。这个传说可能存在了很多年，《爱丽丝梦游仙境》是1865年出版的，之后是1867年出版的《行列式基础论述》。为什么道奇森要等将近三十年才刊登对此传说的否认呢？

他十分尊敬女王，当我们发现他在给13岁的玛格丽特·坎宁安的信中，假装自己拒绝送给女王一张他自己的照片时，我们感到非常惊讶。这封信上的日期是1868年4月7日，信中有以下段落：

但是，哦，麦吉，你怎么能要求我再送一张我的照片给你，还要比我之前寄给你的那张更漂亮的！那张就是最美的一张了！那么优雅、那么端庄、那么慈祥、那么——一个重要的秘密（请别告诉别人），女王都写信来要那张照片，但由于这有悖于我的规则，（我便只好回复说：）“道奇森先生向女王陛下致意，我很抱歉地告诉您，我从来不把自己的照片送人，除非送给年轻的女士。”别人告诉我说，她很恼火，还说：“她们都加起来也没我年轻”，而且没人愿意惹怒女王，可是我真的是不由自主的，你知道的。[14]

当然，这恰恰就引起了谣言。另外一个例子是，他伪造了一封维多利亚女王写给他的信，用这封信让德鲁利家姐妹相信，女王邀请他去白金汉宫出席花园聚会：

白金汉宫

6月22日

我希望您周五下午能够来参加我们的花园聚会。

您真诚的，

维多利亚·R.[15]

道奇森家族跟皇室有些微的联系。征服者威廉姆的私生女，玛蒂尔德，据史书记载，育有一子亚当·德·霍顿。其后代有理查德·霍顿（1279—1341），郡选议员。他的儿子，亚当（1310—1386），娶了艾伦·维纳尔布斯（1315—1386），他们的儿子叫理查德（？—1422）。这个理查德·德·霍顿也是郡选议员，而且1410年当选为郡长，后来接受募兵委任状参加抗击苏格兰人的战斗，1399年至1422年期间任县督军。他的儿子，威廉姆，比他早过世，于是他的孙子理查德（？—1468）继承他的职位。理查德的儿子亨利·德·霍顿（？—1479）去世后，由自己的二儿子威廉姆（？—1501）继承。威廉姆去世时，同父异母的弟弟托马斯（？—1589）继承了他的头衔。他的儿子，理查德（1570—1630），是第一位德·霍顿男爵。理查德爵士和法官吉尔伯特·杰勒德的女儿凯瑟琳结婚（？—1617）。他们养育了13个子女，长子吉尔伯特（？—1647）成为第二任德·霍顿男爵。他和玛格丽特（？—1657）结婚，玛格丽特父亲是詹姆斯一世内务大总管罗杰·阿斯顿爵士。他称自己是骑士。他的长子理查德（1677年或者？—1678），是兰开夏郡清教徒运动的支持者，兰开夏郡的议员、英国枢密院成员。他的儿子查尔斯（1643—1710）[16]成为第四任德·霍顿男爵。1676年，他和马塞林子爵约翰·斯凯芬顿的长女玛丽（1655—1732）女士结婚。他们最小的女儿露西·德·霍顿（1694—1780）于1721年嫁给了怀特黑文的托马斯·勒特维奇（1670—1745），勒特维奇是威廉姆三世国王军队中的职员，坎伯兰郡的地方执法官和郡长，他就是道奇森的重重伯叔祖父。

然而，爱丽丝·利德尔和现在的女王之间的联系——我们回到维多利亚女王的时代——则清楚得多。安妮·克拉克在她的《真正的爱丽丝》中，清楚地罗列了一张家庭关系图，表明利德尔一家是利奥德家族的后代，而从利奥德家族衍生出鲍斯—利奥德分支，这个分支中包括伊丽莎白·安吉拉·玛格丽特·鲍斯—利奥德，她就是已故的皇太后。[16]

奥尔巴尼公爵和夫人

道奇森和皇室成员持久的情意来自维多利亚女王最小的儿子利奥波德王子。他们之间的联系从利奥波德十几岁时就开始了。

大家都说王子意志坚强、才华出众、热爱生活。我们已经提到，他受到血友病的折磨。因此，维多利亚女王对他保护有加，他的少年时光受限颇多，户外活动甚少。他曾有一位私人教师舒尔德姆先生，来自伊顿，但他1866年因结婚而辞去在皇室家庭的工作。我们已经知道，罗宾森·达克沃斯随后替代了他的位置，他发现这个13岁的孩子非常内向孤僻，情绪受到压抑，几乎无法动弹。他开始重新构建王子的生活，扫除王子一直忍受着的幽闭气氛。

1867年7月，达克沃斯因为得到了女王的信任，而被任命为王子的家庭教师。达克沃斯于1870年离开皇室家庭，并由罗伯特·霍索恩·柯林斯（1841—1908）替代其职务，柯林斯成为监察员，还跟随利奥波德王子到了牛津，并且在王子的家庭里服务了很多年。

利奥波德王子去大学学习的愿望非常强烈，可能是受了达克沃斯的影响。虽然女王完全不赞同利奥波德上大学，但她最终动了怜悯之心，然而她立下规矩，上大学仅仅为了学习，而不是为了娱乐。1872年11月27日，利奥波德王子19岁，在基督堂学院的院长宅邸举行录取仪式。牛津和基督堂的钟声全部响起，庆祝王子入学。阿克兰医生被指定为他的医学顾问，利德尔院长要为王子的一切负责。柯林斯是王子和女王之间的纽带。阿卡兰在威克姆庄园的圣吉尔斯为王子找到了住所。入学仪式结束后，阿克兰和利德尔跟王子在威克姆庄园用晚餐——毫无疑问，晚餐上讨论了选择什么科目学习。利奥波德并没有选择考取学位的课程，而是选择去旁听一系列专业跨度广泛的课程。

我们已经了解到，道奇森设法邀请到利奥波德王子在1875年6月2日做他的摄影模特。其中一张照片里，利奥波德站着（IN—2305），另外一张照片里，他是坐着的（IN—2306）。这些照片都是在汤姆方庭里道奇森家中楼顶的摄影棚里拍的。利奥波德还在道奇森的影集里签了名。

虽然这有违女王的教导，但利奥波德开始享受牛津带给他的社交生活。他和利德尔家人熟络起来，尤其是和利德尔家的姐妹们：罗琳娜、爱丽丝和埃迪斯，她们现在已经分别是25岁、22岁和20岁了。他还结交了很多本科生的朋友，奥布里·哈考特就是其中一个，哈考特后来和埃迪斯·利德尔订了婚。1873年春，利奥波德对他最亲密的朋友承认说自己恋爱了。他还谈到结婚。她是个牛津的姑娘，但是皇家档案中并未出现她的名字。这件事好像被女王发现了，也许是柯林斯告密的结果。

我们在道奇森写的讽刺文章中可以判定这个女孩的身份，道奇森的这篇文章是为反对利德尔院长发动的整改基督堂学院建筑的活动而作的，文章名字叫《三个T的愿景》（1873），这篇文章绝妙地模仿了伊萨克·沃尔顿的《钓客清话》（1653）。文章中，道奇森模仿利德尔太太称这姑娘是“钓捕国王的渔鸟”——毫无疑问，这是讽刺王子频繁探访院长家，以及她希望王子做她家金龟婿的愿望！

捕鱼人：现在，我想说，某些更加高贵的品种，主要是金鱼，被偏爱，在这些地区被广泛捕捞，不单单是被人，还被潜水的鸟儿抓，比如说钓捕国王的鱼鸟！[17]

还有一位本科生的文章也加深了推测。约翰·豪·詹金斯（1854—1885？）写了一篇关于那时牛津生活的庸俗文章，其中涉及的谣言和八卦在另外一本充满戏剧性的小册子《没有蛋糕》中被粗浅掩盖（1874）。虽然是匿名出版，但作者的名字还是被发现了，詹金斯被勒令退学。他居然敢说利德尔院长和夫人，在戏剧小册子里名字为阿波罗和戴安娜，对大女儿罗琳娜1874年2月嫁给威廉姆·贝利·斯基恩非常失望，所以对还未婚配的女儿们更是小心。他继续说，潜在的女婿有耶尔布瓦（奥布里·哈考特，王子的朋友）、罗武鲁斯（布鲁克勋爵，王子的另一位密友）以及雷克斯（很显然就是利奥波德）。他弄不清哪位是未来的新娘，可能是因为他对利德尔家女儿的情况了解得不全面，但对于利德尔夫人的攻击却是显而易见的。

利奥波德的爱人——据传说而非记载——是爱丽丝·利德尔。因为王子在牛津并未和太多的年轻女孩接触，利德尔家的姐妹就成为主要吸引他注意力的姑娘。爱丽丝家教优良、风雅艺术、精通韵律且天生丽质，当然会吸引他的注意。埃迪斯·利德尔可能已经和奥布里·哈考特结成恋爱关系，虽然他们两年之后，即1876年才宣布订婚。罗达此时还太小，才15岁，并不能算在考量之内，她显然不如她姐姐有吸引力。然而，他们的关系并没有结果：爱丽丝·利德尔和利奥波德王子之间的罗曼史，无论是自然发展失败还是被阻挠。我们不确定后来发生了什么。

1876年，道奇森想送威尔士王子和王妃的长女路易斯公主一本《蛇鲨之猎》，因此他和利奥波德王子有了更深的接触。日期为1月31日的信佐证了这一切：

牛津基督堂

1876年1月31日

先生：

我怕我如此冒昧写信，无法获得殿下之俯就与恩慈，您来做我的摄影模特，即便生病，还亲笔写信告知我收到了照片和包裹。我写信给您是因为复活节时我的新书将要出版，我希望能够被允许有幸赠送一本给威尔士王妃的长女。我已经咨询过一两个朋友，我以为他们可以帮我得到准许，但是他们跟我确认，说此要求和礼物本身都要经过秘书传递或者某官员传递。我个人感觉，作者本人送给一个孩子这样一份礼物，其行为的诗意感将在这样的传递过程中丧失。我很容易联想到奥赛罗的辩护词："最有力、庄重和可敬的先生们"，却由法庭的职员朗诵出来。如果殿下您可以帮我将这份礼物送给小公主本人，或者帮我获得准许直接寄给她，我认为这将是极高的荣誉。然而，如果唯一的途径即通过秘书之手传递的话，我宁愿不赠送。但是此番观点并不涉及由秘书向我确认礼物收到，因为这是不可避免的。

万分抱歉，我恐怕自己违反了很多礼仪，我仍旧是王子殿下您

忠心且感恩的，

C. L. 道奇森[18]

1876年2月2日，王子回信了，答应道奇森，等嫂子威尔士王妃从丹麦回来，就告知嫂子他的请求。“包围着我们的大量的礼仪真的让人生厌，”王子还说，“（虽然有时很有用）但我没有能力削弱它。”[19]我们不知道道奇森后来是否把书赠给了刘易斯·维多利亚·亚历山德拉·达格玛，威尔士王子和王妃的长女。

利奥波德王子于1881年被封为奥尔巴尼公爵，且于1882年4月和海琳·费雷德里卡·奥古斯塔·沃尔德克—皮尔蒙特公主（1861—1922）结婚。他们的第一个孩子，爱丽丝·玛丽·维多利亚·奥古斯塔·波林公主（1883—1981）、阿斯隆女伯爵，于1883年2月降生。爱丽丝·哈格里夫斯写信祝贺王子，同时，也邀请王子做她第二个儿子的教父，她的二儿子于当年1月出生。利奥波德从温莎写信给她：

> 亲爱的爱丽丝：
>
> 非常感谢您友好的来信，以及对于我们小女儿出世的美好祝福。您可以想象，这对于我们来说是极大的欢乐。您邀请我做您儿子的教父，真是太好了，我非常愿意。请告诉我他的名字（……）我们的孩子将在复活节周一接受洗礼，我们准备叫她爱丽丝。
>
> 您非常真诚的，
>
> 利奥波德[20]

爱丽丝和雷金内尔·哈格里夫斯把他们的二儿子命名为利奥波德·雷金内尔，然而他在家里总是被称呼为雷克斯。

1年后，利奥波德因为跌倒而抽搐不止，导致脑出血而亡。几个月后，他的妻子，奥尔巴尼公爵夫人生下一个男孩，利奥波德·查尔斯·爱德华·乔治·艾伯特王子（1884—1954）、奥尔巴尼公爵二世。

5年之后，道奇森出现在他们的生活之中。1889年6月，在哈特菲尔德庄园，索尔兹伯里勋爵罗伯特·塞西尔家做客时，道奇森遇到了奥尔巴尼公爵夫人和他的两个孩子。道奇森于6月8日在哈特菲尔德庄园写信给艾萨·鲍曼，他写道：

此时，奥尔巴尼公爵夫人来了，带着她两个甜美的孩子。他是利奥波德王子（女王最小的儿子）的遗孀，所以，她的孩子是王子和公主：女孩是“爱丽丝”，但我不知道男孩的受洗名字，他们都叫他“奥尔巴尼”，因为他是奥尔巴尼公爵。既然我现在和真的小公主做了朋友，我再也不打算和没有头衔的孩子说话了。其实，我特别自豪，我把下巴抬得高高的，以至于咱们见面的话，我都看不见你！不，亲爱的，你不要相信这些话。即使我和一打公主们做了朋友，我爱你也胜过她们加在一起，即使（如果）她们卷在一起变成一个孩子不倒翁。[21]

道奇森被介绍给奥尔巴尼公爵夫人和她的两个孩子，很显然，这让他很开心。他在日记里记下了同一个见面场景：

一次吃午餐，公爵夫人坐在我身边，还有一次是早餐时；还有另外几次机会跟她交谈，发现她为人确实非常和蔼。爱丽丝公主是个甜美的小姑娘，虽然生性淘气、精神亢奋。她的小弟弟完全地让人着迷：完美的小王子，一副好脾气。[22]

6月10日，他在日记里记载："我受公爵夫人委托，寄一本《幼年爱丽丝》给小爱丽丝，而且还要一本《爱丽丝地下漫游记》她自己看。"[23]道奇森的性格中有一种东西让他非常想帮助带着孩子的寡妇，即使他们是皇家血统。还有很多例子可以证明他和寡妇以及失去父亲的家庭成为朋友，我们之前已经把他们列举出来了。

道奇森开始是给奥尔巴尼家赠送礼物，然而他对于这种来自皇室的青睐高度谨慎——如此谨慎，以至于他的语气在我们今天看来过分热情、令人难堪。比如说，这封信，1889年6月1日写给公爵夫人的：

牛津基督堂

1889年6月1日

亲爱的尊敬的夫人：

现寄上我承诺小爱丽丝公主的书，以及我被允许（麦克斯维尔小姐传达的）送给小奥尔巴尼公爵的一本书，这里，我斗胆希望殿下能够赐予我这份荣耀，接受另外一本书，随后几天便会寄到。

请允许我利用这次机会——也许是我唯一的机会——对于之前我们谈到的某个话题再说上几句。这是我所记得的有趣的聊天中的一次。这个话题是关于想要记住或者忘却我们的一个孩子所发表的观点，当时孩子所说的话和我主的降生有关——一句话（当然是孩子的无心之言）却成为朝圣之路有趣的转折。我并不急于为虔诚的态度（以及）神圣的陈述找到直接的宗教缘由——我相信这样的原因对于我和对于您一样重要——我想说的一切也许可以用这样一句话表达。跟任何人讲那样一个逗趣的故事，这故事将永远，在他或者她的记忆中，和《圣经》的某些内容联系在一起，也许还会形成这样的效果，即他们忧伤时需要圣经的这一部分宽慰他们，受到引诱时需要它赐予他们力量，或者那些在“死阴的幽谷”中的人需要光明，因为他们正在被剥夺心中的虔诚，他们的美好正在被破坏，（不管是多么无意地这么做了），难道这样不残忍吗？

《圣经》中有优美的语言，但是这些语言对于我来说却被破坏了。很多年来，我再也没有重读这些故事，除非我想为别人制造像我现在面对的无法躲避的痛苦：我们的记忆不受我们的控制，每当我们热切想忘记某事时，却反而牢牢地记住了它。

想想某个穷困的寡妇，悲痛欲绝，还处于愤怒的阶段。她打开《圣经》，阅读那些给服丧者带来平静的故事，这些故事为哀悼者带来坟墓以外的生的希望，然而她却在书页里发现某些放肆的人乱画的怪诞漫画——您现在可以明白我的意思了。

我请求您的原谅，原谅我如此口无遮拦地写信，而且篇幅很长——然而，这却是我感触良深的。

请允许我签名

殿下您最真诚的，

查尔斯·L.道奇森

附言：我寄上的《幼年爱丽丝》是棕色单色印刷的，因为彩色版印刷失败，需要重印。新版将在圣诞节出版，我希望：届时能为小公主寄去一本——我相信她不会反对拥有两个版本！[24]

麦克斯维尔小姐是比阿特丽斯·埃塞尔·希罗恩·麦克斯维尔，第六世男爵约翰·西洛恩—麦克斯维尔的小女儿，她是奥尔巴尼公爵夫人的侍女。公爵夫人8月17日回信，感谢道奇森寄给她的那本肯定是《爱丽丝地下漫游记》的书：

亲爱的道奇森先生：

请接收我的感谢，感谢您为我寄来这本书。它让我十分开心，因为我是您的爱丽丝以及她的探险的好朋友。我还必须感谢您给我写的信和那两本迷人的图书，您让我的孩子非常高兴。我想，他们一定记得这位慈祥的绅士，花这么多时间跟他们在一起，逗他们开心，给他们讲故事。

再次感谢您送给我们三个人的书，请相信我

您真诚的，

海伦[25]

道奇森年底把重印的彩色版《幼年爱丽丝》送给了6岁的爱丽丝公主，他收到了她最认真地亲手写的感谢信——无疑，是在家庭教师或者妈妈的指导下写的：

亲爱的道奇森先生：

我十分感谢您送的这本漂亮的书，我非常喜欢它。我特别喜欢印刷出来的图画，我自己读完了故事。

爱丽丝[26]

科林伍德记录说，道奇森把《幼年爱丽丝》送给公主之后，他收到了公主的感谢信，也收到了她妈妈的一封信，她在信中说，这本书让公主爱上了阅读，而且课外时间也读书。科林伍德还记录，道奇森送给查尔斯王子一本《欢乐的精灵：或者，童话世界小探险》作者无名，插画师是C. O. 默里，1874年首次出版。在他的感谢信中，王子写道："我和爱丽丝希望我们两个您都爱。"道奇森给爱丽丝公主一个谜题游戏，答应她，如果她找到答案，他就给她一把"童话世界的金椅子"。[27]

爱丽丝公主后来在她的自传《写给我的孙辈》（1966）中回忆了她和道奇森早期的友情：

> 道奇森博士或者"刘易斯·卡罗尔"对我和查理特别好，尽管我5岁的时候曾经冒犯过他，那是在哈特菲尔德的儿童聚会上，他正在给我们讲故事。他说话结巴，我不明白他说什么，就突然间大声问道："为什么他的嘴那样摇摆？"我立刻被侍女给带走了。此后，他写道"他喜欢查理，但是认为爱丽丝会变坏。"可他很快就忘掉了这一切，圣诞节的时候给我们寄来图书，扉页上还写着我们名字的变形词。[28]

道奇森为这两位皇家的孩子作了两首离合诗，后来发表在《三场日落和其他诗歌》里（1898）。诗句的第一个字母能够拼出王子和公主的名字：

> 失踪和归来的精灵
>
> 精灵逃离人们心头：

奚落使他小心谨慎：
在树林中，在幽谷里，
没人见到仙女！

“奶油！”贪婪的妖怪喊道——
吃光了甜点奶油——
他偷了勺子，就飞跑了。
我们还在找仙女！

啊！进来一群什么人呀？
充满爱的眼神和轻快的笑声！
这不是更好？
孩子，我唱起来，他们的到来
比仙女好。

1891年11月22日

精灵冒险回来：
奚落不再让他害怕：
时刻萦绕人们心中
新的运动让他开心。

来来回回轻轻雀跃，
嬉戏玩耍——
“嘎嘎！”模仿开枪！
仔细听！这噪音让人震惊！

欢乐的童年很快

意识到生活冷静的悲痛。

如果可以，我们要开心，

纯洁而欢乐的精灵！

小精灵都为欢乐而生！

1891年11月25日

爱丽丝公主在自传中回忆道：

我们经常和一组铜质的动物玩，我们做针线活赢得这些动物，妈妈把它们用纸包裹好，再卷在一大团羊毛线球中，她用它们来诱惑我们完成编织任务。我们把这些铜质动物保存在饼干盒里，那些饼干盒是刘易斯·卡罗尔先生送我们的，盒子四周都是《爱丽丝漫游记》的插画，他还把我们的名字刻在盒子底部。[29]

事实上，那些插画是《镜中》里的插画，那些饼干盒是1892年曼纳斯公司经道奇森授权而制造的一批饼干盒，这些饼干盒闻名遐迩且极其稀缺。道奇森送出300个空饼干盒作为礼物（据说一共造了50000个）。不知道什么原因，他不愿意给朋友们寄去装满饼干（都柏林的雅各布兄弟公司制造）的饼干盒。道奇森收到了公主和王子写来的致谢信，信是他们1892年8月17日在萨里的克莱尔蒙特的家里写的：

亲爱的道奇森先生：

我感谢您送给我的漂亮饼干盒子。我想查理长得太大了，进不到盒子里。

我没有忘记您，也没有忘记怎么折手枪。我应该再去牛津看您。

您亲爱的，

爱丽丝[30]

她这封信是回应道奇森和饼干盒一起寄去的信。这两个孩子去牛津玩的时候，道奇森曾经教过他们怎么用纸折手枪。

伊斯特本，勒欣顿路7号

1892年8月15日

亲爱的爱丽丝：

在你忘记我之前，我还有机会把这封信寄给你。有人问我，他们能不能把《爱丽丝》的一些插画印在他们所谓的“孩子的饼干盒”上。你听说过这个东西吗？我从来没有，直到现在。他们说小孩子用这些饼干盒装饼干或者糖果，或者任何东西。但是我想，你可以把我寄给你的这个饼干盒作更好的用途。查理淘气的时候，你就把他塞进盒子，盖上盖！他很快就会变乖的。我也给他寄了一个饼干盒，同样的：你知道，你淘气的时候，会怎么样了！

我在盒子上写了你们的名字，所以，你们就能找到哪个盒子是谁的。请原谅盒子上的字写得不好：在饼干盒上写字很不容易，你知道的。

我送给你我最深的爱，你和你哥哥一起分享：我建议你给他三分之二，你自己留四分之三。

你亲爱的，

C. L. 道奇森[31]

8岁的王子回信说：

亲爱的道奇森先生：

感谢您送给我的漂亮盒子。我已经把我所有的玩具动物都放进去了。

我们下周去苏格兰。

您亲爱的，

查尔斯·爱德华[32]

以下是奥尔巴尼公爵夫人写给道奇森的信，但是在他的日记里并没有找到线索，为什么奥尔巴尼公爵夫人写这封信给他，而他的回信也找不到了。然而，道奇森似乎想趁公爵夫人在巴尔莫勒尔城堡和其他皇室家人待在一起时，安排她和一位未知的朋友见面（可能是位演员）。

克莱尔蒙特，依舍

1892年11月2日

亲爱的道奇森：

很不幸，我收到您的信件时已经回到家里了，因此，不能会见您和您的朋友了，我恐怕也无法为您的朋友在巴尔莫勒尔做些什么，因为我知道提出那样的要求一点儿用也没有。恐怕您的朋友和她的同伴北上的行程将是苦寒之旅，然而也许他们能像在阿伯丁郡一样赢得剧院爆满。

我的小家伙们，我怀着感恩的心说，非常健康，自从您上次跟他们见面之后，他们又长了很多。他们在苏格兰玩得十分开心，回来时脸色红润。

一天又一天，他们跟我一起度过的时间越来越长，晚上他们学习编织的时候，我就给他们读书，这是非常愉悦的时光，他们的记忆力特别好，而且非常渴望读书，兴趣极浓，他们问我很多问题，在解答他们的同时，我也学到了很多。如果您看到他们游戏时做的小发明，您一定会开心不已的，他们想象力非常活跃，而且非常实用。

希望您一直健康，最衷心的祝福。请相信我，

您真诚的，

海伦[33]

1893年8月7日，道奇森写信给柯林斯，建议要给皇室家庭的孩子寄一些礼物：

我亲爱的柯林斯：

我有几个问题问您。

1. 爱丽丝有没有一本叫《小拇指》的插画书？

如果没有的话，我想送她一本。书里的插画（孩子和动物）都非常可爱，足以激起她学习绘画的兴趣，如果她还没有产生这个愿望的话。

2. 他们俩谁有最近出版的名为《家庭规则》的拼线游戏？

如果谁也没有，且爱丽丝已经有了以上说的那本书，我就想把这个游戏送给她，但如果她还没有那本书，我就把书寄给她，把游戏送给查理。

3. 我给奥尔巴尼公爵夫人写过很多次信（也收到过她特别和蔼的回复），但是我从来不知怎么适当地开始或者收尾我的信：只好依赖"学院"里许多人写"论文"所仰仗的，即"灵性"！您是否能够指点我？

爱孩子们，我是

您真诚的，

C. L. 道奇森[34]

爱丽丝公主收到了书，查尔斯王子收到了拼线游戏。他们的回复如下：

克莱尔蒙特

1893年8月24日

亲爱的道奇森先生：

十分感谢您寄给我的这本漂亮的书。我已经读完了，我觉得故事和图片都非常美。

我很高兴地说，您的蜘蛛留在您的信里了，它并没有那么不耐心地爬过我的书页，像它在您的书页里爬一样。

您问我最喜欢什么动物，我最喜欢狗，查理最喜欢猫。

我和查理给您我们的爱

您亲爱的，

爱丽丝[35]

克莱尔蒙特

1893年8月24日

亲爱的道奇森先生：

感谢您对我这么好，寄给我游戏。我看妈妈把它拼了起来，然后她又把它拆掉了，所以现在我自己也可以做了。

下周四我们要去坐游艇。

爱您的，

查尔斯·爱德华[36]

查尔斯王子对于坐游艇的兴趣更大，这个很容易理解，也许还要在游艇上待一段时间——也许是皇家游艇。在留存下来的爱丽丝公主写来的最后一封信中，她讲到在皇家游艇上发生的一件事：

克莱尔蒙特

1893年10月6日

亲爱的道奇森先生：

我感谢您送给我的小猪。您那道谜题的答案是“爱丽丝”吗（all ice）？①

查理出了水痘，但是现在已经快好了。我在游艇上出的水痘。

爱您的，

爱丽丝[37]

---

① 爱丽丝的英文是Alice，可以分解成all ice两个单词，也许道奇森的谜题中有all ice的字样。

11月份，道奇森给公爵夫人写了以下这封信：

牛津基督堂

1893年11月30日

亲爱的夫人：

是否可以请您将您手中的《西尔维和布鲁诺》寄给科芬园贝德福德街29号麦克米伦兄弟公司，将要出版的《西尔维和布鲁诺终结版》的装帧要跟这本的装帧配套。我希望能在圣诞节出版，但是我不确定。这本书通过出版社出版的经历，是没有参与其中的人所想象不到的。我为此忙了4个月（并不是写作——这本书好几年前几乎就写完了），有一天为它工作了8个小时。还有一天13个小时！

请您允许我享有此荣幸（我真的认为这是很大的荣幸），允许我向您的孩子传达我的爱，您是否可以向他们转达我的爱心，请相信我，亲爱的夫人，致以我最深情的祝福，

您非常真诚的，

查尔斯·L. 道奇森[38]

可以看出公爵夫人把孩子们手里的书寄给了麦克米伦（并不是道奇森所赠的，他认为《西尔维和布鲁诺》是更大的孩子和成人看的，他很少给低幼的孩子送这本书）。所以，道奇森还要写信给柯林斯，再交代清楚。很显然，公爵夫人手上的版本是摩洛哥羊皮纸特别装帧的，他想要跟这种装帧配套。之后就再也没有证据证明道奇森和奥尔巴尼家有联络了。

让我们再回归到《爱丽丝梦游仙境》和《爱丽丝镜中世界奇遇

记》里的国王和王后这个话题。很有意思的是，坦尼尔创作爱丽丝插画时，把英格兰的帝国皇冠[①]——圣爱德华的皇冠——画在红桃皇后的头上戴着。他对于描画皇族形象并不陌生，特别是在《潘趣》杂志里。皇冠在他的插画里出现增加了文艺现实主义的崇敬的因素。在坦尼尔的画里，红桃皇后是一个三维形象，而红桃国王则是更加二维化的形象。皇后在《梦游仙境》和《镜中》中都扮演了十分重要的角色。他们期待世界按照他们的方式运转，通过铁腕政策和坚定的决心来统治，并且命令爱丽丝臣服于他们的每一个愿望。

《镜中》的白皇后则是一个例外。她糊里糊涂、温良和顺。道奇森是在嘲讽人们对王权的认知吗？这个可能性非常明显。他有跟皇室接触的第一手经历，他知道女王掌管家庭非常严厉、说一不二，为了子女们在社会中的地位而培养他们，为了他们对国家的责任而培养他们。当两个王子在牛津学习时，他看到了这种培育方式的结果。他自己对于孩子的态度是与此完全不同的。他可能不赞同维多利亚女王在养育孩子方面施以的如此严厉的方法。冷酷无情的红桃皇后是维多利亚女王的镜像，这可能是精心设计的。1907年，版权期结束，有些插画家——比如说，布林斯利·勒法努——就把红桃皇后画成维多利亚女王。道奇森在为《戏剧报》写的一篇文章中把白皇后描述为“温婉、迟钝、肥胖且苍白；无助如婴儿；她身上有些思维缓慢、絮絮叨叨、不知所措的气质，似乎有些弱智；却从不愚蠢。”[39]难道这是道奇森对真实的维多利亚女王的看法吗？她的臣民没有看出来的私底下的形象，被基督堂的道奇森看作是矮个子、相貌平平、胖乎乎的一个人？他是否想对于她养育孩子的方法

① 帝国皇冠属于英国皇室，用于加冕典礼和上议院议会开幕典礼。现在看到的版本是1937年重新制作的，帝国皇冠有时放在伦敦塔内展览。

发表一些看法呢？道奇森对于皇室家庭的孩子特别感兴趣。我们已经说过他给比阿特丽斯公主，女王最小的女儿，送去礼物。她并没有忘记道奇森的友好善良，即使是到了晚年。1932年道奇森诞辰百年庆祝的筹备阶段中，比阿特丽斯公主成为最重要的支持者之一，还是伦敦的刘易斯·卡罗尔展览的资助者之一。她借出自己1866年犊皮纸装帧版本的《爱丽丝》进行展览。据制作展品目录的法尔克内·马登说，这本书被摆在最显著的位置展出。在展览开始的前一年，马登和西德尼·赫伯特·威廉姆斯共同出版了《C. L. 道奇森文学手册》（牛津：1931），本书限量出版754册，其中4本是仿手工纸印制的。这本书被献给比阿特丽斯公主，书上印刷的题献是："谨以此书恭敬地献给公主殿下，比阿特丽斯公主（经允许），感谢她为纪念《爱丽丝》S. H. W. 做出的慷慨贡献以及善意的关注。"特殊装帧的四本书中的一本被献给比阿特丽斯公主，这本书是蓝色小牛皮装订，还有镀金装饰。

总体说来，道奇森对于皇室而言，并非陌生人。他有特权近距离观察他们，与他们对话，和他们通信且把他们视作真实的人，而不像普通民众脑子里装着模糊且虚假的看法。他对维多利亚女王的看法受到他们会面的情况，以及她对子女的教育方式的影响。从某种程度上说，他并不认同她顽固的、严格控制的方式。他送给皇室家庭很多礼物，和其中一些成员发展出亲密温暖的友谊。他对皇室的看法可能影响了他在"爱丽丝"丛书中刻画国王和皇后的形象——并不总是树立他们最美好的形象，而把他们刻画成有缺点的和奇怪的人，而且他经常无情地嘲笑皇室礼仪。然而，他仍旧保证自己做女王忠心的臣民，真正相信维多利亚的行为标准和价值观。

第十二章
朋友中的著名人士

阿尔弗雷德·丁尼生勋爵：桂冠诗人

道奇森强烈的公平和诚实感偶尔也会损害他的友谊。他和桂冠诗人阿尔弗雷德·丁尼生勋爵（1809—1892）的友情就属于这种情况。道奇森很快和这一家人都成为好友，但是，很不幸的是，这段友情最终恶化。

丁尼生勋爵是萨默斯比教区长乔治·克莱顿·丁尼生（1778—1831）的第四个儿子，他大部分的早期教育来自父亲。他于1828年被剑桥三一学院录取，他在那里结识了亚瑟·哈勒姆（1811—1833），而且成为密友。哈勒姆22岁夭折，导致丁尼生写出《悼念》（1850年出版）和《两个声音》——两部作品都表达了他的悲痛。

他和艾米丽·塞尔伍德（1813—1896）于1833年订婚，但直到1850年才结婚。1850年华兹华斯逝世，他成为桂冠诗人。他的诗歌一面世，道奇森就热切地读起来。1855年，他一收到《莫德》的手稿就读完了。他还戏仿《两个声音》，加入自己的幽默元素，写出《三个声音》，1856年11月首次刊登在《火车》杂志。毫无疑问，道奇森给丁尼生的外甥女艾格尼丝·格蕾丝·维尔德（1849—1915）拍照——1857年8月——成为他被介绍给这位著名诗人的桥梁。9月份，两人就见面了。

道奇森自身具备很强的写诗技巧，这导致他时而怀疑这位大名鼎鼎的诗人所作诗句是否为其自创。例如，1855年3月8日，他在日记里写道：

> 伊丽莎白写信来了，还给我附上了（……）《巴拉克拉瓦进攻》的诗句，这些诗句被认为是丁尼生所作。我认为，这些诗句并非出自他之手，却非常相似地模仿了他的风格。我不相信他会写出这样的诗句，比如：
>
> 发来了一条命令，
> 但有人将它弄错。
>
> 或者讨论军刀“挥舞军刀”。如果真是他的作品，那没有发挥出他的水平。[1]

让道奇森吃惊的是，那些诗句出自丁尼生的《轻型旅的进攻》，出版于1854年。道奇森于1855年8月14日记录道：

> 丁尼生的《莫德》到了，我在一天的时间内把它读完了。我认为这部诗不会提高也不会减损他的声誉：其中一些诗句非常美，比如说结尾这段：
>
> 生活并非尽苦，
> 一个微笑则使它变甜。
> 还有一段：
> （……）有两个人在别处
> 喝着酒，谈论着我

这个想法非常独特。他对《公爵颂歌》和《巴拉克拉瓦进攻》做了很多改进："但有人将它弄错"消失了，但是军刀还在"挥舞军刀"。《布鲁克》中描写田园生活的短诗非常美。[2]

道奇森还是幼童的时候就自己写诗了，他明白一首好诗的评判准则，也发展出了对诗歌苛刻的甄别条件，甚至是他那个时代最大名鼎鼎的诗人。

两年之后，道奇森刚刚把摄影作为他的嗜好不久，他就有机会为丁尼生的外甥女及其小姨子安妮·维尔德（本姓塞尔伍德）（1814—1894）的女儿照相。这件事被记录在他1875年8月18日的日记里：

一群人从城堡下来等待拍照，其中有奥特先生、W. 克莱顿，以及维尔德夫人和她的小女儿艾格尼丝·格蕾丝。最后一位才是主要目标，维尔德夫人是阿尔弗雷德·丁尼生的小姨子（我猜是丁尼生夫人的亲戚），我可以跟熟知他的人谈论他，我觉得这十分有趣。她告诉我他的两个儿子的受洗名字，索西那天给我寄来了他俩的照片：哈勒姆和莱昂内尔。丁尼生也十分想学摄影，而且他的新诗很快就要出来了。孩子们美貌出众，很容易被陌生人注意到。她有一张很漂亮的丁尼生（并未公开）的照片，但是她告诉我说梅奥尔出版的那张照片不好。维尔德先生在大英博物馆供职。他们家似乎和大多数当今的文学名家都相熟。他们还认识牛津的帕尔格雷夫先生，他写过很多诗歌，主要都是关于儿童的。他曾经作了一首十四行诗送给小艾格尼丝·格蕾丝。她实际的美貌并不值得被赠予这样一首诗，虽然她的长相引人注意、招人喜欢，而且照相肯定好看。

> 我想寄去一张印刷出来的她的照片，通过维尔德夫人，送给丁尼生。[3]

维尔德夫人是亨利和莎拉·塞尔伍德的第二个女儿。她的父亲是霍恩卡斯尔的一位诉状律师，祖籍为博克郡。1842年，她嫁给查尔斯·理查德·维尔德（1813—1869），皇家学会的助理秘书和图书管理员。维尔德夫人的姐姐，艾米丽·塞尔伍德和丁尼生于1850年6月13日结婚。她的妹妹路易斯·塞尔伍德（1816—？）于1836年5月24日和阿尔弗雷德·丁尼生的弟弟查尔斯结婚，但那时，自继承他伯父凯斯托的塞缪尔·特纳的财产之后，他已经更名为特纳。查尔斯·维尔德于1848年出版了《皇家学会历史》一书。这套书分两卷，由维尔德夫人创作插画。艾格尼丝·格蕾丝看来是他们唯一的孩子。

丁尼生家有两个儿子：哈勒姆（1852—1928）和莱昂内尔（1854—1886）。道奇森在跟维尔德夫人见面一个月之后，就跟维尔德一家见面了。1857年8月31日的日记里，道奇森写道：

> 我给维尔德夫人寄去她自己的照片，还寄去几张照片送给A. 丁尼生先生。我收到了她的回信，但是没听说他收到了给他的照片。我买了《帕尔格雷夫诗集》，就是为了在影集里抄写他的十四行诗。我发现他的一个名字是特纳（丁尼生弟弟的名字），也许他和这家人有些关系。[4]

弗兰西斯·特纳·帕尔格雷夫（1824—1897）写作《田园诗与歌曲》（1854），编辑了《黄金宝库》。他也和丁尼生是朋友，虽然他和丁尼生的弟弟查尔斯同样都叫“特纳”，但是，他和丁尼生家并没有什么亲戚关系。

1857年9月2日，道奇森收到了维尔德夫人的信件，内容让他深受鼓舞：“听说（……）丁尼生先生收到了照片，而且说那张肖像‘真的是一张佳作’。”[5]当月下旬，道奇森在湖区度假时，发现丁尼生正待在科尼斯顿的帐篷小屋，他决定去拜访一番。他9月18日的日记描述了拜访的情形：

> 我到了（帐篷小屋），最终决定冒昧地登门拜访。只有丁尼生夫人在家，我提交了我的名片，在名字下面用铅笔写上“为艾格尼丝·格蕾丝拍照的艺术家”以及“小红帽”。我被热情接待，在他家待了将近一个小时。我还见到了他家的两个孩子，哈勒姆和莱昂内尔，分别是5岁和3岁，是我见过的这个年纪最漂亮的男孩子了。如果我带了相机来科尼斯顿，我一定要给他们照肖像照。她甚至认为让他本人坐在我的镜头前照相都不是毫无希望的事，虽然我说我并不会提出此要求，因为他一定已经拒绝过很多类似的要求，我并不应该期待他能同意我的要求。她还承诺为我要到诗人的亲笔签名。两个孩子也都要求在我离开的时候跟我回来，遥远的距离似乎对他们来说不重要。我回到安布尔赛德时已经6点左右了，回来的路上兜了圈子，错过了去时的路。我用白石头标记今天。[6]

4天后，道奇森又回到帐篷小屋，这次，一点也不令人惊奇，他带来了他的照相设备。他9月22日的日记是最长的日记之一，其内容是关于他第一次和丁尼生相见，且表现出可以和他如此崇拜的人谈话，他是有多么愉快：

坐9:15的火车从安布尔赛德去科尼斯顿，差一点儿12点的时候到达。在酒店安顿好之后，就走去帐篷小屋，请求允许为孩子们拍照。我说要拜见丁尼生夫人，因为我已经见过她了，我被带进会客厅。我等了一会儿之后，门开了，一位头发蓬乱、看起来很奇怪的男人进来了，他的头发、髯须和胡子看上去很狂野，被放任生长。它们为这张脸增添了许多性格特征，整体效果就像是惠特本的阿布斯先生。他穿着一件松垮的晨衣，普通灰色的法兰绒马甲和裤子，黑色丝质领巾随意地系在颈上。他的头发是黑色的。我想眼睛也是黑色，眼神热情且不安分，鹰钩鼻，前额高挺宽阔，脸庞和头型都很健康，有男子气。他从一开始就非常友好温和。他的谈话中有一种潜在的幽默。我很失望地发现，他们明早就要离开了，然而，他们周五晚上还会回来，我想我到时可以安排拍照。他们回来就不住帐篷小屋了，而要住在马歇尔家。丁尼生先生带我去马歇尔家，请求到时在他家拍照，马歇尔夫人很痛快地答应了（马歇尔先生不在家）。我们在马歇尔家吃了午餐，还见到了马歇尔太太一位大概16岁的女儿，还有茱莉亚，大概11岁，还有她儿子的教师。小姑娘的脸庞生气勃勃，引人注意，很像凯蒂·默多克。在我们去马歇尔家的路上，我利用这个机会问了丁尼生诗中两节的意思，它们一直让我很费解：一节是《莫德》里的，

（……）有两个人在别处
喝着酒，谈论着我
然而，若是一个姑娘

我有足够多的男孩，就这样吧。

他说这指的是莫德，这节讲的是两个父亲在安排诗人自己和莫德的婚姻。另外一节是：

诗歌

以仇恨之仇恨，

轻蔑之轻蔑，

深爱之深爱为天赋。

他说他十分乐意解释，如果这些文字意味着它们所包含的意思。他所能记起来的是，他写下这些诗句当时想要表达的意思是“积极的仇恨中的仇恨等”，但是他认为“仇恨的典范”要更好一些。他说，从来没有哪一首像《莫德》这样被“愚蠢的批评家们”如此误解。午餐过后，丁尼生先生回了小屋，我在科尼斯顿逛了逛，第一次把我的相册拿给马歇尔夫人看。6点钟，我应邀去帐篷小屋吃晚餐，在那里度过了一个非常开心的晚上。我和男孩子们待会儿。我在科尼斯顿散步的时候，在一辆驴车上看到了他们。晚上，马歇尔夫人差人把相册送了过来，丁尼生先生和夫人非常喜欢相册中的一些照片，我强烈地感觉到，最终还是要让这位诗人坐在我的镜头前，尽管我还没有冒险提出这个要求。

其中一些照片调动起丁尼生先生风趣的那一面。看到斯凯芬顿穿着钓鱼服装的时候，他说（他说话的时候，他的小胡子撇了下来）：“啊！我是来捕鳟鱼的，如果这个季节抓不到鳟鱼，我此生的生意就完蛋了。”看到他的半身像时：“天呐！我白费功夫了，一条鳟鱼也没抓到！”韦伯斯特先生的第一张肖像照是被这样解读的：“先生，我现在准备好了，可以跟您从任何角度辩论。您想讨论的具体问题是什么，预言还是什么？”第二张：“恩，也许是，也许不是，大家的观点总是不同的。”他还评价说猴子的头盖骨和人类的相似，说一个年轻猴子的头盖骨和人类的在形状上很相似，逐渐变化，这个类比的起源是，人类的头盖骨在最初的时候和神的头盖骨的形状相似，逐渐退化成为人类的头盖骨，然后，他转向丁尼生太太说：“啊，这是我今晚第二条独特的评论！”

我们谈论了很多关于拉斯金的事，他似乎很看不上拉斯金作为批评家的成绩，但是他认为拉斯金是一位口吐莲花的作家。他说拉斯金给他写过信，想跟他交朋友，他非常友好地回了信，之后拉斯金又来了一封无礼的信件，他也并没在意，此后也就再也没收到过他的来信了。

他做了很多暗示，暗示自己也想学摄影，但又因为需要大量的耐心，感到害怕而踟蹰不前。我离开的时候，我以为是差一点儿9点钟，但是我惊恐地发现至少11点了，我度过了有趣且开心的一晚。酒店已经关门了，我只好长久地敲门铃和等候。美好的一天！[7]

詹姆斯·加斯·马歇尔（1802—1873）拥有利兹的海丁利大宅和安布尔赛德的科尼斯顿僧侣公园，后者是现代哥特式建筑，建在海拔较高的地方，可以看到周围的美景。他还拥有帐篷小屋，大概一公里远，他把帐篷小屋借给丁尼生一家夏天度假使用。马歇尔家族19世纪早期在利兹从事亚麻纺织和棉线生产而发家致富，在湖区购置了土地。马歇尔于1841年和蒙蒂格尔勋爵托马斯·斯普林·莱斯的女儿玛丽·爱丽丝·佩里·斯普林·莱斯结婚。他从1847年到

1852年都是利兹的下院议员，1860年成为约克郡的郡长。马歇尔家有4个孩子。提到过的那个儿子是维克多·亚历山大·加斯·马歇尔（1841—1928），当时正在拉格比学校上学。日记里谈论的女儿是茱莉亚·玛丽·加斯·马歇尔（1845—1907）。马歇尔家的另外两个孩子是康斯坦斯·埃莉诺，1853年夭折，以及詹姆斯·奥布里·加斯（1844—1873？）。

道奇森继续在凯瑟克度假，走亲访友，包括他的大舅亨利·托马斯·勒特维奇（1780—1861）和大姨玛丽·勒特维奇（本姓泰勒，1859—？），她住在安布尔赛德。1857年9月28日，道奇森回到科尼斯顿，为了实现他给丁尼生及其家人照相的愿望，他们现在和马歇尔一家住在一起。他的日记里记载了他拍的肖像照，包括丁尼生先生和太太、哈勒姆和莱昂内尔·丁尼生、马歇尔先生、茱莉亚·马歇尔以及很多集体照。

道奇森给丁尼生家寄去了这些照片，还在自己的个人影集里也留存了一份。影集里，他为阿尔弗雷德·丁尼生所照的肖像照的扉页上，诗人在下面亲笔签名，道奇森还加上了从丁尼生的诗歌《诗歌》中摘录的诗句（1829年写）：

> 诗歌出生于美好之所，
> 上有金星照耀；
> 以仇恨之仇恨，
> 轻蔑之轻蔑，
> 深爱之深爱为天赋。

然而，很明显，丁尼生——或者说，更有可能是他的夫人——

并不喜欢这张相片。这张照片里丁尼生装束蓬乱，戴着帽子。12月3日，道奇森在日记里写道："昨天，我收到丁尼生夫人的来信，告诉我说她给我寄来了一张梅奥尔的照片配那首诗，还请求我毁掉她的照片，以及他的所有照片，除了留给我自己的、克罗夫特影集里的、送给索西的那些照片。"[8]道奇森为艾米丽·丁尼生所拍的照片一张也没留下来。那三张"幸免于难"的阿尔弗雷德·丁尼生的照片被留了下来：一张在道奇森编号为{A}I的影集里，一张在道奇森家族的影集里，最后一张在索西的影集里（现在全部都在普林斯顿）。道奇森一般都会多洗几张自己照的照片，送给亲戚朋友，或者夹在影集里给亲戚朋友看。这次，他尊重了丁尼生夫人的意愿。作为补偿的那张约翰·埃德温·梅奥尔（1810—1901）的照片，留在了道奇森编号为{A}X的影集里。他用这个影集来收集其他摄影师的作品（现在在德克萨斯）。这些照片有时候被错误地认为是道奇森拍的。

道奇森1858年4月18日至1862年5月8日的日记丢失。幸好，关于在这些"丢失的年份"中道奇森的活动，我们还是有些了解。丁尼生家在怀特岛的弗雷什沃特的法令福德，他们是1853年在此定居的。艾米丽·丁尼生记日记，而且《艾米丽·丁尼生1853—1864年法令福德日志》中记载了道奇森的几次拜访。例如，1859年复活节假期，道奇森来到怀特岛，住在弗雷什沃特的普拉姆利酒店，4月8日到丁尼生家拜访。艾米丽·丁尼生记录道：

> 道奇森先生早上来了，直到喝晚茶。（……）约翰·西米恩爵士以及道奇森先生和我们共进晚餐，道奇森先生还给大家看了他的照片。[9]

几天之后，道奇森第二次拜访，时间是4月13日，但这次拜访是道奇森记录下来的，科林伍德引用了这段日记（1898）。在道奇森日记中的4本丢失之前，科林伍德曾经可以看到他所有的日记，这是他从丢失的日记中摘引的：

> 晚餐之后，我们去了吸烟室，在那里，我看到了《国王的田园诗集》的审校稿，但他不让我读。我离开时，他陪我走过花园，让我发表评论，评论月光照射穿透薄薄的白云的效果，我没注意到这个现象——月亮旁边有一圈金光，金光和月亮之间有白色间隔——他说，这种现象他曾经在他早期的一首诗里（《玛格丽特》，卷五）以"温柔的琥珀"间接提到。我询问他对西德尼·多贝尔的看法——他跟我一样，也喜欢他的《战场上的草》，而且认为他是一位天才的作家，充满想象力，但是过于夸张。[10]

关于道奇森的拜访，更加详细的记载在他给表弟威廉姆·威尔科克斯的信里可以看到，这封信的日期是1859年5月11日：

> 我亲爱的威廉姆：
>
> 我在脑子里想了很久，要写信告诉你我访问怀特岛的经历，但是我一直怀疑这经历是否足够有趣，值得告诉你——既然现在你自己要求听，你一定要为自己看到的而感恩，不管有没有意思——诚然，有求必应却不一定内容充实。（我相信这句引语中有些潜在的适应性）。威尔弗雷德说我跟踪桂冠诗人

到他的隐居之所，他根本就错了，我去的时候不知道他就在那儿，我是去弗雷什沃特和一位学院的老朋友一起度假的。到了那里，作为一位生而自由的大不列颠子民，我得去跟他问早上好，我也这么做了，尽管我的学院朋友跟我保证说，丁尼生一家人还没到。我走到他们度假的屋子时，有一个人在给院子围栏刷漆，我问他丁尼生先生在不在家，满心期待答案是“不”，然而，他的回答着实让人惊讶，他回答说：“他就在这儿，先生”还指出了他。看啊！他离我们不远，带着呢帽和眼镜，正在除草。我不得不自我介绍一番，他的近视很严重，看不出我，等他把手边的草除完，他带我进屋见了丁尼生太太，我非常难过地发现丁尼生夫人当时病得严重，她几乎完全失眠，正遭受着折磨。她躺在沙发上，疲惫不堪，面容憔悴，所以我只待了几分钟。她让我当晚去吃晚饭，见一位沃博顿先生（新月和十字的兄弟），但我离开之前，她丈夫撤回了邀请，他说他希望她那天晚上尽量不要兴奋，请我当晚过去喝茶，第二天去跟他们吃晚饭。他带我上楼看家里的画，等等（我给他们照的照片就跟这些画“并排”而挂，以珐琅的——你们叫它们什么来着——盒子？装裱。）他认为，从阁楼上的窗户可以望到英伦三岛上最美的风景，还给我看了他的朋友理查德·道尔给他画的窗外的风景画，还带我看了他在顶楼的吸烟室，当然，他在吸烟室给了我一根烟斗，还有育婴室，漂亮的小哈勒姆（他的儿子）在那儿，他比他父亲更快地认出了我。

我晚上去了丁尼生家，发现沃博顿先生是个很随和的人，举止羞涩紧张。他是位牧师，是周围地区学校的巡视员。我们谈到夜间牧师的职责这个话题，丁尼生说他认为，牧师这个群体，若少一些傲慢，对他们的人民更多一些慈悲，则他们可以做到原本就能做到的那么多善事。“他们想要的，”他说，“势力和友好——没有势力撑腰的友好，当然做不成善事，然而缺少友好的势力能做到的也是微乎其微。”——对我来说这听起来都是很有道理的。喝完茶之后，我们去楼上的吸烟室，我们在那里谈话两个多小时，非常有趣。《国王的田园诗集》的审校稿就在吸烟室放着，可是他不让我看。我十分好奇地观察摇摇摆摆的书架的最底层都放着些什么书，他的写字台上最便于取阅的又是哪些书：毫无例外地，都是希腊语或者拉丁文著作——荷马、埃斯库罗斯、贺瑞斯、卢克莱修、维吉尔等。那晚月光皎洁，我告辞时他陪我走过花园，指着天上的月光照射穿透薄薄的云层所形成的效果，我之前从没注意到——金黄色的光圈，并不像晕一样离月亮很近，还有一些距离。我确信水手们会把它看作是坏天气的预兆。他说，他经常注意到这个现象，还说在他早期的一首诗歌里暗示过这种现象：你可以在《玛格丽特》里找到。

第二天，我去丁尼生家吃晚饭，见到了约翰·西米恩爵士，他在几英里之外有地产，是基督堂的资深成员，他在基督堂的时候改信天主教。他是我见过的最招人喜爱的人之一，你可以想象那是个多么令人愉快的晚上：我每一分钟都非常开心，尤其是在吸烟室的最后两小时。

我带去了我的照片，但是丁尼生先生太累了，当晚没有看照片，于是我决定把照片留下，第二天一早再去取，这样也可以多见一见孩子们，他们在晚餐的时候只出现了几分钟。

丁尼生告诉我们说，他从事写作的时候经常出现这样的情况，他睡觉时梦到长长的诗句（“您，我猜，”他转过头对我说，“一定经常梦到照片”），他非常喜欢梦中的诗句，可是醒来之后却忘得一干二净。有一次他梦到很多很多关于仙女的诗句，一开始诗句很长，逐渐变得越来越短，最后的50~60行诗里每行只有两个音节！他唯一记得住且能写下来的梦中的诗句就是他10岁那年梦到的，你也许愿意把桂冠诗人未发表的这段诗文珍藏起来，虽然我觉得你一定会赞同我的观点，即这首诗一点也没体现出未来大诗人的诗作能力——

公麻雀真的
会给阉猪写信？
我希望你原谅
我幼稚的灵感。

在楼上的吸烟室里，谈话主题又转变到谋杀者了，丁尼生还给我们讲了几个他亲身经历的可怕故事：他似乎很陶醉于这样的叙述方式——大家从他的诗歌里是看不出这种叙事方式的。约翰爵士很好心要载我一程回酒店，我们上车之前站在车门边时，他说：“您不介意我在车里抽支雪茄吧？”丁尼生此时咆哮着说：“他在楼上的小吸烟室里连两只烟斗都不介意，他不会介意你在马车里抽雪茄的。”就这样，最愉快的一晚结束了。第二天我和他们共进午餐，但是没怎么见到丁尼生本人，午餐后给丁尼生太太和孩子们看照片，没忘了给哈勒姆的照片签名，在他的肖像画下面用大大的粗体手写字签名。孩子们坚持要读照片反面页上的诗句，当他们翻到他们父亲的肖像照时（照片下面有一句格言“诗歌诞生于黄金时代”，等等），莱昂内尔对着照片思考了一阵子，然后大胆地说：“教皇——！”丁尼生夫人开始大笑起来，丁尼生先生从桌子另一端咆哮道：“各位！教皇怎么了？”但是没人敢予以解释。

我问丁尼生夫人“夏洛特女士”是怎么回事，人们关于她有很多很多的解读。她说最初的传说来自意大利，丁尼生发现这个传说后只是将它传播，所以期待他对传说做出任何解读，也并不公平。

附带问一句，《泰晤士报》上《战争》那首诗落款是T，是丁尼生所作吗？我和朋友打赌不是的，我要试着找出答案：很多人都认为是他所作。

啊！我写了这么长的信，你一定要对我心存感谢（一般说来，我不喜欢写信），在信的结尾我要提出一项很奇怪的要求。我一直想就我对丁尼生的拜访给美尼拉·斯梅德利写封信。我近期应该没有时间写了，信的内容和这封应该基本一样。你能否将这封信转发给她阅读，她是我另一位有鉴赏力的通信人。这样当然比直接写信给她少一些敬意，也许她可能并不因此而感谢，但至少比不写信好。

此时再无多言，来自

你忠诚的表兄，

查尔斯·L.道奇森

附言：差5分钟凌晨3点！刚刚开始午夜写信。[11]

在法令福德拜访之后，道奇森又给艾米丽·丁尼生写了一封信，信件日期是1859年6月4日：

亲爱的丁尼生夫人：

我在考虑把我给哈勒姆照的照片（也许再加一张他和莱昂内尔的合影）寄给画家上色，就是给《小乞丐》上色的画家，您看到过那张照片。我不能完全信任我自己的记忆而描述他们的头发和眼睛的颜色，您有空写信的时候可以提供这些信息吗？您要么在纸上涂色说明头发颜色，要么寄来头发样本。无论哪种方式，我想画家都会把色调得稍微淡一点，考虑到自照片拍摄以来所流逝的时间。眼睛的颜色，告诉我颜色名称就可以。

如果我问您《泰晤士报》上“步兵，列队”的诗句是否是丁尼生先生所作，希望您不要认为我的这份好奇心太过莽撞。有人说是他所写，有人说不是。我那天在罗塞蒂先生的工作室，看到原始的《圣塞西里》和《夏洛特女士》的画作。两幅作品之间的区别和木刻当然是大得惊人。

请向丁尼生先生致以最衷心的问候，非常怀念在法令福德度过的两个愉快的夜晚，我很爱孩子们，我一直是

您非常真诚的，

查尔斯·L.道奇森[12]

这期间，道奇森和孩子们之间的友谊迅速升温，和他们成为非常要好的朋友。一些写给哈勒姆的信件被保留了下来，包括这封1862年1月23日的信：

我亲爱的哈勒姆：

谢谢你友好的来信。你喜欢那把刀，我很开心，然而我觉

得非常可惜，你被允许“长大一点”之后才能用它。然而，因为现在你已经长大一点儿了，也许你已经开始用它了。如果你可以用它割自己的手指，每周割一次，一次割一点点，你知道，直到手指开始流血，每次过生日都割一次手指，深深地割下去，我想这样就够了，可以持续很久。只是，我希望，当莱昂内尔想用它割自己的手指时，你应该对你弟弟大方，如他希望的那样伤害他。

哪天，你们俩过生日，请给我写信，我要送他一件生日礼物，如果我能找到一件如你的小刀伤害他那么深的东西：也许是一个水疱或者是一只蚂蟥，或者是类似的一件东西。

代转我对他的爱，照顾好你自己。

你亲爱的朋友，

查尔斯·L.道奇森[13]

道奇森的幽默感经常被误解，很多读者意识不到这封信是他典型的开玩笑和吓唬人的风格。他不是个残忍的人——相反，他十分慷慨，经常给他的朋友们送去礼物，丁尼生家的孩子也不例外。莱昂内尔收到了特别想要的望远镜，道奇森在1862年7月1日的日记中记载“收到了莱昂内尔·丁尼生的信，谢谢我那天送给他的望远镜”。[14]望远镜的要求可能是1862年4月道奇森造访法令福德时对他提出的。艾米丽·丁尼生在她4月14日的日记里记录道：“这次是亨利·泰勒斯和他们的女儿们，还有道奇森先生，我们经常和他们见面。”[15]这次拜访也在道奇森写给妹妹玛丽的信里被提到了，信的日期是4月19日：

我亲爱的玛丽：

我今晚给你写信，虽然它明天才能被送给你。我最近几乎总是和丁尼生先生见面——白天想跟他对话似乎是很困难的。我周四的信里有没有提到周三的午餐？我忘记说了没有，只好冒险说说旧故事——午餐之后（诗人只在午餐结尾时出现了一下）我教孩子们《捕象者》，还跟他们玩了会儿游戏——然后给他们讲了爱尔兰传说（《奥格雷迪先生》等），但不得不终止，卡麦伦夫人到了，他们要走到弗雷什沃特去接她。他们坚持要我一起去弗雷什沃特的屋子里一起等，这样我们就能讲完《奥格雷迪先生》了。我就一直等到卡麦伦一家到达，把哈勒姆和莱昂内尔送回家之后，我就离开了。（卡麦伦夫人送我一张丁尼生的照片，作为回赠，我送了她一份《索引》。）我发现泰勒夫人和她最小的孩子也在这里，周四，我和泰勒夫人在沙滩散步长谈。（……）下午，我又去了沙滩，一队5个小士兵走来，带着标语，身着制服——丁尼生家的2个孩子、卡麦伦家的2个孩子和哈里·泰勒——都在12至17岁之间。我给哈勒姆演示他们如何重现滑铁卢战争、谁应该在海滩上休息，我的导师大哥乔伊斯（你们有人在基督堂见过他）最近被任命为哈罗的教区牧师，我当晚在他的酒店跟他一起度过。

周五，我和乔伊斯去了弗雷什沃特教堂，我对于该教堂没有什么评价。丁尼生家的两个孩子在那儿，我相信：至少我们曾路过他们所在的位置。乔伊斯的一个弟弟来了，之后，我们三人走去了尼德尔斯。

今早，我去了海滩，和泰勒一家（他们看上去是非常美好的家庭）共度了一个小时。卡麦伦夫人跟我们待了一会儿。

（……）午饭之后（没有被邀请去吃午饭），我去了丁尼生家，让哈勒姆和莱昂内尔在我的影集里签名。我还和莱昂内尔达成协议，即他送给我一些他的手写诗稿，我也寄给他一些我的。这是一项很难达成的协议。一开始我几乎绝望了，他加入了太多的条件。首先，我要跟他玩象棋游戏——困难程度降到"各方只移动12下"，但这并没有改变什么，因为我第6个子就把他将死了。第二个条件是让他用木槌在我脑袋上打一下（至少他同意放弃这一点）。我忘了是否还有其他的条件，然而，结果是我得到了诗稿，为此我给他写出了《孤独的月亮》。以下是他的一些诗句：

滑铁卢战争

1.
枪声和炮弹声蜂拥而至
从（问题：在？）坚固的英国边界
统帅们一路小跑、喧嚣嘈杂，
刺刀闪闪发亮

2.
枪声和炮弹声蜂拥而至
我们高贵勇敢的统帅们坚强挺立
喧嚣嘈杂声震耳欲聋
法国军队的进攻慢如蜗牛

3.
大炮……难以辨认的咆哮声停止了
带着勃然大怒和巨大的震惊
法国人回头倡议和平

只见……并无恶意的嘲笑。

第二部分

此后的一天早晨

听到窗户（手稿有误）宝剑的哭泣

哭喊说：“他欣喜若狂”

有1、2、3、4块板子

把我们的将领们放置其上，

亚瑟，威灵顿公爵。

他赢得的胜利

他直线取得的胜利。

第三部分

静默地埋葬他，静默、静默

把勇士埋葬于他的坟墓

在深沉的静默中埋葬他，

我相信他进入了极乐世界。

跟他说再见，再见了。

还有一位

康索特王子战死。

我们为王子哭泣，

他如此伟大，却也离我们而去：

他沉睡过去了，

他伟大、勇敢，
王子的最后一面也消失了
没有他，我们伤心难过
我们跌入伤心抑郁之境
天使的翅膀遮盖着王子的坟墓，
一切都是阴郁的。

我并不认为诗句本身很独特，但我肯定从来没见过其他的8岁男孩有谁能写出如他的诗歌一半好的诗歌。你觉得这些诗如何？

我刚到丁尼生家没多久，泰勒一家和卡麦伦一家就都到了，还进行了他们所谓的“审阅”五个小战士的仪式，之后我和泰勒一家（卡麦伦一家留了下来）以及周伊特先生走到这里——此后唯一可以记录的就是晚餐的情况了。咖啡屋里还有其他人——一个男孩，他曾两次出现在窗户那里，给他父亲带回两条宝贵的信息，一条是“这里很好”——另一条是“潮水很低”。

观察莱昂内尔诗句中提到的两个令人好奇的事实：法国人寻求和平以及公爵被杀，这都不是鲜为人知的。

我先写到这里，留待下周二继续。

你亲爱的哥哥，

查尔斯·L.道奇森[15]

1862年上旬，道奇森出版了《〈悼念〉索引》，经由丁尼生个人的准许，用的是丁尼生的出版商，伦敦的爱德华·莫克森。

道奇森任这本小册子的编辑，而且全程查看出版过程，其中的几位汇编者还是他的姐妹。到了7月9日，道奇森被告知有超过500册被售出。

1862年8月，道奇森从约翰·卡姆登·赫腾（1832—1873）手中买来一些丁尼生早期诗作的美国再版印本，赫腾是作家和出版商，在伦敦的皮卡迪里有地产。之后，赫腾写信给道奇森，让他把这些书寄回去，因为“售卖这些书的行为被反对，因为这些书是盗版”。道奇森写信给丁尼生请求“准许自己保留这些书”。[17]我们没有找到丁尼生的回复，但是回复很有可能是否定的。

1864年7月，道奇森再次去怀特岛，如往常一样待在弗雷什沃特的普拉姆利酒店。7月27日，他记录道：

> 去法令福德拜访，只有丁尼生太太一人在家，她正忙着写信：孩子们在弗雷什沃特的学校参加活动，我去到了学校——向校长伊萨克森先生介绍了自己，在那儿待了两个小时，在一旁看热闹，帮着组织竞赛等。[18]

约翰·弗雷德雷克·伊萨克森（1801—1886）从1839年起至他去世，一直担任弗雷什沃特的校长。一周或者两周之后，道奇森决定让人把他的照相设备寄到法令福德（很显然得到了丁尼生的许可），这样他就可以给最近认识的人照相了。他还给法令福德的房子照了相，还有园丁主管和一些仆人，但是没有丁尼生家人的照片。他于8月19日离开弗雷什沃特去了伦敦。

在他和丁尼生一家友谊发展的过程中，他只是大学讲师和业余摄影师，他成为《爱丽丝梦游仙境》的著名作者是未来才发生的事。这本书于1865年7月出版时，他给丁尼生先生和太太寄去了赠送本。我们已经知道，第一版因为文字和插画印刷质量较差，从未在市面公开出售。1865年12月，道奇森又给丁尼生家寄去了一本替换本——标题页上标注着1866年的第二版。书上的题词是："A. 丁尼生/丁尼生太太，来自作者的敬意。1865年12月"（现今在贝尔格的收藏里）。1865年12 月27日，道奇森写信给他的出版商亚历山大·麦克米伦，说："我已经给丁尼生先生和太太又寄去了一本第二版《爱丽丝》，之前版本留作你送孩子们的礼物吧。"[19]这本1865年版的《爱丽丝》至今没有被找到。

在最初的五年间，丁尼生家和道奇森之间联络并不多。1870年3月3日，因为道奇森一个不幸的请求，他们之间的友谊重新发展起来：

> 亲爱的丁尼生先生：
>
> 我许久没有和您以及您的家人联系，恐怕，此时您几乎已经忘记我的姓名。我此次写信跟前两次写信的情形相似。我对您作品的欣赏（延伸到您早期的作品）是我叨扰您的理由。
>
> 您有一部未公开出版的诗歌《窗户》，只在小范围内印刷浏览。然而，这首诗一定被转抄了，而且一定以手稿的形式存在于很多人手中。有一位朋友，别人送给他一份手稿，他将这份手稿又送给了我。我还没有读这首诗，当您授权我拥有这部手稿之后，我才能够更加愉悦地阅读它。我所请求的是，首先，您准许我保留这份手稿，这样我拥有它才觉得合适——其次，更进一步的请求是我可以把它给我的朋友们看。我几乎不可能再进一步要求您准许我可以把它送给朋友，虽然我尊敬这

份准许，认为它是莫大的关照。

一段时间之前，您应该还记得，您借给我您的诗《爱人的生命》，一位年轻女士，我的表妹手抄了一份。我写信向您说明，根据您的希望，我说服了（非常犹豫地，不用我说）她毁掉手抄稿。我并不知道那首诗还有任何手抄稿在流行——但是这次情况不一样。《窗户》的手抄稿已经在流传，我即使拥有这一份手稿也并不会对现状产生影响，它只是我个人喜爱的收藏。我希望您能够友善地说您并不反对我——首先，阅读——其次，保留被送给我的手稿，向丁尼生太太和您儿子们致敬，我一直是

您非常忠诚的，

C. L. 道奇森[20]

道奇森的诚实占了上风。他如果只是保留手稿而什么也不说的话，其实更好。然而，他却要扫除道德心的障碍，向丁尼生寻求准许，让他保留一份未出版的盗版诗歌——作为一项特殊照顾——他知道，出现这样的事情，丁尼生一定会不高兴。艾米丽·丁尼生很快回了信：

亲爱的先生：

重新提出一个让丁尼生先生恼火的话题让他烦恼，且加重他的愤怒，这是没有用的。

毫无疑问，《窗户》被同一个肆无忌惮的人抄写传发，他破坏了对他的信任，还把《爱人的传说》给了您。

不论这个人做了什么，都已经是过去的事了，但一位绅士

应该明白，当一位作者不愿意将他的作品公布于众时，他是有自己的原因的。

您真诚的，

艾米丽·丁尼生[21]

这样的断然拒绝让道奇森非常震惊，他感到自己被指控没有按照绅士的行为准则做事。3月7日，他直接写信给丁尼生：

亲爱的丁尼生先生：

今天一早我接到的信件虽然由艾米丽·丁尼生执笔，但是我相信其中之言语来自您本人，我必须就其中一或两句评论劳烦您。

首先，您的诗歌在未授权的情况下流传出去，这给您带来很多烦恼，我对此真心地表示同情。无论是谁如此放肆地背叛您对他的信任，在我看来，他都做了一件最不道德的事情。

其次，您信的结尾说到莫克森先生要为这次最新的诗歌流传负责——我在这一点上的沉默可能被理解为赞同，请让我，公平地对待莫克森先生，据我所知，他跟此事毫无关系。

最后，我必须为自己正名，针对您信中结尾的话"不论这个人做了什么，都已经是过去的事了，但一位绅士应该明白，当一位作者不愿意将他的作品公布于众时，他是有自己的原因的。"这句话无疑暗示，无论多么无心，我做了不绅士的事情。请让我提醒您，我的行为一直非常被动，在所有事情上我都征求您的意见，小心谨慎地遵循您的意见。这首诗现在流传出去跟我的举动一点关系也没有，别人送了我一部它的手稿。在这种情况下，我想公正地请您指出我哪里有失绅士风度了。

我希望我没有太过严厉。我本意并非如此。我本人感觉，我没有做任何事情值得被如此指责，我只希望，而且我情愿相信，您并无意做这样的暗示。向丁尼生太太致敬，我永远是

您真诚的，

C. L. 道奇森[22]

这封信只起到了煽风点火的作用，事态反而恶化。丁尼生现在反而认为道奇森指责他不道德且不礼貌。回信透露出丁尼生的恼怒：

“先生，您不是绅士。”

“先生，您的话严重错怪了我。证明它们，要么就收回它们！”

“我重申。您的行为是可耻的。”

“不是这样的。我将列出您的行为史。我指控您毫无根据的诽谤：您能对这个指控说什么？”

“我曾经把您想得更坏，但是开始猜测也许您是一位绅士。”

“这些新的诋毁和旧的一样毫无根据。再问一次，您对我指责你毫无根据的诽谤能说些什么？”

“我赦免您无罪。什么都别说了。”[23]

在1870年3月31日的信的背面，道奇森回了信，想平息这段争吵中的怒气：

我亲爱的先生：

在我看来，这是您第一次给别人造成伤害，请原谅他——您首先踩在他的脚趾头上，却又请求他不要喊出来！

无论如何，我接受您所说的，基本上，非形式上地，收回（虽然没有任何道歉的意思以及遗憾的表述）您对我所有无耻行为的指控，而且承认您是在证据不足的情况下做出的指控。

您真诚的，

C. L. 道奇森

然而，他们之间的关系从未完全恢复，虽然道奇森给丁尼生寄去了《镜中》的赠送本，并题献“阿尔弗雷德·丁尼生，来自作者的真诚敬意，1871年圣诞”（现今在林肯的丁尼生研究中心收藏）。此外，道奇森在1871年12月22日给一位朋友的信中写道：“我向丁尼生先生提出‘和解’，他亲自写了一封致谢信给我，我对于这次尝试的结果非常满意。”[24]道奇森又于1872年6月19日给丁尼生写了一封信，并提出一些建议：

亲爱的丁尼生先生：

虽然自我去卢因先生那里学习他治疗口吃的系统疗法不到一星期，我已经对他的疗法的价值深信不疑，我相信只要下定决心，坚持不懈，任何人都能用这个方法完全治好。如果莱昂内尔，如我所知，还遭受着这项恼人的疾病的折磨，就像我大半生的生活一样，我强烈建议他去谢菲尔德听听卢因先生的建议。也许他需要的仅仅是一次指导，然后他就可以自己完成治疗了。卢因先生根据病人的具体情况不同而收费，但是他从来没收取超过20英镑的费用。

他的这套系统和我所知道的任何老师的都不同，而且绝妙的简单。

如果我的这项建议真的对您儿子起到作用，我将非常开心。请向丁尼生太太致以温柔的敬意，我永远是您

非常真诚的，

C. L. 道奇森[25]

J. H. 卢因先生来自弗吉尼亚，是《口吃疗法》的作者（巴尔的摩，1858&1871）。道奇森从未找到完整的疗法，且一生受困于口吃。丁尼生于6月23日回复如下：

我亲爱的先生：

我十分感谢您告知我卢因先生的消息，但莱昂内尔现在和我们在一起，他不想去咨询，而且他的口吃已经有了很大改善，随着他长大，这种现象可能会逐渐消失或者完全消失，我认为送他去谢菲尔德似乎没有必要。

您非常真诚的，

A. 丁尼生[26]

这似乎是两人之间最后的沟通，再无其他信件存留下来。但是，道奇森时不时还和丁尼生家的两个男孩保持联络。哈勒姆·丁尼生在马尔伯勒学校和剑桥大学的三一学院接受教育，但是并没有拿到学位。他离开学校做了父亲的秘书和随员。他全心全意照顾父

母二人。他和奥黛丽·波义耳结婚，并育有3个儿子。他父亲过世后不久，他就写了一部阿尔弗雷德·丁尼生爵士的传记，这部传记由麦克米伦于1897年出版。传记两卷从头到尾都没有提到过道奇森。

莱昂内尔·丁尼生则性格不同。他和埃尔金伯爵的孙女艾莉诺·洛克结婚。婚礼在威斯敏斯特教堂举行，是轰动一时的社会事件，然而，这场婚姻并不幸福。1885年10月莱昂内尔和艾莉诺应总督达弗林勋爵的邀请去了印度，他们相信，对这个国家进一步的了解，可以帮助莱昂内尔在伦敦的印度使馆更好地工作。他在印度期间生病，决定返回英格兰。回程路上，健康状况不断恶化，于1886年4月20日去世，葬于海里。

1878年3月14日，哈勒姆给道奇森写了一封回信，道奇森的去信已经丢失：

> 亲爱的道奇森先生：
>
> 1809年8月6日是我父亲的出生日期。
>
> 非常感谢您祝贺我弟弟结婚。我还有很多致谢信件要写，所以请原谅我。致以我们真诚的祝福。
>
> 您真诚的，
>
> 哈勒姆·丁尼生[27]

1882年，道奇森想要专门针对小女孩儿编辑出版莎士比亚戏剧，关于这套出版物的优点，他曾广泛收集意见，而且从很多人那里寻得编辑出品这些戏剧的帮助。其中一位接到他的通知函的就是艾米丽·丁尼生：

我是否能就我的一个项目恳请您的合作，即为女孩儿精选和编辑一系列莎士比亚戏剧？我想做的，我希望，只会花费您一点点时间和精力。

需要解决的第一个问题是，哪些戏剧适合被选入这个选集，在这个问题上，经验是唯一值得信任的：我希望收集女士们的意见，您既可以回忆自己小时候所读过的戏剧，也可以发现女孩子们最喜欢读的戏剧，以此列出可以入选的戏剧名单。一份清单，按应被采用的程度排序，就可以，但如果可以按照剧目喜爱程度排序，即最喜欢的列在第一项，这样的单子则具有双重价值。

如果家中有若干女士愿意帮助完成一项列表，则通过讨论列出一个单子即可。然而，这样的单子也非常有用：每一位女士在看到别人的单子之前，按照我的要求独立完成自己的一份推荐列单。

我的希望是，出品一本书，让每一位英格兰的母亲能够毫无疑虑地放在自己女儿的手中。至今我还没看到有如此一种版本：我已经考量过鲍德勒·钱伯斯和布兰丹先生最近出版的《戏剧精选》。[28]

艾米丽·丁尼生是否回复了这封信，我们不得而知，关于此项目的通信也没有被发现，道奇森的这个项目从来没有落实。但是道奇森对丁尼生一家仍然保持着兴趣。在1890年8月9日写给罗伯特·H. 柯林斯的信里，我们知道他是奥尔巴尼公爵家的管家，道奇森还加上了以下附言：

> 您去丁尼生家拜访的情况怎么样，他和他夫人的现状，我非常关心。我过去和他以及他的家人熟识，非常亲密。她（那时还是丁尼生太太）是位非常令人愉快的人：莱昂内尔，我想，是我见过的男孩和女孩中最可爱的一个。[29]

1884年丁尼生被封为男爵，因此艾米丽也就获得丁尼生夫人的称号。道奇森在《西尔维和布鲁诺完结篇》里为她题献："丁尼生夫人，致以作者真诚的祝福。1893年12月27日"（丁尼生研究中心，林肯）。丁尼生逝世于1892年10月6日，被安葬于威斯敏斯特教堂。

托马斯·吉布森·鲍尔斯：《名利场》编辑

道奇森第一次见托马斯·吉布森·鲍尔斯（1841—1922）——《淑女》杂志未来的所有者，是在1879年。在见面之前的很多年中，道奇森已经读过鲍尔斯的作品。1864年6月25日，就在《爱丽丝梦游仙境》出版的前一年，道奇森观看了一出业余的戏剧《港口舰长：或者神奇的水手、命运之子、正当继承人》，鲍尔斯出品的滑稽杂耍剧，在伦敦园艺公园的集市上演出，是为了帮助肯辛顿博物馆的女演员们。道奇森带着两个孩子一起去看的：玛丽和艾琳·麦克唐纳——作家乔治·麦克唐纳的女儿。在他的日记里，他并没有对这场戏剧做评价，也许那时他还对剧作家本人不甚了解。

1879年1月21日，道奇森在日记里记录道：

去拜访了《名利场》的编辑鲍尔斯先生，和他以及鲍尔斯太太度过了愉快的两个小时。鲍尔斯太太还给我演唱了迪布丁的一首非常有趣的歌曲（是关于一位造船木工的）音乐荡气回肠。[30]

查尔斯·迪布丁（1745—1814）是作家、剧院经理和作曲家，他所作的曲子都是关于海洋的，还有为歌剧所作的曲子，这使他成为18世纪晚期英国最受欢迎的作曲家。道奇森在伦敦参加社交活动之前经常去他家顺路停留吃个中午饭。

托马斯·吉布森·鲍尔斯是剧作家、作者、编辑和政治家——是一位多才多艺、能力卓著的人。他是国际法和海洋法方面的权威，曾经一度在国内税收局工作。他于1868年创刊上流社会出版物《名利场》，这本杂志在维多利亚时代获得了巨大成功。之后，他成为国王琳恩的保守派国会议员，但是又于1906年参加了自由党，最终，由于亚瑟·巴尔弗不断的关税改革而成为无党派人士。无疑，鲍尔斯是个善于搭便车的人。

鲍尔斯于1875年12月23日和查尔斯·埃文斯—戈登将军的女儿杰西卡·埃文斯—戈登结婚。他们育有四个孩子：乔治（1877—？）、杰弗里（1879—？）、西德尼（1880—1963）和多萝西·维尼·杰西卡（1884—1971）。

就在他们第一次见面后一个月左右，鲍尔斯去牛津，在基督堂和道奇森相见。1879年3月3日，道奇森在基督堂接待了鲍尔斯，并且在饭厅请他吃饭。他安排鲍尔斯过夜，并且第二天一早还给他拍了照片，尽管这张照片现在已经找不到了。

很显然，这次在基督堂见面是有目的的。鲍尔斯希望道奇森为他的上流社会杂志《名利场》供稿。直至此时，道奇森一直拒绝为报纸杂志写文章。编辑们都知道“刘易斯·卡罗尔”的名号就能保证读者量，这就是他作为作者的受欢迎之处。至此，《爱丽丝梦游仙境》（1865）和《爱丽丝镜中世界奇遇记》（1871）已经成为畅销书，而且他的荒诞叙事诗歌《蛇鲨之猎》（1876）也已经展现出他文学才华的另外一面。而且他还是我们现在所称的趣味数学的先驱——智力测试、游戏、谜题、谜语，任何用娱乐的形式锻炼人们逻辑以及智力的东西。他发明了包含领域广泛的此类智力挑战题。

道奇森为鲍尔斯的《名利场》的一项定期专栏供稿，专栏的内容是他发明的“成双成对”游戏。这是一个文字游戏，在1878年创造的，创造这个游戏可能是为了娱乐两个小朋友：茱莉亚和埃塞尔·阿诺德。他1878年给“连字”（他给这个游戏最初起的名字）写出的规则是模板印刷的，只能两个人玩。逐渐地，游戏发展成任何人都可以加入的模式——自己玩或者和别人竞赛。游戏的精髓是每次改变单词里的一个字母，从而把这个单词变成另一个单词——在字典里能找到的所有中级词汇。例如，把HEAD变成TAIL，链接关系是HEAD—HEAL—TEAL—TELL—TALL—TAIL。1879年3月16日，道奇森把他的第一个专栏的内容寄给了鲍尔斯，《成双成对》——《动词竞赛》发表于1879年的3月29日的《名利场》上。就此，开始了刘易斯·卡罗尔撰写的非常成功的每周专栏，这个专栏持续了两年——最终一期刊登于1881年4月9日。

道奇森和鲍尔斯的私人友情也持续增长，道奇森成为鲍尔斯家的常客，时不时和他们一起用餐。

道奇森对于戏剧有着浓厚的兴趣——只要内容健康，舞台上没有亵渎神灵和不尊重宗教的内容。1879年某个时候，道奇森建议鲍尔斯，《名利场》可以制作广告。

> 每日广告传单（可能被称为“她能去哪儿呢？”或者“名利场传单”，或者任何类似的名称），上面刊载所有女士们可以安全参加的娱乐活动，而且在传单上对任何令人反感的戏剧进行警告。（我对任何包含）与美好品位相反的（戏剧都感到很不舒服，我不是指“清教徒的品位”；而是指任何真正的淑女不喜欢看的内容）。（我曾经）试过多次，而且非常成功，写信给剧院经理（……而且）有一次，我的抗议导致一部童话剧中的一整场都被删减。[31]

这个想法并没有奏效，但是这给鲍尔斯提供了一个灵感，他产生了出品一本专门供女士阅读的杂志的想法。1884年，这样一本出版物逐渐成形。1885年早期，《淑女》杂志开始发售，但是鲍尔斯并没有担任编辑的职务，而是继续担任“顾问”角色。1885年1月12日，道奇森写信给鲍尔斯：

> 请原谅我这么迟才去信，您刚刚发售的新杂志让我十分感兴趣。事情太多，我差点把它忘了。手头正在做的事情太多，我作为作家为您效力的机会很小，然而，如往常一样，如果有任何“巧妙的想法”出现，关于您的计划的，我将尽我所能把它记下来。此时，我没有什么可提供给您的，除了我最衷心

的祝福，祝愿这本杂志获得成功，而且它也应该成功。然而，我对您的广告有一条反对性建议。我建议您删去这条口号，即“淑女的首要任务之一是看上去美丽”，我把广告给女士们看，这条标语激起了最先看到它的两位女士轻蔑的批评。我想，女士们不希望被告知这样的信息——至少非公开地。对于新婚妻子来说，您可以在《论家》这样的文章中告诉她，她最重要的职责之一是把家收拾得舒适漂亮。图片中一个重要的元素就是她自己，这样，她的职责就成为“还要打扮灵巧，穿着漂亮”，无论什么风格，要把上帝赐予她的脸蛋和身材装扮得最美。然而，女仆就不需要这样的劝告；而对于上了年纪的女士，她们的风采已经成为历史，这样的建议就变成了嘲笑。所以，我不建议您把这句格言放在广告的最前面。

对鲍尔斯太太致以美好的问候，还有她为我唱的甜美的歌曲，我是

您非常真诚的，

C. L. 道奇森[32]

道奇森，在大多数方面，还是和那个时代的人一样——一个真正的维多利亚时代的人。但是，他对于妇女的看法也有很先进的一面，尤其是对于她们和受教育以及事业之间的关系，他甚至支持为妇女颁发学位的想法。从这封信中，我们可以推断鲍尔斯邀请道奇森为他的新杂志撰写文章。道奇森手上有好几个写作项目，尤其是他最后的重要奇幻文学，分两部分出版的——《西尔维和布鲁诺》（1889）和《西尔维和布鲁诺完结篇》（1893）——他再无其他时间为专栏写作，如他为《名利场》所作。他的杂志约稿可以排

上6年。

这一时期道奇森正进行的另一个项目是复制他为爱丽丝·利德尔写的《爱丽丝》原始手稿，手稿记录下1862年那次划船旅行中道奇森给爱丽丝讲的故事。道奇森于1885年3月从爱丽丝——现在是哈格里夫斯夫人那里——借来了手稿，还安排了一位照片锌板技师复制每一页。雇佣来的技师，诺德先生，却是一个不靠谱的人，他并没有提供所有页面的锌板。所有追踪他的手段都用上了，也找不到他。绝望之中，道奇森在1886年6月3日写信给鲍尔斯：

> 我想知道您能不能在这件事上帮忙？一位摄影师为我工作，复制一本我将要出版的书。他交给了我大部分的底片，但是他现在消失了，还有大概12张底片没有交工。我认为，他是一个非常贫穷的人，想尽办法躲避债主。我想找到他，拿到这些底片（重新再复制这些书页是非常困难的），再了解他为我做的其他工作的进展；我想寻求一位品行端正的业余侦探（并非那种为了钱什么都干的恶棍，而是可以一起愉快工作的人），我会支付他工作中的花费还有对他的合适的报酬（在这件事上我花不了太多钱），他要帮我找到这个人，得到对于我的问题的答案。
>
> 您非常真诚的，
>
> C. L. 道奇森[33]

不清楚鲍尔斯是否提供了私家侦探的名姓，但是道奇森最终在一位律师的帮助下找到了詹姆斯·诺德。但是他不得不带他上法庭，尽管诺德先生没有出席审讯，但是锌板都被追回了。

道奇森和鲍尔斯家人的第一次见面是在1891年6月。此时，道奇森已经开始渐渐拒绝邀请——他在1891年5月7日写给鲍尔斯的信里解释了原因：

对于邀请的回复，我觉得只是简单地说“我不能来”而没有任何原因，太过敷衍了事。然而，从很多原因中筛选出一个容易解释的理由又是挺难的事情。这个也许是最简单的：我实际上已经脱离社交圈很多年了，从我希望做的脑力工作的量和（也许）好几年未尽的脑力来说，我发现自己得到了巨大的解脱。我拒绝一切晚餐等的邀请。如果我接受一个，就很难拒绝另外的；尽管我还没有到连拜访都拒绝的地步，但是这样的邀请也有很多等待回复，有的已经等了很多年：这样的邀请具有优先权。我的婉拒理由也是相当勉强！但是我继续拖延访问：因为拜访对体力要求太高。

您1887年3月写信跟我说的《淑女》里面的《儿童角》一栏，您是否还感兴趣呢？[34]

这一次，邀请被接受，就在拜访之前，他发现鲍尔斯有孩子，就给他的长女，11岁的西德尼写了一封特点鲜明的信：

牛津基督堂，1891年5月22日

我亲爱的西德尼：

我很抱歉，真是太丢人了！你知道吗？我根本不知道你的存在。看到你向我致以爱的敬意，我惊讶得不得了！我感觉就像有人突然间跑进我的房间，亲了我一口！（这件事，几乎天天发生在我身上，就在此刻）。如果我知道你存在的话，我很久以前就会给你一大堆的爱。现在我认为，我应该向你表达我的爱，不管你存不存在。从某种程度上说，你知道，那些不存在的人比存在的人友善多了。比如说，那些不存在的人从来不生气，从来不顶撞你，而且他们不会冒犯你！噢，他们就是比存在的人要和善很多很多！然而，别担心，你无法控制自己是否存在，你知道的，而且，我敢说，无论你存不存在，你都是一样的和善。

既然现在我已经知道你是个真实存在的孩子，我应该送给你我的哪本书呢？你喜欢《爱丽丝梦游仙境》呢？还是《爱丽丝地下漫游记》呢？（这本书保持我最初写它时的模样，上面还有我亲笔所绘的插画）。

请代我向维尼和维拉，以及你自己转达我的爱和一个吻（别忘了给你自己的那个吻，拜托：额头是最好的位置）。

你亲爱的朋友，

刘易斯·卡罗尔[35]

西德尼选择了《爱丽丝地下漫游记》，道奇森在送她的那本上题献："西德尼·鲍尔斯，来自作者，1891年5月25日"，白色布面装帧。道奇森和鲍尔斯一家在索尔兹伯里的威尔伯里花园见面，这是一幢帕拉迪奥式房屋——他们一家和亨利爵士以及马利特夫人合用。1891年6月11日，道奇森在日记里写道：

鲍尔斯先生来车站接我，他骑着马，三个孩子坐在一个小车里（可能是一个矮种马和小马车），西德尼驾车。我们还要走三英里多。西德尼是个长得很甜美的孩子，鲍尔斯先生的书（《涅瑞伊得斯日记》1889年出版）里面的她的照片，并没有反映出真实的她。维拉（马利特）非常漂亮，但是不甜美。维尼看上去快乐且聪明。[36]

第二天，道奇森的日记揭示出“我这次拜访一半的性质是业务拜访，和鲍尔斯先生讨论我的新智力测试题《会合》，他想把它刊登在《淑女》上”。[37]

《会合》是另外一种单词游戏，由一个词变成另外一个词，前一个词和后一个词重复的部分成为中间的词，中间的词和后来的词组成新的单词。举例说明，圆括号里的是两词重复部分，DOOR-(oor)—POOREST—(res)—RESOUND—(und)—UNDO—(ndo)—WINDOW。根据造出单词的推导链而计分的规则也被发明出来。

道奇森的第一次专栏出现在1891年7月23日，每周一次，直至1892年6月2日———共42期。刚开始，事情并没有完全按照计划发展，就像1891年7月31日道奇森写给鲍尔斯的这封信里说的那样：

显然您对于给我寄来《淑女》，包含《会合》，这个指示有误解。您最初给我发来了完整的杂志，这对我没有用，我又要求您只寄给我《会合》那一页。您似乎发来了第二个邮包，但是没有撤回第一个邮包，所以，今天一早，我收到7月30日的杂志，地址是“牛津基督堂C. L. 道奇森神父”；同时还收到了杂志的一页，地址是“伊斯特本，勒欣顿街7号，C. L. 道奇森绅士”。您是否可以告知您的雇员，这两个人是同一个人，而且只需要杂志中那一页就可以，此外，到9月底之前，正确的地址都是“伊斯特本，勒欣顿街7号，C. L. 道奇森神父”。

感谢您采纳我的建议，到8月6号才开始竞赛。

我仍然希望您采取我的另外一个建议，即每周发出两个竞赛题，一个简单的，一个难的。考虑到解决一道题只需要几分钟，每周只有一个实在太少了。

您还没有回答我的问题（7月23日），我是应该寄去新的会合题目且附上我的题解，还是只寄去分数。

我附上了我画的一份分数表。第一场比赛的题目的排版和印刷费用，我来承担。如果您喜欢的话，我希望您以后可以从“牛津沃尔顿新月街1号G. 谢泼德先生”那里订购，他保留着题目的排版。您可以看到是按照每周两道题来安排的，但是以后的印刷版本可以缩减，如果您仍然坚持一周只出一道题的话。

您忠诚的，

C. L. 道奇森[38]

两人之间的通信并不完全是关于生意的。作为国会议员，鲍尔斯还收到道奇森的其他要求和建议。1892年2月，鲍尔斯收到祝贺他成为下议院议员的信件，而那时选举都还没有开始，这必定使他非常吃惊。然而，1892年7月，他以微弱的优势赢得了国王琳恩的议员资格。道奇森写信的真正意图是为了确认鲍尔斯的支持，且要利用自己的影响力制止救世军①在伊斯特本的街道上喧腾嘈杂地行进——

① 救世军福音宣教、社会服务与教育等方面工作主要由救世军中的全职军官和其聘雇的从业人员负责，其军兵亦会利用余暇，在其中参与事奉。救世军及其旗下的组织基本上不会涉及任何国家的政治政策，而其成员亦无种族之分，故在世界各地可与其他国际救援机构和政府合作。

伊斯特本是他度过暑假的地方。道奇森写道：

> 这些带着音乐的行军本身不但让人心烦，而且这样的行军把一群最糟糕、最吵闹乌合之众聚在一起，制造出（……）大量的亵渎神灵的嬉闹乐趣。救世军们放肆无礼，把自己作为基督教殉道士，说起话来就好像军乐队是基督教不可或缺的因素一样。[39]

非常可惜，鲍尔斯那时还不是议员，没有办法在这个议题上帮助道奇森。

道奇森的余生都和鲍尔斯保持着联系。就在道奇森逝世几个月之前，鲍尔斯还去了牛津，在基督堂待了两个晚上。拜访的目的在道奇森的日记里被记录下来。1897年10月26日，他写到说鲍尔斯“想把儿子乔治送到基督堂读书。我们去拜访了伯罗斯教授，和他一起喝了茶——这两位老水手互相非常欣赏”。[40]他们是跟蒙塔古·伯罗斯（1818—1905）一起喝的茶，他是牛津现代历史的教授，曾经在皇家海军中任司令官。第二天，基督堂学院院长（也许是在道奇森的动员下）请鲍尔斯共进午餐。然而，鲍尔斯的长子并没有进入牛津，而是被剑桥三一学院录取，在取得历史专业优良毕业生荣誉学位之前，在那里担任过学生会主席，《格兰塔》的编辑。

道奇森作为专栏作家的身份很少在传记中被提起，而他大部分的专栏内容也没有被重印，即便是在所谓的“合集”中。

理查德·莫里斯·亨特：美国建筑师

道奇森的一生只有一次出国经历——一次穿越欧洲的旅行，最远到达俄罗斯。他陪伴亨利·帕里·利登，利登此次出行的任务是建立起英国国教和俄罗斯东正教之间的联系。而道奇森在此次行程里，纯粹是一位旅行者。在他的旅程中，道奇森做了详尽的记录，这就是现在的《俄罗斯日志》。这本日志列举出他们游览的地方、见过的人以及路上的冒险经历。他们遇到了很多从英国到俄罗斯旅行的人，偶尔还遇到旅行距离更远的游客。道奇森在莫斯科见到过一个这样的人。他1867年8月19日的日记中写道：

> 在咖啡厅吃早饭的时候，和一个美国人聊了一会儿，他和他的妻子还有小儿子一起，他们都是非常友善的人。分手之时，他给我他的名片——“R. M. 亨特，1867年世界博览会国际评审团成员——纽约第十大道西51号B8工作室。”如果我有一天去纽约的话，我也许能解开这个谜语一样的地址。[41]

几天之后，他们又产生交集。道奇森在8月26日写道：

> 2点钟，我们上了火车，准备开始去往华沙的令人疲倦的旅程，发现我们和亨特一家虽然在同一节车厢，但不在同一间包厢，他们要去柏林，所以我们要一同坐车到威尔纳，到达威尔纳已将近6点钟了。晚上，我们互相拜访一番，我的旅行用棋盘派上了用场。我们本来没有可以睡觉的地方，但是车厢几乎是空的，所以我们睡得很好。[42]

“R. M. 亨特”是美国重要的建筑师。他的名字是理查德·莫里斯·亨特（1827—1895），1827年10月31日生于佛蒙特州巴特尔伯勒，祖上是一个殷实的英格兰家庭。他在瑞士开始接受作为设计师的培训。1843年搬到巴黎，1846年成为第一个进入美术学院学习的美国建筑师。他参与了卢浮宫的扩建设计。他游历广泛，去过希腊、小亚细亚半岛、埃及以及很多欧洲中心国家。他1855年回到美国，开始设计华盛顿特区美国国会大厦的扩建。

1860年他和来自罗德岛纽波特的凯瑟琳·霍兰德结婚。他有两个儿子，理查德·霍兰德（1862—1931）和约瑟夫·霍兰德（1870—1924），两个儿子后来也成为设计师。理查德·莫里斯·亨特在纽约建立第一个美国人的工作室，用以培训年轻的设计师（地址就是名片上的那个）。他是美国建筑师协会的组织者之一，1888年成为协会的主席。

他的设计现在在一些民宅中还能看到，比如范德比尔特家族在纽约和罗德岛的住宅。他设计建造了胜利女神像的基座，华盛顿特区的美国海军气象天文台和纽约的《纽约论坛报》大厦，《纽约论坛报》大厦也是纽约的摩天大楼之一。从道奇森的日记里，我们看出亨特被选为1867年巴黎世界博览会的评委。1884年，他被授予荣誉军骑士封号。

很可惜的是，道奇森没能去纽约找他。我们猜测，他可能也没意识到自己遇到了美国建筑领域的一个重要人物，且他的作品至今为人们所赞赏。

回到原点

我们关于道奇森社交圈子中的重要人物的调查就到这里了。很自然，这些人都是精挑细选出来的。他还和许多其他人熟识，本书所挑选的这些人的生活和查尔斯·L. 道奇森有交集，而且对于这些人中的很多人来说，他是“刘易斯·卡罗尔”。其中一些人只是见过一次，而其他人则是终身的朋友。这样选择的目的在于展示道奇森广泛的社交圈：专业领域的熟人、长久的忠心的朋友、爱他的家人、维多利亚时代的名人和皇族、牛津大学的同事以及和他擦肩而过的人们。从这些相处中，我们可以看出他是个什么样的人—善良慷慨，尤其是对家人亲戚；虔诚信教；智商很高，想象力丰富且富有创造性，他的作品为他赢得了国际声誉；有些强迫症般的井井有条的人，偶尔太过迂腐学究；维多利亚时代服务与责任的价值观和标准的拥趸；性格迷人又复杂，让世人几百年来感到神秘和迷惑。

本书试图打破近半个世纪以来出版的让人无法容忍的传记作品中制造的揣测和谬谈，这些传记作者自己并没有寻找到第一手的资料，极尽猜测之能事。本书充分引用和摘录道奇森的信件和日记，这样一来，他做到了为自己代言。读者们可以自己去解读—只有一点提示：完全理解维多利亚时代的社会价值观和态度非常重要，这些价值观和态度在当今社会已经产生重大改变。用此人所处的时代接受了他什么、期待他如何来作为衡量，而并非用我们现今已经变更的新的标准来衡量。他是他所处的时代的人物。

版权材料：

所有摘引自道奇森的日记和许多信件的内容，其版权归属于C. L. 道奇森财产执行人，未经许可，不得引用。

致 谢

若非C. L. 道奇森遗产管理委员会的遗嘱执行人慷慨大方的支持，本书则没法完成，她们是刘易斯·卡罗尔的重侄孙女贝丝·米德和卡洛琳·卢克。她们允许我翻阅道奇森家庭保存的许多文件和信件，而且非常支持我多年来关于卡罗尔的研究，我感激不尽。卡洛琳故去的父亲，飞利浦·道奇森·杰奎斯，准许我编辑刘易斯·卡罗尔所有遗留下来的日记，一直慷慨地支持我对于卡罗尔的研究。道奇森家族另外一个关键的成员是已故的玛格丽特·哈特兰·马洪，刘易斯·卡罗尔的侄孙女，她跟我分享了道奇森家族的家族相册，这些照片以前从未给本家族以外的人看过，其中蕴藏着关于道奇森家族先辈的丰富信息。

我对基督堂学院图书馆和档案室的重要人员所欠甚多。这么多年来，我得到了他们恭谦且有益的帮助，还得以参阅全国最主要的关于刘易斯·卡罗尔的收藏之一。我感谢约翰·温、詹尼·布拉德肖、马克·柯托伊斯、詹妮特·麦克马林、朱迪丝·柯托伊斯，已故的约翰·梅森、基督堂学院的院长及全体成员。我还要感谢马尔科姆·阿克斯特尔对我的帮助，他向我展示了道奇森时代基督堂学院的改建情况。

已故的梅维斯·贝蒂是帝国勋章获得者，她本人也是研究卡罗尔的学者，写了多本关于卡罗尔的专著，其中包括《爱丽丝牛津漫游记》。和她的友谊让我有机会洞悉爱丽丝系列小说里的牛津背景，她还把我引荐给几位仍健在的道奇森的忘年交以及其他几位重要的后代，比如弗朗西斯·弗农·普莱斯，巴塞罗缪·普莱斯的孙子。我对已过世的普莱斯博士感激不已，他让我翻阅“巴特”[①]·普莱斯的档案，包括信件、文件和照片，还跟我分享家族趣事和记录。

通过刘易斯·卡罗尔协会，我有幸见到已故的约翰·N. S. 戴维斯，且和他成为朋友，他曾经是刘易斯·卡罗尔协会的主席，还是本国刘易斯·卡罗尔资料的主要收集者之一。他支持我的收藏，他英年早逝之后，他的妻子还将约翰的收藏赠予我，让这些资料继续作为信息和研究的来源。刘易斯·卡罗尔协会里的其他成员也为我提供信息，帮助我，他们是已故的安妮·克拉克·埃莫、已故的斯坦利·查普曼、马克和凯瑟琳·理查兹还有基斯·莱特。

另外一位支持我的收藏的是已故的雷金内尔·莱奇米尔爵士，他是一位书商，和道奇森最欣赏的摄影师谢·基钦是远亲。他帮助我获得了一些重要的作品，以及道奇森在拉格比学校 获得的一个奖。

美国最重要的道奇森收藏家乔恩·林塞斯全面支持我的研究，向我展示他的全部收藏，他不但有道奇森信件和照片的最大规模的私人收藏，还建立了一个超重要作品的图书馆。他的助手，比衣·席德伟，给我提供了厚厚的文件夹，里面包含乔恩收藏的所有道奇森的信件和重要文件。我每次拜访乔恩，他总是极其慷慨地向我全面敞开他的收藏。

① 巴特，巴塞罗缪的昵称。

我最重要的两位卡罗尔研究方面的朋友和支持者是大卫·沙弗和他的亡妻玛克辛，玛克辛是刘易斯·卡罗尔协会北美分会（LCSNA）的首席秘书。他们两位都是LCSNA的创始人。我每次去美国，他们都热情地留我住在家里。我还要感谢玛丽·沙弗，大卫的第二任太太，不幸的是，她也刚刚过世。他的女儿，埃莉·沙弗·萨兰是我远隔重洋最亲密最热情的朋友之一。大卫宏大的收藏可能是在一个家庭里历时最久的。他家的收藏始于大卫的母亲，她购买了一些卡罗尔的出版物，并且把它们传给家族的后代。

另外四位美国朋友是出色的收藏家、研究员、信息分享者，最重要的是，他们是真正的卡罗尔迷。他们是奥古斯特和卡莱尔·提米霍尔茨、马特·德马克斯和艾伦·坦嫩鲍姆。

我十分感谢莱斯利·奥尼尔，她慷慨地跟我分享她姨妈，插画家格特鲁德·汤姆森的信息。

我有幸与摄影历史学家和作者罗杰·泰勒见了面，从那以后，我们就保持着密友关系。我曾帮助他举办展览，我们一起写作出版了很多作品，最后一部是2002年出版的《摄影师刘易斯·卡罗尔》。和这样一个和善渊博的人一起工作让人心旷神怡。

我有一位忠实的支持者，也是我最早研究卡罗尔时结识的朋友，他就是塞尔温·古达克博士，他一直帮我校勘重要的著作和论文，还为我提供了很多宝贵的建议和指导。他就是关于卡罗尔著作的书目细节的知识宝库。我们合作完成了许多论文和研究课题，包括收集关于某些卡罗尔的著作和爱丽丝著作的统计。他总是慷慨地拨出时间帮助我，和他一起工作非常从容。

我还要感谢皮特·哈里斯，他并不是卡罗尔研究专家（他的研究领域是查尔斯·狄更斯），但他却是一位睿智的顾问和优秀的校勘者，他从一个普通读者的角度给了我许多有帮助的见解，而且与我分享他作为出版商和爱书人的专业观点。此外，克里斯·斯特雷博士，周期性地为我校勘，通读我的文稿，帮我捋清文中晦涩和错误之处，并提供了宝贵的建议。

我最感谢I. B. 陶里斯出版社的大卫·斯通斯特里特，他为这本书的出版提供了大量的支持。他，以及他的团队，通过辛勤努力才使本书得以出版。

附 录

年 表

C. L. 道奇森生平编年表

查尔斯·勒特维奇·道奇森（“刘易斯·卡罗尔”）（1832—1998）

1832　1月27日生于柴郡达斯伯里村的牧师家。达斯伯里终身副牧师查尔斯·道奇森和弗兰西斯·简·勒特维奇的长子，家中排行第三的孩子。

1844—1845　就读于约克郡的里士满学校

1846—1849　就读于拉格比学校

1850　5月23日被牛津大学基督堂学院录取，但无法住校，因为当时没有足够的宿舍提供给本科生

1851　牛津大学基督堂学院本科生（1月24日），母亲弗兰西斯·简·道奇森于1月26日去世

1852—1898　基督堂学院学生奖学金（相当于是学术基金，他领取一小笔牧师薪俸）

1854　文学士，牛津大学基督堂学院 。数学一等，古典文学三等。

1855　基督堂学院图书馆副馆长（2月），博斯托克奖学金（5月），被任命为学院管理人（6月），8月被任命为数学讲师，1856年1月上任

1856　开始将摄影作为主要爱好，坚持了二十五年（5月1日）

1857　文科硕士，牛津大学基督堂学院（2月5日）

1861　被任命为英国教会基督大教堂执事（12月22日）

1862　在去哥德斯托的船上，给爱丽丝·利德尔和她的姐妹们讲爱丽丝的漫游故事（6月4日），不久后开始撰写《爱丽丝地下漫游记》手稿

1865　出版《爱丽丝梦游仙境》（7月），然而很快收回；之后再次出版，印刷和插画质量均有提高（11月）

1867　和亨利·P. 利登旅行穿越欧洲到达俄罗斯（7月至9月）

1868　父亲于6月21日去世，姐妹们搬至吉尔福德的“切斯特纳兹别墅”（9月）

1869　出版《幻影及其他诗歌》，幽默和严肃的诗歌集

1871　出版《爱丽丝镜中世界奇遇记》（12月）

1876　出版《蛇鲨之猎》（4月）

1877　第一次去伊斯特本度夏天（7月），每年都去租住同一个房东的房子，直至1897年

1880　放弃摄影。最后一张照片拍摄于7月15日

1881　提前辞去数学讲师的职务

1882　被任命为牛津大学基督堂学院交谊厅的管理员（12月）

1885　出版《一个混乱的故事》

1886　出版《爱丽丝地下漫游记》副本

1887　出版《逻辑游戏》

1889　出版《西尔维和布鲁诺》

1890　出版《幼儿爱丽丝》

1892　辞去交谊厅管理员职务

1893　出版《西尔维和布鲁诺完结篇》

1896　出版《符号逻辑：第一部分：初级》

1898　1月14日逝于吉尔福德并埋葬在那里。《三场日落和其他诗歌》在他逝世后出版（1月）

家庭关系图

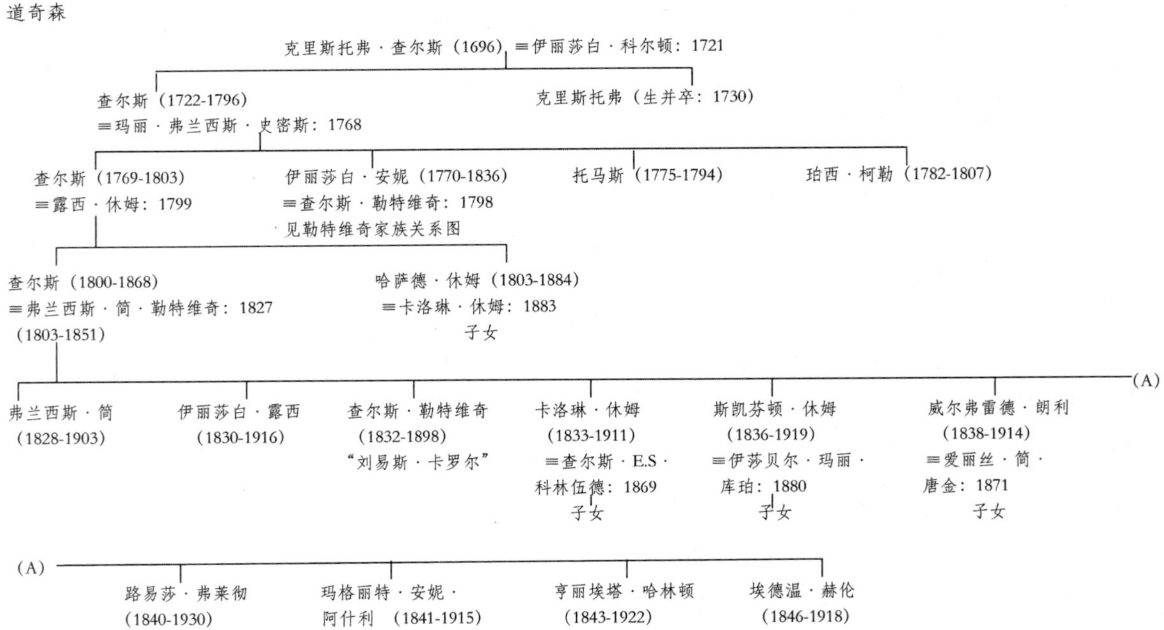

家庭关系图 1. 道奇森家庭关系图，作者制

勒特维奇

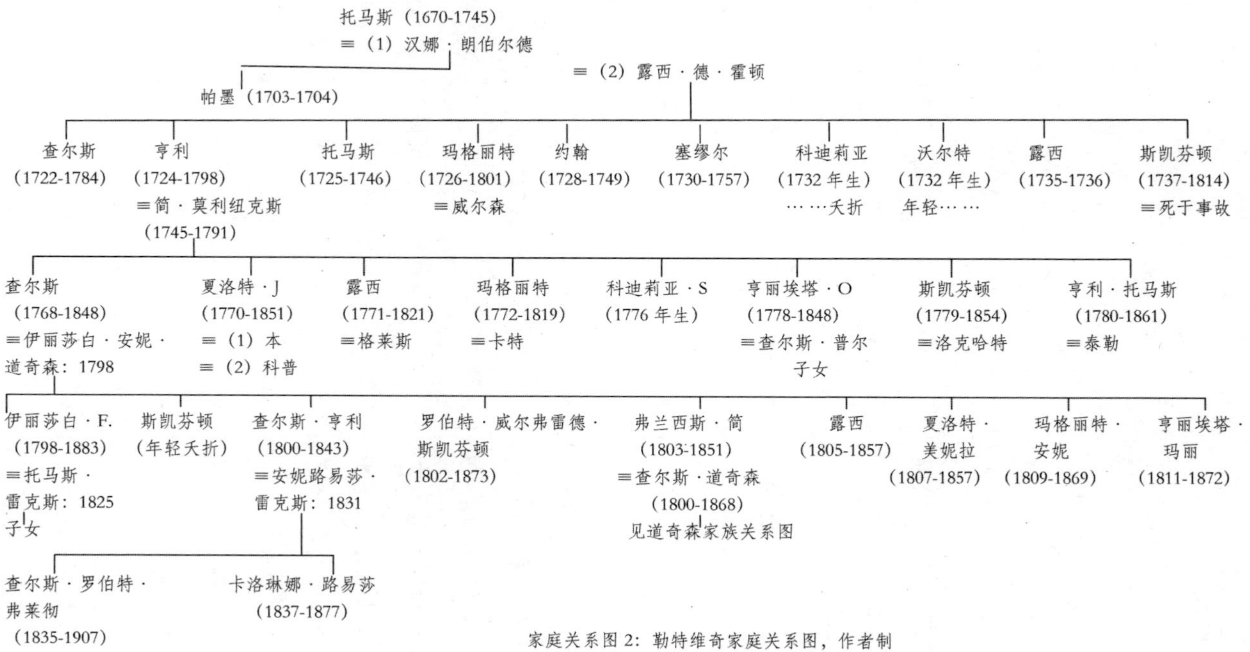

家庭关系图 2：勒特维奇家庭关系图，作者制

注 释

第一章　道奇森家族

很多关于道奇森家族历史研究和记录都是爱丽丝·亨丽埃塔·普尔（1844—？）和玛格丽特·弗兰西斯·‘贝塔’·普尔（1842—1907）所作，她们两位是远房表亲，均未婚，她们汇编了一本影集。影集归弗兰西斯·玛格丽特·哈特兰·马洪·普尔（1918—2011）所有，她是道奇森的侄孙女。

1.手稿 :《道奇森家族》

2.手稿 :《道奇森家族》

3.科林伍德（1898），12—3

4.手稿 :《道奇森家族》

5.这首诗第一次发表于月刊《火车》(1856 年 10 月)，255—6

6.手稿 :《道奇森家族》

7.手稿 :《道奇森家族》

8.手稿 :《道奇森家族》

9.手稿 :《道奇森家族》

10.手稿 :《道奇森家族》

11.来自韦克林的收藏

12.2007 年在拍卖会上拍卖

13.私人收藏

14.手稿 :《道奇森家族》

15.手稿 :《道奇森家族》

16.手稿 :《道奇森家族》

17.《郊区长宅邸杂志》,《即刻征召》，供稿人 R. Z. (露西·勒特维奇)；手稿：特克萨斯

18.手稿 :《道奇森家族》

19.这两本书都被私人收藏

20.《日记》，卷一（1993），60

21.出处同上，80

22.手稿 :《道奇森家族》

23.手稿：私人收藏

24.《日记》，卷五（1999），180

25.《日记》，卷六（2001），169

26.《日记》，卷七（2003），256

27.同上，293—4

28.同上 294

29.同上 294，和 532

30.同上 294，和 532

第二章　牛津大学的老师和同仁

1.手稿：哈佛

2.在哈佛

3.手稿：《道奇森家族》

4.科林伍德（1898），30

5.同上，29

6.手稿：《道奇森家族》

7.手稿：《基督堂档案》

8.《日记》，卷一（1993），98

9.《日记》，卷二（1994），64

10.同上，69

11.同上，106

12.《日记》，卷五（1999），130

13.《日记》，卷六（2001），38

14.同上，59

15.科林伍德（1898），134

16.科林伍德（1898），234

17.鲍曼（1899），7

18.手稿：林塞斯

19.手稿：贝罗尔

20.《日记》，卷六（2001），432

21.手稿：贝罗尔

22.《圣詹姆斯公报》，1898年3月11日

23.手稿：贝罗尔

24.手稿：《道奇森家族》

25.手稿：《道奇森家族》

26.《日记》，卷一（1993），57

27.同上，91

28.《日记》，卷二（1994），28

29.同上，115

30.萨特克里夫（1978），29

31.《日记》，卷五（1999），133

32.《日记》，卷九（2005），113

33.手稿：韦克林

34.科林伍德（1898），353

第三章　出版商和印刷商

1.《日记》，卷四（1997），258

2.格拉夫（1910），387

3.手稿：大英图书馆：麦克米伦写给道奇森的信件都保存在麦克米伦公司的交易日记账里

4.手稿：大英图书馆

5.手稿：大英图书馆

6.手稿：大英图书馆

7.手稿：大英图书馆

8.手稿：大英图书馆

9.手稿：大英图书馆

10.手稿：大英图书馆

11.手稿：大英图书馆

12.手稿：大英图书馆

13.手稿：大英图书馆

14.手稿：大英图书馆

15.手稿：大英图书馆

16.手稿：大英图书馆

17.手稿：大英图书馆

18.手稿：大英图书馆

19.手稿：大英图书馆

20.手稿：大英图书馆

21.手稿：大英图书馆

22.手稿：大英图书馆

23.手稿：大英图书馆

24.《日记》，卷七（2003），503

25.《日记》，卷八（2004），307

第四章 插画师

1.施皮尔曼（1895），463

2.这件事是在1900年8月27日写给M.潘趣·施皮尔曼的私人信件中讲到的，这封信现在《潘趣》图书馆

3.施皮尔曼（1895），463—4

4.见莫里斯（2005），阅读更多细节

5.德弗雷塔斯（1988），18

6.同上，35

7.《日记》，卷四（1997），197

8.同上，220—1

9.同上，222

10.同上，271—2

11.同上，284

12.同上，297

13.手稿：这封信是道奇森送给普莱斯·利奥波德的，是非常罕见珍贵的纪念品。见第九章，罗宾逊·达克沃斯。

14.《日记》，卷4（1997），304

15.同上，310

16.同上，311—2

17.《日记》，卷五（1999），9

18.同上，15—6

19.达尔齐尔（1901）

20.《日记》，卷五（1999），22

21.手稿：罗森巴赫

22.手稿：基督堂学院

23.《日记》，卷五，1999，93

24.同上，97

25.汉彻（1985），105

26.很多在席勒（1990）的书里可以找到

27.见佳维和邦德（1978）的著作

28.见丘的著作（1950），33

29.手稿：罗森巴赫

30.手稿：罗森巴赫

31.手稿：罗森巴赫

32.《日记》，卷五（1999），92

33.同上，379

34.手稿：私人收藏

35.手稿：耶鲁

36.手稿：罗森巴赫

37.《日记》，卷六（2001），37

38.达尔齐尔（1901），128

39.见爱丽丝·威尔森·福克斯（本姓雷克斯）于1931年1月15日写给《泰晤士报》的信

40.《日记》，卷六（2001），112

41.手稿：基督堂学院

42.《日记》，卷六（2001），113

43.同上，120—1

44.手稿：哈佛大学

45.《日记》，卷六（2001），140

46.同上，140

47.手稿：贝罗尔

48.《日记》，卷六（2001），145—6

49.同上，148

50.同上，178—9

51.同上，188

52.文字：克里斯蒂的目录，1987年6月24日，93号

53.科林伍德（1898），130

54.施皮尔曼（1895），329

55.手稿：私人收藏

56.萨札诺（1948），38

57.《日记》，卷六（2001），381—2

58.手稿：罗森巴赫

59.摩根图书馆

60.手稿：罗森巴赫

61.《日记》，卷八（2004），181

62.手稿：罗森巴赫

63.手稿：罗森巴赫

64.手稿：罗森巴赫

65.手稿：罗森巴赫

66.手稿：罗森巴赫

67.手稿：特克萨斯

68.霍利戴（1914），165

69.《日记》，卷六（2001），125

70.手稿：英子和孝昌阿国的收藏，东京

71.《日记》，卷六（2001），314—5

72.同上，321。这副插画在科林伍德的书里被复制（1898），264

73.同上，368

74.同上，427

75.霍利戴（1914），244—6

76.《学苑》1898年1月

77.更多关于霍利戴为这本书设计的插画草图请见塔尼斯和杜力的书（1981），特别是最后展示底片的那一部分

78.手稿：罗森巴赫

79.手稿：罗森巴赫

80.手稿：罗森巴赫

81.《日记》，卷七（2003），106—7

82.手稿：罗森巴赫

83.《日记》，卷七（2003），108

84.见科恩和韦克林的书（2003）

85.《日记》，卷七（2003），329

86.同上，380

87.哈里斯（1986），13

88.手稿摹本：罗森巴赫

89.手稿：罗森巴赫

90.手稿：道奇森家族

91.手稿：罗森巴赫

92.手稿摹本：罗森巴赫

93.弗尼斯（1901），4

94.同上，270

95.手稿：贝罗尔——非科恩和韦克林藏著（2003）

96.残缺手稿：摩根

97.《日记》，卷八（2004），359

98.《刘易斯·卡罗尔：一位艺术家朋友为他画的像》，E. 格特鲁德·汤姆森著，载于 1898 年 1 月 29 日和 2 月 5 日出版的《淑女》

99.同上，166

100.手稿：摩根

101.手稿：摩根

102.《艺术杂志》（卡斯尔，1891），99

103.同上，99

104.同上，103

105.弗尼斯（1924），78

106.同上，79

107.手稿：摩根

108.手稿：摩根

109.《西尔维和》（1889），14

110.弗尼斯（1901），101

111.同上，112

112.同上，112

113.同上，112—3

114.同上，112

115.手稿：哈佛

116.手稿：摩根

117.《淑女》（1898 年 2 月 5 日），166—7

118.《日记》，卷八（2004），448

119.同上，448

120.《淑女》（1898 年 2 月 5 日），166—7

121.同上：167

第五章　数学家和逻辑学家

1.《日记》，卷一（1993），100

2.同上，101

3.同上，136

4.米特福德·阿尔杰农·里兹戴尔爵士，《回忆》（哈钦森，1915），99

5.《泰晤士报》（1931 年 12 月 19 日）

6.《泰晤士报》（1931 年 12 月 22 日）

7.《泰晤士报》（1932 年 1

月12日）

8.《日记》，卷二（1994），119

9.手稿，贝罗尔

10.《日记》，卷四（1997），307

11.缪尔，卷三（1920），24-7，86-90

12.手稿：普林斯顿

13.《日记》，卷五（1999），192—3

14.手稿：普林斯顿

15.手稿：大英图书馆

16.手稿：林塞斯

17.日本东京成德大学

18.手稿：罗森巴赫

19.手稿：大英图书馆

20.手稿：罗森巴赫

21.《来自仙境的谜题》，朱迪阿姨的杂志——1870年12月，101—2

22.韦克林，《无聊的话》，卷六，编号4，1977，101—6

23.手稿：林塞斯

24.剑桥大学圣约翰学院

25.手稿：道奇森家族

26.手稿：道奇森家族

27.手稿：道奇森家族

28.道奇森，《欧几里得和他的现代劲敌们》，附录一，托德亨特，212—3

29.1896年9月28日写给妹妹路易莎的信。（手稿：亨廷顿）

30.手稿：道奇森家族

31.卡罗尔，《符号逻辑学》（麦克米伦，伦敦，1896），致老师们的附录，171

32.同上，171

33.同上，173

34.维恩，107—8

35.手稿：剑桥大学冈维尔和凯尔斯学院

36.德·摩根，26

37.同上，28

38.卡罗尔，《爱丽丝镜中世界奇遇记》（麦克米伦，伦敦，1871），82

39.维恩，142

40.卡罗尔，《逻辑的游戏》（麦克米伦，伦敦，1887），前言

41.卡罗尔,《符号逻辑学》(麦克米伦,伦敦,1896),致教士们的附录,170

42.科林伍德(1898),242

43.《日记》,卷八(2004),277

44.同上,280

45.同上,285

46.卡罗尔,《逻辑的游戏》(麦克米伦,伦敦,1887),前言

47.同上,2

48.同上,4

49.《哈珀杂志》(1943年2月),319

50.《泰晤士报》(1932年1月7日)

51.《日记》,卷九(2005),155

52.同上,239

53.手稿:梅休的后人

54.手稿:亨廷顿

55.《日记》,卷九(2005),295

56.卡罗尔,《符号逻辑学》(麦克米伦,伦敦,1897,第四版),194。道奇森提供的解决方案见1897年5月17日他写给约翰·库克·威尔森的信件(手稿:牛津大学图书馆):"一个人有一个朋友,且这个人的下级的仆人不是任何人的受害者(所以根本没有遭到控告)。"

57.同上,前言

第六章 摄影家们

1.《日记》,卷八(2004),524

2.《日记》,卷一(1993),66

3.《日记》,卷二(1994),20

4.同上,24

5.同上,53

6.同上,53—4

7.《科尔比尔杂志》(1932年7月),《爱丽丝回忆卡罗尔的年代》,卡里尔·哈格里夫斯著,5—6

8.第一次发表于《火车》,第四期(1857年12月),332—5

9.《日记》,卷四(1997),228—9

10.手稿:道奇森家族

11.手稿：林塞斯

12.《日记》，卷三（1995），26

13.《日记》，卷五（1999），219

14.《插图时代》（1860年1月28日）

15.《日记》，卷四（1997），316—7

16.同上，315

17.《日记》，卷五（1999），62

18.同上，85

19.同上，121

20.《日记》，卷四（1997），183

21.《日记》，卷七（2003），429

22.见《刘易斯·卡罗尔著作中的自己》，查理·罗维特（麦克法兰，2005），5—8

第七章　画家和艺术家

1.《日记》，卷一（1993），103

2.同上，104

3.《日记》，卷三（1995），26—7

4.同上，157

5.同上，173—4

6.《日记》，卷四（1997），223—4

7.同上，230

8.同上，254

9.同上，243—4

10.同上，288—9

11.同上，285

12.同上，290

13.《日记》，卷五（1999），89

14.同上，219

15.同上，229—30

16.手稿：贝罗尔

17.《日记》，卷六（2001），14—5

18.《日记》，卷七（2003），388

19.手稿：林塞斯

20.科林伍德（1898），102

21.手稿：博格

22.《日记》，卷一（1993），102

23.《日记》，卷三（1995），78

24.《日记》，卷四（1997），281—2

25.同上，301

26.手稿：牛津大学图书馆

27.《日记》，卷八（2004），115

28.《日记》，卷九（2005），58

29.手稿：亨廷顿

30.《日记》，卷九（2005），99

31.手稿：亨廷顿

32.《淑女》（1898年2月5日），166

33.这幅画属于林塞斯的收藏

34.《日记》，卷五（1999），225

35.同上，240

36.《日记》，卷七（2003），96—7

37.手稿：哈佛

38.手稿：摩根

39.手稿：摩根

40.手稿：摩根

41.手稿：摩根

42.手稿：摩根

43.手稿：摩根

44.赫伯特·沙利文（侄子），由沃尔特·纽曼·弗劳尔爵士在《收音机时代》中引用（1932年8月26日）

45.手稿：大英图书馆

46.《日记》，卷八（2004），20

47.手稿：苏格兰国家图书馆

48.《日记》，卷八（2004），23

49.同上，105

50.《日记》，卷七（2003），316

51.同上，394

52.同上，461

53.同上，503

54.《日记》，卷八（2004），161

55.同上，164

56.同上，210

57.同上，453

58.同上，522

59.《日记》，卷九（2005），118

60.《日记》，卷一（1993），102—3

61.同上，104

62.《日记》，卷二（1994），47

63.同上，48—9

64.《日记》，卷三（1995），32

65.格罗夫（1899—1900），卷四，433

66.《日记》，卷三（1995），60—1

67.《日记》，卷四（1997），110

68.同上，195—6

69.《日记》，卷六（2001），265—6

70.道奇森，《三个T的愿景》（帕克，牛津，1873），36

71.手稿：罗森巴赫

72.《日记》，卷七（2003），467

73.科林伍德（1898），221—3

74.鲍曼（1899），87

75.同上，21

76.《日记》，卷三（1995），36

77.《日记》，卷五（1999），366

78.《日记》，卷一（1993），127—8

第八章　演员和剧作家

1.《日记》，卷一（1993），81-2

2.同上，103

3.同上，104

4.同上，105—6

5.《日记》，卷二（1994），83

6.《日记》，卷五（1999），35

7.同上，35—6

8.手稿：威尔克斯家族

9.手稿：摩根

10.手稿：罗森巴赫

11.《日记》，卷六（2001），457

12.手稿：贝罗尔

13.《戏剧报》（1887年1月1日）

14.《星期日泰晤士报》（1889年8月4日）

15.《日记》，卷二（1994），82

16.《日记》，卷一（1993），51

17.同上，52、56

18.同上，112

19.《日记》，卷四（1997），

223

20.同上，225

21.手稿：道奇森家族

22.《日记》，卷四（1997），246

23.同上：248—9

24.同上，250

25.《日记》，卷五（1999），65

26.手稿：韦克林

27.手稿：加利福尼亚大学

28.手稿：道奇森家族

29.《日记》，卷四（1997），271

30.同上，272

31.手稿：贝格

32.* 之前，手稿：贝格；* 之后，手稿：大英图书馆

33.《日记》，卷四（1997），312

34.《日记》，卷五（1999），34

35.同上，123

36.手稿：贝格；还没确认这封信是发给泰勒的

37.《日记》，卷五（1999），128

38.手稿：贝格

39.《日记》，卷五（1999），129—30

40.同上，136

41.手稿：摩根

42.手稿：1928 年 8 月 1 日在索斯比拍卖公司售卖，编号 488C，曾经出现在多个卖家的产品目录里。现在所处何处未知。

第九章　朋友和小孩子

1.齐普瓦特（1998），56—7

2.《日记》，卷五（1999），371

3.手稿：牛津大学图书馆

4.这封信的全文见第四章

5.《日记》、卷三（1995），60—1

6.手稿：罗森巴赫

7.《日记》，卷四（1997），81—2

8.同上，88

9.同上，93—4

10.同上，94—5

11.同上，95

12.科林伍德（1899），358—60

13.手稿：罗森巴赫

14.《爱丽丝地下漫游记》赠送本由罗森巴赫收藏

15.更多细节请见马克·J.戴维斯的《爱丽丝在水里世界》（旗语通信手册，牛津，第二版2012），107—16

16.《日记》，卷四（1997），195—6

17.同上，298

18.齐普瓦特（1998），63

19.《日记》，卷六（2001），393

20.同上，394

21.同上，396

22.《泰晤士报》（1872年10月28日）

23.《日记》，卷六（2001），466

24.在巴黎的某私人收藏

25.手稿：摩根

26.《泰晤士报》（1911年9月21日）

27.手稿：以前收藏于圣克莱尔；2001年在索斯比售卖

28.手稿：大英图书馆

29.大卫·沙弗的刘易斯·卡罗尔电影收藏，马里兰

30.手稿：以前收藏于圣克莱尔

31.手稿：贝罗尔

32.手稿：耶鲁

33.《泰晤士报》（1928年3月22日）

34.《听众》（1958年2月6日），239，243，E.G.索亚夫人写

35.同上，238—9，E.H.B.司格敏夫人写

36.同上，239，H.T.斯特雷顿夫人写

37.鲍曼，9

38.《河滨杂志》，十五期（1898年4月），416—21

39.《对刘易斯·卡罗尔的孩童记忆》，《箭袋》（1899年3月），407—9

40.《女王》（1932年7月20日），4

41.《汉普顿郡纪事报》

（1948 年 3 月 13 日）中重印的《关于刘易斯·卡罗尔的记忆》

42.科林伍德（1898），416

43.《日记》，卷二（1994），48

44.《日记》，卷三（1995），108

45.手稿：波士顿

46.《日记》，卷三（1995），137

47.同上，150

48.《日记》，卷五（1999），84

49.《日记》，卷六（2001），421

50.《日记》，卷七（2003），126

51.同上，285

52.《日记》，卷八（2004），452

53.同上，536

54.《日记》，卷四（1997），178—81

55.写给乔治·贝尔的信的日期是 1882 年 2 月 19 日；私人收藏

56.信件日期是 1890 年 3 月 31 日；手稿：贝罗尔

第十章　专业人士

1.《日记》，卷五（1999），53

2.《日记》，卷七（2003），20—1

3.手稿：道奇森家族

4.手稿：道奇森家族

5.手稿：贝罗尔

6.手稿：哈佛

7.科林伍德书中复制（1898），137

8.日期为 1876 年 4 月 12 日的信件；手稿：韦克林

9.史蒂芬·佩吉特著《亨利·斯考特·霍兰德》（约翰·默里，1921），57—8

10.《日记》，卷七（2003），458

11.《日记》，卷八（2004），255

12.同上，389

13.同上，482—3

14.同上，549—50

15.手稿：贝尔格

16.古达尔，15—21

17.《日记》，卷八（2004），596、598

18.同上，600—1

19.《日记》，卷五（1999），78

20.《日记》，卷六（2001），279

21.在1890年2月3日写给詹姆斯·佩吉特爵士的信中，道奇森称："我把我的书送给了妈妈们，而非女儿们。一定程度上，我忽略了佩吉特夫人的名字，她拥有特权，因为您真的太热心了，在故事创作过程中帮助了我（这一部分故事还未出版）。"手稿：贝尔格

22.手稿：私人收藏

23.手稿：普林斯顿

24.鲍曼：71

25.手稿：贝罗尔

26.手稿：基督堂

27.《日记》，卷七（2003），105

28.同上，205—6

29.同上，237

30.手稿：哈佛

31.《日记》，卷七（2003），171—2

32.同上，172—3

33.同上，174

34.《日记》，卷七（2003），398

35.手稿：普林斯顿

36.手稿：德克萨斯

37.手稿：哈佛

38.手稿：多伦多

39.手稿：韦克林

40.手稿：私人收藏

41.《日记》，卷八（2004），450—2

42.道奇森，《管理员努力尝试的一年》（1884），28

43.手稿：基督堂

44.手稿：基督堂

45.手稿：基督堂

46.道奇森，《管理员努力尝试的一年》（1884），12—3

47.同上，19—20

48.手稿：基督堂

49.手稿：基督堂

50.手稿：基督堂

51.手稿：基督堂

52.手稿：基督堂

53.手稿：基督堂

第十一章　皇室

1.《舞台上的爱丽丝》,《戏剧报》(1887年4月), 182

2.《日记》卷一(1993), 98-9

3.汤普森(1899), 177—8

4.科林伍德(1898), 85—6

5.手稿：贝罗尔

6.《日记》卷四(1997), 261—2

7.同上, 171

8.同上, 172—3

9.同上, 205—6

10.同上, 206—9

11.同上, 211

12.手稿：道奇森家族

13.《泰晤士报》(1932年1月27日)

14.手稿：贝罗尔

15.手稿：私人收藏

16.克拉克(1981), 24

17.道奇森,《三个T的愿景》(1873), 9—10

18.手稿：贝罗尔

19.手稿：贝罗尔

20.克拉克(1981), 193

21.手稿：罗森巴赫

22.《日记》, 卷八(2004), 467—8

23.同上：468

24.手稿草稿：道奇森家族, 手稿上有许多道奇森所做的修改

25.手稿：道奇森家族

26.手稿：道奇森家族

27.科林伍德(1898), 297—8

28.爱丽丝公主(1966), 66

29.同上, 65—6

30.手稿：道奇森家族

31.手稿：普林斯顿

32.手稿：道奇森家族

33.手稿：道奇森家族

34.手稿：贝罗尔

35.手稿：道奇森家庭

36.手稿：道奇森家庭

37.手稿：道奇森家庭

38.手稿：贝罗尔

39.《舞台上的爱丽丝》,《戏剧报》(1887年4月)，182

第十二章　朋友中的著名人士

1.《日记》，卷一（1993），71-2

2.同上，119

3.《日记》，卷三（1995），87-8

4.同上，89

5.同上，93

6.同上，108—9

7.同上，110—5

8.同上，134

9.哈钦斯和欣顿（1986），81—2

10.科林伍德（1898），78—9

11.手稿：贝罗尔

12.手稿：普林斯顿

13.手稿：林肯

14.《日记》，卷四（1997），90

15.哈钦斯和欣顿（1986），107

16.手稿：贝罗尔

17.《日记》，卷四（1997），114

18.同上，344

19.手稿：罗森巴赫

20.手稿：耶鲁

21.手稿草稿：耶鲁

22.手稿：耶鲁

23.手稿：耶鲁

24.给马里恩·布拉德利太太的信；手稿：私人收藏

25.手稿：林肯

26.手稿：哈佛

27.手稿：道奇森家族

28.手稿：林肯

29.手稿：贝罗尔

30.《日记》，卷七（2003），159—60

31.内勒（1965），56

32.手稿：以前属于鲍尔斯家族，2011年12月在苏富比拍卖；内勒（1965），113

33.手稿：以前属于鲍尔斯家族，2011年12月在苏富比拍卖；内勒（1965），115—6

34.手稿：以前属于鲍尔斯

家族，2011年12月在苏富比拍卖；内勒（1965）

35.手稿：鲍尔斯家族

36.《日记》，卷八（2004），563

37.同上，563—4

38.手稿：德克萨斯

39.内勒（1965），130

40.《日记》，卷九（2005），346

41.《日记》，卷五（1999），336

42.同上，349—50

缩略语列表

比尔	已故托尼·比尔的收藏
贝尔格	亨利·W. 和阿尔伯特·A. 贝尔格的收藏，纽约公共图书馆
贝罗尔	阿尔弗雷德·C. 贝罗尔的收藏，纽约大学
牛津大学图书馆	牛津大学图书馆，牛津
波士顿	波士顿公共图书馆，马萨诸塞州
基督堂	基督堂图书馆和档案馆，牛津
道奇森家族	萨里历史中心，沃金
哈佛	霍顿图书馆，哈佛大学
哈特菲尔德	索尔兹伯里爵士的收藏，哈特菲尔德庄园
亨廷顿	亨利·E. 亨廷顿图书馆，加利福尼亚
林肯	丁尼生研究中心，林肯
林塞斯	约翰·A. 林塞斯
摩根	皮尔庞特·摩根图书馆，纽约
普林斯顿	莫里斯·L. 帕里什收藏，普林斯顿大学图书馆
罗森巴赫	飞利浦·H. & A. S. W. 罗森巴赫基金会，费城
德克萨斯	哈利·兰塞姆中心，奥斯丁德克萨斯大学

多伦多	已故约瑟夫·A. 布拉班特，托马斯·费雪珍本图书馆，多伦多大学
耶鲁	拜内克图书馆，耶鲁大学

索　引

参考文献

Barker, Pat. *The Ghost Road* (Penguin Books, London, 1995).

Bartley III, William Warren. *Lewis Carroll's Symbolic Logic* (Clarkson N. Potter, New York, 1977).

Batey, Mavis. *Alice's Adventures in Oxford* (Pitkin, London, 1980).

______. *The Adventures of Alice* (Macmillan, London, 1991).

Bowman, Isa. *The Story of Lewis Carroll* (J. M. Dent, London, 1899).

Chew, Samuel C. *Fruit Among the Leaves: An Anniversary Anthology* (Appleton-Century-Crofts, New York, 1950).

Clark, Anne. *The Real Alice* (Michael Joseph, London, 1981).

Cohen, Morton. *Lewis Carroll's Photographs of Nude Children* (Rosenbach Foundation, Philadelphia, 1978).

Cohen, Morton and Gandolfo, Anita (eds). *Lewis Carroll and the House of Macmillan* (Cambridge University Press, 1987).

Cohen, Morton, with the assistance of Roger Lancelyn Green. *The Letters of Lewis Carroll* (Macmillan, London, 1979), referenced as *Letters*.

Cohen, Morton and Wakeling, Edward. *Lewis Carroll and His Illustrators* (Macmillan, London, 2003).

Collingwood, Stuart Dodgson. *The Life and Letters of Lewis Carroll* (T. Fisher Unwin, London, 1898).

______. *The Lewis Carroll Picture Book* (T. Fisher Unwin, London, 1899).

Crutch, Denis, et al. (ed.). *The Lewis Carroll Handbook* (Dawson Archon Books, Folkestone, 1979 revised edition).

Dalziel, George and Edward. *The Brothers Dalziel: A Record of Work 1840–1890* (Methuen, London, 1901).

De Freitas, Leo John. *Tenniel's Wood-Engraved Illustrations to* Alice (Macmillan, London, 1988).

De Morgan, Augustus. *Formal Logic: or, The Calculus of Inference Necessary and Probable* (Taylor and Walton, London, 1847).

Furniss, Harry. *The Confessions of a Caricaturist* (T. Fisher Unwin, London, 1901).

———. *Some Victorian Men* (The Bodley Head, London, 1924).

Garvey, Eleanor M. and Bond, W. H. *Tenniel's Alice* (Harvard University Library, 1978).

Goodacre, Selwyn H. 'The Illnesses of Lewis Carroll', published in *Jabberwocky, The Journal of the Lewis Carroll Society*, Volume 1, Number 8 (LCS, Autumn 1971).

Graves, Charles L. *Life and Letters of Alexander Macmillan* (Macmillan, London, 1910).

Grove, George. *A Dictionary of Music and Musicians* (Macmillan, London, 4 vols, 1899–1900).

Hancher, Michael. *The Tenniel Illustrations to the* Alice *Books* (Ohio State University Press, 1985).

Harris, Gene E. *Arthur Burdett Frost, Artist and Humorist* (Brandywine River Museum, Chadds Ford, Pennsylvania, 1986).

Holiday, Henry. *Reminiscences of My Life* (William Heinemann, 1914).

Hutchings, Richard J. and Hinton, Brian (eds). *The Farringford Journal of Emily Tennyson 1853–1864* (The Isle of Wight County Press, 1986).

Jaques, Amy Irene Hume née Dodgson. 'My Uncle, Lewis Carroll, as I Remembered Him' published in *Jabberwocky, The Journal of the Lewis Carroll Society* (LCS, March 1970).

Lansley, David. *Wilfred Dodgson of Shropshire* (White Stone Press, London, 2011).

Lawrence, Arthur. *Sir Arthur Sullivan, Life-Story, Letters, and Reminiscences* (James Bowden, London, 1899).

Lovett, Charles C. *Alice on Stage* (Meckler, Westport & London, 1990).

———. *Lewis Carroll Among His Books* (McFarland, Jefferson, 2005).

Milner, Florence (ed.). *The Rectory Umbrella and Mischmasch* (Cassell, London, 1932).

Morris, Frankie. *Artist of Wonderland: The Life, Political Cartoons, and Illustrations of Tenniel* (University of Virginia Press, Charlottesville, 2005).

Muir, Thomas. *The Theory of Determinants in the Historical Order of Development* (Macmillan, London, 4 vols, 1906–23).

Naylor, Leonard E. *The Irrepressible Victorian* (MacDonald, London, 1965).

Nicoll, Allardyce. *A History of English Drama 1600–1900*, Vol. V 'Late Nineteenth Century Drama' (Cambridge University Press, 1959).

———. *A History of English Drama 1600–1900*, Vol. VI 'Alphabetical Catalogue of Plays' (Cambridge University Press, 1959).

Paget, Stephen. *Henry Scott Holland* (John Murray, London, 1921).

Princess Alice, Her Royal Highness, Countess of Athlone. *For My Grandchildren* (Evans Brothers, London, 1966).

Sarzano, Frances. *Sir John Tenniel* (Art and Technics, London, 1948).

Schiller, Justin G. and Goodacre, Selwyn H. *Alice's Adventures in Wonderland: An 1865 Printing Re-Described With a Revised Census of the Suppressed 1865 'Alice'* (Battledore, New York, 1990).

Spielmann, M. H. *The History of 'Punch'* (Cassell, London, 1895).

Stanfield, Sarah. 'The Dodgson Sisters' published in *The Carrollian, The Journal of the Lewis Carroll Society,* No. 2 (LCS, Autumn 1998).

Stephen, Leslie (ed.). *Dictionary of National Biography* (Smith, Elder, & Co., London, 1885–1900).

Stern, Jeffrey. *Lewis Carroll, Bibliophile* (White Stone Press, Luton, 1997).

Sutcliffe, Peter. *The Oxford University Press: An Informal History* (Oxford University Press, 1978).

Tanis, James and Dooley, John (eds). *Lewis Carroll's The Hunting of the Snark* (William Kaufmann, Los Altos, California, 1981).

Taylor, Roger and Wakeling, Edward. *Lewis Carroll, Photographer* (Princeton University Press, 2002).

Thompson, Henry L. *Henry George Liddell DD, Dean of Christ Church, Oxford: A Memoir* (John Murray, London, 1899).

Venn, John. *Symbolic Logic* (Macmillan, London, 1881).

Wakeling, Edward. 'What I Tell You Forty-Two Times Is True' published in *Jabberwocky, The Journal of the Lewis Carroll Society*, Volume 6, Number 4 (LCS, 1977).

______. *The Logic of Lewis Carroll* (privately printed, 1978).

______. 'Lewis Carroll and the Bat' published in the *Antiquarian Book Monthly Review*, Vol. IX, No. 7, Issue 99 (July 1982).

______. 'Lewis Carroll's Rooms at Christ Church' published in *Jabberwocky, The Journal of the Lewis Carroll Society*, Volume 12, Number 3 (LCS, 1983).

______(ed.). *Lewis Carroll's Games and Puzzles* (Dover Publications, New York, 1992).

______. *The Oxford Pamphlets, Leaflets, and Circulars of Charles Lutwidge Dodgson* (University Press of Virginia, Charlottesville, 1993).

______. 'Mrs. Hargreaves Comes to the U.S.A.' published in the *Proceedings of the Second International Lewis Carroll Conference* (Lewis Carroll Society of North America, 1994).

______. 'Lewis Carroll's Investments in Steamships' published in the *Princeton University Library Chronicle*, Vol. LX, Number 3 (Spring 1999).

______. 'C. L. Dodgson: Member of the Jury' published in *Mischmasch, The Journal of the Lewis Carroll Society of Japan*, No. 5 (LCSJ, 2001).

______. 'Mr. Dodgson and the Royal Family' published in *Knight Letter, The Magazine of the Lewis Carroll Society of North America,* (part 1). Volume II, Issue 2, Number 72 (LCSNA, Winter 2003). and (part 2). Volume II, Issue 3, Number 73 (LCSNA, Spring 2004).

______. 'Wine and Lewis Carroll' published in *Mischmasch, The Journal of the Lewis Carroll Society of Japan*, No. 8 (LCSJ, 2006).

______. 'C. L. Dodgson Meets a Famous American Architect' published in *Knight Letter, The Magazine of the Lewis Carroll Society of North America*, Volume II, Issue 7, Number 77 (LCSNA, Fall 2006).

———. 'Who Was Baxter, the Oxford Printer?' published in *The Carrollian, The Journal of the Lewis Carroll Society*, No. 20 (LCS, Autumn 2007).

———(ed.). *Lewis Carroll's Diaries* (Lewis Carroll Society, Luton and Clifford, 10 vols, 1993–2007), referenced as *Diaries*

———. 'The Lady and Lewis Carroll' published in *Mischmasch, The Journal of the Lewis Carroll Society of Japan*, No. 12 (LCSJ, 2010).

———. 'C. L. Dodgson's Aunt Lucy' published in *Knight Letter*, *The Magazine of the Lewis Carroll Society of North America,* Volume II, Issue 14, Number 84, (LCSNA, Spring 2010).

———. 'Charles L. Dodgson and the Macmillan Family' published in *Mischmasch, The Journal of the Lewis Carroll Society of Japan*, No. 13 (LCSJ, 2011).

———. 'Lewis Carroll and the Victorian Art World' published in *Alice in Wonderland Through the Visual Arts*, exhibition catalogue for Tate-Liverpool (Tate Publications, November 2011).

Wilson, Robin and Lloyd, Frederic. *Gilbert and Sullivan: The Official D'Oyly Carte Picture History* (Alfred A. Knopf, New York, 1984).

Woolf, Jenny. *Lewis Carroll In His Own Account* (Jabberwock Press, London, 2005).

Zeepvat, Charlotte. *Prince Leopold, The Untold Story of Queen Victoria's Youngest Son* (Sutton Publishing, Stroud, 1998).